光刻巨人

ASML崛起之路

[荷兰] 瑞尼·雷吉梅克 著
René Raaijmakers

金捷幡 译

人民邮电出版社

北 京

图书在版编目（CIP）数据

光刻巨人：ASML崛起之路 /（荷）瑞尼·雷吉梅克著；金捷幡译. -- 北京：人民邮电出版社，2020.10
ISBN 978-7-115-54518-3

Ⅰ．①光… Ⅱ．①瑞… ②金… Ⅲ．①光刻设备—制造工业—工业企业管理—经验—荷兰 Ⅳ．①F456.366

中国版本图书馆CIP数据核字(2020)第129228号

版权声明

- ◆ 著　　　[荷兰] 瑞尼·雷吉梅克（René Raaijmakers）
  译　　　金捷幡
  策划编辑　恭竟平
  责任编辑　朱伊哲
  责任印制　周昇亮
- ◆ 人民邮电出版社出版发行　　北京市丰台区成寿寺路 11 号
  邮编　100164　电子邮件　315@ptpress.com.cn
  网址　https://www.ptpress.com.cn
  涿州市殷润文化传播有限公司印刷
- ◆ 开本：720×960　1/16
  印张：31.75　　　　　　　2020 年 10 月第 1 版
  字数：534 千字　　　　　 2025 年 9 月河北第 21 次印刷

  著作权合同登记号　图字：01-2019-6892 号

定价：118.00 元

读者服务热线：(010)81055296　印装质量热线：(010)81055316
反盗版热线：(010)81055315

在 20 世纪 70 年代初，荷兰飞利浦研发实验室的工程师们制造了一台机器：一台试图像印钞票一样合法赚钱的机器。但他们当时并没有意识到自己创造了一个"怪物"，这台机器在未来的 20 年里除了吞噬金钱没有做任何事情。

"我们赶紧动手吧，难题得一个一个去解决。"
埃弗特·波拉克（1944—2014）

光刻巨人：ASML崛起之路

　　本书用编年史的方式记录了 ASML 的天才工程师们。这本书的时间跨度为 20 世纪 60 年代初到 20 世纪 90 年代中期，在这段时间里 ASML 登上了世界的舞台。

致中国读者的信

近几十年来，中国已经成长为全球科技的重要参与者。世界上的各种电子产品大多来自中国。同时，作为最大的电子元器件需求国，中国的芯片制造业也在快速发展。因此，中国正在成为 ASML 最大的客户之一。

ASML 这家带动全世界技术进步的公司，离我出生和长大的地方只有几公里远。我很幸运在自己的记者生涯中能够一直近距离看到 ASML 公司的发展，并亲自与它的研发人员和工程师们交谈。

这种亲密接触让我非常着迷，它证明了依靠技术和辛勤工作来达到世界一流水平的可能性。今天在中国我也看到了同样的努力，越来越多的顶尖科技公司由此诞生。

因此，本书能够和中国读者见面，我感到非常荣幸和高兴。感谢人民邮电出版社和我的翻译捷幡，使中国读者有机会了解 ASML 公司的起源，并了解这家公司是如何独立影响了全球芯片技术的进步的。

瑞尼·雷吉梅克（René Raaijmakers）

2019 年 11 月于荷兰

推　荐　序

　　集成电路（芯片）是技术发展的产物，也是现代信息社会的基础。当前技术发展的几个热点，如人工智能、无线通信、虚拟现实、物联网以及智能制造，无不是依靠高性能的芯片来实现的，因此，芯片的设计与制造能力是衡量一个国家技术实力的重要指标。光刻机是芯片制造中的核心关键设备，它负责把集成电路版图精确地投影在硅片上。在集成电路制造的诸多工艺单元中，只有光刻能在硅片上实现图形，从而完成器件和电路的构造。光刻机是集精密光学、精密机械、自动化控制和软件工程于一体的系统，它不仅要实现极高的曝光分辨率，而且要具有极高的重复定位精度。先进光刻机也被喻为集成电路装备制造业中"皇冠上的明珠"。

　　无可置疑，目前荷兰 ASML（阿斯麦）的光刻机一骑绝尘，领跑全球光刻机市场。从 1984 年的几乎一无所有，到成长为光刻机界无可争议的领导者，ASML 的成功包含了太多太多的故事。这些故事不仅仅包括攻坚克难、解决技术难题，还包括市场运作、与客户携手前进、打造供应链。ASML 光刻机的配件供应商遍布全球，许多关键部件（分系统）是由供应商研发制造的，例如，光刻机的镜头（光学系统）是由德国蔡司提供的，光源系统由美国 Cymer 公司提供（Cymer 现已被 ASML 收购）。ASML 自身则专注于光刻机系统的集成和下一代产品的设计。这种利用全球"智"源"为我所用"的模式，对于 ASML 的成功无疑起到了关键作用。ASML 的成功不仅体现在光刻机的研发上，还体现在其产品布局与产业链的整合上。依靠其在光刻机市场上的优势，ASML 于 2007 年全资收购了睿初科技（Brion Technologies），获得了计算光刻软件；于 2016 年收购了汉民微测科技（Hermes Microvision），获得了先进的晶圆检测技术。先进的计算光刻软件、高精度的检测技术与光刻机的结合，又把 ASML 的产品推到了一个新的高度，即一体化光刻技术（holistic lithography）。极紫外光刻机的研发和销售更是一个市场传奇。在极紫外研发的后期，ASML 引入了大客户的投资，Intel、TSMC、Samsung 共出资数十亿欧元参与极紫外光刻机的研制。这一商业模式不仅确保了巨额的研发资金，而且为市场销售做好了铺垫，迫使其竞争对手放弃了极紫外项目。

这本书为读者梳理了 ASML 的发展史，揭示了一个高技术公司是如何在强者环伺的市场夹缝中求生存，到最后借机逆风翻盘，做到行业霸主的。通过了解 ASML 的历史，读者可以感受到高技术公司发展的艰辛和欢乐。一个高技术公司的成功不仅要有技术创新和商业模式创新，还需要铸造与之相匹配的企业文化。

回顾历史是为了昭示未来。目前中国的高技术发展还处于起步阶段，特别是集成电路产业，核心关键的设备、材料、软件还主要依赖进口。加大投入，尽快掌握关键核心技术，发展自主知识产权，已经成为全民共识。然而，如何有效地使知识创新尽快产业化，并得到社会资本的支持，是需要企业管理者深入思考和精心设计的。ASML 的发展史是成功实现创新链、产业链、资金链融合的一个范例。他山之石可以攻玉，我相信这本书的出版能够为集成电路产业界和学术界提供更多的启发与借鉴。

韦亚一
中国科学院微电子研究所计算光刻研发中心主任、研究员

诚意推荐

一个晚入局的小玩家如何成长为当今的行业霸主，这个故事本身就注定了它的传奇色彩。但值得关注的是，这本书的作者同时也是一家出版社的运营者，这决定了他的叙事角度不仅仅是还原一个成功故事，而且为我们揭开了顶级精密制造领域的"秘籍"——"技术"以及背后的"人"。他们不仅是工程师，还有工程师背后的企业运营者与管理者，以及这些人所形成的组织在商业世界进行博弈的故事。

"光刻"作为一个"赢者通吃"的领域，更是放大了时间的力量。如何在短时间内做出正确的决策，如何发挥出高效的执行力，这也正是当下所有科技创业公司面临的难题。尽管很多公司的成功都不可复制，但这样非凡的成功故事一定是引发如何解决企业前进问题思考的绝佳养料。

——36氪 CEO　冯大刚

光刻机——一台可以卖到 1.2 亿欧元的精密设备，可以保证全球的工厂每秒以比头发丝千分之一还细的精度准确刻出上千亿个晶体管。EUV 光刻机这个居于全球 IT 行业食物链顶端的产品，全球只有一家叫 ASML 的公司可以生产。它的成功故事有两点最让人着迷，也最适合当今科创板的形势：一个是 ASML 的历史非常短，发展非常快，1984 年成立，17 年后就成为无可争议的行业领导者；而另一点更是不可思议，那就是他们今天所取得的成就，竟然是在成立之初就计划好的。

——钛媒体联合创始人　刘湘明

现如今，芯片已成为社会焦点，也让我们看到我国半导体设备，尤其在光刻机领域的差距。光刻机的单价可以高达 1.2 亿欧元，堪称"印钞机"，而最大的玩家是来自荷兰的公司 ASML。它垄断了全球光刻机市场 80% 的份额，更是 EUV 技术的唯一玩家。但这家最初在板房里办公的企业，发展之路并非一帆风顺，技术规划、商业谈判、模式设计等更是历经磨炼。荷兰作者 René Raaijmakers 花了 7 年时间详细还原了 ASML 崛起的历程，对于我国寻求自主突破的半导体行业而言，他山之石尤为值得借鉴。

——远川研究所科技组首席董世敏、高级分析师刘芮

于芯片产业而言，光刻是一个必不可少的关键步骤，可以说没有光刻机，就没有现代的芯片行业。而 ASML 作为其中的王者，扮演了无可替代的重要角色。从 1984 年发布第一个步进式光刻机 PSA 2000，到 2015 年推出被广泛采用的、先进的浸没式光刻系统 TWINSCAN NXT: 1980DI，再到 2018 年推出让其名满天下的全球第一个 EUV 光刻机 TWINSCAN NXT: 3400B，ASML 一直是芯片行业最值得依赖的供应商。而这本书，将成为我们了解这家芯片制造设备巨头前世今生的重要参考！

——半导体行业观察主编 李寿鹏

先进的光刻机是推动集成电路摩尔定律发展的核心技术，其蕴含的尖端科技体现了人类文明的智慧结晶，被认为堪比历史上的美国阿波罗登月计划。这本书对高端光刻机巨头 ASML 的发展史进行了详细介绍，从技术创新、产业协作、人才积累到商业运作等方面，给我们呈现了 ASML 是如何持续精进并在世界最先进的工业体系托举下摘取这一工业桂冠的。

——北京航空航天大学计算机学院副教授 杨建磊

译 者 序

最近，"光刻机"这样一个生僻的名词变得越来越热门。不在科技圈的朋友也经常问：什么是光刻机？为什么一台 EUV（极紫外线）光刻机可以卖 1.2 亿欧元，而世界上只有一家公司可以生产？

这就是坐落在人口不到 30 万的荷兰南部城市维尔德霍芬的一家名叫 ASML（阿斯麦）的公司，它目前是全球最大的光刻机制造商。

其实，ASML 制造的芯片已经融入我们每一个人的生活：它几乎存在于市面上所有的电脑、手机和其他电子产品里。但这家半导体集成电路领域的尖端公司，对中国读者来说却是非常陌生的——国内几乎没有关于这家年营业额超过100 亿欧元的公司的书籍，我们对 ASML 如何经历"九死一生"而成为行业领袖的故事也一无所知。

随着网络的蓬勃发展，相信有越来越多的朋友对 ASML 近些年的事迹有所耳闻。这不禁更加让人好奇：ASML 到底是一家怎样的公司？是怎样的企业文化和团队让 ASML 成长为今天的样子？本书为大家揭开了 ASML 从一无所有到后来居上的神秘面纱。

作为中国半导体行业 20 多年的从业者，我亲历了国产芯片从只有一两个落后的晶圆厂到今天 300 毫米生产线遍地开花的过程。虽然芯片行业的整体发展激动人心，但半导体设备制造业仍是中国制造的短板之一。

出版人兼记者 René Raaijmakers 先生用了长达 7 年的时间采访 ASML 的创始人和后来的多位首席执行官，还访问了数十位核心员工，并通过仔细查阅企业档案，给我们重现了 ASML 从诞生到走向辉煌的过程中那些惊心动魄的时刻。

本书尽量保留了原书的语言风格，努力给读者呈现一种荷兰式的思维模式，其目的是让读者对这场人类科技的伟大冒险有一种浸入式的体验。

不过，书中大量的外国人名和技术内容，对译者翻译和读者阅读来说都是一种挑战。然而当你努力通读完全书后，一定会感到收获满满并产生一种敬意。令人感慨的是，从书后的人物表中可以看到很多英雄已经逝去，而正是他们坚持不懈的工作，才使我们今天的生活发生了翻天覆地的变化。

本书的前 3 章介绍的是 ASML 诞生前的故事，这是 ASML 渐入佳境前的铺垫。对一些读者来说，内容也许有点单调，如果缺乏耐心可能会中途放弃。那样的话，你就错过了后面 7 章所描写的一环套一环的精彩商战。

对于创业企业和高科技领域的奋斗者来说，这本书也有较深刻的借鉴意义，因为它还是一本关于科技、财经和企业管理的书。有意思的是，书中并未对 ASML 进行大肆吹捧，反而极其写实地披露了公司发展中的各种问题，甚至管理者的性格弱点。

同时，我在自己的微信公众号上发表的《光刻机之战》系列得到广泛的转载，阅读量超过百万，深受读者欢迎。在推荐本书的文章发表后，读者留言占满了微信留言板，大家对本书中文版的出版表现出极大的期待。

这本书的每一章对读者来说都会是新鲜的，因为书中的内容很难在网上或别的书里看到。就阅读体验来说，这种巨大的信息量可能需要较多的时间来消化。然而这正是好书才有的特点，细细品味会带给你对这段科技历史如身临其境的感觉。

ASML 的故事仍在继续。相信读完本书后你会为 ASML 及光刻机发展跌宕起伏的故事所震撼，也会对芯片产业的发展更加充满期待。

最后，衷心感谢人民邮电出版社能够出版这本对半导体行业乃至中国自主创新道路有巨大参考价值的书。

金捷幡

2020 年 6 月

为了使阅读顺畅，下面列出书中反复出现的一些缩写，以帮助读者理解。

Natlab：飞利浦享有盛誉的前沿技术研发实验室，是光刻机和各项核心技术诞生的摇篮。

Elcoma：飞利浦的半导体和材料部，是光刻机的需求方，经常是 ASML 的第一个客户。

S&I：飞利浦科学与工业部，负责工业化产品的量产，包括光刻机的量产。ASML 是 S&I 和 ASM 国际公司的合资企业。

CFT：飞利浦制造技术中心，负责提供产品工程化的技术支持。

Perkin-Elmer：最早销售工业用光刻机并领先市场的美国公司。

GCA 的 David Mann 公司：继 Perkin-Elmer 后光刻机领域的前沿公司。

在英文世界里，并没有"光刻机"这样一个固定名词。随着技术的演进，光刻机的名称也在不断变化：

Lithography（简称 Litho）：光刻。

Photo repeater：最早的光刻机，重复曝光光刻机。

Aligner：对齐光刻机，用来保证套刻的准确性。

Stepper：步进光刻机，一次曝光晶圆的一个区域。

Scanner：扫描光刻机，用光缝扫描的方式曝光晶圆的一个区域。

Lithography system：光刻系统或光刻机。现代光刻机是 Stepper 和 Scanner 的结合体。

书中的人物和名字众多，但每一章通常只有两三名核心人物。每一章都会先介绍他们的背景，对其进行简单了解后对于阅读该章将很有帮助。

前　言

在 20 世纪 90 年代初，我作为荷兰的一名年轻科技记者来到硅谷。在美国加利福尼亚州圣何塞的一次会议上，我意外地初次认识了 ASML（阿斯麦公司）——一家正在与当时如日中天的佳能和尼康展开技术竞争的荷兰公司。

作为来自飞利浦的一个新手记者，我成天都会听到各种关于产业竞争如何激烈的讨论。但是在圣何塞的费尔蒙酒店，我的荷兰同胞告诉了我一个不同的看法：不管未来发生什么，它都会令世界瞩目。

这家位于荷兰南部小镇维尔德霍芬的机器制造商在 IT 行业扮演着如此重要的角色，这让我感到非常惊喜。在美国的第一次会面后，我一直密切关注着 ASML 的工程师——在我的家乡居然有这么一家决定发展计算机芯片工业并充满热情的小型高科技公司，我感到非常激动。

在 20 世纪与 21 世纪交替之际，我突获灵感，想要写一本关于 ASML 起源的书，讲述这样一台"荷兰机器"如何通过努力神奇地从"光着脚没鞋穿"到最终战胜日本巨头——佳能和尼康。

在像飞利浦这样的巨头都举白旗认输的领域，这家袖珍公司是如何取得成功的呢？从 1984 年的几乎一无所有，到 17 年后成长为业界无可争议的领导者，这是个让人着迷的成功故事。我经常在想，究竟是谁站在它背后并促使其成功的呢？

但是，我的写书计划一直未能实施。互联网泡沫的破灭严重影响到我的公司——Techwatch（技术观察）。我于 1999 年创立 Techwatch 并出版了我自己的杂志 *Bits & Chips*（《比特和芯片》）。因为出版业严重衰退，我的银行账户在 2002年和 2003 年持续透支。我和公司仅有的 3 个员工不得不竭尽全力维持公司的生计。更糟糕的是，为了使公司运转下去，我不得不出让了公司的主要股份。

即便如此，我仍决心开始本书的创作，并在 2003 年第一次采访了于 1984 年加入 ASML 的第一批员工中的维姆·亨德里克森（Wim Hendriksen）。他不停地告诉我："ASML 能做成今天这个样子，是在成立之初就计划好的。"坦率地说，这家公司现在的文化是很有攻击性的：不顾一切地成为赢者直到垄断市场。这种颠覆性的思想在 ASML 成立时就根植于其文化中，并孕育了后来的一切。

每个独立思考的记者都会对 ASML 的这种说法持怀疑态度。你能想象一家制造超级复杂的产品的公司，其企业文化在过去数年一直是"烂摊子"，但在几个月之内就彻底改变了吗？甚至在 1984 年春夏之交时建立的企业文化在 30 年后仍旧保持不变？我觉得这是很难让人相信的。人类记忆的特点就是经常扭曲过去，而在那个时候我也有足够的经验来看待不同的人对于同一件事的不同观点。

ASML 前首席执行官威廉·马里斯（Willem Maris）在 2010 年年底去世，这促使我开始认真对待我的写书计划。我不仅决定出版 *Bits & Chips* 的 ASML 特别专辑，还采访了一些业内知情人士。有一件事变得很清晰：ASML 的发展历程就像一条笔直而平整的路，公司在登顶的路上翻越了很多陡峭的山坡。很多关于 ASML 的故事和轶闻在荷兰的高科技圈子里传来传去，结果变得和事实相去甚远。我发现 ASML 的发展历程中存在一些谜一样的奇怪转折。用一句话说就是，ASML 的故事是如此动人心弦而让我不得不讲出来。

* * *

当我开始写这本书的时候，我的脑海里首先浮现的是什么呢？为了解答这个问题，我得告诉你一些关于我在 20 世纪 90 年代做科技记者和自由撰稿人的事。

我很喜欢讲解复杂的科技产品，但是那时我的兴趣转到人的身上了。特别的是，我对那些关于技术革新的杰出故事无限着迷，尤其是 Natlab（飞利浦物理实验室）的科学家们的故事。那时，能够经常和这些天才们对话让我感到特别幸运，这些对话的内容极大地充实了我在本地知名报纸——*NRC Handelsblad*（荷兰新鹿特丹商业报）上写的科学专栏。在任何时候，一旦在这些顶尖的科研领域中发生了有趣的事情，我经常是他们第一个想要分享的对象。

这些采访无疑是绝佳的体验：它们不仅是关于科技的，还是关于市场机会以及这些发明和机器的社会意义的。Natlab 的科学家和工程师们有着太多让人着迷的故事，我知道研究这些不仅要花很多年的时间，而且需要我和被采访对象之间紧密合作，同时我们还要与管理层以及产品部门的官僚作风做斗争。Natlab 的人经常对飞利浦最高管理层的官僚主义行为进行尖锐的批评，此外，他们常年对研发中的商品持怀疑态度。

工程师们经常被称为"书呆子"。在大众眼里，他们通常是没有社交能力的人。但是我遇到的工程师们，特别是 Natlab 的工程师们，都有着极其广泛的兴趣和渊博的知识，而且他们对自己的工作将可能带来的影响有着深刻的认识。正是他们把一个崭新的科技世界带入我的生活。事实上，他们极少是刻板的"书呆子"形象，相反，他们不仅发展全面，且社交能力十分出众。

但我不得不承认，有时他们给人的第一印象确实像"书呆子"。ASML 电动晶圆台的发明者罗布·穆尼格·施密特（Rob Munning Schmidt）在退休后还在研究终极音频放大器；Natlab 的主任哈霍·梅耶（Hajo Meyer）在退休后以他在声学方面的学术文章为基础，做了 50 把音乐会级别的小提琴；在阿姆斯特丹运河边小屋的地下室里，Natlab 的另一位主任马里诺·卡拉索（Marino Carasso）则喜欢自己把元器件焊到电路板上。

我近距离地感受了整个 ASML：从办公室的书桌到厂房的地板。我不仅和公司的创建者、研发天才们及管理层沟通，也和秘书、研究助理、机器操作员、服务技工以及工会代表交流。早期负责管理 ASML 的商会官员也给了我几个小时的时间接受采访。相比管理层，其他人都对这个奇妙世界有着不同的看法。

正因为如此，当我开始构思这本书的时候，我首先想到的是：在纸上描绘出他们在 ASML 的经历。我不能避免讲述 ASML 赖以成功的技术，但是我知道，关于人、文化、资金以及组织的故事更加引人入胜。因为无论技术多么奇妙，它都只是 ASML 成功的组成部分之一，即使技术的进步是成功的绝对前提。

*　　*　　*

但是，如果我真的要写一本关于 ASML 传奇人物的书，那这本书应该包含多少技术内容呢？无论如何，这个故事中的主角们包括高管都是工程师，同时，ASML 存在的根本也靠的是技术创新和技术开拓精神。这是我写这本书的最大的困扰：我想写一本每个人都能看懂的书，但我又不能不写技术内容。

正因如此，在 2016 年秋天，我决定写两本关于 ASML 的书：一本注重经营管理，另一本注重技术。我认为注重经营管理的那本是给大众读者看的，好让他们了解荷兰历史上最了不起的高科技公司。

您现在读的这本是注重技术的。有些人建议我不要出版这本书，他们认为书中讲了太多的技术内容。但是在我们出版了另一本书《Natlab: ASML、NXP（恩智浦半导体）和 CD 光盘的诞生地》后，读者的反馈与我们想象中的情况完全不同：对于喜欢科学和技术的读者来说，阅读那些所谓的困难章节毫无问题。

即便如此，本书还是把写人，尤其是 ASML 背后的工程师们，当成首要而且是最重要的工作。我尽可能用通俗的语言来讲解科学和技术，帮助没有技术背景的读者读懂。这也意味着有技术背景的读者不会在这本书里找到有深度的技术内容，对他们来说，有太多的技术资料可供其查阅。

现实是，没有人深入写过关于光刻技术历史的书。市面上有很多关于半导体行业的值得收藏的好书，但令人惊讶的是，它们都很少讲到"光刻"这项关键核心技术。这也是我在这本注重技术的书里讲解世界上其他地方的光刻技术发展史（包括日本人获得过的短暂成功）的原因。

对我来说，人的因素是最根本的，这也是我把本书命名为《ASML 的架构师》（本书原版书名）的原因。这个名字不仅指光刻机的架构，还代表着公司的架构。

在科技领域，每个人都经常谦虚地说他们是站在巨人的肩膀上。科学家和发明家经常强调前人搭建的根基，而弱化他们自己的贡献。在这本书里，我会描绘这些巨人创建的根基，同时也会让你看到那些谦虚的研究人员做出的卓越贡献。

* * *

制造出光刻机这样复杂的机器是团队协作的结果，这也是我在书中强调技术背后的工程师群体的原因。荷兰历史上第一台光刻机——一台重复曝光光刻机（photorepeater）是在这里诞生的。如果不是飞利浦公司的杰出研发人员弗里茨·克洛斯特曼（Frits Klostermann）和爱德·鲍尔（Ad Bouwer）在工作中不断追求极限，这台机器不会如此完美。

研发工作总是无比艰难。现在我们会深入地"交换想法"，或者也叫"反复评审"，这对制造光刻机这种复杂设备来说是必不可少的。"反复评审"这种做法一直贯穿 ASML 的历史：工程师们在最前沿的科学和技术上反复开展讨论。正是精益求精、反复求证的态度，才使他们达到真正的极限。

我想把这种工程师文化带到我们的实际生活中。这意味着这本书不会列出每一个人的名字以及他们的成果。我尽量只描写关键人物，即使我知道这么做会漏掉一些人。

经过了这么多年，精确地找到某种技术的出处是极其困难的，更容易让人记住的只有那些创造出杰出的新事物或新方法的个人，虽然他们还是会说灵感来自整个团队。即使是专利上面列出的名字，也不能每次都公正地代表成果背后的所有人员。

最重要的是，我想向读者展现一个技术世界。为了做到这一点，我会重点讲述一些非凡且激动人心的时刻和发现，而那些我认为枯燥的部分只会简单提及。

* * *

我花了整整 7 年的时间来写这本书。我很喜欢从自己的角度来重新体验一遍 ASML 的探险历程。那些了不起的事件、ASML 如同过山车般跌宕起伏的历史、偏执狂才能生存的芯片产业，特别是很多受访者对我的坦诚，都一再地给予我动力并激励我把更多时间投入在这本书上。有一位被采访者甚至还很高兴有此机会袒露心声，他说那些年他所做的研究工作真的很糟糕，如果他的自白能被印在书上，那么他就不会觉得那么内疚了。

对我而言，自己开一家出版公司有时会觉得很艰难，但是时常又感觉很幸运。这是因为当我要写一本书的时候，我自己的公司可以为我提供无与伦比的便利。举例来说，把超过 300 个小时的采访录音整理成文字至少需要半年的时间，而我可以把这些事交给我们公司的实习生来做，所以当我花大量时间写作的时候，公司还是可以正常运作。此外，我可以经常和身边的同事们分享一些逸闻趣事和新知识，这总能带给我们愉快的心情。

* * *

对我来说，最有趣的工作是验证"公司现在的样子就是成立之初规划的样子"的说法。客观地说，ASML 是有总架构师的，他的名字叫贾特·斯密特（Gjalt Smit）（ASML 第一任首席执行官）。他就是在 ASML 成立后的最初几个月内定义公司的那个人，但是他近乎疯狂的热情和全身心的奉献，却并未让他在 ASML 过得很好。最初，我很担心整个故事会变成圣人式的颂歌，为了避免这样，作为记者的我只能做一件事：竭力去寻找各种反面的声音，同时在写书的过程中不被自己的偏好所影响。

所以，你看到的是，贾特·斯密特并没有被描写成一个圣人。斯密特和大股东阿瑟·德尔·普拉多（Arthur del Prado）之间的激烈争吵众所周知，斯密特没有给出关于争吵的任何细节，而德尔·普拉多也否认了他们之间的争吵。直到去年一位当时在场的前同事出现，真相才变得清晰：在 ASML 工作仅 3 年半后，斯密特就离开了。

虽然最终斯密特被迫离开了 ASML，但每个人都承认他带来了奇迹一样的结果。他在 ASML 种下了那粒种子——不计成本和闪电般的速度。这引导着 ASML 从一个微不足道的"小玩家"成为全球的"超级霸主"。即使在斯密特短暂管理期间，世界也感受到了这家公司的不同：在 1984 年 ASML 什么都不是，但到了 1987 年年初，《纽约时报》已经把它和佳能、尼康相提并论了。

最早从飞利浦来的 50 名员工构成了 ASML 的技术团队。其中最了不起的事情是贾特·斯密特把焦灼混乱的员工组建成了一支充满热情的队伍，并且融合了很多截然不同的文化。很多人都将此归功于斯密特。斯密特在 1984—1985 年说过的话显然给团队留下了深刻印象，以至于我采访时很多人能逐字引用他的原话。我自己也深刻认识到贾特·斯密特作为管理者的天赋。当他意识到我非常认真地在写这本书的时候，他经常挤出时间从瑞士的家飞到荷兰与我对话并回答我的问题。

当然，ASML 的故事还包括没有人情味的工作文化。在世纪交替的时候，我采访过一位已经离职并卖掉 ASML 股票的百万富翁，当时他还有好几年才到退休的年龄，所以我问他为什么离开 ASML。他看起来很疲惫："你看，18 个轮子的大卡车设计的时速是每小时 60 英里（1 英里约为 1609 米）。你可以开到每小时 90 英里，但你不能总开那么快。在 ASML，17 年时间里我的时速一直是每小时 90 英里。"

ASML 的故事是一个成功的故事，但这本书和描写其他荷兰企业的书非常不同，比如写荷兰银行、飞利浦的书。在那些书里，很多信息都来自充满怨恨的离职人员。而在这本书里，和我谈话的那些员工都对在 ASML 的工作经历感到非常自豪并非常渴望与我分享。当然，这个成功的故事也会带有怀疑、报复和傲慢。

在这个非凡的故事中，人们总是非常坦诚地讲述他们自己的性格缺陷、工作失误和犯过的错误。在我看来，ASML 的成功是建立在坦诚的基础之上的，我非常感激他们对我的坦率和诚实。

我采访过很多人，他们并没有给出纯奉承式的描述。更了不起的是，即使出于自我保护，他们也没有给出违背事实的说法。

在写书的最后几个月，我意识到自己不能只做停留在表层的描述。幸运的是，我获得了访问大量机密信息的权限，这使我产生了更多的灵感。我坚信，最核心的价值和最鼓舞人心的东西来自诚实：只有展现自己脆弱的那一面，才会让你超越自我。

最后，我仍然坚信这是一个非凡的故事。它的非凡之处在于 ASML 如何从一开始就确定了成功的方向，在于如何依靠合适的人、合适的知识以及巨额的资金和正确的决策走向成功，还在于这家公司如何做到完全信赖那些自己无法控制的事情。从这个意义上来说，我同意贾特·斯密特在未发表的 ASML 回忆录里写的："我不认为在完全一样的条件下，一个同样成功的公司会在今天出现，事实上任何公司的成功都不可复制。"

瑞尼·雷吉梅克（René Raaijmakers）

本书简介

30 多年前，整个光刻机市场被美国 GCA 和尼康垄断。但真的是整个市场被垄断吗？其实不是。在很低调的荷兰，一家小型的机器制造企业一直保持着挑战巨人的勇气，最终彻底超越了它在美国和日本的竞争对手。

荷兰人并不满足于他们当时的成就，他们还想"征服世界"。他们花了 10 年时间使公司站在竞争者的前面，而从 20 世纪 90 年代中期开始，他们又花了 10 年时间最终完全垄断了市场。

如今，这家技术公司继续无畏前行，在第三个 10 年后的今天，ASML 的光刻机在芯片精度和制造速度上已经藐视群雄。ASML 所在的维尔德霍芬这个荷兰小镇规划了 IT 行业的发展速度，它通过发展芯片的速度和密度来决定世界计算机的算力和信息的存储容量。

ASML 现在取得了无与伦比的成功。它的股价甚至早已超过了自己原来的母公司——飞利浦，同时，在很多方面它都拿到了第一：荷兰最大的出口商、荷兰最大的技术雇主和世界最大的芯片设备制造商。

ASML 光刻机占据的市场份额有 70% ~ 80% 之高，很多年里一直把佳能和尼康远远甩在后面。不仅如此，ASML 仍在斥巨资开发更小的芯片制造技术。目前，制造 EUV 光刻机所用的技术是如此的复杂，使得没有任何其他公司敢于尝试。唯一可以与之对比的是美国阿波罗计划，但也许 EUV 光刻技术更加了不起。

在过去的 10 年，ASML 的上市使它得到了更多关注，这主要源于它在股市上的良好表现。但是公众对这家公司如何扩张到今天的规模其实知之甚少，比如，它是如何增强自己的竞争力的，又是在怎样的基础上冉冉上升以至于获得今天的声望的，等等。而这本书就是想要解答这些问题。

目　录

01　光刻机的前历史

一只奇怪的昆虫　/　002

飞利浦半导体和材料部　/　007

David Mann 公司　/　010

爱德·鲍尔　/　012

小提琴制作师　/　020

02　合法的印钞机

天生的工程师　/　027

旅行伙伴　/　033

技术文档 105/71　/　035

晶圆重复曝光光刻机　/　042

美国风格　/　051

03　垂死挣扎

维姆·特罗斯特　/　056

特罗斯特的信　/　063

GCA 打出制胜牌　/　074

敲响政府的门　/　077

电动晶圆台　/　079

拯救计划　/　085

金砖做的茅房　/　096

04 达成协议

阿瑟·德尔·普拉多 / 103

五十对五十 / 109

可怕的协议 / 114

05 杠杆剥离

贾特·斯密特 / 122

欺骗 / 131

重聚 / 136

交付期限 / 140

一亿美元 / 148

从巴黎到奥伯科亨 / 155

来自地狱的公司 / 162

日本人 / 166

最初的蓝图 / 171

卡通演示 / 176

第一条招聘广告 / 179

06 截止期限

商业计划 / 183

地标 / 193

回到 Elcoma / 198

维多利亚韦斯特旅馆 / 201

蚁冢 / 204

维多利亚酒店 / 207

美国市场 / 213

如果说它周五来，那它就不会来 / 215

快！快！快赶上了 / 222

我们可以赢的 / 224

我们听见了你的话，杰瑞 / 228

AMD 公司 / 231

斯密特的发声板 / 238

紧急会议 / 245

不再狂野的怀尔德 / 251

07 花钱大王

幸福感 / 258

美国最强硬的老板 / 263

德尔·普拉多又被诱惑了 / 270

GCA 的黄昏 / 274

日本设备的可靠性 / 281

碎梦大道 / 286

接受不接受随你 / 292

80 美元和再见 / 297

08 走上正轨

胖胖的人 / 306

一贫如洗 / 310

有希望的客户 / 315

尼康的阿喀琉斯之踵 / 320

现金流变正 / 324

开启加速模式 / 331

IBM 公司 / 339

09 你追我赶

圆桌会议新老板 / 342

德国人的垄断 / 348

给 IBM 的录像片 / 356

有"金手指"的工匠 / 360

日本玻璃 / 365

蔡司 O-Lab / 371

靠信誉经营 / 375

想都不用想的事 / 379

10 增长

完美的团队 / 383

主人翁的价值 / 391

扫描光刻机 / 393

韩国巨头 / 402

四十大盗 / 407

拯救公司的医生 / 411

开坦克的参会者 / 416

格拉斯曼的严峻挑战 / 419

独立自主 / 428

附录

附录 1 从欧洲视角看 20 世纪 50 年代的计算机芯片与光刻技术 / 435

附录 2 David Mann 公司 / 439

附录 3 20 世纪 60 年代初，飞利浦 Natlab 的技术微型化 / 441

附录 4 光图机 / 442

附录 5 电子束掩模制作机 / 445

附录 6 摩尔定律与芯片设备游戏规则 / 447

附录 7 合资协议：估值 / 449

附录 8 合资协议：最开始的计算 / 451

附录 9 对准：全局对准、裸片对准和双对准 / 452

附录 10 电动晶圆台之谜 / 454

附录 11 合资协议：ASM 退出时的最后声明 / 458

附录 12　长冲程、短冲程电机　/　459

人物表（按字母排序）/　461

术语表　/　470

作者采访人物（2011 年—2017 年）/　473

致谢　/　476

作者后记　/　477

01

光刻机的前历史

1962—1969

一只奇怪的昆虫

飞利浦研发主管里奥·图莫斯（Leo Tummers）要求他手下的年轻工程师弗里茨·克洛斯特曼（Frits Klostermann）制作一个芯片。Natlab当时并没有做芯片所需要的微光刻技术，所以克洛斯特曼决定自己做一台新机器来完成这个任务。

从 20 世纪 60 年代开始，飞利浦物理实验室（简称 Natlab）就一直是一个只接收顶尖人才的超级大学。在荷兰埃因霍温飞利浦工业园区里，这些奇才们在毫无束缚的条件下自由选择他们想研究的课题：他们不需要像大学里那样上课，而 Natlab 的科研预算几乎是没有上限的。

在这里，越来越多的先进科技转化成新产品，而作为飞利浦创新之源的 Natlab 功不可没。该实验室研究出的每样东西似乎都能变成金子。下面这些发明就是最好的证据：电视、收音机、日光灯、录像机……这个清单还可以更长。那时飞利浦的研发进展势不可挡，所以实验室计划搬到临近的瓦勒镇以扩大规模。

1961 年，飞利浦创始人安东·飞利浦（Anton Philips）的儿子弗里茨·飞利浦（Frits Philips）接管了这家当时有 23 万名员工和 20 亿美元营业收入的跨国公司。弗里茨·飞利浦同意把瓦勒镇的研发实验室扩大到 3000 人的规模。

* * *

1962 年 9 月，研发人员弗里茨·克洛斯特曼加入这间享有盛誉的飞利浦实验室时已经 29 岁了。一些更早加入实验室的聪明的年轻人已经做出成果，但克洛斯特曼后面还有很长的时间可以追上。

克洛斯特曼是家里最小的孩子，他的老家位于德国北部城市奥尔登堡。19 世纪初，他家主要在荷兰做纺织品、皮革和鞋类用品的生意。

克洛斯特曼 1939 年开始上小学，但失读症一直困扰着他，阅读、算术等对他来说都很难。但他长大以后，这个病神奇地痊愈了。从以数学和物理为重点科目的高中毕业后，他在当地的一所社区学院学习了工程课程，并在德国和英国的机器工厂实习工作了一年。因为毕业成绩优异，学院院长鼓励他去代尔夫特理工大学学习物理——这所学校相当于荷兰的麻省理工学院。

克洛斯特曼没有资格在荷兰获得政府提供的学生援助，因为他仍然是德国公民。但社区学院的院长帮他找了无息贷款，使得他能够顺利进入代尔夫特理工大学。

毕业后，克洛斯特曼听从大学教授的建议向 Natlab 申请了工作。这个年轻的工程师就这样来到了里奥·图莫斯的小组，在那里他第一次听到集成电路，简称芯片（ICs 或 Chips）。

在 20 世纪 60 年代和 70 年代，飞利浦研发主管里奥·图莫斯、分部主任皮特·哈伊曼（Piet Haaijman）和总经理埃弗特·韦尔韦（Evert Verwey）组成了 Natlab 半导体研究团队的核心。当克洛斯特曼到来后，图莫斯小组变得越来越兴奋。

几个月前，哈伊曼在他的美国考察之旅中带回了一个芯片——一块半导体晶体，上面焊接和集成了各种电子元件。这引起了不小的轰动，这个芯片的影响是显而易见的：美国人在降低电子成本方面取得了巨大的成就。这 3 个人意识到他们错过了和世界先进技术同步发展的机会。图莫斯命令他手下的几位研究人员放下一切工作，集中精力投入集成电路的技术研发中。

图莫斯在大楼的侧楼上安装了一台用来观察哈伊曼带回来的芯片的显微镜。它作为一个号召，让任何对未来技术有疑虑的人都可以看到它。"看看这个，"他告诉克洛斯特曼，"如果美国人可以做到，我们也能做到。"克洛斯特曼通过显微镜第一次看到了芯片的样子：像某种奇怪的昆虫，闪耀着彩虹般的色彩。

对于大多数在 20 世纪五六十年代来到 Natlab 的研究人员来说，第一年通常是轻松的一年。他们总是四处逛逛，花几个月的时间慢慢跟上节奏，然后选择他们最感兴趣的项目。克洛斯特曼也开始跟上节奏了，那个像水晶昆虫一样的芯片给了他紧迫感。他的研究小组组长正打算追赶美国人的步伐。

图莫斯要求克洛斯特曼在集成电路上放置一个移位寄存器。当时，移位寄存器由一些独立元件焊接组成，例如晶体管、电阻、二极管和电容器等。克洛斯特曼的任务是将所有这些元件连接整合到一小块晶圆上。换句话说，就是把它们变成一个芯片。

＊ ＊ ＊

与此同时，美国正在向芯片领域注入重金，其国防工业正在刺激其科学和工业领域同时将所有赌注都押在新技术上。芯片需求的不断增加也将芯片生产设备的发展速度推向了极致。

国防和航空航天工业也在发挥着激励作用。举例来说，1960 年年底美国空军与德州仪器签订了价值 210 万美元的合同，用于为集成电路的开发定制工艺和仪器。第一批专业的芯片设备制造商就出现在这一时期。当时芯片产量稳步增长，美国抢占先机，大幅领先欧洲，并在短时间内成功地大幅降低了芯片价格。

欧洲工业界虽然也在投入芯片研发，但在 20 世纪 60 年代初，这一努力几乎只来自飞利浦、西门子和德律风根等几个大型公司。这些公司拥有雄厚的资金，但它们缺乏硅谷无数专业的初创企业所创造的电子化生态系统（参见附录 1）。

在 Natlab，制造二极管和晶体管等半导体元件的技术都已成熟。研究人员只需打个响指，玻璃技工和车间技工就会跑过来为他们提供测量仪器、真空罐蒸发器、扩散炉和其他设备。

克洛斯特曼在探索集成电路的过程中得到了同事们极大的帮助：飞利浦的阿尔伯特·施米茨（Albert Schmitz）和皮特·乔切姆斯（Piet Jochems）已经在芯片（当时还被称为硅片）上刻出了需要的条纹。对他来说，最大的挑战是光刻投影器材。Natlab 缺乏光学仪器来制作含有非常微小的图案的掩模，这些掩模用于以光投射的方式将图案刻到芯片上。

克洛斯特曼可以让美国公司制作他们需要的掩模，但这需要耗时几个月，所以他决定自己开发一个成像装置。过了几个月，这位年轻的工程师就打造出了他的第一个装置。"一个简单的投影系统做好了，它似乎可以产生足够质量的光刻图像"，克洛斯特曼在 1962 年最后一个季度的报告中写道。

＊ ＊ ＊

在克洛斯特曼开发自己的装置的那一年，GCA 的 David Mann 公司（GCA 的光刻机子公司，参见附录 2）开发了一个类似的装置：重复曝光光刻机（Photorepeater）。当时，该公司甚至已经卖出了几十台这种光刻机。几家芯片制造商都在使用 David Mann 公司的光刻机制作接触式掩模，然后再利用掩模将图案印到晶圆上。

在 Natlab，哈伊曼要求克洛斯特曼将工作重心转移到光刻掩模的生产上，所以他被转到亨克·琼克（Henk Jonker）负责的光化学研究小组。在那里，他将他所有的精力都投入重复曝光光刻机的制造中。

但当克洛斯特曼加入这个新小组时，他发现琼克的工作重心完全在别处。克洛斯特曼的机器研发处于停滞状态，而琼克却让他管理一个技术服务小组，负责为各种客户生产接触式掩模和先进的照相底版。

科学家克洛斯特曼变成了一名业务经理。他听从了琼克的安排而没提出异议，这并不是因为他作为一名年轻的工程师却急于做一个服务部门的管理者，而是因为他是一个尊重权威而且有原则的人。在那个时代，反抗等级制度的人并不多，他明白这是他必须要做的工作。此外，他和琼克相处得很好，两人从一开始就亲切地互相称呼对方的名字而不是称呼先生。

* * *

琼克知道克洛斯特曼内心渴望为集成电路制造自己的光刻机，但这个计划对琼克来说实施起来太慢了，因为制造这样一台复杂的设备可能需要数年的时间。他知道飞利浦的半导体和材料部（简称 Elcoma，它是飞利浦半导体部和 NXP 公司的前身）已经为其在荷兰奈梅亨的晶圆厂购买了一台 David Mann 公司制造光刻机，用于制造光刻接触式掩模。

琼克选择了同样的务实道路，他也想通过购买 David Mann 公司的设备来赶上美国人。克洛斯特曼却不同意，他想开发出自己的机器。但他没有直接反对老板，因为他知道他的老板是个少言寡语且不喜争论的人。

琼克渴望快速实施计划，1963 年 5 月，他向 David Mann 公司订购了一台重复曝光光刻机。一个月后，David Mann 1080 型设备抵达荷兰埃因霍温（飞利浦总部所在地），克洛斯特曼安装并启动了该设备。重复曝光光刻机是按传统思路设计和构建的：单组镜头投影系统使用柯达高分辨率板将图像收缩 10 倍或 3 倍，玻璃投影板位于和车床类似的支架的晶圆台上，并带有手工刮削的铸铁棱柱导轨。

两个坐标方向上的移动是使用导程螺丝杆完成的。在任意一个方向上移动时，操作员必须手动扭动螺丝。一旦一切都到位，机器就能给整排图案成像。一个小电机将光敏板的托盘移过显微镜的目镜。闪光灯由脉冲计数器控制，该计数器接收来自导程螺丝杆上的旋转传感器的信号。在设置好脉冲数之后，控制器将触发闪光，指示灯闪烁，在"嘀嘀嘀嘀"的声响之后，光刻机会将图案刻录到感光晶圆上。

克洛斯特曼操作 David Mann 公司的重复曝光光刻机几乎没有什么困难，但他没有时间设计自己的成像设备了。Natlab 的科学家所享有的所谓的自由对他来说似乎不存在。他现在要负责整个服务部门，所有的官僚主义和行政工作让他头疼。他的工作范围已经缩小到消除灰尘（参见附录 3），现在完全没有空间让他制造自己的"新玩具"。

这位年轻工程师的开发计划被破坏了，但美国的重复曝光光刻机确实给了他彻底研究先进工艺的机会，他紧紧抓住了它。他仔细测试 David Mann 公司的设备，多次重复采用相同的测试方式，并使用实验室配备的 SIP 和 Leitz 坐标测量机测量所有内容。他在他的实验室日记中记录的测量结果长达几十页。克洛斯特曼估计他的测量误差最多为 0.5 微米。在几十毫米的距离内，他发现有几微米的误差，不过按当时光刻机的规格来看，误差在 1.25 微米以下应该就能达到标准。

克洛斯特曼并不觉得 David Mann 公司的系统做得足够好。他承认 David Mann 是世界上第一家提供这种系统的公司，但作为工程师的直觉告诉他，这种系统可以做得更好。

＊　＊　＊

1964 年 11 月，克洛斯特曼前往美国参观多家仪器制造商。他去了 7 家公司，看到了各种光刻机、精密照相机和测量仪器。11 月 19 日，在美国佛蒙特州伯灵顿，他与经营 David Mann 公司的伯特·惠勒（Burt Wheeler）握了手。克洛斯特曼仔细察看了美国人的设备并和他们讨论了重复曝光光刻机的缺点，此时这种机器他已经使用了一年半。

David Mann 公司并没有止步于现有的成就。克洛斯特曼了解到，美国已经出售了第一台四管分步重复曝光光刻机，它的原理与克洛斯特曼几年前所设想的原理相同，即通过并行成像取得高精度的图案。David Mann 公司的机器售价是 37,500 美元。克洛斯特曼把这一切都写进了出差报告中。

飞利浦半导体和材料部

飞利浦的半导体和材料部（简称Elcoma）正面临现有光刻设备无法满足发展需求的困境。弗里茨·克洛斯特曼终于获批实现他的梦想。

在 20 世纪 60 年代的后半期，Elcoma 在荷兰奈梅亨的半导体工厂决定不只生产晶体管，也要开始制造集成电路。他们迫切需要一种更快、更复杂的方法来制作接触式掩模。晶圆厂的生产即将达到 David Mann 公司的机器的极限。他们在艾恩德霍芬和奈梅亨一直使用的美国光刻机已经过了它们的黄金时期。美国的设备不够精准，而且太耗费人力了，必须有人不断地操纵它们。

Elcoma 的技术经理定期与 Natlab 的领导和董事一起讨论这种技术挑战。这两个部门在世界各地都有联系。他们之间的沟通也是一个很好的机会，可以让半导体工厂了解最新的科学研究成果。这意味着 Elcoma 总能及时了解 Natlab 的光学和机械成就，而 Natlab 研究人员总是乐于吹嘘他们的静压轴承和气动技术。

当时，位于奈梅亨的 Elcoma 掩模中心的主任马特·维伊堡（Mat Wijburg）看到了关于这些讨论的笔记。他的回答是刻薄的，他冷笑道："Natlab 吹嘘自己的静压轴承和气动技术，但他们并不能用它们来制造那些帮助我们生产芯片的机器。"他的话传到了位于埃因霍温的 Natlab，结果两个部门之间产生了争论。

双方最终达成了一个约定：合作制造一台光刻机。Elcoma 的集成电路组将负责制造电子元件，由 Natlab 的电子支持团队负责协助。

* * *

1966 年秋，克洛斯特曼获批制造他的光刻机。在漫长的 4 年里，他的前主帅图莫斯心中的赶超美国的目标一直没有实现。但同时，克洛斯特曼在光刻方面积累了丰富的经验。通过对镜头、摄影材料和闪光灯的深入研究，他掌握了 David Mann 公司设备的优点和缺点。

克洛斯特曼现在迫不及待地想要开始创造，他决心制造出一台完美的光刻机。令他吃惊的是，他的老板琼克给了他绝对的自由以及慷慨的预算。

克洛斯特曼必须想办法把集成电路的图案投射到照相底片上，然后这些照相底片可通过接触式掩模将图案刻到芯片上。在一个玻璃负片上，数百到数千个0.5 毫米～1 毫米的电路必须逐一成像。工作量这么大，如果要在经济上可行，曝光也必须快速完成。每个电路都是由只有几微米大小的组件组成的，所以这个过程必须非常精确。

4 年前他写在纸上的想法又派上了用场，克洛斯特曼希望将 6 个缩小透镜组固定在一起，从而为单个芯片同时曝光 6 个不同的照相底片，每个照相底片都具有不同的图案，并成为芯片中的每一层。他在报告中指出"这台机器应该可以在1967 年 4 月开发完成。"

克洛斯特曼选择了 David Mann 公司在其重复曝光光刻机中使用的工作原理，就是曝光数乘以 6：一个具有 6 个闪光灯和 6 个垂直方向的目镜的成像系统，可同时收缩 6 个图案，并将其投影到 6 个感光板上，由机械托着晶圆向前移动；当晶圆台移动时，位移测量系统必须将触发脉冲信号传递到闪光灯上，从而在每一个感光板上面同时刻录成排的微型图案。

1966 年秋，克洛斯特曼测试了单管光刻机的初始设置。他第一次不受任何束缚，可以真正在技术王国里驰骋，因为这就是 Natlab 的风格。几乎所有的东西都在他的掌握之中。如果缺任何东西，他都可以自己做。

为了评估各种微型图案的锐度和失真情况，克洛斯特曼的助手使用这些镜头对测试掩模进行了微照片拍摄。1966 年秋，大约有 20 个候选镜头通过了该系统测试。克洛斯特曼报告说："最好的镜头使用了蔡司专门针对微电子开发的光学器件。"

Natlab 让人羡慕地拥有在其他地方无法买到的内部精密技术。在 20 世纪 60年代中期，光学研究小组的研究人员亨德里克·德朗（Hendrik De Lang）开发了一个线性光栅测量系统，该系统在当时来说非常精确：一个光电标尺可以测量出1/10 微米的位移（参看附录 4）。利用通过线性光栅测量系统测量的数据，克洛斯特曼制造的光刻机可以精准地进行闪光灯曝光。

光学部分则是另一个故事。克洛斯特曼要求的标准很高，他希望目镜的视野范围比蔡司目镜更大，但飞利浦无法满足该要求。Natlab 在内部拥有光学专家，但飞利浦没有任何团队能够熟练地设计并可靠地批量生产镜头。

因此，克洛斯特曼列出所需产品的规格，并敲响了卡尔·蔡司的大门。但该公司无意为他制作定制镜头，因为 Natlab 需要的数量太少。克洛斯特曼只可以从蔡司现有的标准产品中进行选择。

所幸的是 Natlab 与全世界都有联系。在法国的飞利浦电子和应用物理实验室（LEP）是 Natlab 的一个分支，在当时承担法国政府的许多航空航天项目的研发工作。LEP 则和 CERCO 公司有联系，CERCO 是巴黎的一家小型光学公司，多年来一直在为 LEP 生产定制产品。

在 CERCO，克洛斯特曼遇到了由埃德加·胡格斯（Edgar Hugues）带领的十几位抛光和光学工匠。这家小公司为 LEP 做出了大量贡献。LEP 的员工只要有想法，CERCO 就会为他们生产。克洛斯特曼和他的 6 镜头光刻机来对了地方。CERCO 一明白他想要什么，就马上开始行动了。

David Mann公司

Natlab在与外界隔离的情况下,在飞利浦的深墙中,制造出了自己的重复曝光光刻机。这与美国的发展形成了鲜明的对比,硅谷的研发是完全不同的,它们的学习曲线就像白天和黑夜一样相反。早在1961年,David Mann公司就已经在市场上推出了一台简单的设备。这台机器有些瑕疵,但在当时足以用来制造晶体管。使David Mann公司加快发展步伐的不是工程师和学者,而是数十名客户用他们的具体问题促使精密仪器工程师去改进机器。

研发永远是渐进的。在 20 世纪 60 年代初,David Mann 公司的工程师开始在导程螺丝杆上使用旋转螺母。之后他们才像克洛斯特曼设想的一样,过渡到使用线性编码器来获得更高的精度。

在美国,David Mann公司的成功促使几家公司在20世纪60年代效仿其做法。IBM 的一位工程师创办了自己的公司 JADE,制造重复曝光光刻机。Dekacon、Electromask、OPTOmechanisms、Royal Zenith、R.W. Borrowdale 和 Yale Micro-Module 等公司也踏入了这个新兴的市场。Spectra Physics 公司甚至发明了一个具有 9 套镜头的装置,它配备了基于激光的测量系统和一个靠空气轴承稳定的平台。在 HP(惠普)公司发明了一种可用的激光后,David Mann 公司改用了激光干涉测量系统。

尽管竞争激烈,但在整个 20 世纪 60 年代,David Mann 公司的市场份额一直保持在 60% ～ 70%,甚至在日本所占据的市场份额也是一样的。在那个年代,该公司以其卓越的品质而闻名,其工程师也获得了良好的声誉。哈佛研究生丽贝卡·亨德森(Rebecca Henderson)后来在哈佛大学的一份报告中写道:"众所周知,David Mann 总经理伯顿·惠勒对质量要求极高,只有最优质的设备才会离开工厂。"但是光刻市场太小了,所以在 David Mann 公司,机器是由几十名工程师在一个小小的车间里手工组装的。

就像克洛斯特曼一样，David Mann 公司的研发团队也在努力满足显微镜成像对光学设备的苛刻要求。在 20 世纪 60 年代初，美国人仍在向显微镜制造商博士伦订购光学元件。该公司向 David Mann 公司提供大量的镜头，David Mann 公司的研发团队在其中挑选出最好的，再将其余的退回。

但博士伦很难提供 David Mann 公司的研发团队所需的高质量镜头，有时 David Mann 公司收到的一个批次中的所有镜头都不能用。随着退货次数的增加，工程师们开始烦躁。精密仪器专家开始寻找替代方案，并在纽约找到一个经销商，他们发现尼康镜头的质量更好。日本的产品还有另一个优势：它们本身就是相机镜头，是为了获得更大的视野而开发的；可以对直径近 8 毫米的区域进行成像，而且分辨率也高得多。新的镜头为 David Mann 公司带来了新的机会。

爱德·鲍尔

弗里茨·克洛斯特曼招募了固执且执着的设计师爱德·鲍尔（Ad Bouwer），来帮助他制造他的重复曝光光刻机。这个装置将继续为Elcoma带来大量营业收入。

　　弗里茨·克洛斯特曼渴求完美，他需要花时间去实现它。他必须做到理论和实践相结合：使位于埃因霍温的 Natlab 的科学家和位于奈梅亨的芯片厂的技术人员协同工作。他在一个完美的环境中工作，这使他能够制造他的光刻机。

　　为了制造 6 镜头光刻机，克洛斯特曼在 1966 年秋天联系了飞利浦精密工程部门（PEG）的爱德·鲍尔。通常情况下，Natlab 的研究人员会将他们的要求告诉画图室，画图室随后指导 PEG 的工程师们画图。但克洛斯特曼是个控制狂，是个更有工程师风格的科学家。他在机械制造方面有实践经验，他知道他的机器需要极高的精度，并希望确保一切都按照应有的标准进行。因此，他更喜欢直接与那些可以把自己的想法变成现实的人交谈。

　　当鲍尔展示他的第一张图纸时，他发现克洛斯特曼并不是普通的研究人员。鲍尔习惯匆忙地说出他的想法：这就是你需要的，这就是会起作用的，所以这就是我们要做的。但克洛斯特曼不太适应这种方式。鲍尔得证明他的想法都是合理的，包括每个细节。克洛斯特曼要求以数学上的完美计算作为支撑，这让鲍尔几乎说不出话来。克洛斯特曼对他提出的每个方法进行数小时的质询，而鲍尔则每时每刻都在忍受煎熬。

* * *

　　就像克洛斯特曼一样，鲍尔也慢慢地走上正轨。在 20 世纪 50 年代，他就读于飞利浦公司所创办的学校，他才智杰出，被允许专攻仪器制造。在 Natlab，他逐渐成为公司最顶尖的仪器制造人才，并在 15 年后成为 PEG 的管理者。鲍尔持续为 ASML 获得专利，在 20 世纪 90 年代后期，他甚至绘制出了第一台 EUV 光刻机的原型。

鲍尔是个温文尔雅的人，但他在制造方面的丰富经验让他非常自信，任何人都很难改变他的想法。在 Natlab 工作多年的其他科学家和他争论从来没有赢过。在与克洛斯特曼的第一次谈话中，他就固执地坚持自己的设计和想法。

但无论鲍尔多么好，克洛斯特曼都觉得这位设计师的方法有些马虎。仪器制造者通常会手绘一些草图和原理图，再简要解释，然后让他的工程师团队着手工作。为了确保所有文件都归档，Natlab 在工作完成后会把所有的设计图纸都收集起来。

克洛斯特曼对此并不满意。他是一个固执的研究人员，拒绝被一张手绘的草图说服。在他的眼中似乎是：模糊的争论不如通过实践来验证。实干的鲍尔把他带到了现实中。"当然，你可以在图纸上找出 1 微米的误差，但这在车间里不会出现。"他向克洛斯特曼开火。

这两人每两周举行一次会议，并经常花整整一个下午的时间争论，然后才达成一致。不过他们总是能设法达成一致：有时这个人赢，有时另一个人获胜。这对鲍尔来说是一个新的体验，而且随着时间的推移，他越来越喜欢与克洛斯特曼进行激烈的讨论。

* * *

Natlab 可能是 20 世纪 60 年代最不受约束的研究堡垒，但它也是一个沉浸在等级和阶级中的研究所，克洛斯特曼就是一个很好的例子。在一个荷兰人正在摆脱固有社会界限的时代，他希望他的助手们称他为"先生"，但助手们认为他过于死板。所受教育的不同使得同事之间存在文化认知差异。

Natlab 的科学家们一般在位于代尔夫特、阿姆斯特丹、乌得勒支和格罗宁根的著名大学获得学位，这些学校是飞利浦的主要人才来源。

克洛斯特曼和琼克可能会直接叫对方的名字，但琼克从不直接和克洛斯特曼的助手讲话。当他在大厅里遇到普通员工的时候，他甚至都不打招呼，他给下级员工的信息总是通过克洛斯特曼传递。克洛斯特曼和鲍尔却互相正式称呼对方，尽管他们在 Natlab 的非正式层级大致一样。

克洛斯特曼是个很得体的人，他很好地利用了这一点。光刻机的制造不是一个正式的项目，但克洛斯特曼利用他的魅力成功地说服了其他团队的研究人员来帮助他制造光刻机。除了本职工作外，一些研究人员和助理花几天甚至几周的时间无偿为他工作。

但没有人逃过克洛斯特曼的批评，他不太容易对付。在讨论中，他非常固执、不爱让步。

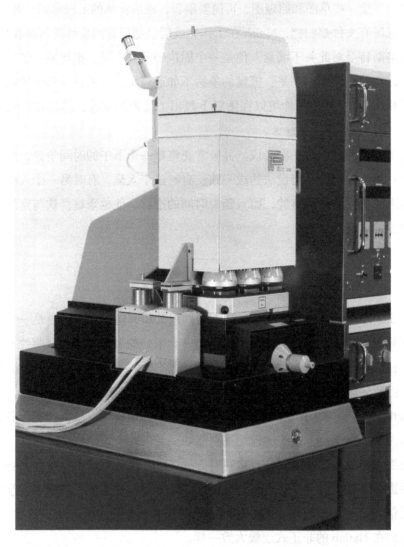

飞利浦的重复曝光光刻机。图中可见 3 个镜头的底部，其下方是用来放晶圆的定位台。镜头的左侧是反射相位光栅，用于读取 x 和 y 方向的位移。在每个反射相位光栅下方都有一个光学读取头。

他与鲍尔的争论并未停止。如何才能使设备更稳定？如何在不牺牲设备精度的情况下实现高速度？在那个年代，基于激光测量系统的计算机数控机床在研磨、车削和铣削领域还没有被广泛应用。机械加工是最重要的工艺。PEG 的工人付出无数的血汗和泪水，磨床的精度才终于达到了 1/100 毫米，这比当时任何机床的精度都要高。

但克洛斯特曼和鲍尔很幸运。在 20 世纪 60 年代中期，Natlab 在很短的时间内就有 3 种技术可用，即前面提到的线性光栅测量系统、液压轴承和空气轴承，从而能够显著提高光刻机的精度。它们都没有商品化，但 Natlab 的车间可以生产。这 3 种技术对光刻机达到所需的精度至关重要。

利用 Natlab 的液压轴承技术，飞利浦埃弗特·穆伊德曼（Evert Muijderman）机械团队的乔斯·迪·卡斯特（Jos de Gast）开发了一个线性滑动系统，其中金属部件的移动几乎没有摩擦，因为一块钢块漂浮在一层薄薄的油膜上。这层油膜只有 30 微米薄，但确保了相对移动的金属部件之间不会相互接触。油泵使油在 20～30 巴（1 巴等于 100,000 帕）的压力下循环流动。就像船漂浮在水面上一样，钢块也漂浮在油膜上。

迪·卡斯特开发的这个系统中的金属部件不会磨损，它们即使在不移动的情况下也会漂浮，因为油膜受到的压力恒定（术语叫静液压轴承）。从静止向运动过渡时，金属部件也不会出现黏滑现象，手指轻轻一点都能让它动起来。

没有摩擦就没有磨损：很明显，这些静压轴承上的装置远远领先于同时代的同类产品。Natlab 的技术比 David Mann 公司的铸铁滑动系统先进得多。David Mann 公司的系统是经过润滑的，但在微观层面上，金属托架和滑道实际上会互相接触并产生磨损。

* * *

克洛斯特曼从位于奈梅亨的 Elcoma 掩模中心的主任马特·维伊堡那里了解到把晶圆台做成完全水平状态的重要性。Elcoma 已经购买了 David Mann 公司的 6 镜头光刻机，用来制造用于无线电的高频晶体管。但是当掩模中心开始使用最新的 David Mann 公司的光刻机时，发现它是非常不可靠的。在芯片制作过程中，该设备制作的第一套掩模的良率较高，但此后不久，掩模的质量一落千丈。

维伊堡找不出问题出现的原因，便用质量更好的 Reichert 目镜取代了之前的 6 个镜头。这提高了良率，但不可预测性的问题仍然存在。然后维伊堡意识到，良率下降可能是因为设备受到热效应的影响而变形，所以他在光刻机上贴上了温度计。

飞利浦的重复曝光光刻机（左）与操作员。所有的电子控制设备都在右边的黑色柜子里，这些电子控制设备由位于奈梅亨的 Elcoma 设计和制造。

事实上，电机会使一侧的滑道变热从而导致它翘曲。因此，晶圆台在曝光阶段不会线性移动，而是沿着一条弧度较小的弧线移动。刚启用设备时，产品良率较高，但过了一段时间，生产的掩模就不能用了。找到原因后，维伊堡通过压缩空气来冷却机器，从而稳定设备。

但克洛斯特曼和鲍尔想达到更高的精度。他们正在研制一种不仅可以成像晶体管，还能成像整个微电子电路的设备——它们需要的精度远远高于当时滑动系统的制造精度。系统的偏差必须小于 0.1 微米。如果晶圆台移动的路径翘曲，就会破坏精度，即影响单个芯片的不同掩模之间的对准程度。

事实上，滑道总会发生一些变形，但鲍尔发现系统非常敏感，他可以通过控制锁定滑道的约束螺栓的松紧程度来达到调整滑道的目的。任何变化都会旋转滑道的底部（固定）部分，而产生的张力足以将晶圆台的旋转偏差校正到十分之几微米内，而这正是他们需要的精度。

克洛斯特曼和鲍尔测定，在 100 毫米的长度内，晶圆台的横向偏差将小于 0.03 微米，他们对此感到非常满意。在 47 毫米的路径上，旋转偏差不到 0.5 微米，最后实际偏差小于 0.16 微米。这是一个可以接受的数值。

* * *

另一个问题是如何将投影图像聚焦在玻璃负片上的光刻胶层上。克洛斯特曼选择使用 0.2～0.4 数值孔径的光学系统，这在那个年代算相当大了。这种数值孔径的系统具有很高的分辨率，因为可产生清晰的图像，但这限制了产生这种锐利图像的距离（焦深）。这是因为对焦的深度与数值孔径的平方成反比。因此，让图案完美的焦点呈现在每个照相底片上，成为一个挑战。克洛斯特曼必须想办法将光刻胶层与 6 个图像之间的距离都控制在大约 2 微米的可容忍误差范围内。

照相底片是另一个主要的破坏性因素。柯达的超扁平板在 25 毫米的长度内具有 10 微米的平整度外公差。他意识到，如果 6 个镜头能像 6 个气垫船一样，在压缩空气中独立漂浮，那么它们都可以分别跟踪玻璃负片的表面并与其保持固定的焦距。一年后，他在《飞利浦技术评论》中这样描述这个方法："在照相底片移动时，使用其局部表面作为参考，不断校正图像距离，从而克服了这一困难。"要做到这一点，他需要调整设置。在这个设置中，镜头在垂直方向上要有一点小变化。鲍尔将他的要求转化为机械解决方案。他把同样光圈的镜头挂起来，让镜片可以上下移动。这个解决方法很简单，但很有效。在 2 巴的压力下，他们可以确定镜头与照相底片之间的距离为 20 微米。空气轴承的间隙高度是每 0.1 巴变化 1 微米，这使得将距离变化保持在 1 微米以内变得很容易。空气轴承是克洛斯特曼在成像设备中使用的来自 Natlab 的第三张精密技术王牌。

* * *

克洛斯特曼还在《飞利浦技术评论》中介绍了他的 6 镜头重复曝光光刻机的性能。6 个光掩模的图案偏差（回归误差）在整个表面保持在 0.1 微米以内。对于连续成像的光掩模，可以达到在 30 毫米的长度内对准误差只有 0.25 微米。该系统可配备两种类型的镜头：还原系数为 10 倍和 4 倍，由此产生的曝光尺寸分别为 4.3 毫米和 10 毫米，细节分别为 2 微米和 3 微米宽。在距离中心 1.6 毫米的直径范围内，该光刻机甚至可以刻出 1 微米宽的精细线条。这些在当时都是令人印象深刻的数字。

1967 年 5 月下旬，克洛斯特曼和鲍尔有机会在 Natlab 的研究展览上展示他们的 6 镜头重复曝光光刻机的原型。这个活动让实验室的科学家们有机会展示他们的最新发明，并分享他们的愿景。在飞利浦参加这个年度展览是一种荣誉的象征，只有特定的子公司才可以参加。飞利浦执行董事会的高管通常会亲自来学习最新技术。

飞利浦的 6 镜头重复曝光光刻机周围的观众非常多，就连董事会成员迪克·努尔德霍（Dick Noordhof）也来了。克洛斯特曼和鲍尔在介绍机器的性能时赞不绝口，但他们还没讲完，下一个展台就吸引了迪克·努尔德霍的注意。那里展出的是一台带有自动平衡系统的新型洗衣机。董事去看洗衣机了，他的随行人员也跟着离开，这让克洛斯特曼和鲍尔陷入了惊讶的状态。与用来制造电脑芯片的复杂、尖端的设备相比，一款流水线上可以批量生产上万台的普通消费品，对飞利浦高管来说更有吸引力。

* * *

但飞利浦的晶圆厂清楚地知道光刻机的重要性。1967 年夏天，Elcoma 的晶圆厂收到了 Natlab 使用这种 6 镜头式装置制作的第一张掩模。这家工厂也想要一台这样的光刻机。一个月后，Natlab 开始制造第二台。1968 年 1 月，鲍尔、克洛斯特曼和一个助手在奈梅亨安装了这种 6 镜头重复曝光光刻机。

在 Elcoma，人们非常喜欢这个设备。与 David Mann 公司的设备不同的是，飞利浦的光刻机不存在变形的问题。温度恒定的油不仅是完美的润滑剂，还可使机器的温度恒定。在掩模和主掩模对准后，该设备可以在 3 个小时内自动生产 6 个掩模。之后，用于生产的掩模将被涂上耐用的铬与防反射涂层。该设备在当时是十分先进的，马特·维伊堡总监随后收到了飞利浦集团的各个子公司或部门发来的掩模订单。Natlab 自己也是这台机器的使用者。维伊堡的车间甚至为英国公司和美国的仙童半导体制造掩模。这些掩模每套售价 1,400 美元。重复曝光光刻机变成了飞利浦的拳头产品。

小提琴制作师

作为Natlab的部门负责人之一，曾是战争难民的哈霍·梅耶（Hajo Meyer）知道光学精密技术的价值。几年后，该技术将成为光刻机的核心技术。

1950 年，亨德里克·卡西米尔（Hendrik Casimir）在 Natlab 面试了一位名叫哈斯霍西姆·梅耶（外号"哈霍"）的毕业生。41 岁的卡西米尔领导飞利浦的研究实验室已有 4 年。在此之前，他作为科学家已获得崇高的声誉。令许多人感到遗憾的是，他结束了自己的学术生涯，现在专注于管理飞利浦这家著名的实验室。

梅耶和卡西米尔从面试一开始就深入探讨问题，然后很快就陷入了激烈的讨论。1949 年，梅耶读了阿格·波尔（Aage Bohr）的关于原子核特征的文章。在导师的建议下，他又阅读了卡西米尔关于四极矩的文章，正是这一发现使得卡西米尔成为世界知名的理论物理学家。因此，年轻的梅耶非常了解他对面那个人的知识和能力。更重要的是，这些事情一直激励着他。当他谈到这些事的时候眼里闪着光，这给卡西米尔留下了很好的印象。

梅耶对物理的热情比他的物理学背景更加令人印象深刻。梅耶是一名 26 岁的男青年，他在第二次世界大战中失去了父母，多次被驱逐，后来差点没能在奥斯维辛集中营中存活下来。

* * *

14 岁的时候，梅耶因为是犹太人而不能继续在家乡比勒费尔德上高中。那是 1938 年 11 月，就在"水晶之夜"事件（德国纳粹开始屠杀犹太人事件）发生后不久。在随后的恐慌氛围中，梅耶在父母的叮嘱下坐上了开往荷兰阿姆斯特丹的火车，这趟火车刚好还有空座，但他再也见不到他们了。

哈斯霍西姆·古斯塔夫·梅耶（外号"哈霍"）

年轻的梅耶抵达荷兰贝亨海滩，穿过了 5 个难民中心。他感觉特别无聊，所以在铁匠那里找到了工作，但警察还是把他送走了，因为难民是不允许工作的。他母亲的荷兰语很好，她向许多德国犹太人伸出了援助之手。她给荷兰犹太难民委员会写信，她的儿子随后被允许进入维灵厄梅尔犹太工作村，这是一个难民职业培训中心。在那里，14岁的孩子可以上职业学校，因此梅耶学习了机械加工。

这是充满好奇心的青少年的天堂。在该工作村的居民大多是成年人，其中有许多是来自德国和奥地利的知识分子。他们在那里学习做生意，以便移民到其他地方，比如美国、澳大利亚等遥远的国家。梅耶有一位来自奥地利维也纳学数学的朋友，这位朋友每天傍晚都辅导他。这期间他还学习了物理。

梅耶对工程和音乐很着迷，在给父母的信中，他索取了很多汽车杂志，但他仍觉得无法得到足够的信息。他经常去电影院和博物馆，尽情享受音乐并迫切地吸收周围的一切知识。"我已经自学完了我的数学书，"他在1939年10月3日的信中写道，"你们能给我寄一本新的吗？如果可以，一定要买一本非常好的，因为我要自学。"

1941年，一列大巴车队打破了眼前的和平。一年前，德国人入侵荷兰，现在他们正在关闭难民营。德国人把大部分居民送去奥地利的毛特豪森集中营。16岁的梅耶奇迹般地躲过了这一劫。他被允许去荷兰阿姆斯特丹，在那里他在通过了大学的技术录取考试并进入大学学习。作为年轻人，他对学习的渴望很突出，这引起了他人的注意，于是一个充满爱心的寄养家庭收留了他。

通过朋友的关系，梅耶获得了进入阿姆斯特丹犹太蒙特梭利高中学习的机会。在那里，他接受了荷兰知识分子开办的补习班课程，讲课的老师都是被大学解雇的犹太教授。他的养父母安排了一个富裕的阿姆斯特丹家庭支付他的学费。令人惊讶的是，盖世太保居然让这所私立犹太学校举行期末考试。梅耶在考完试以后躲在了布拉里库姆小镇上，但德国人最终还是抓住了他，并把他送上了开往奥斯维辛集中营的火车。

在波兰的集中营营地干了几个星期的杂活后，德国人命令他去格莱维茨一号铁路劳改营。他们需要熟练的劳动力，由于梅耶有机械师的经验，他们认为他可能会修理火车车厢。这是他的救命稻草。18岁的他和德国、波兰的工匠一起工作。他们穿着囚犯的制服，但工厂里实在太热了。作为一个犹太人，梅耶的饮食仅限于少量淡而无味的奥斯维辛口粮。当地的波兰小女孩有时会偷偷给他一些面包。

他两次都逃脱了被送入毒气室的命运。第一次，德国人在挑选的过程中漏掉了他。第二次，1945年1月，在他到集中营10个月后，盖世太保把集中营的人一路赶到奥得河边，但后来苏联工农红军赶到，德国人就逃走了。梅耶后来写道："如果当时不是那种情形，我现在就已经是胶、化肥或鞋油了。"

战争结束时，联合国善后救济总署命令每个人返回他们当初被带走的国家。于是，梅耶，一个病重、像铅笔那么瘦的男青年，捱过了穿越敖德萨和马赛、返回荷兰的艰难旅程。他的父母没去打仗，但他们确实写了一封告别信。他们被带到特雷津集中营，梅耶的父亲在那里因身体不好而去世；一年前感染了肺结核的母亲在听说梅耶被带去奥斯维辛集中营后，服用了她偷偷带进来的氰化物药丸。

战后，年轻的梅耶因为优秀的期末考试成绩而赢得了在阿姆斯特丹大学学习物理的奖学金。因为他毕业后没有钱支付继续学习的费用，他的教授告诉他："你去找卡西米尔。"

* * *

梅耶一生的痛苦并不足以让他崩溃。这位26岁的物理学家现在容光焕发、精力充沛，他像谈论音乐和汽车一样热情地谈论核自旋共振。

卡西米尔觉得梅耶与自己志同道合。"好吧，"他告诉这位年轻的科学家，"作为理论物理学家，你在飞利浦的工作并不容易。因此，你就花一半的时间做《飞利浦技术评论》的编辑吧。"于是，梅耶被介绍给了这个著名的机构——一本在全球享有盛誉且以4种语言出版的科学杂志。他有机会带着他的小笔记本周游世界，每个月写一篇长文，并熟悉Natlab的每一个角落。

卡西米尔希望这位年轻的研究人员获得广泛的经验，并推动他从事实验工作，在Natlab实践比理论更有价值。所以，后来梅耶被安排在低温小组工作，他的经理要求他撰写关于晶体管的第一批报告。梅耶访问了美国电话电报公司位于新泽西州默里山的贝尔实验室。在那里，他和部门主任哈伊曼接受了晶体管使用和制造方面的培训。

之后，梅耶向其他Natlab的研究人员介绍晶体管的发展史以及如何制造它们。为了与日本同事分享这方面的知识，他还在松下待了10周，这是一家与飞利浦关系密切的公司。

* * *

卡西米尔和梅耶之间的联系越来越紧密。Natlab 的主任十分喜欢这个精力充沛、乐观的年轻人，他觉得这个年轻的研究人员好像和他有亲戚关系一样，因为他们都学习过理论物理。卡西米尔经常要求梅耶到他位于赫泽附近的家里看望他，有时喝一点酒，有时带上妻子共进晚餐。他们谈论卡西米尔在哥本哈根与尼尔斯·波尔（Niels Bohr）共事的时光、音乐以及不少哲学问题。

梅耶后来继续领导了几年实验室的气体放电小组，然后在 1964 年卡西米尔要求他接替艾迪·哈恩（Eddy de Haan）担任 Natlab 真空管研究部门的主任。除了真空技术和电子枪，他还负责光学技术的研发。

作为部门主任，梅耶正面临着 Natlab 为数不多的光学工程师之一——亨德里克·德朗带来的考验。德朗曾跟随相差显微镜的发明者弗里茨·泽尼克（Frits Zernike）学习，泽尼克是一位非常聪明且有创造力的探索者。德朗的专长是将光学信号转换为电信号，这一步骤在信号处理和基于信号的测量与控制中至关重要。

德朗不是一个容易相处的人，在实验室里，他以极其顽固和强硬而闻名。当梅耶成为他的领导时，50 个专利提案就堆在德朗的办公桌上，他却一份都没有提交，因为这位倔强的工程师与专利部门的每个人都吵过架。

艾迪·哈恩多年来一直是德朗的上级，这个问题沉重地压在他的肩上。这是他和梅耶交接工作时首先讲述的问题之一。"德朗是一个非常聪明的孩子，但他经常和大家吵架。看看你能用这些做些什么，因为它们很重要。"艾迪·哈恩一边说，一边把专利提案交给梅耶。

1964 年夏天，一个天气很好的周末，梅耶坐在阳台的椅子上，读着堆积如山的专利提案。这些提案给他留下了深刻的印象。梅耶对光学很感兴趣，同时，作为工匠和机械师的经历，让他意识到使用德朗发明的机器可以实现更高的精度。他决定支持德朗的这一系列想法。

梅耶对他的光学专利的见解赢得了德朗的尊重，所有专利提案最终都被提交。几年后，梅耶创建了一个光学、精密机械和光化学的研究小组。这是一个关键的决定，它就像一粒种子，促成了后来光盘和光刻机的诞生。

因为在 20 世纪 60 年代的合作，梅耶和德朗建立了深厚友谊。就个人而言，两人在音乐方面有着共同的喜好。两人都会拉小提琴，梅耶还发现德朗是一位才华横溢的小提琴制作人。"我打赌我也是。"他想。梅耶的机械师经验带给他很大的帮助，在1984年退休后，他潜心研究乐器制作工艺，制作了大约50种乐器。这些乐器的质量很好，他甚至成功把它们卖给了专业的音乐会小提琴手。他还发表了关于声学的科学文章。因此，许多Natlab的研究人员后来都把梅耶称为"小提琴制造师"。

02

合法的印钞机

1970—1975

天生的工程师

Natlab的工程师赫尔曼·范希克（Herman van Heek）和吉斯·布休斯（Gijs Bouwhuis）在同一办公室工作，他们对芯片生产过程中产生的浪费感到震惊。

如果有人能欣赏到光刻中的工程技术，那么这个人就是哈斯霍西姆·梅耶。就像弗里茨·克洛斯特曼和爱德·鲍尔一样，梅耶知道亲手打造一些东西意味着什么。当卡西米尔在 1964 年任命他为主任时，多面手梅耶好奇地打量着他周围的机械和光学领域中的那些奇迹。空气轴承、静压轴承和亨德里克·德朗的光学测量系统：这是一座充满精密技术的金矿。梅耶很欣赏弗里茨·克洛斯特曼和爱德·鲍尔利用 Natlab 的发明制造出用于生产光掩模的机器。

在 20 世纪 60 年代末，梅耶利用职权重组了各科研团队。他把光刻技术从光化学小组转移到光学小组。他安排克洛斯特曼领导开发光导摄像管的小组。1969 年 11 月 1 日，赫尔曼·范希克和吉斯·布休斯接手了克洛斯特曼原来的工作。布休斯在德朗的光学小组已工作多年，但对范希克来说，光学是一个全新的领域。他们将一起为实验室的掩模生产团队提供科学支持。

在 1969 年的最后几个月里，两人没有碰到新的大挑战，其主要工作是关注掩模部门日常提出的问题。在那段时间里，团队里的 10 个女人和 3 个男人忙着为电路板、阴极射线管和芯片制作掩模，因为对当时掩模的需求很旺盛。

* * *

赫尔曼·范希克来自一个在纺织业赚了些钱的荷兰家庭。年轻的范希克在阿姆斯特丹长大，后来搬到莱顿，他的父亲在那里找到了一份社会学教授的工作。范希克的发明家基因来自他的母亲。他母亲的家人里有 3 位工程师，其中包括著名的教授费利克斯·万宁·梅恩兹（Felix Vening Meinesz）——用于测量重力的光学仪器的发明者。

范希克在莱顿的大学学习物理，最后在卡末林·昂内斯实验室从事低温研究工作。他的 8 位前辈中有 7 位在飞利浦找到了工作，所以他在实验室工作结束后自然而然地给飞利浦在艾恩德霍芬的人力资源部打了电话。飞利浦人力资源部不久后便安排他与 Natlab 的各位总监面谈。1964 年，他开始在 Natlab 工作。

克洛斯特曼是一名遵守纪律、一丝不苟的研究人员，留着披头士发型的范希克在生活中则随性快活得多。在飞利浦的头 5 年里，范希克发现自己对科学研究没有太大的兴趣，他不仅对 Natlab 的一些研究人员抢占地盘的热潮不感兴趣，反而心生反感。

与克洛斯特曼不同，范希克对层级不甚看重，他也不关心地位。这可能是因为，作为一个富二代，他早已习惯了富人的圈子。这位刚毕业的研究人员在飞利浦任职初期就参加了一项针对年轻学者的活动，当他正在自助餐会上忙着往盘子里放食物时，首席执行官弗里茨·飞利浦先生认出了他。"范希克，我听说你家的工厂已经破产了。"这位飞利浦的继承人在排队时喊道。整个房间的人都听到了他的声音，但范希克并没有失去冷静。"工厂没有破产，"他回呛这位飞利浦的继承人，"我的家人自己决定要停产，但我们的纺织公司已经持续了 8 代人，让我们看看你的公司能活多久。"

* * *

1964 年，当范希克加入 Natlab 时，他深入研究各种课题。他将各种半导体材料放于显微镜下，研究计算机存储器，这种存储器可以替代当时仍由工人手工组装的磁芯存储器。在里奥·图莫斯的小组中，他还研究传感器，以测量大脑、心脏和肌肉的电信号。之后，他在英国的穆拉德研究实验室待了 1 年，在那里他组装了他的第一台仪器：一台用来测量空气污染的近红外光谱仪。回到荷兰后，他在气体放电小组的研究以失败告终。那个研究让他无聊得想哭。原子吸收、荧光测量、塞曼效应等都够烦人的。当他暴躁时，他就取笑同事们的自大和其他人的坏习惯。因此，他当时和同事的关系很不好。

范希克只是不适合做研究，但他是个天生的工程师。制造东西让他感到更快乐，比如他在穆拉德研究实验室制造的光谱仪。在他看来，大自然就像一个巨大的柜子，充满了物理效果和现象，而他将打开其中合适的抽屉来解决自己的问题，从而获得快乐。

当范希克与部门总监梅耶谈论自己的不开心时，梅耶建议他申请在掩模中心新设的职位。于是，这位科学家兼工程师最终进入了皮特·克莱默（Piet Kramer）领导的光学部门。范希克负责其中的一个应用部门，这个部门的主要任务就是制作光掩模。在那个年代，Natlab 的每个人几乎都在微观领域工作，而掩模部门无法满足各个应用部门的巨大需求。制作掩模的日常工作主要落在助手身上。作为团队的科学代表，范希克潜心解决每天由 Natlab 的研究人员和工业部门的生产人员提出的特殊问题。

1969 年前后，范希克早年在 Natlab 写报告的激情已经褪去，他已经成长为一位自信的工程师，一个觉得写两个句子以上向领导做季度总结都浪费时间的人。他非常清楚，克莱默和梅耶对那种关于科学的自吹自擂的详细报告不感兴趣。

范希克喜欢直截了当，他认为没有必要浮夸和自大。在他的报告中，他甚至加入了幽默的评论和措辞诙谐的批评。他在光学小组的第一个报告以这样的评论结束："事实上，我现在所在的实验室的面积只有 85 平方英尺（1 英尺约等于 0.3 米），没有水供应。每次我从外面走廊打水回来都觉得自己是个流浪汉。"

范希克在光学小组的第一年并不令人激动。范希克必须确保掩模部门配备最先进的仪器和技术，但光刻技术太超前了，使他几乎没有现成的东西可以用。他决定更多地了解后续的工艺：当掩模用于实际生产时，他观察到的东西让他惊讶地从椅子上摔下来，芯片制造过程实在是极其浪费。

那时，芯片大约由 10 层组成。每一层都需要特有的光掩模。但大约进行 10 次接触光刻后，掩模就会损坏并且无法再使用。这意味着，奈梅亨晶圆厂每生产一片晶圆，就会有一个掩模被扔到垃圾桶里。这真的有点丢人，但最糟糕的是，并不是每个芯片能正常工作。进行几次光刻之后，这些掩模就会出现各种差错。在飞利浦的芯片工厂中，如果每 50 个新设计的芯片中有一个能够工作，工厂的员工们就会很高兴。范希克认为，一定有更好的办法。这一想法驱使他在长达几个月的时间里竭力寻找替代方案。

* * *

和范希克一样，吉斯·布休斯也不是天生的研究人员，但布休斯有着完全不同的背景。他没有接受过大学教育。在当地的职业学校就读后，布休斯于 1948 年参军，之后他暂时接替生病的兄弟在卖酒的商店洗瓶子，并做做算账之类的杂事。他兄弟康复后，布休斯接受了他能找到的第一份工作：一份在荷兰贸易协会的薪水不错的行政工作。

他几乎忘了他也申请了飞利浦的岗位。在阿姆斯特丹的银行工作了几个月后，他收到了入职测试邀请。作为一名工程师，布休斯的心脏跳动得很快，他决定南下去飞利浦的人力资源部门进行职业测试。而后，飞利浦给他传递了一个令人惊讶的信息：他们认为布休斯最适合当翻译。但这位脚踏实地的年轻人并没有因此而动摇，他想成为一名工程师。1951 年他终于被聘为 Natlab 的一名助理。

在皮特·范阿尔芬（Piet Van Alphen）领导的光学小组中，布休斯可以研究光学。在光学小组的最初几年里他彻底找到了窍门。他在公司内部的工程学院上夜校，有时间就沉浸在材料研究中。他还在图书馆待了几个月，那时候在 Natlab，花自己的工作时间来学习知识是完全没有问题的。他如饥似渴地学习技术和读书，不放过任何涉及光学的东西。资料通常是用法语写成的，因为当时法国是光学学术的大本营。布休斯有机会学习、吸收这一切，并钻研作为光学现象基础的数学和物理知识。在范阿尔芬和后来的德朗的带领下，他逐渐成长为 Natlab 著名的光学专家。他将为可以长时间播放视频的圆盘（CD 光盘的前身）和光刻机做出重要贡献。

* * *

范希克目睹了 Elcoma 晶圆厂生产中的浪费现象，光学工程师布休斯也明白了这个问题多么棘手。他们对研究越来越小的结构的兴趣愈发高涨。在 Natlab，这些问题一直困扰着他们。他们比任何人都更了解接触式光刻的局限性。因此，他们必须精确计算掩模和光刻胶之间的距离，以最大限度地减少细节边缘折射所造成的影响。

由于光刻版和晶圆从来都不是完全水平的，因此晶圆就会受到牛顿环的干扰。牛顿环是由两个表面之间的光线反射所形成的干涉模式。用力紧压是解决这个问题的良方，但不能彻底解决该问题。到目前为止，布休斯已经完全厌倦了接触式光刻，他知道这项技术在芯片制造中已濒临淘汰。现在他和范希克需要想出新的解决方案，并花了几个月的时间讨论对现有技术的调整。他们估算着成功的机会。是否应该把精力投入能够快速定位掩模缺陷的自动化检测设备的制造中？在接触光刻的过程中，是否应该在光掩模和晶圆之间涂油？布休斯认为后者只是一个临时的办法。

这时，两人已经无路可走了，没有更多的权宜之计来延长接触式光刻的使用寿命。唯一的解决方案是从 1 ∶ 1 的复制芯片模式转向直接缩微投射到晶圆上的模式。这是一个显而易见的方案，但它的实施难度极高，范希克和布休斯一直不敢尝试。

因为出现了一个极其困难的问题。制造一个芯片需要连续多轮成像，所有这些曝光的图像都必须非常精确地套在一起。但是，机器如何确定前期曝光的确切位置呢？这些前期的图像现在隐藏在一层新的光刻胶下。简单地说，这就是范希克和布休斯必须解决的难题。

幸运的是，他们的前辈克洛斯特曼已经奠定了很坚实的基础。克洛斯特曼的6 镜头重复曝光光刻机的精彩之处在于，它生成的掩模彼此之间完美地对准。这在芯片生产过程中是至关重要的：芯片的每一层都能精确地对齐。在工厂里，通常要靠女性的双手才能非常准确地使玻璃和晶圆对齐，然后对它们进行曝光。范希克和布休斯在精度上面临着相同的挑战，但他们的机器必须定位光刻胶下方的前期图案，并以极高的精度将新图案投射到它们上面，然后连续多次重复这一过程。

* * *

范希克与他的老板克莱默和梅耶讨论了这件事。他们一致认为，试图进一步改进接触式光刻技艺是没有意义的。将图案直接投射到晶圆上的想法并不疯狂。克洛斯特曼研发的光刻机在几年前已经使芯片生产向前迈出了一人步，它使 Elcoma 从制造单个晶体管过渡到能够制造集成电路。范希克建议，作为光刻机的光学供应商，CERCO 还可以帮助 Natlab 制造光学元件，用于将电路直接投射到晶圆上。

范希克的想法是继续以光学为突破口，首先是从照相装置开始的。克莱默和梅耶都知道，飞利浦的芯片研究和生产工作都靠克洛斯特曼的设备取得了惊人的进步。展望未来，可将电路直接投射到晶圆上的机器在科学和商业上都意义非凡。

克莱默和梅耶也知道，在 20 世纪 60 年代初，飞利浦已经展露了在计算机和晶体管领域成为具有全球影响力的公司的雄心。很明显，公司 10 年后的发展取决于集成电路。处于芯片技术前沿的公司可以实现规模经济，并使为产品添加新功能的成本降至最低。飞利浦拥有大量的产品：不仅包括电视和收音机，还包括交换机和计算机。芯片是公司未来发展的关键，也是各个公司投资的方向。

不出所料，当范希克和布休斯提出他们的想法时，Natlab 的经理们的眼睛都发光了。经理们的决策时间很短，也未对研发成本设限。"赶紧去做吧。"他们告诉范希克和布休斯。

旅行伙伴

赫尔曼·范希克和吉斯·布休斯从美国之行中获得灵感，他们在美国接触到了充满活力的半导体行业。

赫尔曼·范希克和吉斯·布休斯在光学部门工作了一年后，1971年1月，他们前往美国参加在拉斯维加斯举行的第一届国际光学工程学会（SPIE）会议。范希克被安排代表Natlab做报告，他很紧张。对他来说，这样的活动只是科学界的占地把戏：研究人员向大家展示自己有多出色。

此时，范希克和布休斯已经深入了解了在无接触的情况下曝光晶圆的方案。因此，这对旅行伙伴充分利用这个机会，在美国探索这种光刻技术。他们知道，Perkin-Elmer和优特公司正在研究非接触式光刻机，这种机器可以一次性曝光整个晶圆及其所有电路。这些1∶1的投影机并不能缩小图像，但范希克和布休斯所设想的装置可以做到。这两个人每次开会都疯狂汲取知识。

* * *

在美国，范希克和布休斯接触到了充满活力的半导体行业，行业中有许多新的创业公司。20世纪60年代已经证明，芯片在无数的市场中提供了几乎无限的机会。许多创业公司和老牌公司都在转向新技术的研发，并提供专业知识、材料、设备和工程服务。

微型化是这场发展风暴背后的动力。对更强的存储能力和计算能力的渴望是永远不会停止的。芯片制造商正使出浑身解数来光刻更细的线条，并在生产过程中设法取得尽可能高的产量。

无论是美国人、欧洲人还是日本人，都被接触式光刻的局限性所困扰。更细的线条还会使掩模更加脆弱，并导致宕机次数增多。这是一种复杂的平衡，在这种情况下，芯片制造商必须不断调整他们的机器，使它们的功能达到极限。但每个人都很清楚，接触式光刻已经过了黄金时期，整个行业都在迫切地寻找替代方案。

主要芯片制造商如 IBM、仙童半导体、德州仪器和美国电话电报公司都在研究这个问题并开发自己的生产设备。欧洲主要由飞利浦、西门子和德律风根等跨国公司的主要实验室推动其集成电路的进步，而美国拥有一个蓬勃发展的生态系统。在这个系统中，小型创新芯片公司也在发挥着重要的作用，即使在需求增长的情况下，芯片价格仍在不断下降。

美国迅速增长的小型半导体公司为典型代表，它们需要把所有的精力都放在开发和生产上。因此，为了生产自己的芯片，这些公司开始寻求与其他公司进行合作。除了蓬勃发展的芯片行业外，硅谷很快就会形成一个健康的设备生产市场。独立的创业公司和老牌公司都跃跃欲试。新的熔炉、蚀刻器或蒸发器很快就能被制造出来。

但光刻是另外一回事，即使是对预算庞大的公司来说也是如此。正如军队在 20 世纪 50 年代为半导体和芯片的发展提供了动力一样，美国国防部是 20 世纪 60 年代推动光刻创新的引擎。10 年才过去一半，接触式掩模就已经暴露出越来越严重的问题。1967 年 6 月，莱特·帕特森（Wright Patterson）空军基地与 Perkin-Elmer 签订合同，让 Perkin-Elmer 开发一种不使用接触式光刻的系统。他们想要一种能将缩微图案直接投射到晶圆光刻胶上的装置。

当时，Perkin-Elmer 是一家先进的美国公司。这家位于康涅狄格州诺沃克的仪器制造商在用于科学工作和国防工业的定制光学仪器方面拥有丰富的经验。美国空军想要一个系统，该系统可以将包含数百到数千个完整的 1∶1 芯片图案的整个掩模成像到一个 2 英寸（1 英寸约为 0.025 米）的晶圆（比白兰地酒杯杯脚还小的一个圆盘）。此外，投影仪必须能够投射 2.5 微米大小的图像细节。

Perkin-Elmer 快速地制造出了这种微型投影仪，这在当时是令人敬畏的成就。该仪器可以在 2 英寸的晶圆上投射 3 亿个像素，足以提供所需的 2.5 微米的分辨率。美国空军很满意，但对准系统使设备价格惊人，Perkin-Elmer 甚至没有试图将其商业化。除了 Perkin-Elmer，优特也制造了一台非接触式 1∶1 光刻机。当范希克和布休斯穿越大西洋时，这些光刻发展成果已经渗透美国芯片行业。在他们的旅行中，他们与通用电气和 IBM 等公司讨论了微型投影仪。

技术文档105/71

赫尔曼·范希克和吉斯·布休斯创造了世界上第一台步进光刻机。范希克是系统架构师，布休斯则研发了一种精确度最高的对准技术。在随后的几十年里，荷兰的光刻技术传遍了全球。

在他们的旅行中，赫尔曼·范希克和吉斯·布休斯听说，Perkin-Elmer做了首次尝试但产品未能成功上市。他们遇到的大多数美国人都说，他们不再相信光学光刻，而是要把希望寄托在电子束上：电子束可以直接刻画非常小的细节。

范希克和布休斯仍在继续研究可以缩小图案的光学投影仪。如果他们成功地将图案缩小并直接投射到晶圆上，他们就将拥有卓越的技术，所有接触式掩模的损坏问题都将成为过去。此外，非接触式方法还将减少差错和掩模上的灰尘。即使有一点灰尘最终在晶圆上也会变得很小，通常不会造成任何问题：这最终将提高芯片的良率。

他们的设备还必须能够将晶圆移动到1微米精度的光区里，以便以极高的准确度曝光下一个图案。其中对准是一个主要问题。大约10次的连续曝光必须精确叠加。

最大的问题是，机器将如何在晶圆上准确定位？这不是一个容易解决的问题：由于中间所有的化学和物理处理，他们在晶圆上制作的任何标记或其他图案最终都会消失不见；此外，晶圆也会被一层新的光刻胶覆盖以曝光下一个图案。是否能制造出这样一种设备，可以一个接一个地把所有的图案都投射到晶圆上，同时将误差保持在几十分之一微米的范围内？

在20世纪70年代，许多主要的芯片制造商都在研究用来解决这个问题的机器。几乎所有人都决定利用晶圆上某种鲜明的特征来确定位置。但布休斯提出了一个更稳健的解决方案。他在相位光栅领域已经有多年的经验：将相位光栅用于位移测量系统，比如克洛斯特曼研制的光刻机上的晶圆台。

范希克也熟悉这项技术。在实验室里，他相当于经营着一家小型工厂，专门制造像光刻机这样的设备所用的扫描头。这些扫描头可以读取由 4 微米宽的虚线组成的代码。这一方法由亨德里克·德朗的小组提出，并由布休斯完善。

相位光栅看起来有点像芦笋田，有 1/4 波长（用来读取光栅的光的波长）高的小堆。传感器使用光学偏振和相位对比技术，这使得它可以读取那些虚线。范希克和布休斯很快就明白，这些光栅和相关的光学设备能如何解决他们的问题。他们意识到，相位光栅在芯片制造过程中可以不被损坏。

答案是显而易见的。如果他们能把一个小型芦笋田放在晶圆上，并将掩模和其他东西都用偏振激光对准，那么理论上可以解决他们的问题。相位光栅的唯一缺点是所需的光学元件极其复杂。但他们毫不犹豫，开始试验在晶圆上制作线条图案和类似的其他图案。

凭借在光学方面的经验，布休斯知道他可以在实验室里实现自己的设想，但他严重怀疑这项技术是否能在条件苛刻的生产环境中应用。"在 Natlab 里很容易应用它，"他告诉范希克，"但一旦它到了工厂，我就会很担心。不能保证这种装置在工厂中仍能适用。"

* * *

现在回想起来，这一切似乎很简单。但在 1971 年，用于光刻芯片的光学解决方案与时代不同步。美国人对用电子束直写感到兴奋，它虽然速度很慢，但比光学光刻要精确得多。每个人都期望电子束直写能使吞吐量得到提高。

布休斯对电子束直写了解不多，但所有关于电子束直写的光鲜亮丽的故事都使他产生疑虑。他严重怀疑，为芯片生产打造如此复杂的光学设备是否值得。"如果事情继续这样发展下去，那么电子束直写将是一个强有力的竞争对手，我们这一切都将白干了。"他告诉范希克。

最后他们的结论是，无论发生什么情况，光学光刻设备的速度都需要比电子束直写设备快得多。否则，机器就会太贵，而且电子束直写设备的发展肯定会令光学光刻设备望尘莫及。在整个生产过程中，晶圆将不得不在其设备中移动 10 多次，每移动一次机器都会一步一步地创建上百个图案。如果范希克和布休斯的进程不够快，他们就只能被迫停止研发了。

因此，范希克和布休斯花了几个月的时间交流想法和新主意。他们坐在一间只有两扇窗户宽的办公室里，两人并排坐在桌前，望着外面的树木。房间小到一边只够放一个文件柜。

布休斯的个性安静内敛，但他把自己变成了一本行走的光学百科全书。范希克有自由的思想，他不想受任何光学知识的束缚，提出了最疯狂的想法。"吉斯，如果我们把一个 10 倍缩小的镜头和一个 10 倍放大的镜头背靠背地放在一起，能得到 1∶1 的尺寸吗？"当布休斯听到这种愚蠢的问题时，他给范希克做了简短的讲解，并把他送到图书馆，在那里范希克可以了解情况。

他们之间的交谈不多，而且所有的交谈也都是关于工程的。布休斯一开始并不是个健谈的人，他也不希望成为大家关注的中心。范希克也避免与同事进行私人交谈，主要是因为他担心谈话会导致分歧，这是他非常不愿意看到的。

经过几个月的思考，这一刻终于到了。1971 年 5 月，布休斯、范希克和爱德·鲍尔在技术文档 105/71 中说明了为什么他们更倾向于使用光学步进和重复投影技术来缩小图案，而不是以 1∶1 的比例曝光整个晶圆。在说明了相关情况后，他们表明需要 70,000 美元来制造一台样机：45,000 美元用于光学部分，其余用于电子和机械部分。3 人写道："Natlab 的光学小组更喜欢重复曝光系统，而不是 1∶1 的投影系统，两种系统之间的关键区别在于前者能够满足未来的需求。"

这台机器很快就有了名字。克洛斯特曼研制的光刻机能在玻璃板底片上烧出图案；范希克和布休斯研制的机器能将这些图案直接投射到晶圆上，所以他们称之为晶圆重复曝光光刻机 1 代（Silicon Repeater1 或 SiRe1）。

范希克、布休斯和鲍尔提出了一个结合 Natlab 以前的光刻机和光图机（Opthycograph，参考附录 4）的系统。他们写道，机器的运动是"停—走"。他们的晶圆重复曝光光刻机没有闪光灯，而是用功率为 1,000 瓦的水银灯。光线将通过镜面冷凝器、镜头和掩模照射晶圆。光线不断烧出图案，而快门机制会严格控制光线的量。

就像克洛斯特曼一样，范希克和布休斯也像 Natlab 的局外人。他们的行为并不像研究人员，而更像开发人员或工程师——范希克是系统工程师和架构师，而布休斯则是光学专家。他们想解决一个实际问题：如何以最快的速度将只有几微米宽的图案投射到晶圆上。

本图是晶圆重复曝光光刻机1代的气动系统的一部分。该装置的很多功能，甚至在水平方向上移动晶圆，都是通过压缩空气来实现的。

其中最困难的地方之一是对准掩模和晶圆。就像前面说到的，非接触式光学投影的原理大部分是明白易懂的，但对准问题是如此棘手，以至于范希克和布休斯花了很长时间仍未找到大规模生产的方法。就像登陆月球一样，他们知道这是可以做到的，但要想完成这件事，还需要疯狂的努力。他们想要制造的这种设备所面临的挑战是相当大的：它需要绝对高的精度，而且还必须可靠和快速。

举例来说，镜头的标准极其严格。要精确地叠加10层投影或10层以上的曝光，镜头必须没有丝毫失真。

但这一切都是从对准开始的，对准从字面上和实际意义上来说都是一个简单的词。在机器将图案投射到整个晶圆上之前，首先要知道晶圆的确切位置；然后，晶圆的坐标必须与掩模的坐标完全一致，且必须达到几十分之一微米的精度。这不是手工可以做到的事情，因为这将花费太多时间。

只有这样，曝光过程才真正开始。一旦机器可以准确定位晶圆，并知道以前每次曝光时的坐标，就可以自动将晶圆上的光刻胶曝光。这意味着，在每次曝光之前，光刻机必须以1/10微米的精度定位晶圆所在的那个格子。诀窍是让机器首先大致确定晶圆的位置，它们首先需要做到粗控制，以使对准标记在激光束的范围内；然后，设备必须以极高的精度对准晶圆和掩模上的标记，一旦做到了这一点，设备就能准确地定位晶圆；最后，它可以投射图案到晶圆上。

范希克和布休斯花了几个月的时间讨论实施方案，不放过任何细节。起初，他们的老板克莱默也会参加，他经常到办公室来询问事情进展。除了对准标记，光路也是棘手的问题，激光的轨迹必须在掩模上的标记和晶圆上的标记之间。有一次，他们中有人提出，应该让定位激光穿过投影透镜组："激光需要穿过镜头组，而不是穿过单独的镜头。"

在 20 世纪 70 年代，他们所有的竞争对手都在使用单独的光路进行投影和对准。他们的设想将面临一些挑战。首先，将两个镜头牢固地固定在一起是至关重要的。即使这样，错误还是会逐渐出现。通过成像光学系统发送激光的想法很简单，但具有突破性。布休斯正是那个可以解决问题的人，并且他在后来还取得了镜后测光的专利。这个发明是皇冠上的明珠，后来将由飞利浦与 ASM 国际公司的合资公司——ASML 继承。

相位光栅和镜后测光的结合是如此的具有革命性和先进性，它使 ASML 在未来几十年的竞争中一直领先。这种结合和直线电动机（后来在 Natlab 实现）一起构成了 ASML 成功的技术基础。它是一项关键的发明，将使 ASML 征服全球市场，并成长为 2000 年后芯片光刻工艺的主要供应商。

投影系统并不是范希克和布休斯所面临的唯一光学挑战。这一过程还涉及大量的操作和精准的移动。例如，机器必须将晶圆自动放置在定位台上（就像将比萨饼放入烤箱一样），台面必须用力吸住晶圆，然后以超高的精度将其置于镜头下。速度也很重要，范希克和布休斯知道，这是他们唯一可以与电子束直写技术竞争的优点。通过简单的计算，他们了解到曝光本身所用的时间只占总处理时间的 1/10，所以他们需要在机械操作和力学方面节省时间。

* * *

范希克很肯定，要制造这台满含自己感情的机器，他需要鲍尔。当时，鲍尔被认为是 Natlab 迄今为止最好的机械工程师，甚至可能是整个飞利浦最好的机械工程师。在鲍尔成为飞利浦年轻新秀的头几天,他就在为成为公司顶级设计师而奋斗。他是一个有创造力的人,比任何人都清楚如何解决机械问题,知道如何将工程师的需求转化为成品。在奈梅亨、汉堡和卡昂,到处都有 Natlab 的光刻机,他们都在谈论鲍尔的技艺。

范希克遇到了一个身高为 6.4 英尺的人,这个人的自信至少和他身高一样高。鲍尔的地位让他有资格挑剔。他不太喜欢以前的合作,每当范希克敲他的门,鲍尔作为设计师就会说出他的苛刻要求。他说:"听着,如果你想让我做到这一点,那么就要按照我的方式去做。我不希望你插手晶圆的机械操作部分,你只有权处理你的光学部分。"范希克不是一个喜欢对抗的人,他也想让最好的设计师来制造他的机器,所以他立即答应了鲍尔的条件。

鲍尔希望机器的大部分移动都利用压缩空气完成,这种选择并不完全是对的。范希克的同事们纷纷劝告:"这是什么意思,压缩空气?你还需要解决电子方面的问题!"但范希克则完全支持鲍尔。Natlab 有一个电子设计小组,这是一小群尖刻且顽固的人。范希克还考虑过 Elcoma 在奈梅亨的电子工程师是否能做到这一点,但他认为自己对电子技术的理解不够好,无法远程指导研发。

* * *

因此,与鲍尔合作更为现实。范希克希望快速制造一台工作原型机,而这位设计师可以快速交付。他有大量的标准部件可供选择以实现气动控制,从而使项目可以顺利开始。

利用压缩空气的方式还存在一些争议。20 世纪 70 年代初,Natlab 正在积极研究气动机械。对于飞利浦的工厂来说,现在是一个全球化的时代,但它们生产彩电的速度不够快,使用气动控制有望极大提高自动化生产水平。鲍尔与 Natlab 的气动小组有着良好的关系,而对气动小组来说,光刻机是展示压缩空气优势的理想机会,他们答应给鲍尔所需要的一切帮助。

这就是第一台光刻机的晶圆操作部分不是由电子和电磁部件组成的,而主要由气动组件组成的原因。这是一个由气阀和软管组成的控制系统,这个系统可以实现任何操作,包括定位、夹紧、释放和移动。

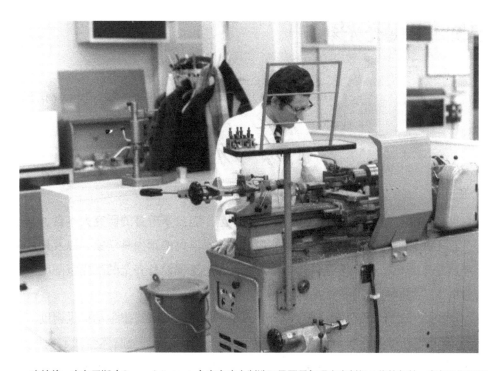

　　杰拉德·安东尼斯（Gerard Antonis）在车床上制造了晶圆重复曝光光刻机 1 代的部件。安东尼斯是爱德·鲍尔团队中最有才华的仪器制造者。

晶圆重复曝光光刻机

步进光刻机是"印钱"的许可证，所以负责制造它的工程师们从不担心成本问题。

Natlab 没有能力制造先进的光学元件，但作为技术丰富的研究大本营，其他部分都不在话下。研究人员可以接触到每个技术学科的顶尖科学家，以及最好的玻璃吹制工、机械师、仪器制造商和其他工匠。工程设备齐全的工作室随时准备着帮助工程师们打造最疯狂的装置。

至少在理论上是这样的。但实际上，并不是每个人都渴望主动提供帮助。赫尔曼·范希克在试图让 Natlab 为他的光刻机生产控制电子部分时体会到了这一点，电子研究人员并不热情。"书呆子"们不想参与，他们更喜欢专注于基础半导体的研究。他们瞧不起机器控制系统这种没有新鲜感的东西，因为这意味着要起草规格书和制作光刻电路板，而这无法帮助科学家取得名声。

当范希克敲响电子小组的大门的时候，他们也对这个工作不感兴趣。该小组负责人只是大概了解了一下这个项目，就表示他的助手们已经忙得不可开交了，他也不太看好范希克关于电子设计的提议。

范希克并未因此泄气。因为这个项目生逢其时，而他可以控制每一个决策。机器控制系统的解决方案很快就在 Elcoma 找到了。就像克洛斯特曼的光刻机一样，奈梅亨的电子机械化小组也很乐意提供帮助。Natlab 的总监直接和 Elcoma 的管理部门进行了讨论。以几台光刻机作为交换，Elcoma 将打造一个控制系统（一个 6 英尺高的机架上装满了电子元件），并愿意负责机器未来的维护。

* * *

Elcoma 的电子机械化团队如此渴望投入光刻机的制造工作中是有充分理由的。在芯片制造过程中，决策人正在从制造机器的人转变为设计生产过程的人，这是飞利浦内部的一种新现象。

在 20 世纪 70 年代初，飞利浦仍然是高度等级化的公司。在工业事业部，电子机械化团队负责生产配套资源。他们开发机器并配备工厂生产线。不爱用外来技术的文化在飞利浦是很浓厚的。因此，飞利浦打造了自己的灯泡流水生产线，自己制造用于为阴极射线管吹制玻璃的机器，而且还自行制造了用于将电子元件装到电路板上的机器。

但在芯片工厂，工艺工程师们正在削弱技术支持团队和机器设计师的主导地位。权力平衡的状态正在发生变化。在晶圆厂，决定产量的不再是机械师，而是控制机器的人。他们知道几十个工艺步骤是如何相互影响的，如何利用现有的方法来实现高产。在芯片制造过程中，复杂度越来越高，所有的步骤都必须完全协调，例如应用光刻胶、曝光、蚀刻、氧化、蒸发等步骤。在 Elcoma，权力也从机械化团队的手中逐渐转移到研发生产工艺的工程师那里。工艺工程师们越来越多地使用其他地方制造的专用机器，而且他们对使用结果感到很满意。当他们在飞利浦以外的地方采购时，他们也会获得更友好的服务，他们不必再依赖粗暴的同事、飞利浦的官僚体系或 Natlab 傲慢的研究人员。

但在 20 世纪 70 年代初，Elcoma 的机械化团队仍然是尖端专业知识的源泉。他们正在使用计算机、编写软件和制造定制电子元件。当他们从 Natlab 得知范希克的要求，即为一种全新的光刻机开发控制电子元件时，他们抓住了时机，这是让自己重新回到中心舞台的一种方式。

这个项目结束后，Elcoma 甚至在 Natlab 的范希克项目小组中派驻了一名工程师。这位工程师将制造和协调光刻机中运动的电子装置，处理测量头的位移信号和控制气动信号并管理简单的耦合器，如打开和关闭控制面板上的灯。这位工程师在奈梅亨得到了自己团队的支持，该团队的成员负责开发电子元件和制作印刷电路板，他们也在那里编写软件。

1971 年 9 月 22 日，当范希克将他的季度报告发送给他的上司克莱默和 Natlab 的管理层时，内容仍旧简短而温馨。他清楚地描述了 Elcoma 和 Natlab 之间的平等伙伴关系。

"今年 1 月，我和布休斯访问了美国，向更多的观众展示了投影式光刻技术。在这次旅行中，我们有机会和其他实验室的人探讨如何解决与投影到晶圆上有关的问题。

"这些新的讨论催生出了关于解决光刻机投影问题的一个提案。这使 Natlab 的 Santen 小组和在奈梅亨的 Elcoma 达成了一个协议，即成立一个 Natlab-Elcoma 联合项目，以制造两台一样的光刻机。Elcoma 将负责电子和信息处理，Natlab 负责光学、力学和项目协调。关于整个设想已经制定出了详细的方案。"

范希克和布休斯肩负着一个任务，就是在与电子束直写的比赛中获胜。但竞争对手正紧追不舍：他们不知道到底有多少个对手，但他们估计可能有少数公司在探索同样的方法。这并不奇怪，如上所述，一步一步直接曝光晶圆只是一个简单的想法。范希克和布休斯确信，这就是这个行业需要的发展方向，即使他们不知道自己选择的解决方案是否是最好的。他们说："这是我们必须发展的方向，即使道路艰难而复杂。如果我们做到了，我们就是领跑者。"

Natlab 为这两位工程师提供了绝佳的环境。世界上只有少数地方可以让开发人员如此全身心地沉浸在技术里：他们只需询问就可以得到帮助或工具。在舒适的 Natlab 里，资金从来不是问题。他们可以自由选择最好的技术解决方案，而不必考虑成本。

集团领导克莱默和部门总监梅耶给予他们充分的支持，他们为光刻机的材料成本预留了 7 万美元。但范希克知道，飞利浦的未来取决于芯片，其实并没有真正的预算限制。事实上，他的任务是设计一台合法的"印钞机"：一台以最快的速度生产微小但极其昂贵的产品的机器。

为了保持良好的开发势头，系统架构师做出了谨慎的决定。他选择使用与克洛斯特曼用于制作掩模的光刻机完全相同的基础结构：相同的花岗岩基座，由晶圆台在静压状态下的 x 轴、y 轴承控制系统。这是因为其操作原理与已经设计完成的光刻机基础结构相同，而且车间对其也很熟悉，所以生产和组装只需几个月。

并不是说这是最完美的解决方案，因为工作台上只有一个托架用于容纳和移动晶圆，与它成直角的托盘上则承载着较大的重量——投影透镜和水银灯的重量。整个装置的重量太大了，所以每进行一步都会让机器颤抖。为了抑制振动，工程师们花了很多宝贵的时间。但对于范希克来说这是可以接受的。毕竟他只需要制作一个功能原型而不是在工厂里使用的机器，他只需要证明步进重复光刻技术是可行的。

范希克把他所拥有的、能找到的技术都拼凑起来，他在寻找快速的解决方案。有时，电网中出现的尖峰会影响他的机器中的电子器件，这曾给 Natlab 的其他研究人员的实验造成了重大干扰。范希克决定不对电子器件中问题的根源展开详细的调查，因为他已经看到了电子支持团队不配合的面孔。相反，他选了一个简单粗暴的方法：买了一台 10 千瓦的发电机并把它连接到电网上，然后在上面又装了一台 10 千瓦的发电机，这样就得到了一个稳定的电源。

赫尔曼·范希克将现有的设备作为他的光刻机的基础。从图中，可以看到安装镜头的底座；框架下方是静压状态下的 x 轴承和 y 轴承；右边的气缸是用于向垂直方向移动镜头的液压电机。

范希克的自产功率调节器笨重且非常昂贵，但极其有效。他把这个发出嗡嗡声的装置放在超净室外面：它为设备中的所有电子器件提供电力，只需要把用于控制油压的电机插头插上即可。范希克已经解决了一个令人头痛的重大问题，所以这一切努力都是值得的。

* * *

由于供应商非常配合 Elcoma，所以控制电子部分的开发进展顺利，但曝光光学器件的开发则完全不同。整个项目都依赖先进的镜头系统来光刻微米大小的图像细节，所以光学器件是最核心的部分。

Natlab 拥有光学专业知识，但显微镜和其他仪器的部件制造则是另一回事。虽然 Natlab 有一个光学研磨小组且有熟练的磨工，但这些都不能满足光刻的要求。范希克不得不另寻他处。

克洛斯特曼让范希克去巴黎寻找光学器件的供应商。在那个年代，法国是光学和数学的天堂，其中心是 CERCO，它是 Natlab 在法国的分支——LEP 的主要供应商。这家小型公司享有博学者的盛誉，并为包括航空航天和国防在内的专业应用领域提供镜头。

更重要的是，CERCO 的首席执行官埃德加·胡格斯是一位疯狂的科学家，一位只是因为喜欢实验而实验的人。他很有创意，在法国的大学里被称为"光学之神的耳朵"。他是研究人员中的研究人员，是一位只是为了尝试而乐于尝试新事情的人。对他来说没有什么算疯狂的了。CERCO 的座右铭是"你提要求，我们来做"，因此 Natlab 的员工可以发挥他们的想象力。法国人是工匠大师，计算机对数字进行处理后，剩下的便由大师们手工磨合和抛光。

但是这次，范希克给他们带来了严峻的挑战。他想要一个能将极其微小的细节清晰成像的镜头。为此，必须将色散保持在最低限度：不同波长的光必须以几乎完全相同的角度折射，以获得清晰的图像。

解决的办法是使用来自汞灯灯光光谱的一小段波长。范希克要求 CERCO 打造一个镜头，可以用汞灯的紫外 h 线（405 纳米），当时他还不好意思要求用紫外线 i 线（365 纳米）。

布休斯还提出了一个要求，即在聚焦图像时，放大倍率不要改变。综合来看，这是一个巨大的挑战。

20 世纪 70 年代初，克莱默的光学部门大规模地使用 CERCO 的服务。除了光刻机，长视频播放盘也需要越来越专业的光学器件，如非球面透镜。一批研究人员经常往返于巴黎和荷兰之间。范希克、布休斯、新的光学工程师约瑟夫·布拉特（Joseph Braat），甚至克莱默也拜访了胡格斯。在 20 世纪 60 年代，克洛斯特曼和他的同事们通常乘火车，而克莱默的团队则经常乘坐飞利浦自有的飞机从埃因霍温飞往巴黎。

* * *

Natlab 的研究人员在巴黎时，经常从早上 9 点到晚上 11 点讨论光刻光学，然后再讨论非球面透镜直到晚上 12 点半。他们也经常在工厂里转悠，在那几天里经常可以看到有 6 个人忙于打磨、抛光和组装镜片。而在那几天的早晨，他们只喝一小杯咖啡，但之后胡格斯会在附近的餐馆安排丰富的午餐。

CERCO 的首席执行官不仅是一位才华横溢的光学工程师，还是一位友好且懂得享受生活的人。他不是那种严格区分工作和娱乐的法国人。有一次，他带着布休斯参观了一个天文台，在那里他们欣赏用来测定光谱线的光学光栅。他偶尔也会邀请年轻的 Natlab 的工程师来家里和他一起吃饭，并与他的女儿们见面。还有一次，他带着他的访客去香榭丽舍大道上的疯马沙龙玩。他甚至提出带他们中的一个研究人员乘坐他的游艇去地中海旅游，但这位年轻的研究员礼貌地拒绝了。

这些交流都是用法语进行的。胡格斯先生不会说英语，但大多数 Natlab 的研究人员都会说法语，因为他们掌握的大部分光学知识来自法国。

就在同一个夏天，视频长播技术（VLP）也发展得更加成熟。克莱默决定花一个小时向 Natlab 的员工展示他的光学小组最近的工作进展。他自己用 40 分钟介绍 VLP，范希克则用 20 分钟介绍 SiRe1。介绍时长与直接和间接参与每个项目的人数大致成正比：在 VLP 上全职工作的人数已经增长到 30 人左右，而光刻机团队大概只有 10 名工程师，以及来自其他小组的全力给予协助的 10 位同事。

* * *

讲座吸引了大批 Natlab 的员工。分配给范希克的演讲时间较短，他开始以为不管生产多么先进的机器，科研人员对这种实用的东西都不会感兴趣。但前来倾听的人数让他感到惊讶。

他介绍了 SiRe1 并告诉他们这台设备有多灵敏。他告诉观众："如果有人站在 SiRe1 旁边 15 分钟，我们就可以测量机器内部受体温影响的变形程度。"在光刻机的研发过程中，范希克甚至联系了荷兰皇家气象研究所（KNMI），咨询荷兰的气压变化快慢。晶圆台的定位使用的是干涉测量的方式，而气压的变化会影响所使用的激光的波长，进而导致测量误差。根据 KNMI 在雷暴时测定的数据，他们发现每天检查一次气压还不够，至少要每小时测量一次。

1973 年年底，SiRe1 研发成功，该项目的工程师和他们的助手在圣诞节前的周五晚上请他们的妻子一起庆祝这项成就。Natlab 的光学小组开发出了一种独特的光刻机。通过无数专家和其助手的帮助，这个小团队创建了这一象征着重大技术突破的系统。范希克想感谢所有人。

当第一台 SiRe1 在 1973 年年底完成时，范希克决定可以庆祝了。Natlab 的员工们为了让机器运转起来加班加点，他想向这些同事们的妻子展示她们丈夫的成果。但 Natlab 是禁止外人进入的，包括研究人员的妻子们。因此，范希克邀请这些女性在圣诞节前的周五下午来，因为这个时候的审查不严。1973 年 12 月 21 日，也就是假期前的最后一天，一群声称来接丈夫的妇女出现在 Natlab。范希克没有向他的领导克莱默提过此事，因为作为他们的主帅，他不可能答应他们。范希克也不想给他带来麻烦：这就是克莱默没有出现在照片中的原因。当拍摄这张照片时，一箱廉价的德国葡萄酒正在光刻机下的空旷空间里冷却。葡萄酒的软木塞在技术演示后被弹出，所有在场的人都很享受这一刻。从左到右站着：赫尔穆特·维尔纳（Hellmuth Werner），身份不明的人（脸不可见），杰拉德·安东尼斯，姓名未知的 Elcoma 服务技术员，弗里斯·克洛斯特曼，赫尔曼·范希克（在投影柱的左边），姓名未知的 Elcoma 技术员，西奥·兰布（Theo Lamboo），姓名未知的 Elcoma 员工，吉多·德洛伊杰（Guido van de Looij）。维克托·范德·赫尔斯特（Victor van Der Hulst）蹲在前面，爱德·鲍尔坐着。

在那个时候，他们的光刻机是领先的。这台机器将掩模图案缩小至 2 英寸见方，并将图案投射在直径只有三四英寸的晶圆上。电路中最小的图案只有 2 微米宽。在最大的锐度下，每次步进可以成像 7 毫米见方的芯片。它还可以成像更大的芯片（10 毫米 × 10 毫米），但投影后的图像不够锐利。步进光刻机可以在 1/10 微米的误差范围内定位晶圆。曝光需要 0.5 秒，移动位置后再投影又需要 0.5 秒。在 3 分钟内，机器就能曝光整个晶圆。世界上没有什么比这更先进了，但它仍然只是一个原型。

西奥·兰布（手持麦克风）向里奥·图莫斯——集成电路组的负责人介绍 SiRe1 的操作方法，这是飞利浦的第一台步进光刻机。这台机器的说明书挂在后面。照片中的显示器显示着已应用于晶圆和掩模的光栅，它可以在 1/10 微米的误差范围内对准晶圆。ASML 后来将这个光栅当成公司的 Logo。

* * *

尽管克洛斯特曼的光刻机在飞利浦的芯片工厂中取得了成功，但 Natlab 很难为其光刻机找到客户。在奈梅亨的 Elcoma 都很少使用步进光刻机。范希克看到了这一点，并意识到这台光刻机和工厂多年来一直使用的接触式光刻机之间的差距是多么大。步进光刻机实在是太复杂了，他们无法让这台机器在奈梅亨的工厂里正常工作。

就个人而言，开发光刻机已经展示了范希克的兴趣所在——制造机器。他意识到 Natlab 并不是可以实现它的地方。他想，如果他一直待在这里直到退休，那么他一辈子都不会在工作中取得实际成果。在他看来，Natlab 发明的多是那些别人可以马上拿去用的东西。对于实验室里的研究人员来说最大的成就是发表论文，最终他们也只能去某个地方当个教授。在科学领域取得荣耀不是范希克工作的动力，他想利用技术在真实世界中做实事。

范希克访问奈梅亨时与 Elcoma 进行了一次沟通，因为他认为他们很可能需要有人来进一步改进光刻机。但让他惊讶的是，Elcoma 的机械化小组告诉他，他们无意继续制造步进光刻机这样的机器。他们更喜欢从市场上购买，因为他们没有信心继续为自己制造的机器提供良好的售后服务。范希克最终在飞利浦的阴极射线管工厂的光学部门找到了工作，在那里他主要设计镜片。几年后，Natlab 将其光刻机转移到产品部门后，范希克将回到飞利浦科学与工业部从事晶圆步进光刻机的工作。

在飞利浦内部推广 SiRe1 时，Natlab 使用了多本技术宣传手册。在这张照片中有一位迷人的操作员，这是一张罕见的显示机器与人之间的关系的照片。

美国风格

在美国，光刻机供应商Perkin-Elmer和David Mann与客户密切合作。这些公司的务实工程师们正在开发革命性的产品。

Perkin-Elmer公司的光电事业部总经理哈罗德·赫姆斯特里特（Harold Hemstreet）一直被Perkin-Elmer为空军制造的微型投影仪的问题所困扰。这种复杂的曝光装置后来并没有上市。他们是走错了方向吗？赫姆斯特里特向安倍·阿夫纳（Abe Offner）讲述他的疑虑，阿夫纳是Perkin-Elmer最有经验的光学设计师之一。

他们谈话后，阿夫纳决定开始测试凹面镜。凹面镜有一个主要的优点：不会出现散射现象。不同波长的光在镜面以相同的角度折射，因此不同颜色的光都可以帮助图案成像。

那时，芯片制造的要求变得更加严格。如果他们的机器要在市场上有立足之地，就必须能够对小到2微米宽的图案进行成像。阿夫纳成功地创建了一种将图案1:1投射到晶圆上的设计方案。巧妙的是，他把两个凹面的球形镜结合在一起后，在一个小环里一个球形镜的畸变就能补偿另一个球形镜。

由此研发出的机器就使用了这种环：环的宽度为1毫米，长度为80毫米，它以连续扫描的方式曝光在晶圆的光刻胶上。与微型投影仪相比，阿夫纳的解决方案是最简易的。该设备没有使用他们用来制造空军机器的复杂的16透镜光学元件，而只用了两个简单的球形镜。这个系统非常简明，目前关于光学的书本仍然以它为范例。

在那时，约翰·泊松（John Bossung）制造了一台原型机，并说服空军向该项目投入10万美元。在Perkin-Elmer，赫姆斯里特让机械设计师杰里·巴克利（Jere Buckley）和光学系统设计师戴夫·马克尔（Dave Markel）设计一种可靠的机器，并且可以以合理的成本进行制造。这对组合于1971年11月提出了一个基础设计方案。Micralign光刻机就此诞生了。

但在那个时候，他们还是要解决很多问题。巴克利和马克尔必须调整光学元件和力学元件，以使光线能透过缝隙均匀地照亮和扫描晶圆。他们请 ARC 公司制造重型汞蒸气灯，阿夫纳则用它设计出了一种光源，该光源可以在 10 ～ 12 秒内使用紫外线扫描晶圆。

尽管经历了种种波折，但赫姆斯特里特仍然对项目满怀信心。有一次，他靠在椅子上对他的下属说："总有一天我们能卖出 1,000 台这样的机器。"当时大家都认为赫姆斯特里特在异想天开，他们看到的是研发中的重重困难。随着 1973 年夏天预定发售时间的临近，他们的压力越来越大。

当研发再次陷入困难时，工程师们与 Perkin-Elmer 的营销总监彼得·穆勒（Peter Muller）讨论了他们的问题，并且直至深夜。穆勒听了工程师们所有的不幸与烦心事后说："要么卖出 100 台后免费去百慕大旅行，要么你们现在只能选一杯咖啡。"整个团队都选择了咖啡。

当 Perkin-Elmer 最终制造出一台机器并可以交付时，穆勒访问了一系列芯片制造商：德州仪器、雷神、国家半导体和仙童半导体。这次旅行取得了一定的成功。Perkin-Elmer 为德州仪器制造了一些晶圆，并将其展示给其他芯片制造商。他们中的大多数对芯片不屑一顾，但雷神伸出了援手。该公司意识到 Perkin-Elmer 碰到的问题和光刻胶有关。雷神派出了一位经验丰富的工艺工程师来帮助 Perkin-Elmer。因此，Perkin-Elmer 意识到，真正了解客户的需求对销售机器至关重要。

1974 年，德州仪器以 98,000 美元的价格购买了第一台 Micralign 光刻机。英特尔公司和雷神公司很快也下了订单。在晶圆厂里，操作人员必须习惯使用新设备。他们根本不知道这台机器有多敏感。有时，操作人员在 Micralign 光刻机扫描时把脚放在它的台子上，导致扫描出的图像非常模糊，这令其他工程师百思不得其解。

但半导体工厂很快就明白了其中缘由，并发现这台机器可节省巨额资金。这些年，主要的芯片制造商在接触式掩模上所费不赀。这台新机器能够使他们省下大笔的钱——原来的掩模可以无限期地使用下去。节省资金的同时产量也增加了，良率上升了几十个百分点。德州仪器告诉 Perkin-Elmer，使用 Micralign 光刻机后 10 个月内就收回了成本。随后订单如潮水般涌来，不久后新下单的客户得等一年才能收到货。

在接下来的几年里，越来越多的芯片制造商开始使用 Micralign 光刻机。该机器为芯片制造引入了一种全新的工艺，从而对整个生产供应链产生了重大影响。芯片制造商希望充分利用其成像设备，并对其材料供应商提出了越来越高的要求。玻璃供应商必须提供更扁平的基板，晶圆供应商必须提供尽量平整的晶圆，掩模制造商必须交付零缺陷的产品。当时掩模价格已飙升至每片 1,000 美元，但 Micralign 光刻机最终证明这些钱没有白花。这台机器还为德州仪器和 IBM 为制造高质量掩模而开发的第一台电子束直写机铺平了道路。

Micralign 光刻机使得个人计算机芯片的制造费用足够低。英特尔使用它制造了 1978 年 6 月推出的 8086 处理器。一年后，英特尔推出了 8088 处理器：5 毫米见方，内有约 3,000 个晶体管。IBM 后来用这个处理器制造出了第一台个人计算机。

在 20 世纪 70 年代末，Perkin-Elmer 成为一家制造芯片设备的大工厂。它拥有 90% 的光刻市场份额，是半导体行业最大的设备供应商。对于芯片制造商来说，Micralign 光刻机堪称完美。自 20 世纪 70 年代中期以后，Natlab 和许多美国芯片公司在步进光刻机的开发中一直处于落后地位。

* * *

转眼间，Micralign 光刻机使步进光刻机成为过去式，同时它也为 20 世纪 60 至 70 年代风行的重复曝光光刻机敲响了丧钟。不过 Perkin-Elmer 很快被重复曝光光刻机的领头羊 David Mann 追上。

1975 年，David Mann 的总经理伯顿·惠勒召集他的管理团队，讨论新光刻技术的出现对他们的业务造成的影响。向 Perkin-Elmer 购买 Micralign 光刻机的芯片制造商显著降低了成本，现在已经几乎没有芯片制造商愿意购买他们公司的光刻机了。David Mann 的员工一致认为公司的市场领导地位岌岌可危。

惠勒在精密仪器行业从业多年，经验丰富。1940 年，他在拿到机械工程学位后立即加入了 David Mann。当公司的同名创始人于 1957 年去世时，惠勒接替他担任总经理。在 GCA 于 1959 年收购该公司后，他继续领导 David Mann。在 20 世纪 50 年代，David Mann 生产的精密仪器已经享有盛誉，美国第一颗卫星"探险者"上的仪器仪表就是该公司的产品。

惠勒的同事经验同样丰富。光学工程师霍华德·洛夫林（Howard Lovering）有很多以他自己的名字命名的专利。惠勒与项目经理格里夫·雷索 (Griff Resor) 和比尔·托贝（Bill Tobbey）合作多年，后者是一名转而从事营销和销售工作的工程师。他们在重复曝光光刻机的研发中取得了重大成功。

* * *

在关于 Micralign 光刻机的战略会议上，惠勒和他的团队将提出的各个选项转化为一个可行的产品。他们决定修改他们的光刻机模型，并把它变成一台步进光刻机。这一变化意味着在光学系统中，图像不再成像到玻璃接触式掩模上，而是直接成像到晶圆上。

高级管理层认为，这个处理过程过于耗时：曝光逐步进行，而且每个晶圆必须多次处理。与当时的主流观点一致，GCA 的管理层深信，Perkin-Elmer 的投影扫描光刻机的接班人不是步进光刻机，而是电子束直写机。尽管如此，惠勒和他的团队仍决定坚持他们的想法——研发步进光刻机。他们有这样做的自由，因为 David Mann 在 GCA 内有相当大的自主权力。他们经常拜访客户，了解到仙童半导体和德州仪器已经在制造步进光刻机了。将芯片图案 1∶1 直接投影到晶圆上的想法影响了整个行业。

当时市面上还没有步进光刻机，这也是惠勒和他的团队看到机会的地方。David Mann 的工程师们知道，与正在开发供自己使用的步进光刻机的芯片制造商相比，他们有一个主要的优势：他们了解市场，与数十家客户保持着牢固的关系。"我们比任何人都清楚我们的客户想要什么。"托贝告诉他的同事。

David Mann 与飞利浦之间的关系也证明了它在芯片行业的核心地位。1971年，托贝接待了范希克和布休斯，这 3 个人详细地讨论了掩模问题。两年后，当 Natlab 的研究人员正在制造他们的步进光刻机原型时，David Mann 也在研发。飞利浦以其技术而闻名，在 20 世纪 70 年代中期，雷索和托贝前往埃因霍温讨论双方创立合资公司的可能性。在他们还没离开时，飞利浦就宣告了合作失败。回到公司后，托贝失望地告诉同事们："飞利浦就是这么霸道，没有办法，我们只能自己干了。"后来证明，飞利浦其实对这个合作根本没有兴趣。

03

垂死挣扎

1976—1983

维姆·特罗斯特

维姆·特罗斯特（Wim Troost）从废料堆中救出了步进光刻机。如果说在后来的几十年里，有人可以代表飞利浦，那么这个人就是他。

那是 1978 年初，Natlab 和飞利浦科学与工业部（S&I）的管理团队齐聚一堂参加年会。在问答环节中，Natlab 的皮特·克莱默和哈霍·梅耶提出了一个小问题："有人对光刻专业知识感兴趣吗？"飞利浦实验室的研究人员已经在研究并改进步进光刻机的新版本了。"此时这已经不再是研究了，而是工程，"梅耶说，"是时候让 S&I 接手了。"

与此同时，Perkin-Elmer 正在迅速占领市场。其 Micralign 光刻机的工作速度比步进光刻机快得多，且其简单的设计能使启动成本大大降低。Natlab 和飞利浦的晶圆厂都购买了这种机器，S&I 的管理层对此非常了解。

因此，在克莱默和梅耶提出他们的问题后，现场陷入尴尬的沉默。在聚会的人群中，就没有人想要研究光刻机吗？终于有人举手了，这个人是维姆·特罗斯特，S&I 的事业部董事之一。

特罗斯特将继续在飞利浦步进光刻机的发展历史中发挥关键作用。在这种技术背景非常不确定的情况下，他将与各种困难作斗争，以延续光学光刻技术。当时全世界都认为光学光刻技术只提供了一个临时解决方案，很快会被电子束、离子或 X 射线成像技术代替。

谁是那个创造奇迹的人？谁是那个不畏艰难、不顾亏损，仍坚持进行光刻技术研发的人？谁是那个使用隐藏储备资金来维持光刻技术研发的人？为什么飞利浦的财务部可以多年以来接受特罗斯特亏钱的坚持？是什么驱使特罗斯特为光刻机如此努力？这个男人并没有想那么多。他在项目和系统业务中创造了 5 亿美元的利润，运营着拥有 1,000 名员工的工厂，并管理着一个产品组合极其丰富的国际组织，但他就是无法忍受这个神奇设备的研发走向终结。

* * *

1925 年，维姆·特罗斯特在荷兰海牙出生。在他 10 岁的时候，一家人搬到了博姆普杰斯迪克，这是一个位于荷兰西南部泽兰省的一条堤坝上的，只住着 80 户人家的小村庄，只有一条街，两个农场。在那里，特罗斯特的父亲和叔叔继承了爷爷的面包店和杂货店。特罗斯特在那里上的高中，然后上了职业学校。他毕业后想进入代尔夫特理工大学，但那时荷兰正被德国入侵。他拒绝签署效忠宣言，该宣言承诺不对德国入侵者采取任何反抗行动。德国人规定学生和教授若要进入大学学习或工作，必须满足这个条件。

所以年轻的特罗斯特最终回到了博姆普杰斯迪克。在他父亲的面包店工作并不美妙：他把木头收集到烤箱中，晚上用来烤面包，然后用自行车把面包运到邻近的家庭售卖。人们用现金和配给券购买。1944 年 1 月，在他 19 岁生日时，德国人征召特罗斯特去做劳工，这是在为撤回德国做准备。特罗斯特躲藏在他的出生地海牙。1944 年，前进中的盟军有望很快解放荷兰。当盟军在向北前进的过程中停滞时，特罗斯特发现自己被困在由荷兰三大河流构成的分水岭的一边。起初他的父母一直给他送食物，但在莫迪克的桥被毁后，他就再没收到过食物。冬季饥荒结束时，特罗斯特的体重减轻了 65 磅，他的衣服对于他来说都变得非常肥大。

1945 年 9 月，年轻的特罗斯特从战争中恢复过来后，父亲拿出家里最后的 40 美元送他去代尔夫特理工大学学习物理。通过基础课程后，他于 1947 年报名主修声学专业。为了支付账单，他在另一个系——控制工程系里面担任助教。他被任命为系主任助教，教授要求他尽可能多地待在实验室。

* * *

在战后重建中，国家需要大量年轻的工程师，特罗斯特就是其中之一。石油公司壳牌、钢铁生产商 Hoogovens 和国有的煤矿都在招聘大量年轻的控制技术人员。飞利浦向特罗斯特发出了几次邀请。他拜访了 Natlab，参观了飞利浦的许多部门，以至于他开始为这些公司的热情好客而感到尴尬。

特罗斯特最初决定为壳牌工作，因为他担心去飞利浦只能当一个普通员工。

但是当他听说这家石油公司可能随时把他派至另一个国家时，他放弃了。最终他加入了飞利浦，年薪 1,240 美元，额外还有 50 美元的奖金，这几乎是 Hoogovens 公司提供的工资的两倍。

1951 年 9 月，特罗斯特去飞利浦在埃因霍温的工业应用部门（PIT）报到时，他感到十分吃惊：当初面试他的人都不在。PIT 的一些员工对这位年轻学者的突然上岗感到非常惊讶。但飞利浦这样的大公司就是这样：这家跨国公司是一个"多头怪兽"，而且其人力资源部门在招聘方面也有自己不同的方法。刚上岗的特罗斯特被带领参观了公司，得到了一本员工目录、一叠手册和 PIT 产品说明，没有人告诉他具体工作是什么。"读完这些东西然后四处看看。"他的同事建议说。然后，这位年轻的工程师在一块满是灰尘的布的下面，发现了一台精巧的设备。这是一台可编程的 PID 控制器，是一个 S&I 的员工放弃的。特罗斯特认为这台设备很精妙，所以开始修补它，并设法让它运行。

之后，管理层迅速给特罗斯特安排了几个助理。他们将研究记录仪：一台可以吐出长纸条的笨重设备，纸条上面画满了代表温度、压力、流量和水位的线条。

特罗斯特在飞利浦的同事很快就习惯了他的固执。一天，他解雇了一名偷同事自行车的员工。人力资源部门指出他没有权力随便解雇一个人时，他与他们激烈争论，最后他说："我不在乎你如何处理这件事，这个人就是不能再为我工作了。"

1967 年 10 月，特罗斯特被任命为总工程师和研发部门负责人。他为 PIT 引入了晶体管、数字技术和后来的一些软件。在 20 世纪 70 年代，PIT 与 S&I 合并。特罗斯特领导其中的工业数据系统（IDS）事业部，这是一个热爱控制和自动化的技术工程师的天堂。

特罗斯特对于 S&I 的管理层来说像个局外人。他是一个工作狂，没有事情做对他来说是种负担。员工们对他无限的精力和非凡的职业道德瞠目结舌。当飞利浦工业园区的巨型灰色建筑在下午 5 点到 5 点半开始安静下来时，员工们知道他们的领导肯定还在办公桌前。特罗斯特经常加班到 8 点才到家。当他的孩子们还小的时候，他的妻子有一天告诉他，她已经厌倦等他吃晚饭了。即使在饭后，工作也填满了他的业余时间。特罗斯特经常全神贯注于文书工作，直到午夜。

他不出差时就是这样，出差时他同样在疯狂地工作。在 20 世纪 70 年代，特罗斯特是 S&I 所有事业部董事中年度差旅费用最高的，他为此感到自豪。

他对细节的关注是出了名的。每当特罗斯特离开埃因霍温，无论是工作还是度假，他都会制订详细的计划，里面记录了他将入住的每家酒店的电话号码和将参观的地点。他沉迷于拥有绝对的控制力。

在工作中，他总是在大楼走廊中来去匆匆，两只手各拿一个公文包。他总是走得非常快，因为对他来说走路就是浪费时间。他的公文包里有会议报告、信件、内部邮件、备忘录、期刊文章等。特罗斯特把一切都带回家——一间改造过的农舍，位于公司附近的纽角。晚饭后，正如他的同事熟知的那样，他会阅读每一页文件。同事给他的所有文件，他都会仔细阅读。对他来说，这根本不是负担：他的日程表上全是各种会议，以至于他把每天阅读材料视为放松的好方法。

杰出的阅读狂人特罗斯特是飞利浦为数不多的会在管理会议前审查所有材料的人之一。他不仅读自己业务部门的材料，还会读 S&I 其他部门的材料。对他来说，这是世界上最理所应当的事情。在充满政治色彩的飞利浦，他的同事们对他的参与并没有感到满意。当人们对此提出异议时，他告诉其他董事们，他们不仅仅是为了自己的部门来开会，还要倾听其他部门的报告并帮助彼此做出正确的决定。

特罗斯特喜欢指出未能完成工作计划的人——大多是吹牛的人。"你所说的那些话听起来都不错，但我看到的是一个不同的故事。"他不仅责备他手下的员工，还责备他的同事们。当同事们对特罗斯特的话感到不解时，他会十分自信地补充道："看看上次会议的笔记，第 10 页，第 2 行。"

* * *

在特罗斯特的词典中，"不"是不存在的。他适时地将项目一个又一个地揽入他分管的部门。他的一些同事和员工认为他缺乏远见。但他的使命是抓住每一个可以赚钱的机会。即使有人提出一个复杂且奇怪的项目，特罗斯特也会支持他。特罗斯特是一个有原则的人，并对弗里茨·飞利浦先生在 20 世纪 60 年代所宣扬的社会价值观深信不疑：跨国公司有责任为社会服务，必须提供和保障就业。于是，他经常出现在人力资源部门，从冗余员工的卡片目录中挑选适合新项目的人。

特罗斯特克服了重重困难，在他的领导下，IDS 部门逐渐壮大。在那时，全世界都在研究测试流程和系统的自动化控制。尽管技术还处于起步阶段，而且许多项目都搁浅了，但技术所带来的人力节省仍然具有吸引力。

在随后的几年里，特罗斯特不断拓展他的项目。各大公司都渴望使其水处理厂、发电厂或乳品厂现代化。他们可以选择敲开飞利浦的大门，而不是去领先的西门子和 AEG。而且，在特罗斯特面前，客户们总是受到热情欢迎。当荷兰邮政部门要求使用邮件分拣机时，特罗斯特说："朋友们，我们面前有一个机会——我们要对邮件进行排序。"然后，他又跑去查冗余员工目录，并挑选合适的人参与工作。

维姆·特罗斯特负责 S&I 的每一个项目。在 20 世纪 60 年代末，S&I 甚至帮助位于德文格洛东北部城镇的国家天文台实现自动化。在这张照片（拍摄于 1969 年 8 月）中，一架公司的直升机刚刚把这位 S&I 的董事送至天文台旁边，他每月来一次。由照片背面用钢笔写的话语可知，该项目也曾有一些问题："亲爱的维姆，为纪念曾经的技术困难和飞行安全。"

＊　＊　＊

因此，特罗斯特所在的 S&I 的 DIS 部门发展成为一家工程公司，在那里任何自动化项目都是可能实现的。埃因霍温的工程师们为位于德温格洛的天文台实现了自动化，为加辛的天然气压缩机站和巴黎的 Pernod 酒厂实现了开发过程控制，为荷兰的乡村提供了探测器以建立全国空气污染检测网络，为乳品厂和奶酪制造厂构建了系统，使水处理厂自动化，并为玻璃、水泥和混凝土的工厂安装了计算机。

在 20 世纪 70 年代中期，特罗斯特的业务遍及欧洲。S&I 在德国和爱尔兰帮助乳品工厂实现了自动化，在比利时帮助钢铁厂实现了自动化，并在意大利建立了环境监测网络。

* * *

此外，特罗斯特不仅为外部客户提供服务，他还帮助飞利浦的产品部门完成了重大的工业化项目。他的部门和公司的机械化小组通力配合，一起建造了数条几百码长的 Horizontal 2000 荧光灯装配线。

飞利浦实行非常详细的记录制度。S&I 的分析、电子光学、焊接和数控业务单位都使用严格的登记系统，对成本、预算、小时工资和收入进行严格的财务检查，但飞利浦的财务部门很难对特罗斯特的部门进行严密监督，因为他的项目有时会延误，而且需求也会不断变化。

这一例外使 S&I 在规则上有了一定程度的自由。以防项目出现紧急情况，特罗斯特保留着一笔隐藏的储备金。

这些储备金为特罗斯特提供了很大的操作空间，他甚至可以投资一分钱不赚的活动。特罗斯特能自己做决定，而不用去找飞利浦的高层，这在这家跨国公司是闻所未闻的。当特罗斯特从 Natlab 那里接手步进光刻机时，他就利用隐藏的储备金来维持其研发。公司的财务主管们知道这件事后，也只能沮丧地看着。尽管他们不赞成特罗斯特的行为，但没有人能动他：他们都依赖他为公司创造的业绩。

在飞利浦内部，许多董事都准备一有机会就将特罗斯特扳倒。特罗斯特为自己的支出辩护，认为制造光刻设备属于电气机械化领域，而且与他的业务产品很契合。在始终未有订单，甚至飞利浦自己的晶圆厂也不买的情况下，他一直坚持步进光刻机的研发。

通常没有人干涉特罗斯特，但这次他遭受了严厉批评。财务部门的乌尔班·德沃尔德（Urbain Devoldere）和阿德·范德林德（Ad Van De Linde）一直密切关注着他，S&I 的商业总监阿布·德波尔（Ab De Boer）也一直在密切关注着他。在一次管理层会议上，范德林德对特罗斯特的机械化项目提出了严重的质疑。"我们到底为什么要研究这个呢？"范德林德说，他指的是光刻机，"特罗斯特到底想干什么？我们的顶级工程师不是应该去完成我们真正的业务吗？"

特罗斯特的反应很强烈、很情绪化。他鄙视财务部门，认为他们采用了双重标准。每当他完成一个重大项目时，他都会给S&I空闲的团队带来业务。当其他事业部的董事来寻求范德林德的帮助时，特罗斯特大发脾气："听着，这些年我接纳了你们裁掉的所有人。如果我没有这样做，你们的问题就大了。"

特罗斯特一次又一次地摆脱了这些麻烦，主要是因为他的项目也为其他董事带来了可观的收入和利润。其他部门通常提供必要的部件、设备和仪器。例如，在20世纪70年代末，邮件分拣机订单为S&I带来了7,500万美元的收入和很高的利润，他的同事们根本不能失去他。

特罗斯特的信

飞利浦的S&I希望以其光刻技术征服世界，这种乐观主义反映在其商业计划中。

在 Natlab 与 S&I 达成转让步进光刻机的协议后，在飞利浦传播的小道消息成为现实。Elcoma 的基斯·克里格斯曼（Kees Krijgsman）和扬·华特（Jan Huart）听说了维姆·特罗斯特要把步进光刻机揽入自己部门的消息。华特在相当长的时间里一直被这个问题所困扰：他的团队已经制作了几台 Natlab 的重复曝光光刻机的复制样机，但他的人都无法让它们正常工作。

华特给特罗斯特打了电话："嘿，维姆，所有的重复曝光光刻机和步进光刻机都很棒，但你们真的了解半导体行业吗？"华特没有提他在重复曝光光刻机上碰到的困难。

特罗斯特承认，他在芯片领域的经验并不丰富。"我只是参观过，但我没有在这个领域工作过。"他直截了当地回答。然后，华特发出善意的邀请："嗯，你为什么不派一两个人到工厂里和我一起研究呢？"特罗斯特当时没有意识到，华特给了他无法承受的负担。

特罗斯特去翻阅人力资源部门中大量冗余员工的资料，找到了一位叫作理查德·乔治（Richard George）的员工。乔治是一位脾气暴躁的英国人，曾在伦敦大学玛丽女王学院学习物理学。他通过飞利浦在英国的子公司 Pye Unicam 来到埃因霍温。

乔治前往位于奈梅亨的 Elcoma 机械化小组，在那里他发现了 4 台光刻机，全部都是 Natlab 的重复曝光光刻机 1 代的复制品。这位英国人以前在飞利浦的一个环保部门工作，对光刻机几乎一无所知。他决定对机器进行全面的测试。乔治很快发现重复曝光光刻机总是无法准确对准晶圆。连续曝光的图案没有足够精确地叠加，因此生产出的芯片无法使用。最后，Natlab 的光学专家吉斯·布休斯被派来修复 Elcoma 的对准系统。

＊　＊　＊

华特的同事基斯·克里格斯曼告诉特罗斯特，在 Elcoma 之外寻找成功经验是很重要的。在那段时间，飞利浦与 IBM 保持着密切的联系，IBM 当时在美国佛蒙特州伯灵顿经营着世界上最先进的晶圆厂。1978 年，IBM 的工厂在半导体行业处于领先地位。那一年，IBM 生产出了世界上第一个 64Kb 动态随机存取存储器（DRAM），这是计算机的战略组件。IBM 也是第一家在大型计算机中使用内在芯片的计算机公司。

克里格斯曼告诉特罗斯特："从 Elcoma 的光刻机着手还不错，但如果你能将一台机器装到 IBM 去，那会更棒。"克里格斯曼经常与 IBM 的工程师讨论光刻问题，他知道伯灵顿的工程师们渴望研究来自不同供应商的新光刻工具。克里格斯曼说："如果我们能让 IBM 也看看我们的机器，那么我们就会知道相对于竞争对手，我们的实力究竟如何。"在克里格斯曼的建议下，特罗斯特与 IBM 聊过以后，IBM 要求他提供一台步进光刻机，而且期限很明确：S&I 必须在 1982 年 6 月 8 日发货。

＊　＊　＊

1978 年，David Mann 的第一台步进光刻机进入市场，不过该领域的机会仍然很多。S&I 的实力很强，因为它引入了 Natlab 的机器。此外，Natlab 的斯特夫·维特科克（Steef Wittekoek）团队已经对重复曝光光刻机 2 代（Silicon Repeater II, SiRe2）研究了几年，该机器的改进版本已于 1973 年年底研发成功。

SiRe2 有着很多先进的新功能。例如，维特科克重新设计了晶圆台，这样 SiRe2 不仅可以移动晶圆，还可以非常精确地旋转它。爱德·鲍尔为 SiRe2 设计了一个 H 形电机驱动系统。此外，与 SiRe1 中的油压驱动系统相比，SiRe2 通过机器的机油已完全密封，其中来自静压轴承的液体流过底板会汇集到托盘中。在 S&I，理查德·乔治负责制造工业量产版的 SiRe2。

这样的结构使得晶圆定位系统可以快速移动和停止。这也意味着投影光柱不再需要像 SiRe1 那样移动：投影和曝光装置牢固地固定在花岗岩底座上，光柱吊在晶圆上方，不需要移动，只需要曝光。爱德·鲍尔设计了巧妙的电机驱动系统：3 台电机以 H 形布局并协同工作，不仅能够沿 x 轴和 y 轴移动，而且能够非常精准地围绕 z 轴旋转。

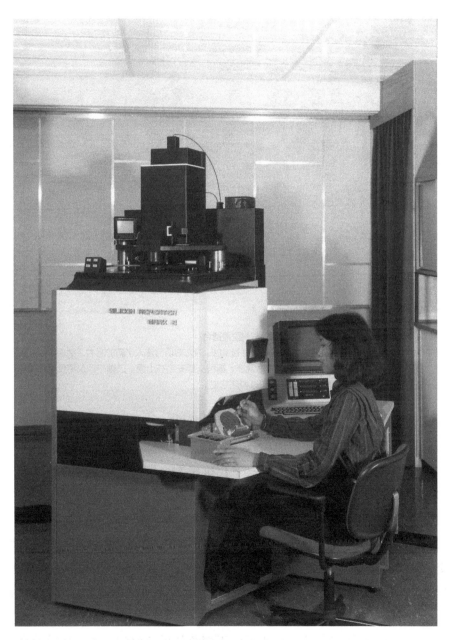

SiRe2 是 20 世纪 70 年代中期在斯特夫·维特科克的指导下由 Natlab 开发的。该实验室的芯片研究人员更愿意从美国购买光刻机，但常务董事哈霍·梅耶强迫他的研究人员也使用 SiRe2。

H型晶圆台

在20世纪70年代中期，斯特夫·维特科克为Natlab的光刻项目注入了新的活力。他决定改变晶圆的定位方式。他所设计的晶圆台的最下面是一个方形镜座，晶圆支架安装在上面。三轴干涉仪不仅可以测量镜座和晶圆在 x 轴和 y 轴上的位置及其旋转角度，还可以校正它们。

特罗斯特认识到，SiRe2是非常具有战略性的技术方案，但他也有备选方案——电子束直写机，两年前他从穆拉德研究实验室接手并继续研发该机器。

1978年夏天，特罗斯特让罗纳德·比拉德（Ronald Beelaard）负责步进光刻机的开发，那时比拉德已经在负责电子束直写机的研发了（参考附录5）。S&I的管理层要求比拉德与市场部的吉尔·詹森（Ger Janssen）合作进行市场调研，以此来评估S&I在光刻市场的机会。1978年8月，比拉德和詹森向整个管理团队提交了他们的商业计划书，字里行间都洋溢着他们的热情。比拉德和詹森写道：飞利浦具有独特的市场地位，它拥有光刻领域的王牌——电子束直写和光学投影技术。

20世纪70年代末，芯片行业正处于变革的风口浪尖。第一代微处理器和内存芯片都是使用Perkin-Elmer的光刻机生产的，但摩尔定律（参考附录6）的效应却不可避免：晶体管的数量每两年会翻一番。很明显，投影扫描光刻机（Projection Scanners）的产量很快就跟上了。大规模集成电路（LSI）正在被新一代超大规模集成电路（VLSI）取代。这些生产需要新的机器——一种比 Perkin-Elmer 的投影扫描光刻机复杂得多、成本高得多的机器。"分析人士预计，这些新机器将会使光刻机市场扩大一倍，即从 1978 年的 1 亿美元增加到 1983 年的 2 亿美元。"比拉德和詹森在报告中表示。

当绘制细小的线条时，光学投影光刻机比不过电子束直写机。比拉德和詹森相信电子束直写机将主导市场。他们在总结中写道："人们普遍认为，用电子束在晶圆上直写是 20 世纪 80 年代理想的半导体制造方法。然而，目前直写的速度太慢，无法满足商业需求。因此，现有的成熟光学步进光刻机市场将一直占据主导地位，直到电子束直写机的产量至少增加 20 倍。"

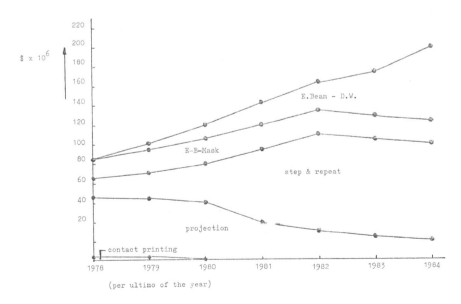

罗纳德·比拉德和吉尔·詹森为 S&I 管理层撰写的商业计划反映了 1978 年全球芯片市场当时的展望。1982 年后，光学光刻的黄金时期结束，电子束直写时代到来。该图表还显示，市场对电子束直写的掩模产量与市场对光学光刻的预期同步。

商业计划中的数据反映了他们的乐观态度。商业计划显示，全球步进光刻机的销售量将从 1978 年的 50 台增长到 1982 年的 200 台，然后趋于稳定：1983 年和 1984 年销售的数量将相同。相反，电子束直写机的销售量将稳步增长。1979 年，前三台机器将进入市场，1984 年全球电子束直写机的销售量将增至 50 台。比拉德和詹森指出："如果电子束直写机的销售量的增长速度比预期快，且增长的销售量高于预期，那么它将很快取代步进光刻机。"

比拉德和詹森强调，飞利浦拥有最先进的电子束直写设备和光学步进光刻设备。

在埃因霍温的 S&I，他们即将交付第一台电子束直写机，另外 4 笔订单也已经制造完成，正在等待交货。但其步进光刻机还处于高级原型机阶段。

这份商业计划满含信心。飞利浦将使其竞争对手望尘莫及，因为该公司的两种设备的性能通过简单的改进就可以得到显著提升。比拉德和詹森称这些改进可以使设备的性能远超竞争对手：电子束直写机的直写速度可以提高 5 倍，自动对准技术将使步进光刻机的生产效率更高。

两位工程师还概述了飞利浦征服市场的进程。据他们介绍，1980 年，这家跨国公司在电子束直写机市场将成功占据第一的位置。在步进光刻机市场中，比拉德和詹森认为飞利浦的市场份额将达到 40%。这也不算太夸张，他们认为 45% 的市场份额将属于 GCA。飞利浦 40% 的预估市场份额也符合当时情况：目前的产量预测较为保守，只说飞利浦将净占 20% 的市场份额。因此，预测中的市场份额也将提高。

两人写道，如果飞利浦想在电子束直写机市场占据很大的份额，那么公司必须立即采取行动。竞争对手的电子束掩模直写机一年前已经进入市场，而且他们不断地从客户体验中吸收建议并改进机器。他们说，飞利浦等待的时间越长，竞争难度就越大。

步进光刻机市场发展同样迅速。GCA 于 1978 年交付了第一台步进光刻机，如今客户正批量订购机器。"半导体行业正争先恐后地下单购买光刻设备。"商业计划里指出，步进光刻机的交货时间已延长至 18 个月。

* * *

理查德·乔治结束在奈梅亨 Elcoma 的工作并回到 S&I 后，被安排在比拉德的手下。比拉德的愿景现在很清楚：晶圆重复曝光光刻机需要进行重大的工程改造。

从一开始，晶圆的定位台就引起了激烈的讨论。飞利浦的步进光刻机使用液压装置来移动和对准晶圆，但使用的机油如果泄漏则会对芯片制造过程造成严重破坏。在 80 巴的压力下，即使是最微量的泄漏也会将整个房间喷上油雾，污染将使芯片生产停滞数月。S&I 的工程师已经多次经历这种情况，Elcoma 的芯片制造商也目睹过这种情况。飞利浦的每个人都知道：油在芯片生产过程中是"毒药"。

但液压是一项卓越的技术，在飞利浦，卓越的技术如果没有受到挑战，则是很难被放弃的。爱德·鲍尔在 20 世纪 60 年代已经在 Natlab 使用液压电机来制造芯片和设备了，这在当时非常先进。液压装置提供了稳定性和精度极高的定位系统。

最后，作为步进光刻机研发团队的负责人的比拉德决定：Natlab 的液压晶圆台必须去掉。"否则我们的机器永远卖不出去。"他告诉他的团队，他的决定是完全正确的，SiRe2 的工业版本（该光刻机将被重新命名为 PAS 2000，适用于飞利浦后来的自动步进光刻机）将装配一个电动晶圆台。比拉德的决定给 PAS 2000 团队树立了一个明确的目标。

乔治的任务是重新设计步进光刻机。他得到大学刚毕业的电气工程师弗朗斯·克拉森（Frans Klaasen）的帮助。克拉森主要从事与光纤、光学仪器和激光相关的工作，这不是一个理想的搭档，但乔治还是让他设计电动晶圆台。这意味着从零开始。乔治的团队很小，而且比拉德团队的重心都放在了电子束直写机上，因为当时他们认为电子束直写机会有巨大的前景，所以克拉森只能自己设计电动晶圆台。乔治感觉有些力不从心，所以他决定咨询飞利浦制造技术中心（CFT）。他和克拉森定期前往 CFT 讨论电动晶圆台可能是什么样子的。在那里，精密仪器专家维姆·范德霍克（Wiam Van Der Hoek）和里恩·科斯特（Rien Koster）伸出了援助之手，年轻的 CFT 同事也提出了各自的建议。

他们得出的结论是，同时使用粗控和精控来构建机台。为了能在 x 轴和 y 轴上快速移动，范德霍克和科斯特建议他们使用长螺纹主轴，也称为导程螺丝杆，即通过旋转螺母来控制纵向的移动。他们还决定使用 10 微米的压电致动器来进行微调。

当克拉森听说 Natlab 仍在研发步进光刻机时，他还处于第一周的研发中。重复曝光光刻机可能被转移到 S&I，但步进光刻机的研究仍在 Natlab 愉快地进行。当克拉森和他的上司拜访 Natlab 时，乔治警告他注意隐藏的办公室文化冲突："克拉森，不要被它影响，他们可能是相当消极的。"

*   *   *

乔治警告克拉森是有原因的。在那些日子里，产品部门和 Natlab 之间的竞争是众所周知的。即使是 Natlab 的董事和工业集团管理层之间的高层会议，也常常硝烟弥漫。

他们各自的工作场所差别很大。Natlab 的研究人员是艺术家：固执且自负，他们有自由的灵魂，他们自己决定什么时候上班和什么时候回家，他们的工作是他们的爱好，他们认为 Natlab 是他们个人的工作室。

产品部门则被安置在与实验室一样沉闷的灰色建筑中，但一旦进入就像到了另一个星球：一个精心组织的、勇敢的新世界，这里充满纪律和规则，每个零件和订单都有各自的代码。在这个世界里，上班时必须要打卡，工作服的颜色代表了你所在的部门和薪资等级。

生产部门就像一台机器。他们极其有序的代码是 12 位数字。S&I 制造的机器、仪器或其他设备的每个部件、每个螺母、每个阀门和每个图表都有自己的代码，员工称之为 12NC。机器的信息被详细记录在图表中，每个模块或组件都有一个主要部件列表，而每个主要部件列表又分为各个子部件列表。因此，每个产品、每种类型的机器都有大量的文字描述、图纸和数字：从整个设备的产品编号到每个零件的数字编号。

在 S&I 中，电子束直写机和步进光刻机的研发需要做大量的工作，因此设备要重新设计。比拉德和他的团队负责对机器进行编目，并列出所有部件的零件列表。他们在成本估计中加入了制造成本，但这更像是大致估计。如果要出售机器，他们必须知道如何做到收支平衡。

与研发不同，官僚主义在生产环境中至关重要。那里的风险不仅仅涉及一台单一的运作中的机器，而且涉及整个过程。每一个环节都必须是可预测的、可靠的。如果没有严格的纪律，订购和制造过程就会陷入混乱。一旦 Natlab 的杰作进入产品部门，巨大的转变就开始了。

因此，对于电子束直写机和步进光刻机来说都是一样的。Natlab 的研究人员把样机交给 S&I 就不管了，文档都做得很差，只有一些简短的描述，最多再加上一些照片以及一些科学文章。S&I 的工程师卷起袖子，开始勤奋工作，为机器的大规模生产做好准备。一切都必须同时进行。从第一步开始，给每个部件添加详细介绍，给每个零件添加 12NC。

在重新设计的过程中，产品部门的设计师会定期在 Natlab 提供的技术中加入自己的技术。因此，Natlab 的研究人员指责工业小组做重复的工作并不是完全没有道理的。然而，从产品部门的角度来看，这也是迫不得已的。他们必须使产品适合批量生产。他们不是在构建概念验证模型，而是要设计出在未来几年内可以制造和维护的机器。

相互竞争有时会变成无法逾越的鸿沟，一边是自以为是的 Natlab 的科学家，另一边是有意见的产品开发者。在现实中，Natlab 的傲慢是已经延续多年的漠不关心。一旦技术被移交给产品部门，几乎没有人会咨询研究人员。他们的态度是："我们完成了我们的工作；如果工业小组不需要我们的建议，那么他们得自己想办法去解决。"

对乔治和克拉森来说，情况格外复杂：没有额外的支持团队可以求助，而且预算也不充足，所以无法彻底重新设计机器。S&I 的大部分资源都投在了电子束直写机上，因为它已经收到了 3 个订单。

* * *

当乔治和克拉森访问 Natlab 时，他们确实见到了那种傲慢的态度。那里的研究人员认为，他们建造的晶圆台非常出色，S&I 应该明事理地照原样重造它。他们的态度可以理解：虽然克拉森还有些不成熟，但现在他居然要自己重新设计那些 Natlab 已经研究了 10 多年的东西。

克拉森注意到了 Natlab 团队的批判态度，但是这并没有影响他。尽管他年纪尚轻，缺乏经验，但高级研究人员还是接纳了他。另外，他和刚刚加入 Natlab 的罗布·蒙尼格·施密特（Rob Munnig Schmidt）比较谈得来。

但在接下来的几个月里，克拉森并没有取得太多进展。他的导程螺丝杆可以精确到几微米，但每次位移后持续振动的时间太长。机器必须稳定下来，压电电机才能开始微调。

"太慢了。"他想，这东西不会很快奏效的。更重要的是，他的系统太庞大了：整个平行四边形结构的边有 6 英尺长，这对于定位晶圆来说太大了。

施密特的怀疑态度并没有作用。这位年轻的研究员定期访问 S&I，看看克拉森有什么进展。他经常挥着手否定说："这种做法行不通。"他们没有太多的讨论，因为克拉森知道施密特是正确的。施密特可能很傲慢，但他知道他在说什么。

克拉森其实很喜欢他的学术同事，因为施密特平易近人、易于相处。

* * *

随着 1979 年的到来，S&I 面临越来越多的问题。乔治和克拉森设法使电动晶圆台工作起来，但它对步进光刻机来说仍不够好。特罗斯特处于困境中，他的步进光刻机研发团队人手不足，他找不到任何人愿意加入他们。乔治和克拉森没有解决复杂问题所需的知识。他们工作的时间越长，就越意识到他们迫切需要 Natlab 和 Elcoma 的专业知识。Natlab 获得的经验正是 S&I 所缺少的。因为只有几个工程师，所以他们无法重新设计这么复杂的机器。慢慢地，但可以肯定的是，乔治和克拉森已经意识到无法重新设计机器，也许他们只需要按原型去制造设备。

此外，乔治没法获得上司的帮助。比拉德投入在电子束直写机上的时间太多，因为 S&I 已经下了订单。沮丧的乔治告诉 Natlab 的同事，S&I 无法在 IBM 伯灵顿给的最后期限前完成设计。Natlab 向 S&I 发出求救信号，结果奇迹出现了。

经过几次激烈的讨论，特罗斯特采取了行动。在一封臭名昭著的信件中，他命令负责步进光刻机项目的工程师制作一个 SiRe2 的精确副本。"为了能够在最短的时间内交付机器，并消除任何误解。"他在信件的开头如是说。比拉德输掉了这场争论，他们将使用液压系统，尽管该系统存在各种缺点。

乔治没有因这种做法受到惩罚。特罗斯特虽然不喜欢他，但是他承认乔治是一位优秀的工程师。S&I 的董事很不喜欢麻烦，他想让每个人都朝一个方向努力，所以乔治保住了工作。

特罗斯特命令步进光刻机研发团队规避所有风险，制造了 5 台光刻机，其液压机台则是 Natlab 模型的"完美复刻"。只有成功地让这 5 台机器工作之后，他们才能开始研发下一代产品。特罗斯特在信中强调，电动晶圆台是一个好得多的解决方案，但它需要 Natlab、CFT 和 S&I 之间的合作，这显然使它只能成为一个长期目标。他在信中说："为了协调短期和长期目标，我们将在确保我们使用的液压晶圆台能够保证 PAS 2000 的研发进度后，再与 Natlab 和 CFT 协商如何着手制造电动晶圆台。"

特罗斯特将每个人都调整到一致的方向，至少在向 IBM 伯灵顿承诺的最后期限前完成了项目。然而真正的问题尚未显现。

GCA打出制胜牌

David Mann开发了世界上第一台商业步进光刻机，这为其取得的前所未有的成功奠定了基础。

GCA 的 David Mann 公司的内部沟通很简单，只有极少数工程师从事光刻机研发工作。在 David Mann 总经理伯特·惠勒和他的团队发现 Perkin-Elmer 的投影扫描光刻机对公司构成了威胁后，他们决定开始制造步进光刻机。在短短几个月内，他们成功将光刻机转换为可以直接曝光晶圆的设备，并制造了一个新的定位晶圆台，一个移动和停止的机械装置，而操作员必须手动将晶圆放在第一台原始的 David Mann 步进光刻机上，每次曝光也是手动进行的。

与 Natlab 相比，GCA 的方法很粗糙。例如，美国人没有意识到气压的变化会影响晶圆台定位的精度，而 Natlab 的赫尔曼·范希克在第一台重复曝光光刻机中就引入了校准机制。GCA 的工程师之后会因他们的疏忽而懊悔不已，虽然当时他们所做的已经足够好了。

1978 年，GCA 取得了阶段性成果: DSW 4800(Direct Step to Wafer)，世界上第一台商用步进光刻机。该机器使用 g 线汞灯和蔡司光学元件，以 10∶1 的比例将芯片线路成像到 10 毫米见方的区域。机器的价格为 45 万美元。第一台机器以 37 万美元的价格卖给了德州仪器的研发部门，他们用它来开发当时的热门产品——磁泡内存。

GCA 没有达到最高的精度，但这些美国人是最先推出商业化产品的。与飞利浦相比，他们选择的对准系统没有使用镜头，因此精度要低得多，但比 Natlab 设计的对准系统要简单和容易制造得多。这是一个深思熟虑的选择，David Mann 光学工程师霍华德·洛夫林和他的项目经理格里夫·雷索都知道德律风根和西门子近年来在透镜对准中存在的问题。雷索看到飞利浦已经研发成功，但 GCA 的工程师仍选择了安全的研发路线来保持其简单的对准机制。

GCA 的方法非常简单。开发团队选择他们现有的技术，例如在晶圆台中使用导程螺丝杆，其精度比飞利浦重复曝光光刻机所使用的油压驱动台和电机台都低一些，但它已经足够好而且相当便宜。GCA 只是想尽快把产品推向市场。

GCA 与蔡司的合作始于几年前。David Mann 从博士伦购买了其重复曝光光刻机的第一组镜头，然后在 1969 年开始向尼康购买。但是在 20 世纪 70 年代初，David Mann 公司发现 6 镜头重复曝光光刻机使用尼康的镜头会带来一些令人讨厌的小麻烦：图案的大小会随镜头组焦距的更改而发生变化，因此图案不能精确成像。洛夫林意识到，他需要一个这样的镜头：当光线聚焦晶圆时，其图案大小不会改变。这意味着光线必须以 90 度照射光刻胶。

满足这个条件的镜头被称为远心镜头。为了找到它，惠勒和洛夫林前往德国访问蔡司。蔡司产生了兴趣，并开始为 GCA 的重复曝光光刻机制作镜头。几年后，David Mann 在其第一台步进光刻机中仍使用了蔡司光学元件。

当惠勒和比尔·托贝向客户介绍 DSW 4800 时，客户最初并不感兴趣。德州仪器是第一个在研发中使用该机器的，并且兴趣浓厚。但过了一阵子，德州仪器认为机器的系统速度太慢不愿批量购买。尽管如此，托贝还是设法与英特尔、富士通和莫斯特克达成交易。

产品的发布不会总是一帆风顺。David Mann 的步进光刻机不能很好地与 Perkin-Elmer 的投影扫描光刻机配合。那时几乎每个晶圆厂都在用 Perkin-Elmer 的产品，他们希望能够在两台机器之间转移晶圆。

但与 Perkin-Elmer 光刻机的对比，使得关于 David Mann 步进光刻机的好评迅速传播开来。仅仅一年，David Mann 就引起了整个半导体行业的关注。其他大公司，如 IBM、仙童半导体、国家半导体，甚至欧洲的西门子都很快开始订购 David Mann 的步进光刻机。David Mann 是当时唯一一家能够交付步进光刻机的公司，很快该公司的产能就跟不上需求了。

在 20 世纪 70 年代末和 80 年代初，当 S&I 还在手忙脚乱地试图让其 PAS 2000 能正常工作时，David Mann 的设备已经获得了前所未有的成功。David Mann 步进光刻机的销售额从 1978 年的 1,200 万美元猛增到 1981 年的 1.1 亿多美元。在同一时期，David Mann 的工程师的人数从 10 人涨到 69 人以上。David Mann 的步进光刻机获得了一个新的名称——GCA 步进光刻机。

* * *

20 世纪 80 年代末，一位名叫丽贝卡·亨德森的年轻哈佛博士生开始研究 GCA

步进光刻机业务的兴衰，但她发现无法准确地找出其早年成功的原因。她不明白为什么 Perkin-Elmer 的 1∶1 投影扫描光刻机在当时仍然有市场，而且比步进光刻机便宜很多，但当 DSW 4800 一上市就轰动一时，芯片制造商也立即开始下订单。

亨德森给出了几种解释：在营销方面，David Mann 强调蔡司光学元件卓越的分辨率和高数值孔径，从而将自己与 Perkin-Elmer 相提并论；与 1∶1 投影的 Micralign 光刻机相比，DSW 4800 光刻机减少了灰尘和其他掩模问题导致的错误，从而显著提高了产量。对于芯片制造商来说，这些都是非常吸引人的地方。

但亨德森写道，营销实力和技术优势不可能是唯一的原因。她指出，GCA 步进光刻机不会使 Perkin-Elmer 的光刻机立刻被淘汰。芯片制造商直到 20 世纪 80 年代还在使用这种更便宜的投影扫描光刻机，而 Elcoma 直到 1978 年才开始使用 Perkin-Elmer 的投影扫描光刻机。

即使在 20 世纪 80 年代初，投影扫描光刻机的分辨率和套刻精度也足以满足当时芯片生产的需求。日本制造商在 20 世纪 80 年代初征服内存市场时用的并不是步进光刻机，而是 Perkin-Elmer 的投影扫描光刻机和佳能的投影系统。在 20 世纪 70 年代末，摩托罗拉和莫斯特克则在 DSW 4800 的帮助下，成功地迅速占据了内存市场的较大份额。1980 年，摩托罗拉甚至率先推出了 64Kb DRAM，这些存储器是用步进光刻机制造的。

作为 David Mann 的第一位销售总监，道格·马什（Doug Marsh）见证了芯片制造商使用 DSW 4800 后取得的成功。这位美国人后来加入了 ASML 的销售部门，他看到他的客户正在通过高套刻精度获利。步进光刻机虽然速度很慢，但由于曝光的图案精度较高且浪费率低，所以利润很高。

第一台 DSW 4800 还没有配备掩模操作杆，即管理掩模（或称为光罩）的机械装置，但存储器制造商不需要它。这些量产专家为 DRAM 芯片中的每一层购买一台步进光刻机，因此他们无须切换掩模。一旦它们全部启动并运行，并且在掩模上没有缺陷，他们就可以让步进光刻机一直运转并平稳运行数个月。

关于 DSW 4800 成功的另一个解释是当时半导体行业陷入偏执：一些芯片制造商追求安全第一。在芯片行业，订购机器和启动大规模生产之间相隔的时间是非常长的，步进光刻机至少需要两年才能从启动到全速运行。亨德森说，在 20 世纪 70 年代末，几乎整个行业都高估了未来生产的需求。几乎没有人愿意冒错过一代芯片的风险，因此每家芯片制造商都选择购买 GCA 步进光刻机。

敲响政府的门

飞利浦游说荷兰政府补贴其光刻机的研发，但没有成功。

虽然 GCA 正在迅速抢占市场，但埃因霍温的情况却不那么乐观。到 1980 年，S&I 显然无法实现其在光刻机市场的远大抱负。1978 年 S&I 在商业计划中表示，产品部门有望交付 16 台步进光刻机，并抢占 20% 的市场份额。计划中还表示，稍加努力后抢占 40% 的市场份额也是可能的。但是现在两年多过去了，没有一台机器走出工厂的大门。

研发也一片混乱。S&I 甚至连一台能正常启动和运行的机器都没有制造出来。1979 年年底，维姆·特罗斯特命令手下的工程师在开始提出新想法之前，得先造出 Natlab 原型机的精确复制品。但一年后，他们的"复刻版"仍然无法正常工作。

S&I 的管理层开始意识到其工程师无法克服步进光刻机的研发困难。芯片成像系统的研发可能比飞机和电话交换机难。只有少数几个人为步进光刻机项目工作是远远不够的，然而为电子束直写机项目工作的却有几十个人。

与此同时，荷兰在全球电子仪器竞争中越来越落后，荷兰政府也开始担心了。飞利浦和美国制造商在消费电子市场正处于一个困难时期。索尼、松下和 JVC 都是新兴巨头。这是 VHS 录像机的辉煌时期，1979 年索尼推出了震撼世界的 Walkman 随身听。于是，飞利浦的几位高管安排德波尔到海牙拜访荷兰政府，解释光刻技术及该技术对荷兰的战略重要性。1980 年 10 月，德波尔与特罗斯特和 Elcoma 的战略规划师西奥·霍尔特维克（Theo Holtwijk）一起前往海牙。霍尔特维克的任务是向首相德里斯·范阿格特（Dries van Agt）和一支庞大的部长及政府官员队伍讲解半导体技术的战略价值。霍尔特维克将一些放大器、芯片和印刷电路板放在桌子上后说："只有不断降低生产成本和给产品增加更多功能的公司，才能赢得这场战斗。参加这项竞赛的唯一方法是投资光刻技术。"

＊　＊　＊

会后，德波尔请飞利浦执行董事会成员、前 Natlab 主任爱德华·潘嫩堡（Edward Pannenborg）前往海牙，以增加他们的请求的分量。在给潘嫩堡介绍时，德波尔所描述的情况是乐观的。德波尔写道："飞利浦拥有领先的设备，能够同时使用电子束直写机和步进光刻机来征服市场。我们期望马上与瑞士著名的电子钟表中心签一份新合同。我们还与法国莱蒂研究所和美国雷神公司签署了意向书，为他们提供电子束直写机。"

德波尔还写道，S&I 有 5 台步进光刻机正在制造中，将于 1981 年 3 月或 4 月投入使用。他描绘出一个个半导体制造商排队从飞利浦购买这些机器的场景。德波尔告诉潘嫩堡，由于其他光刻机的交货期很长，半导体行业现在渴望与飞利浦签订购买合同。他说摩托罗拉有意购买 24 台步进光刻机，甚至可能多达 40 台，Elcoma 和 Signetics 自己的晶圆厂需要 30～50 台步进光刻机，而 IBM 可能需要三四十台。机器的价格则都是每台 100 万美元。

S&I 的步进光刻机研发团队人手严重不足，但德波尔在信中巧妙地避免提及这些令人绝望的形势。不过，他确实强调了紧迫性："目前没有量产机器投入运营，这迫使我们在签订的每份合同中都添加了一个免责条款。如果我们要在规定的日期前交货，我们必须马上大幅增加人力资源的投入，并且大量购买原材料。"

德波尔请求潘嫩堡游说政府拿出资金投入光刻研发。他写道，从 1981 年至 1983 年，公司每年将需要 1,000 万～1,300 万美元用于研发，他希望获得荷兰政府的支持来对冲这种风险。德波尔向潘嫩堡保证说："如果我们能够在约定的时限内制造出步进光刻机，实际风险当然会低得多，资金使用会只包含用来获得预期收入的开发成本。"但是飞利浦的人最终没能说服荷兰政府的经济事务部。

电动晶圆台

罗布·蒙尼格·施密特设计出了一个电动晶圆台来代替油压驱动晶圆台。

在那时，几乎每个工程师在 Natlab 都是受欢迎的，不管他的受教育程度如何。社交能力并不重要，只有工作能力和热情是最重要的。因此，在 20 世纪 60 年代和 70 年代，Natlab 变成了一群天才的游乐场：一些团队合作者和一些孤独单干者，一些对社会感到不适应、热情且有个性的技术爱好者，还有那些忽视自己需要的工作狂和自大的天才。

实际权力由 Natlab 的组长和部门主管们掌握。在面试期间，新的研究人员会在园区里待上一整天来与经理们交谈。经理们招人只有两个标准——热情和才华，他们有最终决定权。如果某位经理对其中一人持保留意见，那么经理们就不会招这个人。

人力资源部门只是走个形式。每个人都得应付外面的其他巨头来抢夺人才，但作为业界"老大哥"，飞利浦在每所大学都有耳目，在荷兰几乎每个工程或科学教授都与飞利浦有联系。一旦在大学教授的人际关系网里发现人才，一有需要飞利浦就会温和但坚定地把他们招到埃因霍温。

* * *

正因为这样，在 1977 年一个晴朗的日子，代尔夫特理工大学的一位名叫埃弗特·穆伊德曼（Evert Muijderman）的兼职教授问罗布·蒙尼格·施密特："你想好去哪里工作了吗？"飞利浦的招聘团队已经注意到了这位能力出众的年轻博士。为了撰写论文，蒙尼格·施密特独自设计了一套完整的系统——一套带有电控电机的便携式输液泵。

蒙尼格·施密特是一个对技术有着无限兴趣的年轻人，对他来说，技术领域是一个充满奇迹的世界。他接受与精密工程相关的教育感觉更像是一种爱好，而不是一件费力的事情。在业余时间，蒙尼格·施密特喜欢摆弄电子管放大器和电子产品。然而，他不是那种典型的"鼻子粘在书上的书呆子"，他说起话来滔滔不绝，并在乐队里演奏。简而言之，他是一个罕见的工程师，同时具有技术天赋与一定的社交能力。他唯一的缺点是有相当强的自尊心，他很快疏远了那些没有给他留下深刻印象的同学。他不了解大学围墙外的世界：大学是可以玩乐的地方，而职场似乎是截然不同的。

"你有没有考虑过飞利浦？"穆伊德曼建议道。当时，蒙尼格·施密特与该公司唯一的联系是灯泡。但穆伊德曼解释说，飞利浦在埃因霍温也有一个大型机械工程部门。"我该如何申请呢？"蒙尼格·施密特问道。"拿一支笔来。"穆伊德曼回答，他当场口述，帮助蒙尼格·施密特写了一封简单的求职信和一份简短的简历。

两个月后，蒙尼格·施密特收到一封来自飞利浦人力资源部门的信。信中写道，一辆出租车将在埃因霍温中央车站接他，火车票也由公司报销。

飞利浦对待这个天真的 26 岁的年轻人，就像对待那些所有受过大学教育的应聘者一样，都给予了同样的贵宾待遇。出租车一整天都被预定供他个人使用，在 Natlab 和 CFT，这辆出租车把他从一个组长或主管处带到另一个组长或主管处。

蒙尼格·施密特发现这是一家相当疯狂的公司。在公司的第一次谈话就让他惊讶得差点从椅子上弹了起来。总经理哈霍·梅耶听到这位年轻的机械工程专业的学生在业余时间喜欢鼓捣晶体管和电阻器时，兴奋地喊道："电子！"这位脾气暴躁的主管用几通电话完全改变了这位年轻客人的日程安排。"你要送他去哪里？"梅耶对着电话喊叫，"CFT？没意义，别去了。他将来我们的光学和电子小组工作。"穆尼格·施密特不知道自己的什么特质打动了梅耶。他期待一个简单有序的面试，但梅耶却为了他把整个公司搞得人仰马翻。

在参观飞利浦园区期间，最让这位年轻的工程师印象深刻的就是技术了。他仿佛看到了未来的机器人般的系统，虽然他和这家公司在这些方面没有任何关联。蒙尼格·施密特被震撼了，"我的天，那里太棒了！"从公司回到家的那天晚上，他大声对妻子说道。

＊　＊　＊

当蒙尼格·施密特 8 月度假回来时，飞利浦寄来的一封难以辨认的信已到达多时。"我被录用了吗？"他和妻子都看不出所以然，所以他把信拿给一位教授。教授费了很大的劲终于得出了结论，这是一封正式的雇用信，新员工只需通过体检就可以签合同。他的起薪为每月 900 美元，这个没有商量的余地。他还可以去飞利浦的住房服务处租一个房子。

1977 年 12 月 1 日，蒙尼格·施密特第一天上岗工作。他的合同没有说明他是在 CFT 还是在 Natlab 工作，所以他来人力资源部门询问。

这引发了一阵混乱，最终他被告知去 Natlab 报到。当他到达邻近的瓦勒镇时，没有人接待他。他自己无聊地玩了一个小时大拇指后，看见皮特·克莱默兴奋地冲下楼。"我什么都没准备所以得随意一点，"部门主管道歉说，"抱歉，嗯，情况有点乱，但是，让我们看看，你可以做两件事。第一件事是光学记录。"

蒙尼格·施密特的才华得以施展。作为一名音频爱好者，他读过一些关于这个课题的资料。但克莱默不想提及这一点，因为光学小组也在研究光刻机。蒙尼格·施密特从没听说过这种机器，所以他那天拜访了其他 4 个小组，结果都只是参观一下。"我会告诉你我们做什么，但他们会让你为研究重复曝光光刻机的吉斯·布休斯工作。"每个组长都这样对他说。

＊　＊　＊

当这个年轻人来报到时，Natlab 正在蜕变。原本相当自由的研究实验室正在转变为一个有着明确研究项目的严密组织。新员工在第一天会参观所有研究小组，之后他们可以自己选择一个项目。但蒙尼格·施密特的命运在他的第一个工作日就已经被确定了，他有把机械和电子技术结合在一起的诀窍，这在重复曝光光刻机项目中非常有用。

因此，蒙尼格·施密特被分到芯片光刻项目负责人的办公室，但两人的相处没有一个良好的开始。斯特夫·维特科克是一位严肃的科学家，突然间他不得不与他人分享他的办公室，而这是组长布休斯的决定。在 Natlab 的等级制度中，只有组长和著名科学家有自己的办公室。维特科克属于后者，但蒙尼格·施密特的到来改变了他的地位。维特科克喜欢的宁静也消失不再：这位新来的办公室同事像个 15 岁的青少年一样爱闲聊，不知道什么时候才会闭嘴。

和每个学者一样，这位年轻的研究员也得到了一个助手。布休斯指派杰拉德·范罗斯马伦（Gerard van Rosmalen）去当蒙尼格·施密特的助手，他是一个自学成才的发明家，总能化腐朽为神奇。范罗斯马伦在参加 Natlab 的面试时，他向面试官展示了一个他自己制作的留声记录机。在音频和视频小组，他为视频长时播放光盘以及后来的光盘播放器研发微型机械。范罗斯马伦可能名义上是助手，但实际上是一个导师，他将教蒙尼格·施密特所有的技巧。

初期，蒙尼格·施密特潜心研发光刻机的液压电机。他设计了电机的控制系统，但他逐渐意识到油压轴承不是正确的解决方案。油的挥发性是主要的缺点：它们污染了晶圆厂的超净室。蒙尼格·施密特的实验室总是充满臭油味。某天发生了一场小小的灾难：团队突然听到油泵机发出刺耳的嘶嘶声，在机器的背面，机油以 70 巴的压力从导管中喷涌而出，在短短几秒内，整个光刻机研发实验室就满是油污。

员工需要几个月的时间才能清除掉所有的油污。"事情不能再这样下去。"蒙尼格·施密特决定开始寻找一台电动机，可以用它来取代 H 形液压晶圆台且尺寸不用改变。这样每个维度和连接都必须相同。这位音频爱好者设计了一个与扬声器工作原理相同的系统，即电磁铁由永磁体带动。在他的设计中，他反过来操作：永磁体通过电磁铁的铁轨移动。

* * *

1980 年年初，理查德·乔治在 S&I 的团队迫切需要帮助来制造商业版本的光刻机——PAS 2000。那里的研发情况一团糟。在各种问题中，S&I 在电子方面遇到的问题最严重。乔治刚被指派制造 PAS 2000 时，他对 SiRe2 进行完全复刻只是权宜之计。蒙尼格·施密特已经对这款步进光刻机的电子控制系统研究了一段时间，因此 Natlab 的管理层想出了一个办法：将他从 Natlab 调至 S&I，使他提早开展 PAS 2000 的研发工作。在那段时间，他经常去 S&I 帮助那里的工程师制造他们的复刻样机。令他恼火的是，他发现他们从零开始重新设计了所有的电子装置，但一直没有成功。

当梅耶建议他提早到 S&I 工作时，蒙尼格·施密特并不开心。S&I 沉闷的工作环境在他眼前浮现，他做出了自己的决定。"绝对不行。"这位年轻的工程师想。在 Natlab 的两年半只是增强了他的自我意识和自信。"对不起，我不会这么做的。"他生硬地告诉梅耶。

蒙尼格·施密特解释说，他加入飞利浦是为了做研究，但是在 Natlab 已经工作了两年半了，他仍然没有开始做研究，而是一直在做工程工作。坦率地说，他对工程不感兴趣，他想要在 Natlab 待满合同规定的 5 年工作时间。梅耶生气地跑去找布休斯，布休斯立即找到蒙尼格·施密特。"哈霍·梅耶气坏了，"这位领导朝他大吼，"你对他说了什么？"。

"听着，吉斯，"蒙尼格·施密特说，"光刻机中的液压电机永远不会进入工厂。我有一个用电来实现的方法。"这位年轻的研究人员打开他的实验室日志，里面都是这两年半的笔记，他向布休斯展示了关于电动线性电机的基本设计的草图。

蒙尼格·施密特早在 1978 年就提出了这个原理，但维特科克从未给他足够的时间来应用它。毕竟 S&I 的首要任务是制造可大规模生产的 SiRe2。那台机器仍使用液压装置，而维姆·特罗斯特也非常明确地命令他们精确复刻产品。布休斯认识到蒙尼格·施密特研究工作的重要性，他看到了些许 Natlab 的旧精神：这是一位真正的研究人员，他的想法对飞利浦有好处。"好吧，"组长大声地说道，"努力去做吧。"

* * *

蒙尼格·施密特开始与设计师爱德·鲍尔合作。鲍尔绘制并设计了电磁铁的线圈。他们一起堆叠铁条芯，并把它们粘在一起。他们还制造了一个干涉仪，以便测量晶圆托架的位置，蒙尼格·施密特为整个系统设计了电子控制装置。

不幸的是，结果是一场惨败。他们最终还是没有成功，蒙尼格·施密特垂头丧气地回去见组长布休斯。组长并不开心，但他没表示出来。会谈后，蒙尼格·施密特决定去度假。他的妻子当时在 Natlab 的材料和激光技术研究部门工作，在 1980 年的那个夏天一直陪着他。

这位"知道一切先生"坐在那里发呆。这个自作聪明的家伙总是准备着卷土重来。就在一年前，他还嘲笑弗朗斯·克拉森的机台。他让克拉森清楚地知道，他的系统及其巨大的导程螺丝杆和压电执行器注定要失败。然而现在他自己也遭受惨败。

蒙尼格·施密特已经造出了一台电动机，但他并不知道电机的运作原理。他是机械工程师，不是机电工程师。这位年轻的工程师没有意识到，他不仅需要考虑洛伦兹力（这使得驱动器可以来回移动），还需要考虑磁的阻力，即磁阻。

经过无数次试验和失败，蒙尼格·施密特改进了他的设计。维特科克为他和布休斯拨出资金，布休斯在几个房间之隔的办公室里密切关注着他的员工。蒙尼格·施密特发现他需要一个换向器：他需要单独控制每一个电磁铁，从而使整体运动变得平稳。他设计、订购线圈，并把它们排成一排，用单独的助推器控制每个电磁铁。鲍尔通过设计轴承系统来辅助他。几个月后，系统终于正常运行。

似乎是突然间，线性电机在平稳移动中没有振动或抖动。系统在静止时也达到了所需的静态精度。这两个特征正是设计的核心。为了实现平稳移动，蒙尼格·施密特为每台电机配备了两台独立的备助推器协同工作并确保它们的振幅逐渐从一个传递到另一个，加速度和位移也得到了控制。

蒙尼格·施密特写了一份专利申请书，他后来认为这是他唯一具有实际影响的发明。他的线性电机将使后来的光刻机拥有极高的加速度，从而使 Natlab 的光刻机的吞吐量比竞争对手大得多。时至今日，蒙尼格·施密特的"使用电子整流的驱动原理"仍使 ASML 能够保持其光刻技术领先竞争对手。但是在 1980 年，飞利浦的专利人员拒绝了他的申请，理由是"和现有的技术太相似了"。

一天，S&I 的克拉森走进蒙尼格·施密特的办公室，发现这位 Natlab 的同事已经能够解释他的新电机的原理。他认为："这件 Natlab 的东西比想象的要好得多。"然而，蒙尼格·施密特没有机会完成他已经开始做的事情。1982 年年初，梅耶将重复曝光光刻机团队召集在一起，因为 S&I 处于危机之中。

拯救计划

乔治·德·克鲁伊夫（George de Kruiff）和哈霍·梅耶将Natlab的研发团队派驻生产部门，从而挽救了S&I的步进光刻机项目，这在飞利浦是史无前例的。

弗朗斯·克拉森发现，复制一台重复曝光光刻机并不像看起来那么容易。Natlab 的态度似乎是：图纸在这，你们只需要原样复制就行了。但是，相关的文档资料并不完善，这意味着 S&I 的工程师无法掌握更精确的细节。乔治和克拉森多次前往 Natlab，请他们帮助 S&I 解决问题。在 Natlab，员工取笑 S&I 给机器取的新名字——PAS 2000，在荷兰语中这个名字的意思是机器要到 2000 年才能做好。

在实验室，克拉森观察了鲍尔使用的方法，这位杰出的设计师通过良好的沟通和一些简易的草图指导 Natlab 加工车间的工作。Natlab 的沟通流程很简洁：如果车间员工不理解，鲍尔就直接解释，从而问题就解决了。没有人会在原始图表上对系统或其电子设备的微小变化做记录。如果他们需要这样做，那一定是遇到了一个大问题。

Natlab 有一个很好的方法来应对其缺少相关文档资料的问题：把所有流程都拍下来。因此，鲍尔的不少实验成果以黑白照片的形式被留存下来。

产品部门的工程师还是没有摆脱困境。他们情不自禁地想改进设计。"复制"在荷兰工程师的基因中并不存在，而 S&I 的文化核心也很"荷兰风格"，该部门认为一切都可以做得更好。

但是，制造一个 SiRe2 的复制品比他们想象的要困难得多。克拉森注意到，随着时间的推移，产品开发人员面对的问题越来越多，他们不仅遗漏了设计的细微之处，没有意识到为什么 Natlab 要采用这样的方法来设计光刻机，还低估了每一个微小变化的影响。因此，他们进行的调整逐渐积累成难以解决的问题。他们已经一步一步地复制了液压晶圆台，但进度还是非常缓慢。此外，过程中总是会出现各种问题。例如，机油泵通过 80 巴油回路将其振动传到了晶圆台上，这些肉眼看不到的振动使图像十分模糊。更糟糕的是，步进光刻机团队的几位电子工程师资质平庸。乔治责怪他的上司比拉德，认为比拉德正在阻碍光学光刻项目，因为他把所有最优秀的人都安排在了电子束直写机团队。这个英国人没有巧嘴来说服他的上司，而且比拉德确实有更高的优先级：因为他手握 3 台电子束直写机的订单。

在电子元件生产方面，乔治的团队将不得不受 S&I 的电子工程车间的摆布。在那里，研究 PAS 2000 的工程师遇到了一个极具官僚作风的组织。当克拉森和他的同事来到车间并拿出他们的图纸时，车间人员总是茫然地摇头。"哦，这行不通。"这是车间总设计师通常的回应，他什么都不问，只在纸上潦草地写上几句评语，然后什么话都不说，他们就开始按图纸生产印刷电路板。

几个月后，乔治的团队仅仅收到了一块没有用处的电路板。因为车间根本不知道光刻机的工作原理，这给乔治的团队带来了很多烦恼和挫折。PAS 2000 团队试图解决问题，但项目却因工程师们的固执和缺乏真正的团队合作意识而受阻。乔治和他的团队觉得全世界都在和他们作对。

但是乔治的 15 人团队也缺乏完成任务的技巧和资源。减缓进度的主要因素是复杂的控制系统中的电子设备。工程师们在这方面毫无进展，这意味着他们不得不根据每一个改变进行手工焊接。在那时，灵活的可编程替代品已经可用，但乔治却对此一无所知。

* * *

1982 年年初，眼见 S&I 将无法在 6 月向 IBM 交付 PAS 2000，负责人乔治很愤怒。他只能够用这台机器完成一个简单的测试线路的图案。之后，他向管理层发送了一张光刻胶结构的宝丽来照片，他认为完成这个任务运气比技能重要。

严峻的形势让乔治闷闷不乐，他情绪低落地在 S&I 的大厅里盲目溜达，突然他看到了技术主管乔治·德·克鲁伊夫。这位英国人知道将这样的 PAS 2000 交付给IBM对S&I的这位技术主管来说意味着什么。他抓住德·克鲁伊夫的手臂，直截了当地告诉他，项目可能无法如期完成。乔治以不屈不挠著称，他的行为深刻地体现了这一点，他再次越级汇报：越过了他的上司比拉德，和他上司的上司特罗斯特。

德·克鲁伊夫听了乔治的汇报，但他能做什么呢？他建议董事们召开一个会议，每个参与该项目的部门都要参加。他需要与在 Natlab 做光刻机的维特科克和在 Elcoma 主管芯片生产的罗尔·克莱默（Roel Kramer）谈一谈。

几天后，德·克鲁伊夫召集了这 3 个人。当乔治说明这个问题时，比拉德和特罗斯特不在场。乔治毫不掩饰地表露他的沮丧。他说，他的团队人手不足，而且团队成员的技术不够好，无法成功制造出一台机器。德·克鲁伊夫仔细听着，1 个小时的时间不够时，他取消了自己的下一场会议。然后 2 个小时变成 3 个小时，这位董事又取消了另一场会议，接着他给 Natlab 的哈霍·梅耶打了个电话。

德·克鲁伊夫很了解梅耶。他是早在 20 世纪 60 年代就已经明白了 Natlab 的精密技术的价值，并为光学小组整合光学和光化学的专家。德·克鲁伊夫是少数与 Natlab 关系不错的部门主管之一。"壳牌有其油田；我们有 Natlab，我们应该为此感到骄傲。"当他听到其他部门的同事贬低 Natlab 这支具有自由主义的队伍时，他经常这样告诉他们。

乔治、维特科克和克莱默都参加了这场漫长的电话会议，他们一直全神贯注地听着。最后，梅耶向德·克鲁伊夫提议："乔治，我有个主意。我会派光学小组所有的步进光刻机研究人员到你的团队工作，听你指挥。"从来没有 Natlab 的主管做过这样的事。梅耶派出所有对 S&I 的步进光刻机项目来说举足轻重的 Natlab 研究人员，以确保按时将光刻机交付给 IBM。

1982 年 3 月 19 日星期五，德·克鲁伊夫立刻写了一封信。"在专家（乔治、克莱默、维特科克）看来，PAS 2000 仍然存在一些非基础性的问题，"他写道，"但是，在剩下的时间内解决这些问题需要 Natlab 和 S&I 的所有专家的专注和努力"。信中建议乔治和维特科克领导联合项目组，第一批 PAS 2000 准备在 1982 年 6 月 8 日运送到 IBM。Natlab 的所有研究人员预计将于周二到达 S&I。在接下来的几个月里，联合项目组必须解决现有问题，并积累客户应用的经验。

在 Natlab，梅耶向光刻机团队宣布了这个令人不快的消息。"S&I 深陷困境，"他说，"我们决定动员所有可用的工程师一起解决问题。我知道你们不想这么做，你们认为 S&I 需要自食其力，但我们需要像同事一样行动起来去帮助他们。"

梅耶非常清楚，他的研究人员不太支持此举。Natlab 的研究人员要求他保证他们能一起工作，不要分开，他答应了。在会议结束时，维特科克拿起信笺簿，给 Natlab 和 S&I 的管理层写了一张便条："鉴于整个问题的部分之间相互依存，且 Natlab 的团队协同工作良好，最有效的解决方案是不拆散这个团队，并据此进行分工。"

梅耶和德·克鲁伊夫在后来几年每次相遇时，德·克鲁伊夫总是告诉梅耶自己是多么感激梅耶。杰出的 S&I 负责人拍了拍 Natlab "闪电侠" 的肩膀说："梅耶，你当时的行为真是棒极了，把我们从深渊边缘拉了回来。"

* * *

1982 年 3 月 23 日星期二，爱德·鲍尔、亨克·巴特林斯（Henk Bartelings）、罗布·蒙尼格·施密特、扬·范德·韦尔夫（Jan van der Werf）和斯特夫·维特科克不情愿地来到飞利浦园区的 TQ 大楼。在 Natlab，他们习惯于自由行动。如果有人想从他们身上得到一些东西，即使是领导，他们也会质疑——"这是管理层的决定，你是否深入考虑过？"

但是现在研究人员觉得他们被降职了，变成了跑腿的孩子。他们确实被宠坏了，以往在 9 点前他们从不开始工作，整天沉迷于技术。他们的工作是他们的爱好，没人知道他们什么时候会回家。

S&I 的产品部门的作息时间完全不同，每个人都是早上 8 点准时上班，下午 5 点准时离开。Natlab 的研究人员从一开始就认为这是无稽之谈并对此毫不在意。早起是令人不快的，所以他们总是晚 1 个小时到工作地点。他们的不良行为很快被管理层知晓，但技术董事德·克鲁伊夫用一句话堵住了所有人的嘴："越文明的人才越晚开始工作呢。"

Natlab 的研究部门与 S&I 的产品部门是完全不同的两个世界。在产品部门人员眼中，研发人员工作草率。毕竟 Natlab 制造的东西只是原型，证明它能正常工作后就移交给专利部门，之后再写一篇论文，工作就完成了。

相比之下，S&I 的产品开发过程高度标准化。每个部件、每个模块、每个系统都有其 12 位的 12NC 编码以及随附的部件列表、图表和手册。使用信息丰富的 12NC 数据金字塔（用来处理订单和指导仓储）来记录设备和机器的细节。所有这些文档不仅用于制造机器，在交付后的售后服务和维修中还需要其记录的数字编码。

这是 S&I 必需的一种约束形式,虽然不灵活,但对于大规模生产可靠、可维护的设备和仪器是必不可少的。

这种文化差异常常造成摩擦:S&I 工业部门抱怨 Natlab 的草率,Natlab 的研究人员则批评 S&I 生产部门不爱沟通,拿起图纸就开工。

S&I 可能在电子领域名声卓著,但其步进光刻机团队没有足够的专业知识来为 PAS 2000 设计一个像样的控制系统。Natlab 的研究人员在 3 月底到达时,这个项目简直一团糟。

* * *

无论是否有文化差异,S&I 还是热情地迎接了来自 Natlab 的工程师们,给他们安排了单独的办公室并给予他们自由。

Natlab 的研究人员认为这是理所当然的。他们因被迫来工作而感到愤怒,因此态度傲慢,变成了名副其实的"大牌"。他们轻视在 S&I 看到的一切,公开表现出对没有前景的电子产品的鄙视。蒙尼格·施密特刚进门时就将 PAS 2000 的几块电子板扔进了附近的垃圾桶。

蒙尼格·施密特和亨克·巴特林斯还经常谈论"乔叔叔"的垃圾产品。"乔叔叔"是该项目团队中一位电子工程师的绰号,源于荷兰电台节目中一个呆笨的人物,该节目当时很流行。"又是乔叔叔的方案。"当他们发现问题时,两人总是咆哮着穿过工厂车间。S&I 的每个人都穿着白色实验服去车间组装电子设备,但蒙尼格·施密特不是,他穿着日常的衣服径直坐在生产车间的地上,把零件焊接在一起。

对一直在 S&I 工作的弗朗斯·克拉森来说,这一切看起来都很棒。他看着蒙尼格·施密特粗鲁地解雇了多年来一直阻碍自己工作的工程师。他从心底里感到愉悦:这群人不在乎既定的秩序,他们不顾一切障碍,只为让机器运转起来。在鲍尔看来,S&I 的产品开发人员很草率,他经常看到加工零件和部件上不干净且有毛刺。"他们过去估计是一直在敲打马蹄铁的人,现在居然要去制作手表。"他嘲笑道。

* * *

为了赶在最后期限前交付机器，由 Natlab 的研究人员和 S&I 的工程师组成的 PAS 2000 团队制订了新的时间表：每天分两班，共工作 16 小时。每天下午一点半在 TQ 大楼的二楼开半小时会，上午上班的人把工作交接给下午上班的人。在这里，每个问题都会得到讨论。共 15 个人参加这个会议，随着时间的推移，会议也越来越重要。会议充满活力，讨论非常激烈，后来渐渐出现了两个明显的阵营，而且 Natlab 占了上风。在多次争论中，几个 S&I 的员工发现他们不再被重视。后来，他们便不再出现在每日的交接会上。

总之，援助任务需要 3 个月的时间。团队花费大部分时间将电子产品和软件结合在一起。他们并没有在 6 月 8 日的最后期限之前完成，但在 1982 年 7 月 1 日，飞利浦终于向位于伯灵顿的 IBM 交付了一台光刻机。

7 月 2 日星期五，"所有参与制作第一台机器的人"被邀请到附近的维利霍夫酒馆喝啤酒并庆祝光刻机项目的未来。"我们希望在这之后，我们会因客户的满意而再次庆祝。"邀请函上写道。

* * *

运至美国的机器实际上还远远没有完成，但通过测试它们基本符合规范。镜头、对准系统和晶圆台都令人满意。在晶圆抓取方面，该团队在最后几个月将传输系统组装完成，并使用弹性带将晶圆送入光刻机。

Natlab 步进光刻机架构师赫尔曼·范希克已经加入 S&I，他与阿莱·西茨马（Al Sytsmal）和莱因·梅耶（Rein Meyer）一起在 IBM 安装机器。"位于佛蒙特州的 IBM 工厂是世界上最大的半导体存储器工厂，"范希克回家后写道，"有 8,000 人在那里工作，其中一些人在三班制下工作。这家工厂看起来经营得很好，其安全规范要比飞利浦严格得多"。经过 3 个月的测试，IBM 于 1982 年 11 月 1 日向飞利浦发送了评估结果。IBM 最关心的是光学部分：设备聚焦和成像功能正常，特别是在光场中心，该镜头在 7 毫米见方的光场中心的线路成像精度达到 1 微米。但是，在全光场（10 毫米 × 10 毫米）的 4 个角中，3 个角的分辨率都未达到标准。机器的吞吐量也低于飞利浦承诺的吞吐量，但测试团队似乎不太担心这一点。

尽管 IBM 在评估结果中列出了一系列评论和改进建议，但这家 IT 行业的巨头表示，它正在考虑购买飞利浦的机器，但改进后的光刻机必须符合要求，比如，到 1983 年第二季度时，PAS 2000 在整个光场的成像精度都必须达到 1.25 微米。

　　IBM 随后列出了一些要求，但最引人注目的是，美国人虽然发现油压驱动系统会发生油泄漏，但没有表示不能接受。但他们坚持机器必须完全"干燥"，"这意味着要完全密封所有的油路连接。"报告指出。

　　1983 年年初，IBM 发出询价。1 月底，S&I 市场部的吉尔·詹森飞往伯灵顿，与测试团队的经理一起讨论所有细节。飞利浦必须在 2 月中旬之前对评估报告中的评论和建议做出回应，IBM 将据此决定是否购买 PAS 2000。

　　詹森收到一些关于提高光刻机吞吐量的建议。令人惊讶的是，他们收到的第一个建议是：改善机器的外观。IBM 并不喜欢闪亮的金属内芯，他们告诉詹森，飞利浦使光刻机看起来更像一个原型，虽然不影响性能，但不像是一个商用设备。他们建议他使用黑色阳极氧化零件。

　　IBM 称光刻机的菜单和软件非常好，但太复杂了。美国人希望有一个用户友好的界面来取代复杂的指令，这对工程师和工厂的操作员来说也方便得多。他们甚至主动提出帮助飞利浦设计它。

　　詹森请 IBM 将 PAS 2000 与竞争对手的机器进行对比并评分。CERCO 镜头的得分较低，同时液压系统是短板，但他们对对准系统的评价很高。尽管有一些不足，但 PAS 2000 在吞吐量、可靠性和文档方面得分很高。"还不错。"詹森暗想。

　　IBM 强调飞利浦必须改进镜头。芯片厂需要更大的投影光场，他们警告詹森，他的所有竞争对手目前正在开发更好的光学元件。IBM 告诉他飞利浦需要选择不同的供应商，同时也告诉詹森他们喜欢的镜头：蔡司是最好的，其次是特罗佩尔、尼康和佳能。

　　"一切都还好，结果不错。"S&I 这样解读詹森获得的信息。每个人都感到愉悦。不久之后，IBM 就会下订单，他们对报告结果感到十分乐观。飞利浦的完美主义工程师一直对交付给伯灵顿的机器尚未完工的事实耿耿于怀，但显然美国人明白制造步进光刻机是多么艰巨的任务。好吧，镜头糟透了，但 IBM 至少没有要求他们更换油基液压装置。PAS 2000 团队的心情很不错，可以说非常愉悦。"10 台机器？别傻了，"乔治乐观地对团队说，"他们会订购 30 或 40 台！"每个人都认为这次稳操胜券。

S&I 在埃因霍温的飞利浦工业园区的 TQ 大楼里建造的 PAS 2000。左侧和右侧的塑料窗帘可以尽可能地减少装配区的灰尘。

* * *

IBM 对于交付的步进光刻机所提出的突破点激发了维姆·特罗斯特起草意义深远的计划。他领导的整个业务部门的主要活动就是制造芯片生产机器。首先，他有他的骄傲和喜悦：电子束直写机是 S&I 自 1976 年以来的工作重点。此后，电子束直写机证明了它的价值，目前已经售出了几台，预计电子束直写机将在未来的芯片制造领域中占据主导地位。现在 PAS 2000 也研发成功了，特罗斯特已经涉足整个芯片光刻领域。

此外，特罗斯特认为，S&I 应该使用其电子显微镜来分析芯片制造过程。电子光学方面的专业知识也将有助于开发用来制造芯片的电子束直写机。

同时，特罗斯特已经熟悉了 Elcoma 的机械化小组正在开发的焊线机。这些具有超能力的"缝纫机"可通过金丝将芯片上的接触垫连接到引脚上。特罗斯特认为，晶圆厂也可以很好地利用 S&I 的自动测试仪。

特罗斯特受到启发。他认为，未来几年，全球步进光刻机市场将增长到1,000台，飞利浦应该能够以每台100万美元的价格交付其中的40%。在周一上午的会议中，S&I的董事们介绍了他们所在部门的项目，特罗斯特一次又一次地提出他的计划。但会议的气氛并不那么友好，其他董事并不想帮助特罗斯特。"维姆，这不是有益于飞利浦的选择，"他们简单地说，"我们应该把时间花在更重要的事情上。"

特罗斯特对这种缺乏远见的回答感到震惊。"关闭纸板工厂，停止焊接作业，这很好，"他苦涩地回答，"但光刻机非常适合机械化作业。这些都是具有良好商业前景的战略产品。"但说了也没用。即使是亨克·博特（Henk Bodt）也对这项冒险不感兴趣。博特领导着S&I的测试和控制部门，后来他加入了ASML的管理团队。当时没有人重视特罗斯特的提议。

只有德·克鲁伊夫对他所说的话感兴趣。这位S&I的技术董事给了特罗斯特15分钟的时间向飞利浦执行董事会介绍他的计划。但最后董事会也否决了他的计划。

* * *

与此同时，S&I商业总监德波尔还在游说荷兰政府。欧洲越来越落后于美国和日本，这为飞利浦提供了各种机会来为战略发展争取资助。德波尔为了说服政府资助他们的光刻项目，几乎在经济事务部的门口露营了。

1982年8月4日，德波尔又一次拜访荷兰经济事务部的临时总干事扬·希勒格（Jam Hillge）时，他提醒这位高级官员，欧洲在半导体技术方面已经落后于美国和日本，而且差距还在稳步扩大。他毫不含糊地告诉希勒格，这不仅仅是芯片的问题，集成电路对于涉及微电子的每个行业都具有战略意义。"我们有两个选择，"德波尔说，"我们可以依赖美国和日本提供这一战略技术，或者我们自己投资。光刻机是欧洲工业应对这一挑战的战略基础。"

德波尔告诉希勒格，投资他们的光刻机项目是一个拓展新领域的机会。芯片市场在1980年—1985年将翻一番，这是一次巨大的机会。"全球光刻机市场将至少增长2倍。"德波尔告诉希勒格。他的部门预计焊接等其他工作的机会会减少，光刻机则一定会填补这些减少的需求。

德波尔的目标高远。他告诉希勒格，公司的财力有限，在光刻机市场难有作为。"鉴于光刻机市场及光刻技术的发展速度和复杂性，S&I 的管理层否决了这项计划。"他坦白地说。德波尔说，竞争非常激烈，只有投入巨资，才能成功。

德波尔认为有两种选择：飞利浦可以自己经营，也可以寻找美国的设备制造商成立合资企业。任何一种选择都需要大量的资金投入。他询问政府是否能对 1981 年—1986 年所需的研发资金的 1/4 进行风险投资：2,500 万美元用于电子束直写机，5,000 万美元用于 PAS 2000。德波尔说："美国和日本的制造商都获得了本国政府慷慨的资助。在德国、英国、法国和意大利，政府也在资助本国工业。"德波尔指出，全球芯片产量的一半都来自美国，与美国半导体生产设备制造商合作，将使他们在美国占据稳固的地位。这项计划也具有打入日本市场的潜力。创立的合资企业可以从飞利浦的子公司如 CFT、S&I、Elcoma 和 Natlab 中汲取所有专业知识。德波尔表示："单打独斗，我们或许能够抢占 10% 的市场份额，但与美国公司合作可以保证占据 20%～25% 的市场份额。"

德波尔让希勒格不必担心合资企业会挤占机械制造市场和工作机会。德波尔说："我们将在美国成立销售团队，但合资企业将在埃因霍温的 S&I 制造光刻设备和子组件。产量会极大地提高，这意味着机械制造市场和因此而带来的就业岗位可以达到没有与美国合作时相同的数量级。"

一个月后，德波尔向政府发送了一份详细的计划，其中包括具体数据。该计划预计光刻机项目的人员将从 1981 年的 117 人增至 1986 年的 282 人。S&I 的管理层预测，大幅增加的会是技术支持人员和生产人员，研发人员不会增加。在 1981 年和 1982 年，S&I 有 50 多人从事研发工作，相信到 1986 年，只需 44 人就可进行研发工作。S&I 在游说政府方面所投入的精力比在培养客户方面投入的精力多得多。但资金需求并未得到满足，这使得对步进光刻机的投资处于低优先级。光刻机项目还在勉强维持，但没有进一步发展。与此同时，IBM 一直未下订单。大家都闲坐在一起，被动地等待订单。但没有人愿意费心与美国人联系以达成这项重要的协议。

* * *

在 20 世纪 80 年代早期，S&I 的光刻机项目声势渐微。没有什么振奋人心的事情发生，氛围越发低迷。克拉森经常骑自行车去 Natlab，而不是去自己的办公室。援助任务巩固了他与蒙尼格·施密特之间的合作关系，在蒙尼格·施密特返回 Natlab 后，两人仍保持合作。

克拉森对蒙尼格·施密特的发明印象深刻。他的直线电动机现在运行平稳，虽然看起来很简易，但其推进系统是革命性的：只需给正确的线圈施加适当大小的电流即可进行控制。蒙尼格·施密特用一个干涉仪测量晶圆的位置，他还在线圈的轨道上安装了一面小镜子。

有段时间，蒙尼格·施密特去另一个部门制作真空吸尘器和电动剃须刀。他把 Natlab 的晶圆台项目的控制权交给克拉森。克拉森抓住了这次机会，他不但年轻而且雄心勃勃，非常渴望逃离 S&I。乔治和比拉德对此也是睁一只眼，闭一只眼，但他们劝他不要让高层管理人员知晓这件事。名义上克拉森为 S&I 工作，但从那时起，他每天都骑自行车到 Natlab 工作。

克拉森开始让 3 台直线电动机在 H 形轨道中协同工作，这是以前由鲍尔发明的。这位 S&I 的工程师就这样在 Natlab 待了几个月。晶圆台的位置必须准确且其加速度必须足够快，并且在运动停止后振动时间不能过长。加速是很容易的，因为速度仅受干涉仪的限制，而干涉仪使用激光束测量位移。准确性似乎没有问题，但事实上他们无法准确地测量它。为此，他们需要一个镜头，而系统还没有配备镜头。克拉森认为，抑制振动至关重要：当按下停止键时，机台不会立刻停止移动。他在实验室日记中指出："这是一台胡乱拼凑在一起的机器，几乎无法完成工作，但它符合规范。"

他在 Natlab 的所有调整都是经过试验和改正错误后完成的。亨克·巴特尔林（Heak Bartelings）帮助克拉森使用控制电子装置，有时他们花半天时间调整速度表盘。当他们最终设法让它正常工作时，巴特尔林高兴极了。"干得好！"他说。经过数周的调整，克拉森的系统终于可以按照规范进行工作。他甚至设法使用轮子来满足移动电机的精度，因此它们不再需要使用空气轴承。但是，克拉森在 S&I 的工作经验告诉他，要生产出适合大规模生产的机器，他们任重道远。Natlab 的实验机器与商用机器还相去甚远。

金砖做的茅房

Cobilt，Perkin-Elmer和Varian 3家公司都访问了埃因霍温，与飞利浦讨论成立合资企业的事情。当美国人希望合作时，维姆·特罗斯特却被通知停止光刻机的研发。

　　这些年来，维姆·特罗斯特失去了信誉。他没有资源或权利来继续研发他的步进光刻机，项目终究未能取得成功。过了一阵子，Elcoma 的晶圆厂开始认为从 S&I 购买光刻机存在风险。

　　Elcoma 的董事带着疑问质疑生产经理基斯·克里格斯曼和扬·华特。延期交货使他们开始怀疑 S&I 能否在步进光刻机市场立足。

　　飞利浦的晶圆厂注意到，Perkin-Elmer 和 GCA 都能交付设备。在 20 世纪 80 年代初，这两家公司主导了光刻市场。1981 年，Perkin-Elmer 在全球交付了 2,400 台 Micralign 光刻机。全世界有多达 125 家工厂和实验室在使用这种机器。GCA 也在快速崛起。1981 年，GCA 销售了 200 台步进光刻机，它是步进光刻机市场的领头羊。

　　压力让特罗斯特越来越不舒服。与每年从装配线上走下的数百台机器的 GCA 相比，S&I 为 Elcoma 开发的 5 台步进光刻机就像是过家家。如果 S&I 不能交付可商用的机器，那么它该如何在价格、稳定性、质量、维护和服务方面进行全球竞争？

　　更糟糕的是，特罗斯特陷入了困境。Elcoma 已经表示有意购买 5 台步进光刻机，但尚未签订合同。此外，Elcoma 的芯片部门也处于艰难时期：1981 年年初，共有 14,700 名员工的奈梅亨工厂裁员近 3,000 人。"维姆，虽然看起来还算顺利，但能否保证获得订单呢？" S&I 的领导问他。

　　特罗斯特没有销售人员来推销步进光刻机。S&I 甚至还没有确定将该产品用于外部销售。因此，飞利浦在世界各地的销售部门都不知道这个产品，S&I 实际上根本没有进行销售宣传。

持续的僵局带来的是灾难性的影响。S&I 能够在光刻机业务上取得成功的希望日渐渺茫。当德波尔敲开威斯·德克（Wisse Dekker）的门寻求融资时，这位飞利浦的首席执行官没有给他一分钱。S&I 的管理层已经无数次得出结论，他们的部门是飞利浦家族的耻辱。多年来，S&I 的员工一直感到被误解：他们仿佛只擅长维持生产机器的运转，以及制造灯泡、电动剃须刀和电视机。因此，当申请投资的时候，他们总是被否决。那些领导们仍不同意他们的计划，而飞利浦正向 Megachip 项目投入超过 10 亿美元，以在这场内存技术的竞赛中不落人后。光刻机是这场竞赛的关键，而管理层完全忽略了这一点。德波尔大声而清晰地读出首席执行官德克的指令："尽快结束光刻机这种没有意义的项目。"

特罗斯特的注意力转向了投资者。他们拒绝帮忙后，他和德波尔飞到旧金山以争取风险资本家的投资。但他们无法引起任何人的共鸣。德波尔对半导体业务没有足够的热情，而特罗斯特缺少吸引投资者的能力。

飞利浦首席执行官德克给他们施加了沉重的压力，以尽快结束飞利浦所有不赚钱的"爱好"。S&I 的管理层必须取消所有非核心业务。这意味着除了步进光刻机，电子光学、数控系统、焊接和核分析业务统统都将出售。"如果出售行不通，合资也行。"德克命令道。

Elcoma 的基斯·克里格斯曼告诉特罗斯特在选择合适的合资企业时，可以考虑相对没什么名气的 Cobilt 公司。那时，该公司与 Perkin-Elmer 存在多年的纷争，因为 Micralign 光刻机涉嫌专利侵权。

大家都知道，还有一个更近的潜在合作伙伴：一家制造芯片生产设备的荷兰公司 ASM 国际公司。在当时，ASM 国际公司已经小有名气，1981 年的报纸就刊登了大量有关该公司的文章。ASM 的首席执行官阿瑟·德尔·普拉多（Arthur del Prado）在芯片市场建立了良好的商业声誉。特罗斯特和克里格斯曼列出了与 ASM 合作的利弊，他们的结论是，这家设备制造商的规模对他们来说太小了。

此外，ASM 交付的生产设备与步进光刻机属于完全不同的类别，后者的技术更为复杂、更具战略性。芯片制造商通常让晶圆厂经理自己决定在哪里购买熔炉、蚀刻机和蒸发器，但当需要购买光刻机时，高级管理层一定会参与决策。"ASM 了解这个行业，但它没有高级管理层这个级别的客户联系人。"克里吉斯曼告诉特罗斯特。另一个不好的消息是，它不供应飞利浦在奈梅亨的晶圆厂。但他们最担忧的是，ASM 的规模有限且资金状况不稳定。

因此，ASM 从目标合资公司的备选名单中被剔除了。对特罗斯特和克里格斯曼来说，很明显，如果飞利浦与一家美国的领先公司合作，在光刻机领域取得成功的可能性会更大。

* * *

特罗斯特与 Cobilt 公司讨论了成立一家合资企业的可能性。Cobilt 公司的联系人表示很意外——行业巨头飞利浦居然依赖外国的光学元件供应商。该联系人表示只有确认光学供应商的财务稳定后，他才会考虑特罗斯特的提议。

赫尔曼·范希克安排 Cobilt 公司的人前往位于德国奥伯科亨的蔡司。范希克与位于巴黎的 CERCO 多年来关系良好，最近他与德国光学元件生产商建立了合作关系。他没有安排 Cobilt 的人去法国的 CERCO，因为 CERCO 未能展示大规模生产能力。这家巴黎公司的情况一团糟。

商业总监德波尔和他们一起来到奥伯科亨，蔡司热情地招待了这 3 个人。德国人向美国 Cobilt 公司的人自信地表示，蔡司在 50 年后仍然屹立不倒的可能性远远大于美国公司。这是一次成功的商业访问，但随后的会谈却搁浅了。

接着特罗斯特开始与一家真正的"大猩猩"公司周旋——Perkin-Elmer 公司。当时，该公司在分析设备方面已获得 10 亿美元的收入。在 20 世纪 70 年代，Micralign 光刻机推动该公司成为最大的芯片生产设备制造商，该光刻机是 Perkin-Elmer 有史以来最成功的产品。由于在全球卖出了数千台 Micralign 光刻机，该公司在 20 世纪 70 年代初就拥有良好的客户关系。它几乎和这个星球上所有的芯片制造者都有往来：从大学到 IBM、英特尔和 NEC 等巨头。

Perkin-Elmer 拥有巨大的市场份额、强大的客户群和全球范围内的机器销售渠道，它似乎是帮助飞利浦在光刻机市场摆脱困境的理想选择。此外，这家美国公司开发一个新项目的时机已经成熟，因为 Micralign 光刻机的技术已经过时了。其稳固的市场地位已经让它过于安逸，Perkin-Elmer 之前没有重视步进光刻机，甚至没有研发这项技术。

但是步进光刻机技术可能还有几年的寿命，这就是 GCA 成了 Perkin-Elmer 的严重威胁的原因。DSW 4800 步进光刻机出人意料地受欢迎，这使使用 Micralign 光刻机的制造商陷入了困境，它也迫切希望技术发展带来新的增长。

Perkin-Elmer 表示愿意派出一个大型代表团访问荷兰。参观者中包括 Perkin-Elmer 光学系统工程师戴夫·马克尔，他制造了 Micralign 光刻机。特罗斯特想以最好的方式展示他的机器，但还是遇到了问题。飞利浦的技术遍布 Natlab、S&I 和机器车间。在 Natlab，SiRe2 已经布满灰尘，特罗斯特可以向 Perkin-Elmer 展示的最新的东西就是机器车间的零件，因为 5 台步进光刻机正在制造中。

特罗斯特费尽心思制订了一个为期一周的计划来说服 Perkin-Elmer 的代表团，让他们认为飞利浦是绝佳的合作伙伴。至少，他成功地让这些美国人在 S&I 及 Natlab 的会谈和夜间游览中都心情愉悦。

范希克陪戴夫·马克尔的小组在埃因霍温俱乐部的足球场观看比赛，并带领 6 位经验丰富的 Perkin-Elmer 工程师参观 S&I。美国人坦率地表达了 PAS 2000 的设计过于复杂的看法，数吨的花岗岩——阻尼系统：在 Perkin-Elmer 员工的眼中，这一切都太过笨重了。他们也不明白为什么机器的备用交流电要靠发电机产生，而发电机又并入了常规电网。

范希克在 1972 年设计的这种方式，在这 10 年里仍没有改变。"这简直像一间用金砖做的茅房。"他们告诉范希克，换句话说，就是这虽然是高端技术，但不必如此昂贵。

当来自 Perkin-Elmer 的人结束访问准备坐飞机离开时，他们表示对此次合作相当感兴趣。特罗斯特很惊讶，这不是他所预料的回应。因为他知道美国人还与飞利浦执行董事会的几位成员进行了交谈，他们并不看好这次合作。通过与董事会成员的讨论，来自 Perkin-Elmer 的访客得出结论：飞利浦的高级管理层对芯片市场一无所知。"嗯，你们的领导们，他们知道自己在说什么吗？"这些访客走的时候问特罗斯特。

尽管如此，Perkin-Elmer 还是发出了一个积极的信号。"我们真正想说的是，是的，我们有意合作并成立这家合资企业。"他们向特罗斯特强调。但 Perkin-Elmer 同时也在考虑另一个合作伙伴。该代表团将直接前往列支敦士登，考察初创企业 Censor 的光刻机研发状况。

Censor 由德国经济事务部、汽车工业和电子行业资助，这家公司刚刚开始用电动机台制造步进光刻机。然而，Perkin-Elmer 的人在上飞机之前告诉特罗斯特，他们并没有非常认真地对待 Censor。这家小小的公司应该不是飞利浦的对手。去列支敦士登访问该公司只是走个形式，他们并不抱太大的希望。最后，他们保证

Perkin-Elmer 很快就会联系他。

＊　＊　＊

一周后，Perkin-Elmer 告诉特罗斯特，Censor 是一家非常有意思的公司，主要是因为其步进光刻机采用电动机械台。而 S&I 正在制造的机器采用的是液压机械台，这是一个缺点。但 Perkin-Elmer 对 Censor 的光学技术水平和这家小公司的实力心有疑虑。Perkin-Elmer 列出了利弊和所有要考虑的事情，他们更喜欢飞利浦，但希望这家跨国公司能迅速做出决定。特罗斯特则被飞利浦的繁文缛节所困，无法代表公司当场答应。

美国人给了他一个星期的时间，这表明他们对于与飞利浦联手极具诚意。"在 7 天内联系我们。如果你们不回应，我们就和 Censor 合作。"Perkin-Elmer 警告说。他们确实说到做到。飞利浦无法在如此短的时间内做出决定，因此失去了在动荡的岁月里站稳脚跟的绝佳机会之一。

乔治・德・克鲁伊夫后来飞到美国试图扭转局势，但都无济于事。Perkin-Elmer 的高级副总裁、未来的首席执行官盖诺・凯利（Gaynor Kelly）给他的信息简洁明了："不，我们不做了。"

＊　＊　＊

之后特罗斯特试图与 Varian 建立合资企业，但也以失败告终，特罗斯特最终空手而归。虽然他在飞利浦有庞大的人际关系网，但未能使他争取到继续研发光刻机的机会。Elcoma 和 Natlab 的员工已经尽了最大的努力，但在 S&I 的管理团队中，特罗斯特成了一个被抛弃的人。其他事业部的主管们对他用来开展业务的机会主义方式持悲观态度：他们容忍他，因为他带来了收入，但在内心深处，他们只想看到他四处碰壁。

与管理层的争论，与其他主管的冲突，他不得不插手细枝末节的做法……所有这些都使特罗斯特无法突破公司的玻璃天花板，最终进入飞利浦真正有影响力的领导层。20 年来，他一直待在事业部主管的位置上，尽管在 20 世纪 70 年代，S&I 是公司管理人才的孵化地之一。在他周围，S&I 的无数同事都步步高升。

S&I 的商业总监阿布·德波尔和他的技术董事伯特·范梅赫伦（Bert van Meehelen）不认为特罗斯特未来能成为执行官。他太在乎细节和工程方面，而忽视了大局。他提出的建立半导体设备部门的建议，在他们看来就是井蛙之见，他的个人爱好已经让他失控了。

在与 Cobilt、Perkin-Elmer 和 Varian 公司的谈判失败后，特罗斯特几乎信誉尽失。"放弃吧，你就是在烧钱。"他经常听到别人这样说。然而，他在 1983 年年初前往东京时，仍试图将他的步进光刻机卖给松下：一家与飞利浦关系密切的日本公司。一天晚上，他偶然遇到飞利浦的经理比尔·沃格尔（Bill Vogel），比尔对他说："嗯，你在这里干什么？你在这里有生意吗？还是你还在兜售光刻机？我们不能把我们的钱花在更好的地方吗？"最终，特罗斯特被命令结束光刻机项目。"停止赔钱，"德波尔在 S&I 管理团队全体会议上表示，"我不在乎你怎么做，但必须结束光刻机项目。"

3 次谈判失败后，所有参与的人都士气低落。他们的光刻机制造项目已经看不到未来了。1974 年从范希克手中接手项目的斯特夫·维特科克一直在 Natlab 为 S&I 的步进光刻机研发项目提供支持，他也十分气馁。当飞利浦医疗公司要求他帮助一家在纽约的医院安装首台核磁共振设备时，他抓住机会前往纽约。后来他决定重拾他的专业，回到学术领域从事核自旋共振研究。一个月后，他携全家飞往美国。

04

达成协议

1983—1984

阿瑟·德尔·普拉多

ASM国际公司迅速发展壮大，但飞利浦仍然不认为阿瑟·德尔·普拉多的公司足以成为自己的合作伙伴。

当飞利浦在动荡的 20 世纪 70 年代挣扎着占有一席之地时，一家位于北方且与飞利浦相距 60 英里、正快速发展的科技公司却对当时的经济衰退视而不见。在荷兰乌得勒支东北的小镇比尔特霍芬绿树成荫的街区，阿瑟·德尔·普拉多正在经营一家主营新兴芯片设备的公司。

德尔·普拉多不"做"生意，他本人就是生意——这个人吃饭、睡觉和呼吸都在先进半导体材料公司（Advanced Semiconductor Materials, ASM）。他用魅力、野心和无畏经营着这家活跃的跨国公司，他的冒险精神似乎无边无际。到 20 世纪 80 年代初，ASM 已经在半导体市场站稳了脚跟。经济衰退似乎无法影响到德尔·普拉多的商业帝国。ASM 从销售和分销公司转型为独立的设备制造商后，其收入开始爆炸式增长，每年增长近 50%。1978 年，公司收入 1,400 万美元；到 1983 年，收入又增长了 6 倍。而同期的飞利浦和 Elcoma 的芯片厂却裁员数千人。ASM 是荷兰惨淡经济景象中的一颗璀璨明珠，是全球市场中一家欣欣向荣的公司。

在那段动荡的岁月里，德尔·普拉多凭借一腔热血取得了成功。他早年驾驶的大众汽车已经换成了私人飞机。ASM 在中国香港、日本东京和美国凤凰城均设有办事处，并在此三地都收购了公司。

这个时代对德尔·普拉多非常有利。芯片制造商逐渐放弃开发自己的机器，他们越来越倾向于向专业供应商购买生产设备。

飞利浦则不同。德尔·普拉多对 Elcoma 的工程师们坚信"最好的生产工具是自己生产的机器"的执着感到惊讶。Elcoma 从 ASM 订购了一台焊线机，但之后再也没有下过订单。最后，Elcoma 居然开始自己开发焊线机。

德尔·普拉多发现了机会。他知道 Elcoma 可以自己生产一系列芯片生产设备，并且正在与 Natlab 合作开发步进光刻机。1976 年，他向 Elcoma 的芯片厂主

阿瑟·德尔·普拉多，拍摄日期不详

管扬·华特起草了一份合作提议。提议的潜台词是：把机器留给我做，这样你就可以专注于你的核心业务——芯片生产。

德尔·普拉多一直在试图寻求与飞利浦合作的机会，但这家公司连一天的谈判时间都不给他。1983年，当Natlab终于愿意合作时，Natlab的光刻机业务已经处于穷途末路。虽然德尔·普拉多嘴上表示"同意"，但他非常清楚他这是在拿整个公司冒险。

* * *

阿瑟·德尔·普拉多于1931年出生于印度尼西亚雅加达。他的父母都是荷兰公民，他黑头发的父亲出生于苏里南的帕拉马里博，是葡萄牙犹太人的后裔。老德尔·普拉多是皇家国际海运公司的一名船长，小德尔·普拉多为他的父亲感到自豪，和他长期合作的商业伙伴都很清楚这一点。

第二次世界大战期间，他与家人分离并被关押在拘留营中。战争结束后，他和他的父母以及妹妹搬到荷兰，他在那里学习了化学和经济学。之后，他前往美国波士顿的哈佛商学院学习。

1958年完成学业后，26岁的德尔·普拉多前往美国西海岸。在这个后来被称为硅谷的地方，他遇到了一个迅速发展的新兴产业——计算机芯片。德尔·普拉多被那里的乐观和野心打动，这种感觉让他终生难以忘怀。

荷兰一份著名的报纸后来引用他的话说：德尔·普拉多返回荷兰时，一手拿着晶圆，一手拿着500美元。这是进入这个领域的好时机。继美国同行之后，飞利浦、西门子和德律风根等欧洲主要电子公司也逐渐把他们的目光投向半导体材料硅——锗的替代品。德尔·普拉多在20世纪60年代初移居比尔特霍芬后，他决定将他的公司命名为先进半导体材料公司（ASM）。ASM将在芯片制造材料和设备方面服务不断发展的欧洲芯片行业。

这位雄心勃勃的企业家实现目标的决心丝毫不受挫折的影响。他利用杂志、展会等当时的营销工具来全力推动公司的发展。1972年秋天，ASM出现在德国和英国的各大主要展会中。在整版广告中，德尔·普拉多将他的公司定位为严肃的竞争者，它的标题是：超过100人参与的半导体工程将推动ASM的产品登顶。ASM当时是一家有限责任公司，尚未上市。

* * *

德尔·普拉多将无限的精力投入公司的建设中。从 20 世纪 60 年代中期到 70 年代中期的 10 年间，他与 30 多个品牌推出了合作产品。只要与半导体有关，你都可以在 ASM 买到。其产品业务之广让公司有足够的财务实力聘请工程师、建立自己的生产部门和组装部门以及进行首次收购。到 20 世纪 70 年代中期，ASM 的收入已经达到数千万美元。德尔·普拉多已经为实现最终的目标做好了准备：展翅高飞，走向全球。

他与另一位荷兰芯片行业的先驱关系密切，这使他在朝着最终目标奋斗的过程中得到了巨大的帮助。1971 年，德尔·普拉多遇到了菲科工具（Fico Tooling）的创始人和所有者理查德·菲尔肯斯（Richard Fierkens），这家家族企业为飞利浦提供用来封装晶体管的设备。两位企业家都认为合作是双赢的。ASM 将代理 Fico 在全球的业务。几年后的 1974 年，ASM 甚至获得了 Fico 的部分股权。

德尔·普拉多将更名为 ASM 的公司的业务拓展至亚洲。自 20 世纪 60 年代中期以来，很多芯片制造商一直在亚洲封装芯片。1975 年，他找到了一个亚洲滩头阵地——中国香港，并聘请帕特里克·林（Patriok Lanh）主管 ASM 亚洲部门。林是随后的几年里将 ASM 业务拓展到芯片组装和封装的主要参与者，他也是在 1988 年推动这些后端制造业务重组为 ASM 太平洋技术公司并使公司公开上市的核心人物。

1976 年，德尔·普拉多在亚利桑那州菲尼克斯开设了 ASM 美国公司。5 年后，他的公司成为战后第一家在纳斯达克上市的非美国工业企业。公司出售了 110 万股股票并获得了 1,600 万美元的融资。这些资金为德尔·普拉多提供了更大的扩张和收购空间。

纳斯达克上市使 ASM 进入了全球市场，荷兰商界终于注意到这家公司。当时飞利浦面临危机，国家经济也日益衰落。德尔·普拉多作为一位创新型国际商人，其公司在新兴市场中每年都实现了显著的增长。1983 年，他被评为荷兰年度商人。同年，ASM 又在纳斯达克增发新一轮股票。

* * *

德尔·普拉多一直梦想着与飞利浦合作，但 Elcoma 从未回复他在 1976 年发出的信，这仍然令他烦恼。1981年，荷兰一家主流报纸刊登了对飞利浦研发总监之一、执行董事会成员爱德华·潘嫩堡的采访，德尔·普拉多再次联络该公司。

在采访中，潘嫩堡批评欧洲在微电子领域缺少产业政策，并说日本和美国在这方面的表现要好得多。德尔·普拉多又写了一封信，信中对此大加赞赏，表示支持潘嫩堡的看法。

潘嫩堡关于美国芯片行业拥有众多开拓创新的初创公司的言论引起了德尔·普拉多的共鸣。

但随后这位ASM的首席执行官也表达了不满。鉴于这种分析，他仍然不明白为什么飞利浦不愿意与他的公司联手。他告诉潘嫩堡，飞利浦缺乏开拓精神，这样不能推动荷兰成为第二个硅谷。德尔·普拉多在他的长信的末尾呼吁双方达成合作。

这封信似乎与潘嫩堡不大对付，因为5个月来德尔·普拉多都没有收到回信。后来飞利浦终于回信，但并不是回复德尔·普拉多写给潘嫩堡的信，而是回应在1981年10月荷兰一份主流报纸上刊登的一篇来自ASM的精彩文章。在这篇题为《硅谷就在街边》的文章中，这位荷兰商人对美国大加称赞，因为美国的大型公司都渴望与小型公司合作。

德尔·普拉多在文章中没有提飞利浦的名字，但他的意思显而易见。"在美国，大型工业公司更加开放，渴望与成长中的初创公司合作。IBM或惠普都与我们合作，并公开分享他们的专业知识，但欧洲的情况却完全不同。"报纸刊登了他的原话。

关于飞利浦的这篇文章终于促使德尔·普拉多与在S&I的商业总监德波尔见面了。S&I目前正在研究步进光刻机和电子束直写机。在喝咖啡时，德波尔显然对ASM的专业技术持保留意见。因此德尔·普拉多随后给他写了一封长信，详细地列出了公司的各种技术项目，并指出他刚刚接管了美国的埃尔蒙特公司。德尔·普拉多说，埃尔蒙特拥有内部精密技术，这将推动光刻机的研发。在信中，他表示愿意接手飞利浦的步进光刻机和电子束直写机研发项目。ASM可以将产品销售给全球的客户，并在其公司的组织架构中设立光刻事业部。

德波尔的反应并不积极，他没有约定再见面的时间。他同意维姆·特罗斯特的"ASM的规模太小"的观点。一年前，即1980年，ASM的收入才3,700万美元。特罗斯特计算，仅新一代步进光刻机的研发费用就将远远超过5,000万美元。

与光刻机所需的先进技术相比，ASM 制造线焊机所需的专业技术简直不值一提。飞利浦认为，德尔·普拉多低估了光刻机的复杂性。

* * *

1982 年，飞利浦和 ASM 是荷兰政府在海牙的经济事务部的常客。像冰川巨人一样的飞利浦对德尔·普拉多的侏儒公司不感兴趣，ASM 在信件和谈话中对此表示失望。飞利浦已经剔除了 ASM，决定让美国公司 Etec 开发等离子蚀刻机。经济事务部希望发展等离子蚀刻行业，而 ASM 希望该部门能够帮助它吸引飞利浦的注意。

ASM 在和经济事务部的谈话中经常提到步进光刻机。1982 年 10 月 7 日，在海牙又举行了一次会议，由阿瑟·德尔·普拉多、Elcoma 的扬·哈特（Jan Huart）、S&I 的德波尔和经济事务部的临时总干事扬·希勒格出席。ASM 的首席执行官提议让他的公司在日本和美国销售飞利浦的步进光刻机和电子束直写机。德波尔说，他认为对于这么大的项目来说 ASM 的规模太小了。"此外，我们正在与美国的 Cobilt 公司谈判。"他补充道。

德尔·普拉多没有放弃。在一封写给德波尔的详细的信中（他抄送给了经济事务部），他提到了这次谈话。这位 ASM 的首席执行官提议让他的公司负责步进光刻机在美国的最终组装和营销。他强调，ASM 在美国已经在给所有主要的芯片工厂供应产品。他还对飞利浦与 Cobilt 的谈判表示怀疑，Cobilt 是一家设备制造商，ASM 以前在欧洲代理过它的产品。德尔·普拉多说，飞利浦对 ASM 的担忧是没有必要的，如果他的同胞选择一位美国的合作伙伴，那将是不可取且不幸的。他指出，政府也渴望发展欧洲工业。

12 月，S&I 派出代表团访问 ASM 在比尔特霍芬的办公室，而 S&I 的营销人员吉尔·詹森则同时访问东京，ASM 正在那里开拓日本市场。但飞利浦仍和德尔·普拉多的公司保持距离。ASM 虽然算得上是一家国际化的公司，但飞利浦一直认为：对于光刻机市场来讲，ASM 的规模太小了。

五十对五十

在第一次见面中，乔治·德·克鲁伊夫和阿瑟·德尔·普拉多在不到一小时的时间内就敲定了飞利浦和ASM建立合资企业的计划。

1983 年春天，S&I 的技术董事乔治·德·克鲁伊夫在晨报上读到了 ASM 的成功故事。由于增长迅速，这家位于比尔特霍芬的公司在荷兰声名大振。两年前，公司的首席执行官阿瑟·德尔·普拉多在美国纳斯达克发行了 100 万股股票成为头条新闻。德尔·普拉多计划在 1983 年 9 月发行更多的股票，而这次是在阿姆斯特丹发行。德·克鲁伊夫意识到：这个人还是挺有钱的。

德·克鲁伊夫找到了解决自己问题的办法。飞利浦首席执行官威斯·德克已经向 S&I 明确表示，必须放弃非核心业务。例如电子显微镜、工业控制系统、焊接操作和光刻机等业务，德·克鲁伊夫必须将它们全部出售。当德·克鲁伊夫放下报纸时，他意识到他刚刚找到了最后一次机会来挽救光刻机业务，并阻止裁员的发生。

德·克鲁伊夫不太熟悉光刻机市场，所以他去见了维姆·特罗斯特。特罗斯特在过去一年与每一个潜在的合资伙伴都谈过。特罗斯特说他对 ASM 仍持保留意见。Elcoma 从未重视这个做工业炉子的供应商，他们的设备与具有战略性的光刻机业务完全不同。"这根本不是我们想合作的公司。"特罗斯特告诉德·克鲁伊夫，但特罗斯特也认识到，这可能是挽救光刻机业务的最后机会。在过去的几年里，他向光刻机倾注了他的全部心血。飞利浦的步进光刻机项目离完成仅一步之遥，而 ASM 是最后一根救命稻草。

特罗斯特比任何人都清楚飞利浦的规则，他建议德·克鲁伊夫去比尔特霍芬时让公司的顶级法律顾问和顶级财务顾问随行。这两个人都与执行董事会有直接联系，可以立即解决在 ASM 遇到的任何问题。特罗斯特建议说："这样就可以避免大麻烦。"德·克鲁伊夫拨通了德尔·普拉多的电话，进行自我介绍后询问他是否可以访问比尔特霍芬。

乔治·德·克鲁伊夫，2011年

* * *

　　德·克鲁伊夫遇到了一位非常迷人、自信且处于事业巅峰的商人。与德·克鲁伊夫不同，德尔·普拉多是半导体行业的老手。在近年的经济衰退中，ASM仍旧持续增长，现在芯片市场正在逐步摆脱1983年的低迷，德尔·普拉多知道他的收入和利润将非常高。他创办的ASM是荷兰经济衰退中成功的明灯，而他正处在巅峰。这位ASM的首席执行官最初很谨慎，他非常熟悉飞利浦这家跨国公司的行事风格，但德·克鲁伊夫几乎不知道 ASM 是做什么的——这位 S&I 的技术董事完全不知道两家公司之间的恩怨史。1983 年年初，当他走进德尔·普拉多的办公室时，两个身形挺拔的男人一见如故。

德·克鲁伊夫开门见山，坦城地说出他遇到的问题。他之所以来 ASM 寻求帮助，是因为飞利浦的执行董事会无意向光刻机项目投入更多资金。他的公司的支出很高，但公司选择优先投入其他项目。

尽管如此，飞利浦仍是一个大客户。飞利浦首席执行官威斯·德克已决定在 Megachip 项目中投入 7 亿美元，旨在在内存技术领域占有一席之地。但光刻机是这个项目的关键。德·克鲁伊夫建议，如果 ASM 想进入光刻机市场，它可以搭上 Megachip 项目的便车，赢在起跑线上。"我们正在寻找一家了解市场、擅长销售的公司。"他有意迎合德尔·普拉多。

德·克鲁伊夫说，汉堡瓦尔沃的芯片厂和奈梅亨的 Elcoma 芯片厂在不久后将分别收到两台机器，但他们只向外部客户销售了一台机器。这位客户是 IBM，他们对机器非常满意。不过关于这一点他说谎了。飞利浦从未认真销售过光刻机，而执行董事会的不重视使该项目多年来一直进展很慢。"但 Natlab 的先进技术使我们的机器在竞争中更胜一筹。"德·克鲁伊夫坦言。

然后，他问德尔·普拉多是否有兴趣合作。德·克鲁伊夫列出了所有的合作形式："ASM 可以接管所有业务，也可创立合资企业。因为 ASM 一直处于半导体市场的核心地位，所以无论如何飞利浦都希望 ASM 在这些活动中起领导作用。"

* * *

对德尔·普拉多来说，这并不难选择。在与飞利浦这家重量级公司进行了多年的曲折谈判后，这家公司现在主动找上门来，他终于获得了多年来一直寻求的认可。德尔·普拉多不必想太久。梦想中的公司轮廓在他脑海中瞬间成形：一个为芯片制造厂提供所有设备的巨头，以步进光刻机为旗舰产品的公司。世界上还没有哪家公司能够提供如此完整的解决方案。

德尔·普拉多非常专心地听着德·克鲁伊夫的说明。然后这位 ASM 的首席执行官说："对不起，失陪一小会儿。"他走出房间，与他的团队商量。将近一个小时过去了，他才回来。德尔·普拉多走进来，坐下，然后说："让我们一起做吧。"

总之，会议只持续了 1 个多小时，两人交谈的时间不到 15 分钟。光刻机业务符合德尔·普拉多的雄心壮志。他制造了芯片生产过程中每一道工序需使用的机器，但光刻机是其中最具战略性的机器，也是他未涉及的业务。

在这一点上，德尔·普拉多非常熟悉飞利浦的弱点和敏感点，所以他对与该跨国公司在经济事务部的无休止的会谈只字未提。在返回埃因霍温的途中，德·克鲁伊夫对特罗斯特说："真是难以置信！这是我们第一次见面，他大部分时间都不在会议室，但他却立即表示'同意'。"德·克鲁伊夫终于松了一口气，但也感到非常惊讶。

特罗斯特明智地没有参与。他注意着事态的发展并感到惊讶，同时，他也十分钦佩德尔·普拉多。ASM 将拯救他视作自己孩子的光刻机项目，但他比任何人都清楚，要让光刻机业务和步进光刻机研发项目回到正轨是多么困难，代价将非常大。同年 9 月，他对光刻机研发项目给出新预算——超过 4,200 万美元。特罗斯特非常清楚地意识到德尔·普拉多对自己谈成的项目没有概念。他知道 ASM 没有相关工作的经验、销售团队或资源。但是，他对德尔·普拉多同意德·克鲁伊夫的提议感到钦佩。

* * *

1983 年 6 月底，飞利浦与 ASM 的对话取得了很大的进展。合资企业的新名称首次出现——ASM 光刻系统公司，当时英文缩写为 ALS。有人建议他们分割股份。飞利浦和 MIP（一家国有私募股本基金）将分别获得 30% 的股份，而作为项目领导，ASM 将获得 40% 的股份。

德尔·普拉多知道，该合资企业将高度依赖 Natlab 的专业技术来开发机器。ASM 内部没有相关的专业技术。在接下来的几个月里，ASM 的首席执行官表明，他要求有权使用 Natlab 的技术并且是不可谈判的。"我们需要 Natlab，这样才能达成交易。"他告诉德·克鲁伊夫。

* * *

德尔·普拉多和德·克鲁伊夫彼此欣赏。他们在比尔特霍芬的第一次会面为两家公司的亲密关系奠定了基础。这位带有犹太和葡萄牙血统的极具魅力的商人与有点贵族气息的飞利浦高管相处得非常好，他们很快建立了友谊。

但飞利浦这家官僚主义盛行的大公司并没有给德·克鲁伊夫太多回旋的余地。他告诉德尔·普拉多，如果合资企业需要 Natlab 对研究提供支持，唯一的办法就是给飞利浦控股权。此外，合资企业必须按每小时支付研发费用。德·克鲁伊夫知道，获得这家跨国公司皇冠上的明珠是一件特别的事情。在那时，Natlab 是世界的传奇，但这个飞利浦的技术孵化部门是禁入的。

德尔·普拉多向德·克鲁伊夫重申他最初的提案。他表示："如果飞利浦希望我们运营该项目，我们获得一半以上的股份是合乎逻辑的。"但德·克鲁伊夫没有让步，只有飞利浦获得合资企业至少 50% 的股份，他才能授予 ASM 访问 Natlab 技术的权限。

但德·克鲁伊夫建议，在 50∶50 分割股权的情况下，ASM 仍可发挥主导作用。"我提议你为公司的执行董事，"德·克鲁伊夫笑着说，"你熟悉业务；你能领导公司走正确的方向，你将成为掌舵人。"德·克鲁伊夫将担任该合资企业的董事会主席，肩负着维护 ASM 与 Natlab 之间良好关系的特殊职责。

最后，ASM 和飞利浦同意平分股份。德尔·普拉多之后又一次尝试获得 Natlab 的研发技术以开发其他的项目，但飞利浦表示坚决拒绝。Natlab 现在仍然完全禁止外来者使用其技术。

* * *

1983 年 9 月 8 日下午 3 点，"飞利浦（科学与工业部）和先进半导体材料公司（ASM）在比尔特霍芬宣布，他们将创立一家合资企业，负责研发、制造市场领先的光刻设备。新公司设在埃因霍温，初期将雇用大约 50 名员工，其中大多数员工目前在飞利浦从事光刻机研发工作。这个数字未来将增加。"新闻稿里指出。然而真正的谈判尚未开始。

可怕的协议

飞利浦的斤斤计较给合资企业带来了沉重的负担。

ASM 与飞利浦的合资企业谅解备忘录让阿瑟·德尔·普拉多备感愉悦。他习惯于每两年将收入翻一番，现在他又急着开始销售步进光刻机了。市场迫切需要新设备，竞争对手 GCA 和尼康每年提供数百台步进光刻机。半导体行业正在蓬勃发展，分析人士的预测不断向好。很快，光刻机的年需求量就将达到 1,000 台。

德尔·普拉多摩拳擦掌。他听到关于市场领导者 GCA 弱点的传言，他的印象是，S&I 已经制造好了一台机器随时准备发货，但他不知道这背后还存在问题。德尔·普拉多渴望向飞利浦展示销售这些产品的意义。1983 年秋天，他聘请威廉·德利乌（Willem De Leeuw）担任 ASM 首席技术官。德利乌即将离开飞机制造商福克公司，他在半导体领域没有经验，更不用说芯片光刻领域了。但德利乌刚进公司，德尔·普拉多就让他在埃因霍温管理光刻业务。"ASM 已经准备好了，"德利乌告诉维姆·特罗斯特，"我们在日本和美国的销售部门已经蓄势待发。"他敦促特罗斯特让飞利浦赶紧行动起来。

* * *

埃因霍温的情形完全不同。全球经济衰退使飞利浦的收入骤减，在飞利浦首席执行官威斯·德克的指挥下，公司正忙于整顿业务。德克已经决定砍掉非核心业务，如光刻机。现在，他想通过限制各国分公司的权力来削弱官僚主义。

德克整顿期间的内部冲突给特罗斯特带来了沉重的压力，他几乎没有精力关注与 ASM 成立的合资企业，曾执着于绝对控制权的他甚至放弃了主导权。但在 1983 年 4 月，S&I 分部的新任董事扬·范德斯特（Jan van der Ster）在未请示上级的情况下，正在设法推动事情的发展。当特罗斯特在日本试图向松下出售光刻机时，范德斯特派人来主管光刻机项目以减轻特罗斯特的负担。光刻机研发主管罗纳德·比拉德也将向新管理者雅克·德沃斯（Jacques de Vos）汇报工作。

* * *

1983年秋天，德尔·普拉多对飞利浦施加了更大的压力，他表示光刻机的产量必须增加。次年6月初，S&I在ASM光刻系统商业计划中绘制了光刻机的发展蓝图，但没有和ASM协商。这时ASM在S&I的修订计划中还没有发言权。

当ASM的首席技术官威廉·德利乌来到ASM查阅文件后，他得出结论说，S&I在1984年只能交付10台光刻机，这在他看来还远远不够。德尔·普拉多告诉特罗斯特要加快生产。特罗斯特听到命令时眨了眨眼，但德利乌态度坚决。合资企业的所有合同至少需要6个月才能签订。"如果我们在这段时间仍没有进展，合资企业可能就此垮了。"德利乌告诉特罗斯特。这位ASM的新任首席技术官也希望飞利浦继续研发并提高材料采购量，从而提高产量。他明确表示，ASM的目标应该是每年生产40台机器。

特罗斯特对此持怀疑态度。从他的经验来看，他们的镜头供应商CERCO并不可靠。他也知道，为飞利浦供应机械零件的机器工厂是出了名的缓慢，从来没有按时交货。他知道市场并不迫切需要液压式光刻机，但不是埃因霍温的每个人都得到了这个消息。

德利乌不理会特罗斯特的反对意见，坚持自己的立场。他告诉S&I的董事："难怪这里的工作进展都这么慢。你一开始就把事情搞砸了。"特罗斯特向上司表示保留意见，但德·克鲁伊夫决定不干涉这个项目。"维姆，不要参与其中，"他命令道，"他们是懂生意的家伙，他们负责这个项目。"尽管如此，飞利浦的光刻机团队还是力争达成其1983年交付10台PAS 2000的目标。

特罗斯特则继续干涉合资企业的管理，他并不是一个可以袖手旁观的人。在刚刚过去的动荡岁月里，他一直不屈不挠地推进光刻机研发。现在突然要和一个外人打交道，特罗斯特也想争夺控制权。特罗斯特仍然质疑与ASM合作的正确性。"伙计们，这不是我们的理想伴侣。"他经常自言自语地说。但是，作为一个让光刻机项目维持多年的人，他知道ASM是他们最后的救命稻草。特罗斯特能认清现实，他能够意识到ASM要求更高的产量也许有道理，而且销售本不是飞利浦的强项。S&I 组织松散，无法做出正确的决策，这是项目长期处于停滞状态的原因。

特罗斯特再次与德·克鲁伊夫讨论他的疑虑。ASM 发展太快，而 S&I 尚未协同发展。德·克鲁伊夫的态度依然坚决，他坚持认为特罗斯特需要停止干涉。最终，特罗斯特作出让步。当 ASM 表示需要提高产量时，特罗斯特在内心深处知道 ASM 也许是正确的。但他也知道，在飞利浦效率不会那么高。特罗斯特意识到，较长的交货期意味着他们可能会失去很多机会。但他还是对同事说，经验是最好的老师；如果订单不能完成，ASM 始终有机会纠正其路线。

* * *

雅克·德沃斯是光刻机项目的新负责人，他对 S&I 的情况持中立态度，主要是因为他对该部门的过去缺乏了解。德沃斯与光刻决策团队就步进光刻机的发展进行了激烈的讨论，他认为 ASM 的规划过于乐观，7 月底起草的商业计划的目标是不现实的。1983 年 10 月 13 日，德沃斯与光刻决策团队再次举行了一场令人精疲力竭的会议，会后在一份内部备忘录中他重申了他的立场。他的措辞是客气的，但他传递的信息是明确的：德利乌确实是疯了，交付 40 台机器是不现实的，初期大幅提高产量是不理智的。他写道："在 PAS 2000 的现行发展规划中，在镜头和预测方面出现了重大的问题。"他的工程师们根本还没把这项技术研究透彻。他认为，即使在最好的情况下，订单也无法如期完成。人手特别短缺，而新人们需要到 6 个月的时间才能跟上进度。

在内部备忘录中，德沃斯还描绘了光学供应商 CERCO 那令人震惊的供货情况。飞利浦的员工刚从巴黎开会回来，他们检查了最新一批的 16 个镜头，其中仅有 3 个镜头通过测试，但只有 1 个镜头符合 IBM 1 年前提出的要求；8 个镜头可以修复，但其中只有 3 个镜头将能够达到 IBM 的高标准。

根据这些事实，德沃斯得出了一个明确的结论：1983 年 1 台 PAS 2000 都无法制造完成，而 1984 年将最多制造 9 台。合资企业计划在 1983 年建立一家工厂，每年生产 40 台机器，这严重脱离了现实。德沃斯委婉地称这一雄心壮志"忽略了研发部门的不确定性"。他还批评了 ASM 对新一代机器的乐观态度："1985 年为下一代芯片推出新系统是不可行的。"

德沃斯知道他的备忘录可能会得罪人。因此，他在底部补充了一条个人声明："这些结论和建议并不是要压垮合资企业，恰恰相反我是想帮助它。但是我们必须如实地承认光刻工作的现状。"他还指出，他的员工十分愿意与 ASM 合作，"为了缓解员工日益加剧的对未来的担忧，我唯一能保证的是，我们不会苦心经营一家我们都没有信心的合资企业"。

* * *

特罗斯特心存疑虑，但他仍选择支持官方计划——ASM 负责决策，他将与德利乌合作并计划提高产量。这天，阿瑟·德尔·普拉多兴奋地从以色列打电话给他。这位 ASM 的首席执行官在那里与军队共度了一天，并自豪地通过无线电给特罗斯特打电话，这项技术在当时是非同寻常的。"这些以色列先生们很快将需要步进光刻机，你一定要有可用来向他们展示的原型机。"德尔·普拉多在附近坦克的轰鸣声中大喊。在那个瞬间，特罗斯特几乎不知道怎么活下去了。他知道以色列人拥有一流的技术，但他们在半导体生产基础设施方面却很匮乏。越来越多的事情让他明白德尔·普拉多对光刻市场一无所知。

最后，在 1983 年年底，S&I 正式决定走更积极的道路。生产经理约普·范凯塞尔（Joop van Kessel）拿来 10 台机器的零件清单，并亲手更正了数字。他将生产 PAS 2000 的订单增加到 20 台，而不是 ASM 所要求的 40 台机器。他在订单中留了一条后路：加入了可以取消这些订单的选项。最不稳定的因素是 CERCO。圣诞节前，两名员工将前往巴黎，询问这家不可靠的镜头制造商能否供应 20 套镜头。

另一方面，范凯塞尔亲自制定出关键的生产规划：所有零件都必须在 10 个月内收到。这样，生产初始装配还有 6 周的时间，而构建光学柱也还有 6 周的时间。之后，经过 2 个月的测试和调整，还剩下 3 个月的时间来进行最终测试和微调。

现在所有事项都有了妥善的安排。特罗斯特签署了合同，在 1983 年年底，他和德利乌同意，飞利浦将继续增产并订购足够的零件，以生产 20 台步进光刻机。特罗斯特虽然心里不赞同但没有说出来。飞利浦的费用将由新的合资企业全额报销，所售机器的收入也将属于合资企业。"双方同意，如果要按商定的生产进度完成制造，现在必须由合资企业完成订单和投资。"合同中写道。

117

*　*　*

1984 年 1 月，事情发展到了非解决不可的地步。德沃斯认为他们应该结束与 CERCO 几年的合作关系，但他的同事强烈反对。德沃斯认为，他们必须停止从巴黎采购镜头。1984 年年初，他在给德·克鲁伊夫的一封信中就 CERCO 一事作出警告：“其他人宁愿冒着第三次惨败的风险也要继续与这家公司合作，这不利于生产部门应有的稳定性。”

德沃斯的分析是正确的，CERCO 的表现令人失望而且已经持续多年。但在那时，飞利浦没有多少选择。专业镜头对于步进光刻机来说至关重要，但世界上只有几个地方可以生产它们。特罗斯特、比拉德和范凯塞尔还没有准备好结束这一段始于 20 世纪 60 年代的合作关系。他们正在与德·克鲁伊夫密切地合作，以寻找一家新的镜头供应商，并与蔡司等公司进行谈判。但特罗斯特还不想与 CERCO 断绝联系。他实在做不到，因为他需要几十个镜头来装配因德利乌坚持增加产量而制造出来的机器。

德沃斯给管理层的建议导致了激烈的摩擦。他的问题是，虽然事实上他是对的，但他的风格就像“大象进了瓷器店”，十分粗暴莽撞。更重要的是，他的上司并不支持他。德沃斯还与生产部门产生了矛盾，而生产部门甚至渴望看到冲突加剧。

德沃斯在 S&I 内部变得孤立无援，这是一个一切运转都依赖协议和良好关系的组织。他不擅长变通地表达他的意见。他和下属比拉德之间的关系更加紧张。新人德沃斯认为，多年来决定电子束直写机和步进光刻机发展的关键人物被转移到了飞利浦的不同部门，特罗斯特只是让这一切公开化了。但是，当范德斯特听到德沃斯是如何搞砸事情，而且把关键的专业技术专家比拉德解雇了时，这位部门主管严声指责并当场解雇了德沃斯，这在飞利浦是非常罕见的。特罗斯特并没有介入，因为他即将退休，不想与人产生冲突。

*　*　*

当合资企业的计划在飞利浦公开时，每个人都有自己的看法。Natlab 的部门主管之一哈姆·穆伊约尔（Harm Mooijweer）也听说了这件事。在 1983 年 8 月的一份备忘录中，他警告德·克鲁伊夫和特罗斯特，他们需要密切关注事情的进展。穆伊约尔估计，Natlab 在过去 10 年中在光刻研究上的花费为 670 万美元，"还有学术界的支持费用和昂贵的车间支持费用。"他解释道。

穆伊约尔强调，在计算合资企业应该为 Natlab 未来的研发承担多少费用时，需要全面地考虑。"从经验来看，分拆公司最初几年很少能赚钱。"他写道。因此，穆伊约尔建议他们收取年费 70 万美元，而不是按收入的百分比收费。

特罗斯特的内心是矛盾的。他是全力支持光刻机研发的，但他也有义务保护雇主的利益。在那时，他负责财务、2,000 名员工以及 S&I 的工厂，这意味着他必须保护公司的库存和货物，并向外人收该收的钱。另一方面，特罗斯特必须保护 ASM 光刻系统公司的利益，他认为 ASM 光刻系统公司也是他的心血，而且他也是 ASM 光刻系统公司的董事会成员。内心的矛盾让他非常痛苦（参考附录 8）。

*   *   *

后来飞利浦的合作委员会要求特罗斯特承担责任。这个组织的 12 名智者在分拆和合资企业事务中维护飞利浦的利益，他们主管专利、商标、研究、物流、法律等一切事务。他们给了特罗斯特一个可怕的新名字：ALS，它是 ASM 光刻系统公司的首字母，也是一种在几年内致死的不治之症（渐冻人症）。

如果说飞利浦的官僚主义者擅长什么，那就是保护这家跨国公司的资产。S&I 的财务部门起草了一份详细的合资企业必须支付的费用清单（参考附录 7）。他们想从与 ASM 的交易中节约尽可能多的资金。

这份清单让特罗斯特心里不是滋味。他认为飞利浦让这家新成立的合资企业支付的费用之高令人憎恶。这家跨国公司有固定的规则来规范其计算方式，而作为 S&I 工厂的主管，他必须遵守这些规则，但他也希望合资企业能取得成功。他知道，两家公司注入的 210 万美元远远不够。据他自己计算，仅仅开发新一代机器的成本就是这个数额的 10 倍。

特罗斯特补充了这些信息，并得出结论：ASM 是唯一真正将资金投入合资企业的合作伙伴。飞利浦不会投入现金，只会投入过时的库存、材料、模块、工作时间以及 17 台不能用的 PAS 2000。他觉得很难接受，忍不住向德尔·普拉多暗示，他担心合资企业的启动资金不足。ASM 的首席执行官没有理解特罗斯特的暗示，这是因为他从来没有重视过特罗斯特，此外，德尔·普拉多的热情让他忽视了提醒。

特罗斯特明确表示合资企业没有办法一举成功。他认为飞利浦的律师起草的合同是不合情理的。他告诉同事："这家新公司买杯咖啡就会破产。"但他采取了一些应对措施以确保 S&I 将承担大部分成本，包括为制造 20 台步进光刻机已经订购的零件和材料的费用。

1984 年 3 月 9 日敲定的合同终稿（参考附录 8）也提到了使用 Natlab 的技术的设想。新公司将有机会获得推进光刻机开发所需的一切技术，只需支付一定的费用。除此之外，新公司还需要每年向 Natlab 支付收入的 1.5% 作为研发费用。

在最后的几个月里，特罗斯特与飞利浦的工会就 47 人转岗到合资企业产生了激烈的争论，名单由他与部门主管共同拟定。几乎没有人愿意踏上新的冒险之旅，工会要求保证员工具有选择返回飞利浦的权利并提供丰厚的养老金。特罗斯特鼓励被调动者，提醒他们 S&I 正在进行裁员和员工调动，他说："在一年后，新公司就会取得成功，没有理由回来。你在那里会比在飞利浦更好。"

协议是在合资合同签署前几天才达成的。工会不必做出许多让步，47 名员工获得了可重返工作岗位的保障，但期限是 4 年，而不是期望的 5 年。特罗斯特对光刻工作非常熟悉，但飞利浦管理层在选择合资企业的首席执行官时却没有选择他。多年来他一直是 S&I 的笑话，且德沃斯事件表明，当 S&I 需要特罗斯特的时候他不会主动提供帮助。管理层已经对他失去了信心。

成立合资企业的合同签署仪式，从左到右分别为 ASM 的威廉·德利乌和保罗·范登霍克（Paul van den Hoek）以及飞利浦的乔治·德·克鲁伊夫和维姆·特罗斯特。

05

杠杆剥离

1984

贾特·斯密特

贾特·斯密特是一位飞机制造者、环球旅行者、咖啡和意大利美食爱好者，他被猎头们争先恐后地挖去领导ASM和飞利浦即将成立的合资企业ASML。

1969 年，刚毕业的贾特·斯密特加入飞利浦时，他发现自己陷入了官僚主义的洪流中。自战争结束以来，公司取得了巨大的发展，但管理层从未学会如何节俭和高效。

按照飞利浦的惯例，具有博士学位的斯密特自动获得公司青年学者协会的会员资格。新员工聚会以后，他与其他大学毕业生交流了来公司的经历，他们中的大多数是刚从学校毕业的，都对公司的保守主义和飞利浦部门之间的内斗表示惊讶。15 名 20 多岁的年轻人萌生了一个有意思的想法，他们要记录这家跨国公司的保守主义和内部斗争，同时计划向执行董事会报告他们的发现。

斯密特是这个团队的核心，这些效仿唐·吉诃德的青年们全身心投入该计划，向各工业部门的高管都提交了一份提案，并主动提议讨论存在的问题。飞利浦无意冒犯有才华的年轻员工，几次推脱之后，斯密特和另外两名员工获得了面见首席执行官亨克·范里姆斯迪克（Henk van Riemsdijk）的机会。这位首席执行官通过不履行自己的承诺巧妙地忽视了这些建议。

喜欢冒险是斯密特的特点。他喜欢逞能，不受权威的影响，而且绝对不怕被开除。"大胆"和"国际化"也许是用来描述他的最准确的词。1969 年加入飞利浦时，他已经在美国和意大利都住了很长时间。

斯密特获得了天体物理学博士学位，但他不是典型的"书呆子"。在紧要关头，他对世界性的大问题更感兴趣，在谈到科学家在工作中埋头苦干时，他总是带着轻蔑的语气。15 年后，他被聘用来带领一群不抱幻想的飞利浦员工，这绝非偶然。这位反叛者引发了一场文化上的革命，为团队精神奠定了基础，从而使ASML 能够征服世界。

* * *

贾特·斯密特 1938 年出生于荷兰东北部城市格罗宁根，出身于教师家庭。当他 11 岁时，全家搬到附近的胡格文，他的父亲在当地的高中教法语。年轻的贾特对飞机很着迷，他在课后时间制造直升机模型，他和他的数学老师都加入了胡格文航空俱乐部。

尽管他想在代尔夫特理工大学学习航空工程，但他读高中时成绩很差。在高三的秋季学期结束时，他的物理和数学仍然不及格。几周后，校长意外地宣布学校的科学老师被开除了，他说，学生们现在可以自由选择是否继续上学，格罗宁根大学的学生可以帮助他们解答问题。

这件事确实令人惊奇。斯密特摆脱了学校常规作息时间的约束，能够随心所欲地安排自己的时间。意想不到的自由拯救了他。他通读了期末考试的要求，制订了系统的学习计划，并在学年结束时代表毕业生致辞。他甚至改进了自己难以辨认的笔迹。

当他迈进代尔夫特理工大学时，他感受到了真正的自由。他充满了动力，经常称自己的学术生涯"像引擎一样运转"。航空工程对他来说棒极了。在那时，这是一个涉及多学科的专业，注重系统性思维。

但技术并不是唯一吸引他的东西，斯密特还对哲学问题感兴趣，并积极参加该大学的综合研究中心举办的各种讲座。

他为代尔夫特理工大学和莱顿大学的学生成立了一个俱乐部，专门讨论量子力学和相对论的哲学意义。他们经常坐在舒适的皮革沙发上，喝着好酒。他还邀请莱顿大学的天文学家亨克·范德·赫尔斯特（Henk van de Hulst）加入他们。赫尔斯特后来成为斯密特的博士生导师。

斯密特的硕士毕业项目是磁流体动力学。随着毕业的临近，代尔夫特理工大学航空工程系主任亨克·范德马斯（Henk van der maas）问斯密特，他是否想接受美国国家航空航天局（NASA）为优秀学生提供的奖学金，前往美国学习。按照他一惯的风格，范德马斯把问题直接表述成了命令："斯密特，你要去美国！"

那时，斯密特已经喜欢上了技术方面的研究。他不把科学视为自己的使命，因为它离日常生活太远了而且太单调了。但是访问美国的机会，是他不能拒绝的。此外，他对美国也很好奇。于是他乖乖地点了点头，说："谢谢，教授。"

贾特·斯密特（Gjalt Smit），20世纪80年代初照，拍摄日期不详

美国航空航天局的奖学金为他提供了进入普林斯顿大学或马里兰大学学习的机会，他选择了后者。他怀疑在普林斯顿大学辉煌的科学成就中，他看起来会像个傻瓜。他感觉自己更像一个工程师，而不是一个物理学家。

* * *

1963年8月29日，当25岁的斯密特赶到纽约港的"Statendam"号客轮时，他没能直接前往华盛顿。首都被封锁了，肯尼迪统治下的美国正在经历一场变革，这个国家充满了乐观的气氛。当总统3个月后被谋杀时，斯密特近距离观察了美国人民的反应。

1963年，美国热情地欢迎外国人。华盛顿聚集了大量受过高等教育的精英人士，并举办大量的文化活动。一年后，斯密特在白宫举行的欢迎新来的外国科学家的招待会上与约翰逊总统握了手。这位年轻的荷兰人给抽时间闲聊的总统留下了深刻的印象。

斯密特共花了2年时间在美国研究核聚变和用于太空探索的等离子体等物理学问题。这位年轻的不可知论者知道教会在美国社会中起着至关重要的作用。他对宗教感兴趣，但在美国当地的长老会圈子里，主要讨论的东西并不是信仰，而是社会关系。在他第一次参加星期天的教堂礼拜活动时，他设法在中场休息时给他的荷兰女友找了份工作，现在她也可以来美国了。他们结了婚并在美国生了第一个孩子。

他不喜欢他的研究工作，但科研环境使他着了迷。斯密特的奖学金期限延长了一年。他很适应在美国的生活，他还带着他的妻子和襁褓中的孩子走遍了全美国。无论他们走到哪里，他都能通过在教会的关系住到热情的人的家里。

随着他回到欧洲的日期越来越近，斯密特给他在哲学俱乐部的教授范德·赫尔斯特写信，咨询就业选择。范德·赫尔斯特是欧洲空间研究组织（现为欧洲航天局）顾问委员会的主席，他手写的答复显示，欧洲空间研究组织打算在罗马郊外建立一个新的地球观测中心 ESRIN。他建议斯密特联系一位即将上任的主管。

因此在1965年，斯密特成为 ESRIN 的第一位员工。他在罗马的时光是他一生中最美好的日子。在最初的6个月里，没有太多的科学研究工作。他开了一个银行账户，为 ESRIN 的第一座办公楼买了垃圾桶和桌子。他其余时间都在喝意大利浓缩咖啡，吃精致的饭菜。对于像斯密特这样的享乐主义者来说，这感觉就像回家了一样。

斯密特的德国经理终于上岗，他给斯密特布置了一个论文题目。斯密特请射电天文学创始人之一的范德·赫尔斯特做他的顾问。1969 年年初，他提交了论文，这是一本 70 页厚的小册子，用数学方法分析地球磁场中的非线性太阳风流。他的研究证实并解释了美国航空航天局第一颗卫星最近测量的数据。

* * *

但是，他做科学研究的时间越长，斯密特就越不喜欢它，他感觉科学和他无关。当范德·赫尔斯特邀请他到莱顿大学工作时，斯密特并不想去。在阴雨连绵的荷兰讲课听起来糟透了，他已经习惯了意大利的太阳。在罗马，他非常快乐。

斯密特与飞利浦在米兰的分公司联系并询问有没有在意大利从事销售的工作机会。这家跨国公司确实给他提供了一个职位。20 世纪 60 年代末，飞利浦是一家成长中的大公司，在荷兰以外的国家拥有数十万员工。意大利的分公司告诉他，公司希望他在埃因霍温先进行两年培训。这是一个打击，但至少他可以以后再回到地中海。

在埃因霍温，他在工业应用产品部门（PIT）面试。维姆·特罗斯特自豪地向他展示了一台微型计算机——工业数据系统，这是由 PIT 自己开发的。

特罗斯特在各方面都与斯密特不同，他们第一次见面就气场不合。当斯密特高傲地冲进特罗斯特的办公室时，这位业内资深人士对此不以为然。他认为，斯密特只是又一个想在公司往上爬的年轻人。特罗斯特本人是一个低调且敬业的工作狂，一个典型的飞利浦人。他从未主动要求升职，当面试者在第一次面试中就谈论职业前景时，他通常表现得非常不屑。

但斯密特还是被录用了。飞利浦承诺，如果这位能说会道的人能通过考试，几年后他可以再次南下意大利。斯密特学习如何使用计算机，甚至负责教飞利浦其他部门的员工使用计算机，这意味着他了解了所有最新的信息技术。公司将很快定期派他到意大利提供支持。

* * *

回到阳光明媚的南方，斯密特负责管理当地的工业数据系统（IDS）小组。

除在做的事外，他还帮助一家水泥厂实现了自动化。对斯密特来说，意大利就是天堂。他热爱浓缩咖啡和意大利美食，而对荷兰人缺乏活力的现象不屑一顾。他抱怨在访问埃因霍温时连晚餐邀请都没有。当斯密特在荷兰接待意大利顾客时，他总是为他们铺上红地毯。他曾带一组客人去阿姆斯特丹，去看 S&I 完成的自动化给水项目。他总是把客人照顾得很好，请他们住最好的普利策酒店。

斯密特尤其钦佩他在意大利的上司阿曼多·塞尔维（Armando Cervi），不仅仅因为他漂亮的西装和考究的领带，塞尔维的人生经历也给斯密特留下了深刻的印象。这位意大利人学习物理，毕业于音乐学院，并在他父亲去世时接管了家族的汽车凹痕修补公司。直到后来，他才成为飞利浦在意大利的头号人物。塞尔维也是一位精明的政治家，他知道如何在腐败的社会里生存，但斯密特最喜欢的还是雄辩时的塞尔维。

* * *

20 世纪 70 年代初，斯密特与约普·范凯塞尔（Joop van Kessel）分享了他在意大利的项目前景。范凯塞尔是特罗斯特欣赏的年轻人，他为欧洲各地的销售团队提供技术支持，他本人对销售也非常了解。这位年轻的工程师已经晋升为 S&I 工业项目部的负责人。

在升职前的几年里，范凯塞尔亲自到一线工作，负责大型项目的实施。他是荷兰第一个核反应堆自动化团队里的一员，并为全国的 3 个天然气压缩机站创建了过程控制系统。范凯塞尔生来就非常擅长这种动手的工作。当特罗斯特任命他领导工业项目部时，他不情愿地接受了晋升：因为他更愿意在户外工作，在新鲜空气中工作。

飞利浦正试图在几个国家的市场中站稳脚跟，而范凯塞尔尤其擅长报价。他比任何人都清楚如何预估项目需要的时间和费用。错误意味着严重的损失，所以特罗斯特更愿意指派有经验的人负责这项工作。因此范凯塞尔和他的项目负责人在欧洲往来穿梭，帮助各个国家的销售团队正确评估客户需求的价值。当本地的高层管理者要求会谈时，特罗斯特就和他们一起参加。

范凯塞尔就是通过这项工作认识斯密特的，斯密特当时正在意大利负责管理 IDS 小组，而他的上司是当地 S&I 的主管——阿曼多·塞尔维。他们见面时，斯密特在意大利已经拥有多年的工作经验。他在意大利分公司赢得越来越多的关注。这位博士兼工程师的意大利语相当不错，和同事关系也很好，并且被大多数客户认可。对飞利浦来说，在南欧发展也不是一件容易的事。

范凯塞尔也喜欢斯密特，他很专业，工作很出色。他们一起开玩笑指责飞利浦的刻板，并抱怨这家跨国公司在计算成本上的强制性规定。他们两人总是设法找到几个漏洞，以防止他们报价太高而错过机会。斯密特认为范凯塞尔非常称职，他知道在 S&I 什么能做和什么不能做，以及如何规划工业项目和计算项目成本。

两人在意大利经常见面，还互相到家里拜访对方。斯密特的公寓位于悬崖边上，俯瞰科莫湖。在斯密特家里，范凯塞尔很受欢迎，他见了斯密特的两个女儿，斯密特的妻子还帮助他起草英文报价单，因为她刚好在意大利教英语。

* * *

销售员斯密特和工程师范凯塞尔学习如何在南欧销售工业技术。当塞尔维告诉斯密特，食品集团 Motta 想建立一个新的冰淇淋工厂时，两人都迫不及待了。斯密特知道 Motta 的工厂仍在使用模拟控制系统，他和范凯塞尔讨论了如何用最好的方式向 Motta 销售 S&I 的小装置和飞利浦的 P800 计算机。斯密特擅长凝聚力量来取得成功，他在飞机上帮范凯塞尔进行了一次演练。

当到达 Motta 时，他们被带到一个会议室。过了一会儿，进来了两位穿着非常时髦的绅士：笔挺的西装，醒目的领带，锃亮的鞋子。即使是不了解情况的人也能分辨出桌子的哪一边是荷兰人、哪一边是意大利人。斯密特在会谈开始时说的英语，但 3 句话后，意大利人问他们是否会讲意大利语。"好吧，"斯密特回答，"我们后面用意大利语。"他满含激情地讲述了飞利浦系统和这家荷兰公司可提供的服务。10 分钟后，Motta 的绅士们看着他们说："斯密特先生，不知道您是否理解我们的需求。您能告诉我们您的系统将如何帮助我们以更低的成本生产更好的冰淇淋吗？" 5 分钟后，两人回到了街上。

后来，学聪明了的斯密特听说几家医院打算使他们的临床实验室实现自动化。他访问了米兰和巴勒莫的很多医院了解他们的问题。当他有机会为热那亚的医院起草报价提案时，他的价格甚至超过了 IBM 和霍尼韦尔。美国人在报价提案中描述他们的计算机技术，但斯密特采取了不同的策略。他不想谈论计算机，因为飞利浦的系统是新产品，还未用于实际，而且有一定的局限性。

由于他在之前的拜访中与热那亚的医院的工作人员详细交谈过，所以斯密特知道问题所在，他在许多漫长的晚餐时间中听到了这些问题。在他的开场白中，他描述了困扰医生和护理人员的运营问题，以及计划如何解决这些问题。在 30 页的报价提案的前 29 页，他都没有提到他将使用的工具——计算机，而只是在最后简要提了一下。他的战术使他赢得了合同。

欢欣鼓舞的斯密特给范凯塞尔打电话。但几周后，当他赶到埃因霍温时，一场危机正等待着他。"我们有大麻烦了。"特罗斯特告诉他。飞利浦医疗系统部不希望 IDS 接手该项目：医疗保健行业是医疗系统部负责的领域，斯密特的部门不应该插手；另外，不要认为热那亚项目只是使实验室自动化，飞利浦医疗系统部当时没有所需要的专业知识。特罗斯特希望避免一场内部战争，所以他命令斯密特放弃这份价值 50 万美元的合同。

这一挫折使斯密特产生了离开飞利浦的想法。他对公司的怀疑已经有一段时间了。那里的人更注重自己，而不是市场和客户。他认为在飞利浦的意大利分公司，自己没有机会得到升迁。在那里，塞尔维已经被一个对荷兰人没有感情的意大利人所取代。一年后，斯密特决定离开。

* * *

斯密特回到了荷兰，继续从事信息技术工作。他先是担任了新成立的自动化公司的 Holec 控制系统的负责人，然后担任电信巨头美国国际电话电报公司（ITT）荷兰办事处的销售经理。当斯密特回到荷兰时，ITT 的日子并不好过。该公司曾与飞利浦合作，为荷兰国有邮政和电话服务公司（PTT）提供交换台，但在 1973 年，ITT 因为政治原因导致双方结束了合作关系。现在，这家美国公司必须找到一种方法，使自己可以重新与 PTT 做生意，即向 PTT 售卖下一代由计算机控制的交换台。

ITT 是斯密特喜欢的训练场。他与后来在 ASML 主管物流的汤·威尔肯斯（Ton Willekens）以及后来成为英国电信和阿尔卡特朗讯首席执行官的本·韦尔瓦延（Ben Verwaayen）一起组成了鼓舞人心的管理团队。他还学习了管理控制的含义：ITT 制定战略和运营计划、制定具体可衡量的目标，并定期对其进行审查。这是斯密特在飞利浦从未遇到过的。飞利浦没有具体的预算机制，在飞利浦，一年后听到财务结果已经算是幸运了。

斯密特在 ITT 的工作包括大力游说 PTT 和各级政府。斯密特经常组织他的客户前往 ITT 在欧洲的生产基地参观。他邀请 PTT 代表到他家吃饭，并带政府官员去海牙最好的餐馆，而且频率通常是一天两次。ITT 就像一支足球队：从司机到首席执行官每个人都非常明确自己的职责。这是一个美国式的销售策略，ASML 后来也使用这种策略来维持与芯片制造商的关系。

ITT 花了 4 年时间才重新获得了 PTT 的业务。最后，该公司成功地拿到了数字交换台（与爱立信和飞利浦共享）的巨额订单。但在 1983 年，斯密特发现该公司电信业务的利润显然正在螺旋式下降，很快就要见底。

因此，当猎头公司于当年年末来找斯密特，询问他是否想领导 ASM 和飞利浦正在规划创立的合资企业（即后来的 ASML）时，此时正是一个绝佳的时机。

欺骗

> 飞利浦的员工用"贪婪的商人"来形容阿瑟·德尔·普拉多。贾
> 特·斯密特在ITT的同事们告诉他，他被骗了。

1983 年年底，贾特·斯密特与阿瑟·德尔·普拉多相遇，两人一见如故。斯密特给这位 ASM 的首席执行官留下了深刻的印象。德尔·普拉多看到了一个才华出众的人，一个深谙营销的敏锐科学家。斯密特是磁流体动力学硕士，还是天文等离子体物理学博士，这证明了他深入研究的能力。他在航空工程领域的学习背景以及在飞利浦 Holec 的工作经验使他成了一位系统化的思想者。

但最吸引德尔·普拉多的是斯密特的商业嗅觉。现年 45 岁的斯密特在意大利为飞利浦取得了销售上的成功，经过多年，又为 ITT 赢得了数百万美元的订单。

听着斯密特娴熟的自我介绍，德尔·普拉多面露微笑。被面试的斯密特渴望表明他是一个阅历丰富的人。他自信地讲述他在意大利和美国的故事来取悦德尔·普拉多。斯密特对美国很着迷，尽管他在意大利的经历让他对美国咖啡不屑一顾。是的，他是一位拥有博士学位的工程师，但他很快就开始嘲笑科学家只关注数字。对于他的博士学位，斯密特总是轻描淡写地说他只是碰巧进入该领域。他擅长科学和数学，但对研究不感兴趣。斯密特的雄心壮志在于更高的层次：管理、战略、制定路线、赢得胜利。

当德尔·普拉多说合资企业的另一个合资方是飞利浦的 S&I 时，斯密特犹豫了。当特罗斯特的名字出现时，他马上产生了戒备心。他知道这位前上司的长处和短处，最重要的是，特罗斯特代表了僵化和刻板的飞利浦。他当年离开飞利浦是有原因的。

如何告诉德尔·普拉多呢？斯密特先用外交式的措辞开始："当然，飞利浦不是一家运用企业家式管理模式的公司。我十分尊重那里的技术，我很感激我在那里学到的东西。"然后，他大胆地补充道："但就商业和营销而言，那里一团糟。"

这句话正是德尔·普拉多想听到的。ASM 花了数年时间试图与这个令人困

惑的电子企业集团合作。德尔·普拉多利用魅力、发出敌意信件并寻求政府经济事务部帮助的方式来说服飞利浦，虽然在一定程度上 ASM 取得了成功，但那些傲慢的飞利浦高管从来没有给过他一天的时间来谈合作，直到乔治·德·克鲁伊夫出现并找到他。

ASM 的首席执行官向来访者保证说："不要害怕。掌管合资企业的不是飞利浦，而是我们自己。"斯密特感觉自己找对了人，因此他继续说道："直到我加入 ITT，我才明白财务控制是如何运作的。"他用自己的爱好——滑翔进行了类比："作为飞行员，你需要测量设备和仪器来绘制路线图。你必须了解一切，这样才能知道正确的飞行路线。我在 ITT 学到的东西令我大开眼界。那里的一切都更加透明，每个人都可以一眼看到我的弱点。"

斯密特注意到德尔·普拉多点头回应，于是他进一步谈论起前雇主："在飞利浦，虽然有财务部门，但他们对财务没有控制权。他们甚至没有像美国人那样制作利润和亏损报表。在飞利浦工作的时候，我从未听到任何人说明钱的用途或讨论财务状况。"

* * *

德尔·普拉多很清楚面前的这位不是笨拙的工程师，而是一个非常了解销售和财务策略的人，一个能征服世界的人。斯密特对德尔·普拉多也印象深刻。和往常一样，ASM 的创始人展示了他最迷人的一面：他的公司是一家新兴的跨国公司，在中国、法国、日本和美国均设有办事处；ASM 刚刚第二次在阿姆斯特丹交易所筹集了数百万美元的资金；1983 年秋天，他获得了 NCD 卓越商业奖。德尔·普拉多的远见也吸引着斯密特。ASM 已经为半导体行业供应了各种令人印象深刻的设备，与飞利浦的交易将使该公司成为一家一站式半导体商店和一个技术供应商，芯片制造商几乎可以在 ASM 购买到所有设备。

斯密特非常高兴 ASM 与飞利浦签订了技术协议。Natlab 的声誉在那时达到了顶峰，它是广播和电视等多项发明的发源地，CD 光盘已获得初步成功。斯密特意识到，如果这个尖端研究所为 ASM 的光刻系统提供支持，那么德尔·普拉多等于已经打出了本垒打。

这是斯密特首次接受一家独立公司的最高职位的面试，德尔·普拉多完全迷住了他。ASM 的负责人说："斯密特，你问的问题是正确的，并且你了解这个行业的商业模式。"斯密特受宠若惊。他知道，这份工作需要长期的努力，但自己能够经营一家公司是一件非常有吸引力的事。他一点都不懂光刻，但他会学习的。面试结束后，斯密特钻进他的波尔多色欧宝参议员汽车，兴高采烈地离开了比尔特霍芬。

* * *

几周后，斯密特开车去飞利浦，与 S&I 的技术董事德·克鲁伊夫会面，并与他的老上司特罗斯特交谈。8 年后，当他走进前上司的办公室时，感到喜忧参半。一方面，这种环境令人感到窒息，时间似乎没有流逝：同样的人、同样的木桌、同样的陈旧气味。没有进步，没有肯尼迪那样的野心（"我们选择登月，因为它很难！"——肯尼迪关于阿波罗计划的演讲）。

另一方面，斯密特有一种奇怪的回家的愉悦感。飞利浦就像一首熟悉的老歌。斯密特可能会抱怨这家愚蠢的公司迫使他放弃了一份来之不易的意大利医院装备合同，但他在飞利浦的日子其实过得还不错，也在那里学到了很多东西。

在与德·克鲁伊夫会面后，他与前任上司的重聚气氛冷淡。张扬的斯密特和工作狂特罗斯特的个性完全不同。斯密特摆出一副严肃认真的样子，他不想显得太热情。

在斯密特对面坐着的人，花了近十年的时间努力让光刻工程继续进行，他全心全意地为它而奋斗，结果却与首席执行官的职位失之交臂。现在，他还要与跳槽过来的斯密特来到这里讨论这个职位。

但德·克鲁伊夫命令非常忠诚的特罗斯特不要参与合资企业的管理，并一直强调由德尔·普拉多掌控合资企业。特罗斯特也知道，他的前手下是首席执行官这个职位的唯一候选人，所以他尽力让斯密特相信光刻机前景光明。"从飞利浦夺取这个项目的控制权并发展起来，将是一个巨大的挑战。"他疲惫地说。

两人就像飞利浦同事那样一直被联系在一起：无论有多少关于公司效率低下、内部政治和令人窒息的官僚作风的故事。特罗斯特说，斯密特已经有所改变。他仍然喜欢聊天，但对特罗斯特的话会发表自己的观点，很明显他已经成熟了。

和特罗斯特谈话后，斯密特找到德·克鲁伊夫并做出口头约定。德·克鲁伊夫说，他们将是邻居：合资企业将初步设在飞利浦工业园区的 TQ 大楼。但是，当斯密特听说他将与特罗斯特在同一栋楼里工作时，终于抑制不住地说："有一件事我必须说，德·克鲁伊夫先生，我和维姆·特罗斯特之间的门需要锁上。"

* * *

斯密特还不能确定，在灰色的 TQ 大楼里，光刻团队的情绪是否消极。

1984 年 2 月，S&I 的工会成员发表了一份批评性的内部刊物。飞利浦的工会工人不多，但工会工人往往很激进。毫无疑问，大家一眼就能看出作者的立场。头版刊登了一幅讽刺漫画，描绘了一位飞利浦员工正在被德尔·普拉多催眠："你得马上来！你得马上来！很高兴您能加入飞利浦与 ASM 的合资企业。"

* * *

在步进光刻机上全力工作的工程师和开发人员其实都了解设立合资企业的原因。对于只把一部分时间花在光刻机上的一小群人来说，他们也必须随其他人一起被调到新公司，这是不得不去的苦差事。其中大部分人来自生产部门和物流部门。工会刊物为这些员工提供了匿名发泄不满的渠道。

他们最不满的是管理层没有让他们了解情况，这使他们心生疑虑。他们掌握的关于这家合资企业的信息并不能让他们高兴。一位匿名受访者表示："鉴于公司的性质，你几乎很难换工作。"这些抱怨者普遍认为：这将是一家小公司，所以发展前景有限。而且公司还计划 1990 年后要有第二代机器，这就意味着在 6 年左右的时间内，PAS 2000 将失去其市场价值。没有了第二代机器，在职业规划方面，你根本无从下手。

但抱怨者们最后也放弃了。S&I 的员工知道工会还没有批准合资企业的员工调动，但他们也知道抗争收效甚微。一位匿名受访者说："你能做些什么呢？飞利浦会做它要做的事。你看到了一个既定的事实，如果反击，很可能只会让事情变得更糟。目前的问题是，我们是否走对了路。我们需要一台好的机器和一家经营良好的公司。现在的情况是，我们还有疑虑！"

* * *

斯密特收到的第一个劝告不是来自他在飞利浦的熟人，而是来自海牙的 ITT 同事。他们对他的职业规划产生了严重怀疑。"好吧，好吧，你要离开 ITT，但你知道你在做什么吗，贾特？"他的同事非常了解半导体行业的情况，因为他们经常和位于安特卫普的贝尔电话公司以及位于布鲁塞尔的 ITT 子公司打交道，这两个公司都依赖高级芯片来研发新电话系统。斯密特听到了一些著名分析师的说法：ASM 和飞利浦的合资企业注定以失败告终。

但为时已晚。斯密特在海牙舒心工作时接到了录取通知。他的妻子和两个女儿很高兴：那时，他们家去布雷达有一个小时的路程，以后他的工作地点将离家更近。但是 ITT 的各种说法一直在他的脑海中挥之不去。"那些家伙不是白痴。"他向德尔·普拉多诉说他的忧虑。

ASM 的首席执行官向他保证："贾特，我们在美国有一支很棒的队伍，他们都会支持你。IBM 非常期待这台机器，飞利浦在奈梅亨和汉堡的工厂也都有需求。"德尔·普拉多的意思是：如果斯密特负责交付机器，那么 ASM 将负责通过其全球关系网获得订单。

无论如何，斯密特已经挥手告别 ITT。1984 年 4 月 1 日临近，他带着些许恐惧等待着这个冒险开始的日期。

135

重聚

> 贾特·斯密特接手了一个士气低落的团队，这个团队确信飞利浦要甩掉他们。

1984 年春天，47 名飞利浦员工对前途已经不抱什么期望了。他们被维姆·特罗斯特选中，于 4 月 1 日进入公司新的合资企业 ASML。这是一个意志消沉的团队，背负着来自 ASM 的一名员工，17 台无法出售的机器，以及一个可怕的形象。与此同时，市场领导者 GCA 已交付数百台光刻机，亚军尼康也正在迅速占领市场。ASML 的市场份额是多少呢？百分之零。

著名的市场分析师里克·鲁德尔（Rick Ruddell）公开宣称 ASM 和飞利浦的合资企业成功无望。鲁德尔是光刻市场的专家，在 20 世纪 70 年代中期，他见证了 Perkin-Elmer 的崛起，也明白在 20 世纪 80 年代初，该公司承受的来自 GCA 的压力。1978 年，GCA 将第一台商用步进光刻机推向市场。1981 年，半导体制造商从 GCA 购买的步进光刻机与从 Perkin-Elmer 和佳能购买的投影扫描光刻机数量相当。

在 20 世纪 70 年代，鲁德尔对 Natlab 及其在 1973 年年末开发的极其先进的步进光刻机赞不绝口，他赞扬了荷兰的开拓精神。但他的热情在 20 世纪 80 年代初消失了，因为 GCA 赢得了一个又一个的客户，而 S&I 似乎并没有抓住机会。

鲁德尔访问了埃因霍温。但随着时间的流逝，S&I 的愿景和计划变得越来越模糊。这位美国分析师对这家荷兰跨国公司的态度越来越消极，但他赞扬在日本逐渐崭露头角的佳能和尼康。他在长篇报告中公开了自己的结论，并给出了翔实的统计数据和分析过程。20 世纪 80 年代初，他把埃因霍温的举措贬得一文不值。鲁德尔不断传递着同样的羞辱性的信息：飞利浦自己都不知道想用步进光刻机做什么。

1983 年，鲁德尔公司报告说这家荷兰公司就是个笑柄。"由于飞利浦选择不回复我们的调查问卷，我们将提供我们掌握的信息。"鲁德尔写道，他指的是飞利浦与 ASM 的合资企业的第一批报告。他立即指出了关键问题："飞利浦一直不能当机立断，给这个系统提供应有的销售支持。"然后，他的语气变得很刻薄："想象一下，世界上最大的公司之一甚至无法迈出像 Censor 公司（位于列支敦士登刚刚起步的步进光刻机制造商）那样的第一步。具有讽刺意味的是，直到现在飞利浦可能还拥有世界上最先进的步进光刻机技术。"

鲁德尔讽刺地总结道，这并不奇怪，这家荷兰巨头无法齐心协力，甚至无法对关于它的市场调查和反复打来的电话做出一些回应。他没有给飞利浦留情面，列出了他问飞利浦的所有问题，共 31 个问题，几乎所有问题的答复都是"无可奉告"。

鲁德尔的评论是令人难堪的，但他是对的。特罗斯特在 1979 年发布命令，要求使用液压机台制造光刻机后，S&I 的工程师们固执地一头栽进无法出售的概念机的开发中。S&I 并没有出去考察竞争对手和客户，而是把全部精力投入一台没有人感兴趣的机器的制作中。

1982 年，S&I 确实给 IBM 展示过该技术，但没有接到任何订单。随后，与 Cobilt、Perkin-Elmer 和 Varian 公司建立合资企业的计划都搁浅了。然而在那时，飞利浦自己也没有投资光学光刻技术的意思，销售部门不愿投入资金。近两年来，S&I 的发展基本处于停滞阶段。

* * *

被飞利浦调到合资企业 ASML 的工程师都非常清楚他们自己的情况——他们是光刻市场的笑话。没有人会为他们的成功赌哪怕一分钱。难怪 ASML 的员工把他们的新公司看作是"杠杆剥离"，这来自术语"杠杆收购"——因为破产而分拆企业。他们都坚信飞利浦就是据此来摆脱不必要的负担的。

随后，特罗斯特在比尔德伯格酒店组织了员工与德尔·普拉多（ASM 的首席执行官）和斯密特（ASML 的首席执行官）的见面会。对斯密特来说，这是一次名副其实的重逢会。他遇到了一些前同事，比如乔普·范凯塞尔和吉尔·詹森，8 年前他们在 S&I 相处得很融洽。几年前，他甚至试图说服范凯塞尔来为他工作。

斯密特登上讲台，充满激情地告诉团队，他计划用他们的步进光刻机征服世界。不出所料，他的话遭到了质疑。然后范凯塞尔走上舞台，他知道斯密特在

ITT 表现出色，他们在意大利为 S&I 工作的时候互相认识。范凯塞尔知道斯密特非常有天赋，他告诉他的同事们："你们可以信任贾特·斯密特。"会后的气氛比较积极。特罗斯特和在场的人力资源专员拍拍范凯塞尔的后背说："做得好，乔普。你帮了一个大忙。"

斯密特也很高兴范凯塞尔在场，他们已经是老朋友了。斯密特知道，这个天生的怀疑论者对销售有着良好的感觉，具有领导力。范凯塞尔将很快成为斯密特最重要的帮手。

* * *

会后斯密特立即联系了范凯塞尔，他想知道公司的真实状况。范凯塞尔打电话邀请理查德·乔治和吉尔·詹森加入他们的会谈。3 个人告诉了斯密特事实，这证实了他在 ITT 听到的那些谣言。"斯密特，我们并不想打破你的幻想，但我们认为你真是疯了才会回到这里。你接手的是一个烫手山芋。员工们根本不想来这里，大家都在等待一场灾难的发生。光刻机是一个无底洞，飞利浦只是想摆脱这个项目。合资企业注定会失败。"

离合资企业正式成立只有几周的时间了，新任首席执行官对形势的认识越来越清晰。在 S&I，步进光刻机的开发被搁置多年：在伯灵顿的 IBM 有一台闲置的落满灰尘的 PAS 2000；在奈梅亨和汉堡还有两台。这就是全部，没有其他已经卖出去的机器了。世界上有 10 家设备制造商专注于芯片光刻，飞利浦在榜单上排名垫底。

塞斯·多斯伯格（Cees Doesburg）、理查德·乔治、赫尔曼·范希克和约普·范凯塞尔是光刻团队的关键人物。1984 年 4 月 1 日正式开始工作之前，斯密特就和他们进行了长时间的会谈，会谈经常持续到深夜。他们谈论同事辞职的态度、客户、竞争对手和错失的机会，而且常常变得很情绪化。他们的新任首席执行官对半导体行业一无所知，这只会加深他们认为斯密特被欺骗了的想法。詹森也一直和他们在一起，他熟悉光刻市场，在 S&I 时写过很多次商业计划书。

斯密特说德·克鲁伊夫、德尔·普拉多和特罗斯特 3 个人承诺，他们将在光刻机项目中投入资金，但没有人相信他。"斯密特，恕我直言，在过去的几年里，我们无数次要求投入资金。维姆·特罗斯特甚至一分钱都拿不出来。我们写了许多商业计划书，但每一次都被否决。"

他们知道，要为步进光刻机的研发注入新的活力，需要大笔资金。此外，整个行业都处于技术飞跃的前夕。他们的 PAS 2000 没有任何客户购买，但他们的确应该研究下一代步进光刻机了。

当时总共有 17 台 PAS 2000，但其中大部分仍在组装中。乔治、范凯塞尔和詹森对这些光刻机持悲观态度。当时他们通过只订购 20 台 PAS 2000 的零件避免了生产过剩，因为客户不会排队购买带有油压定位台的机器。在他们看来还是有一线希望的，芯片制造商也许愿意尝试他们卓越的对准技术。但和这个美好愿景相冲突的是，每个人都执着于那些高级但无法销售的技术。

* * *

合资企业正式成立时，16 台 PAS 2000 正在制造中，一台 PAS 2000 演示机矗立在 ASML 临时设立的 S&I 工厂车间里。这些机器和其他库存在企业成立当天价值 180 万美元，根据协议，两个创始公司承诺分别向合资企业注资 210 万美元，飞利浦将从应付的 210 万美元中和除这笔款项。1984 年 4 月 1 日，飞利浦向 ASML 的银行账户转账 30 万美元，ASM 在几天后向 ASML 转账 210 万美元。

交付期限

ASML必须在两年内交付一台可制造新一代芯片的光刻机。贾特·斯密特发现他需要巨额现金帮助团队加快进度，以按期交付。

在与他的新团队长时间的谈话中，贾特·斯密特感受到了他们对自己技术的自豪。尤其是理查德·乔治，他绘声绘色地讲述了 Natlab 技术的先进性。他说，实验室甚至准备了解决方案来替代过时的油压工作台。"另外，贾特，这真是一个很棒的解决方案，"他认真地告诉这个即将成为他上司的人，"这是我们的竞争对手做梦都想不到的。"乔治描述了 Natlab 的电动晶圆台，只要有了它理论上 ASML 就能拥有先进且极其精准的晶圆台。

斯密特听到的信息碎片和故事越多，他心中的迷雾就消散得越快。慢慢地，他真切地意识到飞利浦的光刻技术包含许多元素，仍然远远领先于他们的时代。特别是对准系统精确叠加芯片图案的技术，非常先进。电动晶圆台则是另一个独一无二的潜在卖点，这是竞争对手没有的优势。

在讨论中，斯密特注意到他的员工对 Natlab 怀有复杂的感情。一方面，他们钦佩研究人员的聪明才智，视他们如同天才；另一方面，他们认为研究人员态度傲慢。但斯密特立即否定了这种对合作伙伴的抱怨："你们疯了吗？我们迫切需要 Natlab。"在关于 Natlab 的谈话中理查德·乔治提到了斯特夫·维特科克："贾特，在美国有这么一个人，我们必须让他加入。"他告诉斯密特，维特科克是飞利浦多年来光刻研发项目的核心人物。1974 年，维特科克从范希克手中接过该项目后，制造了步进光刻机二代，他和爱德·鲍尔在光刻机中加入了一个新的发明——H 型工作台。

维特科克从 Natlab 的角度给 S&I 团队提供了建议，但飞利浦和 Perkin-Elmer 之间的交易搁浅，因为他看不到该项目的未来。他随后离开荷兰去美国飞利浦医疗公司工作。乔治建议斯密特给维特科克打个电话。"你认识他吗？"斯密特问道，"认识的话赶紧上飞机去纽约见他。"

* * *

ASML 想要征服世界，只有用一台革命性的机器，一台让竞争对手望尘莫及的机器才能做到这一点。只有拥有一款伟大的产品，这家荷兰公司才能在目前没有份额的市场中为自己抢占一席之地。但有一个问题，半导体制造商希望在两年内能够测试用来制造下一代芯片的机器。ASML 的 9 家竞争对手已经在为这一目标而努力。他们计划在 1986 年硅谷的美国西部国际半导体展会（SEMICON West）上展示他们的新光刻机。所有人都认为，没有产品展示的公司充其量只是二流公司。

但 ASML 现在什么都没有，它必须展现自身实力。不仅仅是这样，在一个只有老牌玩家的市场中，ASML 必须拿出更好的产品。但是，开发一台复杂的机器，并在两年内做好量产的准备几乎是不可能的。然而，他们别无选择。

斯密特从技术团队成员那里听到的所有故事都使他相信，ASML 拥有先进的定位技术和更换技术。如果他们也能提供光学元件，就能创造出一台世界级的机器。管理团队对此认识很清楚，这将是一款远远超过其前身的设备，但会继续沿用其产品名称。虽然芯片厂只有几台 PAS 2000，但该品牌现在非常知名。虽然名字里面的 P 代表飞利浦（Philips），但他们仍希望使用这个名字。他们的新产品的名字将为 PAS 2500。

* * *

热烈的讨论点燃了希望，也唤醒了战斗精神。在合资企业成立后的第一个月，乔治为 ASML 的首台机器绘制了草图。他的任务很明确：确保团队在两年内制造出一台新设备。在 S&I，这位顽强的实干家手下只有十几名工程师，他曾负责制造 PAS 2000 的部分组件，但毫无成果。乔治从错误中学到了很多东西，这次他渴望成功。

ASML 在 1984 年的运营模式与飞利浦传统的制造机器的方式形成了鲜明对比。在飞利浦这家大型跨国公司，他们总是花大量的时间为灯泡或电视研发生产技术。首先研发技术，然后再制造原型，一旦原型试产后符合要求，就能够日复一日地生产灯泡和电视。他们建造了极其强大的机器生产线，但在飞利浦，新一

141

代机器可能需要 10 年时间才能制造出来。

ASML 没有这么多时间。乔治意识到，他们必须打破传统的研发模式。他设计的解决方案是把机器拆分为各个模块，专业团队将并行开发每个模块。这要花费 18 个月的时间。然后，他们会把模块组装成系统，每个模块都必须可以组装，并与其他模块完美通信。

乔治坐在他的绘图桌旁，画出单独的模块和子系统。他将每个部分定义为一个项目并分配给相应的研发工程师：每个子系统需要 10 ～ 15 个人。每个模块需要相当独立，它们必须能够分开操作和测试。但现在乔治已经清楚地意识到，所有这些独立的机器部件必须在组装后能完美工作。为了达到这个目的，他定义了 3 个子项目：一个用于机械，一个用于电子，一个用于软件。根据经验，乔治知道真正的问题来自最后的组装阶段。机器组装后，重大问题才会出现，而且组装后，所有模块和子系统必须能够相互通信。

在传统方法中，所有子系统都需要逐个测试，否则，几乎不可能发现错误。这使组装过于复杂，也更加耗时，因为每当测试人员遇到问题时，所有系统测试都会被迫停止。工程师需要数小时甚至数天才能找到解决方案。在等待的时间里，其他子系统也只能等着，直到轮到他们测试为止。

测试和组装 5 个系统部件至少需要半年时间。"因此，如果我们必须测试和组装所有系统部件，那么我们至少需要 4 年，这样将不能按时在 1986 年的 SEMICON West 上推出 PAS 2500。"乔治告诉斯密特，"贾特，只有一个解决方案。我们不能只构建一个原型，而应同时构建 5 个原型，并对每一个进行单独测试。这样我们就有 5 个团队并行工作，以消除错误，并将测试和组装阶段的时长从 2 年半缩短到 6 个月。"

这个想法很简单，但费用却非常高，5 台机器的零件将花费数百万美元。但与工资支出相比，这算不了什么。乔治说，在高峰时期，他们需要 250 名工程师同时工作才能赶上进度。但材料和人力还不是唯一的问题，新一代机器还需要一个非常清洁的开发和生产环境，ASML 将不得不再以创纪录的速度建造一座带有超净室的新建筑。

第一批 PAS 2500 将是原型，他们没有时间去制造成熟的机器。这就要求测试用的步进光刻机必须足够好，并且可以销售。毕竟，芯片制造商希望在 1986 年的生产测试中试用 PAS 2500。只有在测试之后，他们才会决定是否大批量购买机器进行生产。但是 ASML 需要一个工厂，它可以容纳几十台机器一起生产。"用于大规模生产的超净室将花费我们 2,000 万美元。"范凯塞尔估计，他也密切关注着成本。

＊　＊　＊

多亏了斯密特与乔治和范凯塞尔的会谈，合资企业成立时，他已经很清楚公司未来几年的发展路线。斯密特不必为光刻机的先进技术担心，而且他现在感觉很好，在飞利浦经历了失败之后，他现在必须确保机器在商业上取得成功。ASML 的工程师不会犯同样的错误，反而会变得更有经验，能够倾听客户的意见、了解他们的需求。斯密特带领着很多聪明的工程师，他知道自己需要创建一个扁平化的组织，一个拥有授权文化的组织：没有等级制度，大家都能积极主动地工作。斯密特和范凯塞尔做的第一件事就是建立一个信息基础设施，以确保一切顺利运行。ASML 需要先进的生产物流系统。根据 ITT 的经验，斯密特知道这是一项艰巨的任务。因此，他在合资企业成立之前就向范凯塞尔提及了这件事。

范凯塞尔将领导生产，但斯密特知道他的工作经验主要是关于自动化项目，而不是关于生产过程的。"我知道你在飞利浦的工作职责，很快你就会负责运营，但让一个生产专家来帮你不是个好主意吗？"斯密特说。范凯塞尔即将成为制造部门的负责人，他认为这是一个好主意，答案是肯定的。

＊　＊　＊

因此，在 1984 年的头几个月，埃因霍芬理工大学的威尔·贝特朗（Will Bertrand）接到了斯密特的电话。未来的 ASML 首席执行官打电话给他对贝特朗来说是件幸运的事，但并不完全如此。一位前 ITT 同事告诉斯密特，贝特朗在 Elcoma 的半导体工厂做博士研究时做过一些了不起的事情。这位年轻的工程师设计了一个生产时间更短、可靠性更高的生产管理系统，使芯片产量提高了 12%。他正是斯密特寻找的人：一个既有科学背景，又有实践经验的人。

几分钟后，贝特朗听到斯密特不求助于母公司飞利浦的原因。答案显而易见。"最重要的是，我必须确保我们公司不会成为飞利浦，"斯密特说，"如果我们在合资企业采用这种官僚制度，我们在开始之前就已经失败了。"他不能没有飞利浦，但他希望将母公司的参与度限制在最低。

斯密特的说法引起了贝特朗的兴趣。贝特朗获得了博士学位，但科学并不是他喜欢做的事，他希望他的工作可以有实际成效。斯密特的邀请是他离开学术界的理想机会。

对范凯塞尔来说，贝特朗的到来令人惊喜。现在，他有一位顶级的物流专家作为得力帮手，这起到了安抚人心的作用。只是贝特朗的存在迫使范凯塞尔不时地与他一起坐下来，讨论目前的状况。他们将如何让工程师参与他们的规划？高效的装配厂是什么样子的？他们将如何部署采购和销售工作？虽然范凯塞尔的想法非常发散，但贝特朗抓住了重点。"乔普，慢下来想一想，最主要的任务是什么？"然后他们画出流程图，并达成一致。

* * *

在 ASML 成立后的最初几个月里，这家机器制造商对如何建立其生产流程仍然一无所知。飞利浦已经同意，无论是在工资上还是在物流和生产上，合资企业将完全独立于其母公司。斯密特在德国制造业有熟人，他请范凯塞尔和贝特朗去和他们谈谈，以寻找灵感。在那里，他们发现了一个现象：德国机械制造商的神圣信念是"你最好什么都自己做才能控制一切"。

ASML 的管理团队曾考虑采用这种策略。毫无疑问该公司需在其他地方购买其光学元件，但如果它打算每年制造数百台机器，就有很多金属加工工作要做。但是，在与飞利浦讨论后，斯密特和范凯塞尔得出结论，他们不应该自己生产任何元件。

因此，ASML 在最初成立的几个月里，就确定了公司的定位：一家只进行研发和组装的公司。这在那时是闻所未闻的。当贝特朗向他们的德国朋友提及这件事时，他们觉得 ASML 完全疯了。在德国，培养合作伙伴与把钥匙交给别人是同一种意思。"你们在自找麻烦，你会完全失去控制权。"他们告诉贝特朗。

* * *

贝特朗听到 ASML 的工程师在谈论他们需要达到的开发速度，他的结论是，一个传统的物料需求计划（MRP）系统不能满足该需求，因为 MRP 系统假定零件列表稳定不变。贝特朗对范凯塞尔说："研发人员告诉我，我们的产品结构不稳定，如果它每个季度都会变，那么我们需要谈论的就是项目管理了。"但在 ASML，研发也不纯粹是处理项目。每一代步进光刻机即使发生了一些重大变化，例如从液压晶圆台变成电动晶圆台也都与前一代相似。贝特朗需要找到一个混合系统。

作为一名物流专家，他知道如何管理复杂机器的生产，包括管理库存、记录材料要求、分阶段购买等一系列环节。这是标准流程，生产步进光刻机与生产电子显微镜都是这个流程。他的主要任务是做出高效的安排，这样他们就不需要通过一个庞大的团队来获取所需要的全部材料。同时，该系统必须能够应对不断变化的产品结构。贝特朗面临的挑战是构建一个独特的 MRP 系统，该系统可以管理物料清单上的动态变化。

* * *

在 ASML 研发总是有各种变化。每天都有小的修改，通常都是很小的改进或调整。工程师们在没有任何外部帮助的情况下闷头开发。而有时改变是巨大的：在将液压电机改成电动电机时，供应链将完全改变。这意味着需要与所有新供应商签订合同，并在物流系统中记录这些协议。

这花了贝特朗 4 个月的时间，但他最终想出了一个解决方案：他决定让开发人员在生产的早期就参与进来，让他们选择零部件。研发人员必须跟踪他们所做的一切：每一次调整，包括对每一个螺丝和螺母的调整，都必须如实地记录在物流系统的文件夹中，直到最终版本确定下来。

这个想法听起来很简单，但飞利浦在过去几十年里从未提出过这个想法。Natlab 被认为是公司的创新部门，完全脱离了行业要求。其研究部门的显著特征就是无政府状态：绝妙的想法是唯一重要的。Natlab 没有严格的制度，以确保发明被快速、有效地转化为可靠的产品。贝特朗决定从现在起，技术人员必须记录他们研发的组件和子部件。此外，他们必须提前公布这些信息。在完成完整的图纸和零件列表的制作之前就必须提供有用的说明。这样，ASML 就可以对供应商说：这就是我们正在制造的。

提前公布研发信息将加快 ASML 与其供应商的合作速度。每个人都能提前知道事情进展，并为此做好准备，同时供应商可以合理订购材料并安排人力。

尽早向供应商提供信息还有另一大优势，就是能够确定交付时间，从绘图板到铣床，可以向后计算出所有部件的交付时间表。如果机器制造商或电子制造商收到有关其需提供的材料基本信息，他们就可以答复需要多长时间来制造系统或电路板。

这种方法最大的优点是使 ASML 的开发人员有机会设置工作的先后顺序。研发部门可根据经验判断，哪些部件需要等待的时间较长，哪些部件需要等待的时间较短，但在飞利浦，这些部件从未转化为明显的急迫性。贝特朗希望有一个系统，该系统可以将供应商的指示按照开发人员的工作优先级排序。这样就可通过该方法告诉研发部门，哪些图纸必须提前准备好，这为生产过程创造了喘息的机会，从而使所有工作都能够按时完成。贝特朗的系统对公司来说是全新的理念。

但有一个问题：编制文档的工作是开发人员和发明家们都不喜欢做的，然而他们必须这样做，否则整个时间表将分崩离析。斯密特知道他的专业研究人员不会喜欢贝特朗的计划，因为突然间，他们每天不得不花费数小时宝贵的时间来做文档管理工作。1984 年年底，范凯塞尔和贝特朗从施乐公司购买了 XBMS：这是一种物流系统，美国巨头施乐公司在荷兰的复印机工厂也在使用该系统。这系统将花费数百万美元，但斯密特只想要最好的，所以立即同意购买。当他向德尔·普拉多介绍他选择的 XBMS 时，这位 ASM 的首席执行官问为什么要购买如此昂贵的系统。斯密特吸了吸鼻子说："物流就是得要最快的系统。"斯密特的结论是，无论如何，这就是芯片行业的商业方程，但他的股东不明白。

不久之后，斯密特把他的工程师们召集在一起。他了解到每个人创建自己的个人记录后不喜欢在系统中保存记录，这会存在风险。他非常鼓励创造力，但他在 ITT 工作的时候就知道，在生产和物流方面，一切都必须设置完美，尤其是一个将要引导一万个零件从河流汇入大海的系统。

斯密特告诉每个人 XBMS 的许多优势和使用 XBMS 的重要性。"你们都将使用 XBMS。从现在开始，这是必须的，"他说，"我知道你们认为不需要它，但它将帮助我们快速实施变革，快速通知供应商，并快速进入市场。"他为此雇用了一名全职员工来监督 XBMS 的信息录入。

* * *

通过招揽贝特朗做管理，斯密特为 ASML 的企业文化注入了一个新元素，公司将秉承这一元素：在任何缺乏经验的领域，雇用外部专家。斯密特始终选择最高水准的顾问，他不在乎要花多少钱。这一文化元素将成为 ASML 不可分割的一部分，它将使 ASML 成长为以卓越品质著称的世界一流企业。

一亿美元

在美国西部国际半导体设备展上，美国芯片制造商声称ASML最好别干了。但贾特·斯密特仍然发现了一个机会——尽管这个机会的成本很高。

当理查德·乔治和乔普·范凯塞尔在桌子上说出 9 位数的报价时，贾特·斯密特耐心地听着。开发和生产，包括在材料、建造、物流和工程师方面的初创投资，每年最少花费数千万美元。"ASM 和飞利浦绝不肯买单。"乔治和范凯塞尔断言。

斯密特明白他们给出的数字是合理的。他还知道，并行研发工作是制造出可运行的机器和准备在两年内大规模生产的唯一方法。他们也必须建立先进的物流系统和新的超净室。它们都是绝对的必需品。斯密特并不惊慌，因为他已经习惯了这样的数字。在 Holec 和 ITT，他处理过更大数额的投资。

在 ASML，斯密特的任务是确保所有部门都能协同合作，以达到最终目标。金钱是公司的支柱之一，他聘请杰拉德·韦尔登肖特（Gerard Verdonschot）担任首席财务官来解决这个难题。

显然，ASML 将花费大量的资金。斯密特和他手下的人估计总共会花费 1 亿美元。现在，这位首席执行官需要尽快把资金需求提交到董事会。

* * *

在忙乱的第一个月，斯密特想全身心地投入公司规划中，但他几乎没有时间用于制定战略。他经常被一些次要问题烦扰。斯密特必须鞭策人力资源部做出快速甚至粗糙的解决方案，与工会对话，安排社会保障和养老金计划，为每个人找到合适的工作岗位。ASML 需要大量的招聘：要启动和运转研发部门，他们需要赶紧招聘几十个人。

尽管工作量巨大，斯密特还是腾出时间来处理他认为应该最优先考虑的事情。首先，他亲自去处理至关重要的光学部门的事务。为此他和 Natlab 的管理层访问了位于德国奥伯科亨的蔡司。

　　他还参观了 Elcoma 在奈梅亨的芯片厂和在汉堡的瓦尔沃芯片厂。这些飞利浦工厂目前正在试验该公司的油压台步进光刻机。那里没有斯密特的朋友，两家工厂是被迫购买这个机器的。斯密特的印象是，事实上这些机器基本上是闲置的。无论如何，与他交谈的飞利浦员工并不像德尔·普拉多所描述的那样。

　　斯密特开始意识到 ASM 并不知道芯片制造商有多么排斥油压驱动的光刻机，德尔·普拉多和他的技术干将威廉·德利乌都不明白这一点。工作不到一个月，斯密特只能得出一个结论：合资企业的母公司 ASM 基于商业的乐观假设是错误的。但他也知道，最终决定 ASML 命运的是客户。为了找客户，他预订了 1984 年 5 月底飞往美国的航班。他将在加利福尼亚州圣马特奥参加 SEMICON West 展会，并拜访硅谷的那些芯片制造商们。

* * *

　　斯密特去往加利福尼亚州时顺道去了纽约，他特地去找斯特夫·维特科克交谈。维特科克已经见过了乔治，他在会谈中表达了成为 ASML 研发负责人的愿望。这让斯密特有点头疼，因为管理团队告诉他维特科克不适合当管理者。更重要的是，他从施乐公司挖来了尼科·赫尔曼斯（Nico Hermans），而赫尔曼斯已经接受了研发负责人这个职位。

　　斯密特在纽约州塔里敦希尔顿酒店的大堂与维特科克会面。这位 ASML 的首席执行官描述了他的目标。"我们将获得第一名，"他告诉维特科克，"成本并不重要，我们为金牌奋战，这需要脑力和极大的胆量。"斯密特的豪言壮语对维特科克来说过于雄心勃勃。他目睹了 S&I 的探索过程以及最终的失败。但是这位新仕首席执行官的热忱还是打动了他。

　　然后，他被告知不能负责研发。斯密特说："斯特夫，我很希望你加入并帮助我们获得成功。你将有多个角色，包括类似首席技术官的角色。我希望你对我们的研发保持批判性的关注。这也意味着你将成为公司的技术代表，陪同我访问客户，解释我们的技术。ASML 还没有什么名声，但每个人都从你代表飞利浦参加的那些技术会议上了解过你。你还将参与公关和营销，此外我希望你能够负责我们的专利。"

斯密特的激情打动了维特科克。这位有尊严的研究人员也很高兴成为荷兰光刻机制造商的代表。斯密特给了维特科克一个他在 ITT 第一次见到的头衔——执行科学家，即代表公司的科技专家，简而言之，就是一个有威望的人。"作为我们的执行科学家，你将与客户的高级管理层会面，"斯密特告诉他，"你将直接向我汇报，并成为我们管理团队的一员。"斯密特的这席话达到了效果：维特科克很感兴趣。"这就是我一直希望成为的人。"维特科克回家后对妻子说。

* * *

一天后，斯密特在圣马特奥世界一流的芯片设备展上备受打击。他到处宣扬飞利浦光刻项目的起死回生，但得到的仍是令人不快的信息：不要打扰，到一边去。美国人告诉斯密特，他们对欧洲的光刻机供应商不感兴趣。飞利浦是一家伟大的公司，但它对芯片制造一无所知。是的，他们生产过不错的光刻机，但现在呢？都成为历史了。"斯密特先生，我很抱歉这么说，但比赛早就开始了，"他们都这样告诉他，"现在，我们到处都能买到一台现成的光刻机。"

如果斯密特还不相信最后一句话，那么 SEMICON West 的展台就会令他彻底信服。市场领导者 GCA 和尼康并不是唯一吸引有钱客户的公司。圣马特奥展会上新一代的光刻公司，包括优特、TRE、Optimetrix、Censor 以及佳能，都在争取芯片制造商的关注。

斯密特还得到了一些最新的数据并听到了一些谣言。分析人士称，GCA 目前在市场上售出了 400 台机器；尼康和优特紧随其后，分别售出了 200 台和 100 台机器；就连刚刚被 Perkin-Elmer 收购的位于列支敦士登的初创光刻公司 Censor，也已经卖出了几十台步进光刻机，TRE 也是如此，但佳能还没有发布任何数据。他还听说另一家日本公司日立也在寻求时机进入光刻机市场。

美国芯片制造商接下来的话令斯密特更受打击。"GCA 和尼康已经拥有庞大的客户群，很快行业新来者也将拥有自己的客户群。"他们告诉他。公司的装机量（在客户工厂中运行的机器数量）是一个关键概念，GCA 和尼康已经拥有数百台。

装机量帮助光刻机供应商获得经验和专业知识，因为光刻机需配备大量的服务工程师。复杂的机器会因为极小的因素就宕机，芯片厂希望将停机时间保持在最低水平。因此，售后服务至关重要。最多的时候，仅 GCA 就有数百名服务工程师在现场工作。ASML 还没有售出机器，更没有服务部门，因此在芯片生产方面没有至关重要的实践经验。

当斯密特问客户可以做些什么来激发他们的兴趣时，芯片制造商揭露了一个残酷的现实。他们说："等你卖了 20 台光刻机后，再回来找我谈。"

通过 Elcoma，斯密特与 ASM 的主要竞争对手应用材料公司的首席执行官吉姆·摩根（Jim Morgan）取得联系。那时，应用材料公司的规模与德尔·普拉多的公司相当。Elcoma 从摩根的公司购买设备，而不是从荷兰同乡的手里购买。摩根认为 ASM 进入这个市场是愚蠢的，"在两家老牌公司瓜分市场的行业里，你打算怎样站稳脚跟？"这位震惊的首席执行官问斯密特。

斯密特没有为自己辩护，他只是不停地问摩根如何看待德尔·普拉多将自己公司定位为提供完整解决方案的供应商的战略？"我不会这么做的，"摩根回答道，"光刻机与工艺设备不一样。摩根的战略是专业化，即专注于所谓的前端设备。这些工艺的结合是有意义的，"他解释道，但光刻并不是他想要做的事，"光刻不是一门简单的工艺，它是光学机械操作。我可以将化学沉积和溅射之间联系起来，因为这些过程的规律相同。但光刻技术是完全不同的东西，据我所知，这也是一个相当昂贵的爱好。"

应用材料公司的首席执行官认为，光刻对于芯片制造商来说也更具战略性。芯片微型化直接影响成本、产量和性能。"这就是为什么光刻设备是芯片制造商在执行董事会中才能做出的决定，"他告诉斯密特，"他们把关于溅射和蚀刻设备的购买决定权留给了芯片厂的厂长"。摩根还认为芯片制造商不想只从一家供应商那里购买产品，"这将使他们过于依赖供应商"。

* * *

斯密特带着沉重的心情回到了荷兰，现在他只感觉前景令人沮丧和绝望。但是，当他回顾在旅途中学到的一切时，看到隧道尽头有一丝光线若隐若现。沮丧的声音在他脑海中叫嚣，但 SEMICON West 展会上积极的声音最终盖过了那些声音——半导体行业充满活力，欣欣向荣，芯片正在改变世界。

这个行业即将跨越另一个难关，这为设备制造商创造了机会。在圣马特奥的展会上，每个人都在尽力维持摩尔定律的效力，考虑如何制造下一代机器：如何迈出从大规模集成电路（LSI）到超大规模集成电路（VLSI）的一步。显然，在未来几年内，芯片线路将缩小到 1/1000 毫米以下，光刻机处理的将不再是 4 英寸的晶圆，而是 6 英寸的晶圆。这一转变将在今后两年内发生。

VLSI 需要全新一代的光刻机，这种机器可以将 0.7 微米的细节成像到晶圆上，并实现更紧密的微电子集成。如果 SEMICON West 展会向斯密特透露了什么明确的信息，那就是：还没有人找到这种芯片的光刻解决方案。

斯密特沉思了几天后，他开始非常肯定，一扇针对勇敢者的新世界的大门已经打开。在飞利浦位于埃因霍温的暗淡沉闷的建筑里，他周围的团队一如既往地士气低落，但斯密特的信念一天比一天坚定：有办法逃过这个黑洞。更重要的是：如果 ASML 成功地为生产 VLSI 供应最佳的步进光刻机，那么半导体行业就会被他拿下。

在圣马特奥，斯密特注意到光刻机供应商都还没有用来制造 VLSI 的机器，GCA 和尼康仍然没有发布任何官方消息。目前，美国人和日本人的步进光刻机绝对没有达到生产 VLSI 的标准。光刻设备在光学、对准和定位等几乎每个方面都必须进行大幅改进。佳能、GCA、尼康和 Perkin-Elmer 公司制造的机器仍然使用导程螺丝杆来移动晶圆台。这意味着他们的图像细节达不到小于 1 微米的定位精度，而这正是 ASML 技术的优势所在。

这一发现激发并吸引了斯密特。作为一名航空狂热者，他研究过航空业的整合行动。在他还在上大学的时候，世界上有 50 家飞机制造厂，当他拿到博士学位后，就只剩下几家了。在 ITT 任职期间，斯密特还见证了电信业的技术变革。他知道一家新进入的厂商在成熟市场是没有机会成功的，除非这家新厂商可以取得重大的技术突破。

如果不做出改变，ASML 就不可能击败 GCA 和尼康。但斯密特知道，从 LSI 到 VLSI 的转变带来了机会，这种转变可以完全改变既定的市场秩序。这就是芯片行业，眨眼间情况就不一样了，每家设备制造商都不得不为新一代的 VLSI 开发全新的光刻技术。

几天后，斯密特的郁闷情绪就转变成狂喜。他认为，现在就是登上舞台的时刻了。他在 SEMICON West 展会上与客户的深入交流加深了他的理解。从那一刻起，摆在斯密特面前只有两个选择：ASML 要么在开业前就关门，要么押注于两年后交付一台成熟的 VLSI 光刻机，让公司征服市场。

＊　＊　＊

斯密特现在面临着巨大的挑战，同时为赢得股东信任和为 ASML 完成极其大胆的任务做准备，他估计需要一亿美元。这是 ASM 和飞利浦在未来几年必须投入的金额，这样 ASML 才能成为芯片光刻领域的市场领导者。如果两家母公司否决这项宏伟计划，那么整个冒险就会立即停止。现在，他只需要弄清楚如何把这个消息传达给董事会。

两家母公司不太可能同意他的计划。ASM 刚刚注入了大量现金；飞利浦正在不断进行重组。但斯密特知道他的说法是令人信服的，他还可以为股东们描绘一根"多汁的胡萝卜"。分析人士们一致认为，半导体行业不久后将迎来快速增长，因此 VLSI 设备市场将在几年内大幅扩张。斯密特知道这次与董事会谈话时他可能会很紧张，所以一切都必须精心策划，并做好充分的准备。

1984 年 6 月，斯密特与乔治、范凯塞尔和吉尔·詹森用了几天时间一起制订了说服董事会的计划。他从 ASM 和飞利浦于 1983 年夏天撰写的合资企业原始商业计划着手。斯密特对在 SEMICON West 展会上的见闻记忆犹新，他认为股东们有点搞不清状况，根本不知道他们在想什么。

一年前，ASM 和飞利浦发布文件，要求该合资企业逐步将年产量提高到 75 ～ 100 台。这样 1988 年的年收入将为 9,500 万～ 1.05 亿美元。斯密特总结道，这并不多。如果分析人士的预测准确，这样的业绩意味着 ASML 还在艰难地防守。斯密特告诉他的队伍，在光刻机厂商排名中垫底意味着最终仍会失败，"在这种情况下，我们不如现在就放弃。"

斯密特的设想完全不同。他知道，他将不得不投入巨资来开发一台新机器。同时，公司必须投资设备进行大规模生产。

令斯密特感到困惑的是，为什么最初的商业计划中提到部分光刻机仍基于旧的 PAS 2000 进行研发，很明显油压驱动系统在芯片厂是不受欢迎的。在 S&I，他们甚至没有试图用机电技术取代液压装置，而这也是 ASML 现在落后的原因之一。

　　但是在 1984 年的夏天，大家并没注意到这一点，这甚至使得斯密特和他的管理团队都希望芯片制造商会因其先进的对准技术而购买他们的 PAS 2000。此外，这家荷兰公司没有其他机器可供销售。

　　ASM 和飞利浦已就 Natlab 的专业光刻技术转让达成了一项战略协议。但奇怪的是，电动晶圆台没有包括在协议内。新的机台可高速更换并且非常精确地定位晶圆，这种对准技术会使光刻机台成为 Natlab 皇冠上的一颗明珠。但合作协议上表明，ASML 不得不稍后再与飞利浦谈这项合作。

　　很明显，现在这项合作对 ASML 来说至关重要。为了讨论这个问题，斯密特与当时 Natlab 的部门主管之一基斯·布休斯（Kees Bulthuis）约定会面。他们同意 ASML 以 93 万美元的价格购买这项技术。布休斯说："好吧，你可以以后再付钱。"

从巴黎到奥伯科亨

CERCO无法满足光刻机光学元件日益严格的要求，但蔡司并不想帮忙。

为了制造大规模集成电路芯片，整个行业需要可以产生更小的清晰图像的新镜头。他们必须将这些电路图投射到更大的视域里，这样这个行业才能制造更大的芯片，从而提高生产效率。但这种光学元件还不存在。

佳能和尼康拥有自己的镜头制作工厂。即使是 GCA 也选择收购特罗佩尔公司来获得重要的光学专业镜头。ASML 从飞利浦那里获得了大量的技术，但它无法自己制造光学元件，这家刚刚起步的光刻机制造商必须为此向其他国家寻求支持。不幸的是，他们的法国光学元件供应商 CERCO 给斯密特的感觉就像是在一家飞机制造商那里买不到好引擎一样。

* * *

光学设计和制造是一门科学，但也是一门艺术。除了巧妙的思考和精确的计算，它还需要有 10 年经验的工匠和经验丰富的"天使之手"来研磨和抛光镜头。Natlab 的工厂车间没有这种技术。第二次世界大战后，该实验室的技术涉及了一系列学科，但光学却不在其中。除了玻璃吹制车间和机械加工车间，Natlab 确实还有一个光学车间，甚至还有一台非常好的研磨机，但这些对显微镜镜头那样精密的东西来说连入门都算不上。这时 CERCO 公司出现了。

飞利浦与这家法国小型光学专业机构的关系很好，而且合作时间很长。多年来，Natlab 的研究人员和 S&I 的工程师一直很乐意前往巴黎诉说他们的需求。合作的气氛总是友好的。

20 世纪 70 年代末，CERCO 做出承诺：为 PAS 2000 设计和生产代号为"超级郁金香"的光学元件。该镜头能够利用汞蒸气灯的两条光谱线来生成图像。

但在 20 世纪 80 年代初，Natlab 的工程师逐渐发现，他们对镜头的要求不断提高，已经超出了 CERCO 的能力范围。法国专家们越来越力不从心，却贸然揽下高难度的项目。他们付出了大量的心血和汗水，成功地制造了一套新的镜头，但当飞利浦订购 5 套相同的镜头时，他们却做不出一样的来了。Natlab 的要求越高，CERCO 无法兑现承诺的频率就越高。

* * *

正因为如此，1983 年赫尔曼·范希克前往巴黎讨论一个先进镜头的制作时，飞利浦顶级光学专家之一约瑟夫·布拉特与他随行。这个镜头将是飞利浦和西门子联合成立的 Megachip 芯片项目的支柱。CERCO 热情地接下了订单，该公司将设计和制造名为 Crocus 的镜头。

但是，当布拉特在一个月后检查原始设计时，他得出结论：这个光学元件过于复杂而无法制造。他怀着沉重的心情前往巴黎，提醒 CERCO 的首席执行官胡格斯，但胡格斯还是决定试着制造这些镜头。几个月后，CERCO 将第一套 Crocus 镜头发送给飞利浦，布拉特的担忧成真了。这些光学元件不符合要求。CERCO 不能交付镜头，这次失败是这家法国光学公司和飞利浦合作终止的开端。

碰巧在这时，布拉特读到蔡司的著名光学专家俄哈德·格拉策尔（Erhard Glatzel）的一篇文章。在文章中，格拉策尔描述了如何以可制造的方法来设计光刻机镜头。在具有数十个独立透镜元件的光柱中，总是会慢慢出现错误。格拉策尔展示了如何最大程度地利用各种技术来设计出能正常工作的光学系统，尽管存在一些不可避免的错误。这项专业技术是蔡司在当时能够为哈苏相机制造可靠且先进的光学元件的原因，这家德国公司甚至向 GCA 提供了数百个 g 线光刻机镜头。布拉特和范希克也听说过蔡司的神奇故事：你从蔡司订购 1 个零件，可以保证，即便再买 10 ~ 20 个，它们的精度都能满足规定的规格。

布拉特读了格拉策尔的文章后，直接把这个信息告诉了理查德·乔治。乔治对蔡司会分享这些机密数据而感到惊讶。"我们需要带上这篇文章去巴黎！"蔡司的专业技术是乔治和范希克能抓住的最后一根救命稻草。他们先去了 CERCO，为了稳妥起见，他们要求胡格斯制作一套更简单的镜头，这套镜头使用单一波长（g 线），并完全按格拉策尔的方法制作。CERCO 的首席执行官感受到了压力，他别无选择，只能摊牌。过去，他能够对光学技术保密，但现在他必须公开讨论镜头的每一个细节，将涉及的核心技术拿到显微镜下展示给飞利浦。

* * *

现在飞利浦意识到，它不能完全依赖 CERCO。公司终于下决心终止了和 CERCO 的合作关系。对布拉特来说，这种感觉就像背叛一样，但是无法避免。1984 年年初，ASM 和飞利浦的合资企业正在筹划中，他们需要一家可靠的供应商来提供大量高级镜头。因此在年初，布拉特和范希克前往德国奥伯科亨，询问蔡司是否愿意为他们制造光学元件。

范希克对这次访问满怀激情，那时他负责 S&I 的 PAS 2000 的光学部分。10 年前，他在 Natlab 凭一己之力开发了它的第一个版本——SiRe1。与 ASM 的合资企业终于使他的机器有机会投入量产。当他和布拉特飞到蔡司时，他的夹克口袋里带着一张宏大的愿望清单——他想要定制光学元件。首先，范希克希望有一个大口径透镜来为制造更大的芯片提供更高质量的图像；此外还需要一组特殊的棱镜和镜头来实现 ASML 独有的经由透镜的对准技术。

在 Natlab，布拉特正在开发第三个版本的晶圆重复曝光光刻机。如果第三方供应商未能按时交付，该机器将确保 Megachip 项目有基础的光刻设备。应飞利浦集团负责人爱德·胡斯特（Ad Huijser）的要求，布拉特设计了一个 i 线物镜，以切身感受光学元件的复杂性。这意味着布拉特非常熟悉这些镜头的细微误差。布拉特和范希克也知道蔡司正在研究 i 线光学元件，他们猜测该公司的工程师们会迫切地想讨论这个问题。

在奥伯科亨，范希克和布拉特见到了蔡司研发实验室的负责人格哈德·伊特纳（Gerharcl Ittner）。这位物理学家自 1970 年以来一直在此工作，并切身体会到其低端摄影产品线是如何被日本的竞争对手击败的。德国相机制造商已经停止下订单，这让蔡司有时间为 GCA 提供光学元件以用于制造晶圆重复曝光光刻机以及后来的步进光刻机。这项工作也与哈苏相机的高端产品非常吻合。因此，芯片光刻也拯救了蔡司。

当范希克和布拉特到达时，伊特纳正被繁忙的工作淹没。蔡司大部分的产能都用于为 GCA 受欢迎的光刻机制造光学元件。此外，蔡司还与另外两家步进光刻机制造商 Censor 和日立达成了协议。伊特纳对更多的订单并不感兴趣，因为蔡司不能在短期内扩大产能，工匠需要培养数年时间才能积累到抛光光刻机镜片所需的经验。蔡司的这类员工通常被称为"金手指"，这是有原因的。范希克询问是否可以做一套能处理两种波长的光学系统，但伊特纳立即回答道："绝对不行，太难了。"

伊特纳想掩饰他现在的犹豫不决。他与美国客户 GCA 之间的关系越来越紧张，与 ASML 达成合作可能会带来新的机遇。蔡司目前正与 GCA 关于镜头质量展开激烈争论。芯片制造商发现 GCA 的光刻机存在问题，而蔡司和 GCA 则在互相推诿。蔡司说，GCA 的机器设计已经过时了，这家美国公司需要改变其系统设计来充分利用最新的镜头。GCA 则指责蔡司的镜头在交付后质量会下降。

* * *

范希克试图转变话题。"我们希望光学系统数值孔径（NA）达到 0.30，如果可以我们想要更大的数值孔径，甚至是 0.32 或 0.34。"他试探地问。但伊特纳并不买账："这不是我们这里的工作方式。我们可以为您提供 0.28 的数值孔径，只能这样了。"伊特纳随后拿出几个标准的库存镜头，他说飞利浦可以购买这些，但不接受定制。他提到蔡司正在研制新一代的 i 线镜头，并计划将它们作为芯片光刻机的标准镜头出售。他们已经有 3 个客户准备下订单，伊特纳预计新的镜头组将在 6 个月内准备就绪。

当布拉特试图向他展示 Natlab 的 i 线镜头设计时，伊特纳礼貌地做了个拒绝的手势。从飞利浦来的两个人有一种感觉：奥伯科亨的那些人认为自己的东西比其他人的东西都要好。总之，伊特纳并没有给布拉特和范希克多少有用的信息。这个研发经理对他们的态度非常正式而又疏远，感觉他们能有幸来拜访就应该很高兴。蔡司对定制镜头不感兴趣，甚至对飞利浦也不感兴趣，制造复杂的定制镜头所需的额外设施更是不可能的。

在伊特纳与范希克和布拉特聊了一段时间后，他说蔡司数学部门的新负责人赫尔·多克托尔·格拉策尔（Herr Doktor Glatzel）等会要加入会谈。当时，格拉策尔是全球光学届的翘楚，他为哈苏相机设计的广角镜头为其赢得了美国国家航空航天局的阿波罗成就奖。格拉策尔以设计摄影用的镜头而闻名，他使蔡司的

Contarex 相机得以具备卓越的品质。

在蔡司的公司等级制度中，格拉策尔是高不可攀的。在那时，每家光学公司都有一个数学部门，杰出的数学家和物理学家在这里进行透镜相关的计算。在20世纪50年代和60年代，他们全靠手算；之后，他们开始使用计算机和超级计算机。

在等级森严的蔡司，数学家属于最高阶层。他们在宽敞的办公室里默默地工作着，弯腰沉浸在光学矩阵中。为了帮助他们在4个小时的脑力劳累后恢复精力，他们比其他同事的午餐时间更长。在蔡司数学金字塔顶峰的是格拉策尔，而且是独自站在最顶端。

顶着无懈可击的光环，身着漂亮的三件套灰色套装的蔡司首席光学设计师免不了被范希克和布拉特追问。伊特纳非常敬重这位设计师，但他的态度让这两个访客目瞪口呆，伊特纳向格拉策尔转述了全部问题。"你觉得怎么样，多克托尔？"格拉策尔每次都用简短而明确的句子来回答，"这行不通。没有讨论的余地。如果某件事是不可能的，那么它就是不可能的。"格拉策尔重复了伊特纳已经告诉他们的话：蔡司不会为飞利浦定制镜头。

对于认识他的同事来说，吸烟的格拉策尔是个温和甚至有些胆小的人。但在公司僵化的等级制度中，这个人被提升到一个高高的宝座上，像将军一样俯视着其他人。这位沉默寡言的数学家已经变成了一个强势的人、一个傲慢的存在，其他人根本没有发表不同意见的余地。30分钟后，范希克和布拉特在与蔡司精英的全场比赛中以大败告终，这些高傲的数学家永远是对的。

范希克和布拉特离开奥伯科亨时幻想破灭了。虽然他们当时还感觉不到，他们已经为未来的一段缓慢建立但肯定逐渐密切的关系撒下了种子。

* * *

此时，巴黎的CERCO仍未找到量产镜头的方法。1984年秋天，斯密特带着范希克亲自去视察。ASML的首席执行官与胡格斯先生站在一起握手并进行眼神交流后，他就明白了——这根本行不通。

在学习期间，斯密特曾在位于图卢兹的法国南方航空工业公司工作过一段时间。这家法国飞机制造商在图卢兹制造了"快帆"飞机。当他走进CERCO的生产车间时，他闻到了同样陈旧的气味。他看到一家满是工程师的典型公司，这些大公司从来没有任何成就，因为他们沉迷于一种"恶毒的药物"——法国政府的巨额补贴。

斯密特意识到胡格斯无法兑现承诺。CERCO 的首席执行官虽然乐于制造具有新规格的镜头，但他需要资金。一次商务对话后，斯密特和范希克在巴塔耶广场的一家咖啡馆享用了一顿美味的午餐。对于斯密特来说，这是他最后一次和CERCO 一起吃饭了。他不想为一个让他不放心的人付钱。斯密特在回家的路上对范希克说："唉，CERCO 公司！都是讨人喜欢的人，和他们吃饭以及讨论德彪西和卢梭让我感到很开心，但他们不值我们给的钱。"不过，斯密特很难说服他的管理团队立即结束与这家法国公司的关系。

对于 PAS 2500，ASML 将依赖蔡司，即使这家德国公司在初次谈判期间相当僵化、刻板。蔡司拥有专业技术和生产能力，它每年能向光刻市场领导者GCA 销售数百个镜头。如果他们不能提供斯密特需要的镜头，那么就没人能提供了。

如果蔡司能为他们提供镜头，那么他们就可以真正开始参与光刻市场的竞争了。斯密特预测，卓越的德国光学元件和卓越的荷兰对准系统相结合，将使ASML 在光刻精度上无可匹敌。他在市场上找不到任何产品可以与 ASML 将提供的产品相提并论。他知道，他们成功的机会很小，但这是一个机会，他们没有多少时间去利用它。在短短的两年内，他们必须制造一台新机器，芯片制造商可以使用这台机器进行 VLSI 芯片生产的首次测试。

* * *

ASML 和蔡司终于达成合作，他们将越来越依赖彼此，直到不可分离。然而，虽然两家公司之间最终建立了深厚的友谊，但这种关系在相当长的一段时间内仍将是一段爱恨交织的故事。他们的关系就像权宜婚姻，伴侣经常愤怒地互相掐着对方的脖子，但在外人看来他们是一对模范夫妻。

僵化的德国等级制度不仅与荷兰工程师直截了当的工作方式相冲突，还阻碍了蔡司的创新。该公司的权威光学专家有一个根深蒂固的习惯：把他们的镜头设计像天赐之物一样扔给生产部门，这导致两家公司之间的关系一直很紧张。这种绝对的单向沟通像大脑和肌肉之间的文化鸿沟一样，导致了更多错误的出现。这种问题存在多年，到了 20 世纪 80 年代中期，蔡司的物理学家、数学家和工匠之间缺乏协作精神成为越来越严重的问题。

但在技术研发层面，荷兰和德国都非常合拍。两家公司之间的纽带将变得非常紧密，这为全面占领芯片光刻市场奠定了基础，但现在是 20 世纪 80 年代中期，这一切将在 15 年后才会发生。

来自地狱的公司

缺乏热情的飞利浦使两名新来的工程师备感低落，他们想要离开，但在被赋予具有挑战性的任务后他们决定留下来。

在 S&I 的 TQ 大楼，ASML 员工的情绪日渐低迷。飞利浦的员工不停抱怨他们被迫分到合资企业，这破坏了两个年轻的工程师——马丁·范登布林克（Martin van den Brink）和弗里茨·范霍特（Frits van Hout）的心情。一整天，他们听到的都是周围的人在抱怨公司是多么糟糕。

范登布林克是研究物理学的，他在特文特大学完成了关于地区供暖的硕士论文。1983 年年底，他申请加入飞利浦，人力资源部门将他分至 S&I。范登布林克知道他自己想要什么。当乔治·德·克鲁伊夫根据他的软件专业知识为他提供 S&I 的测试和测量职位时，范登布林克环顾四周，立即决定不想接受。他走进特罗斯特的办公室，先感谢了对方腾出时间，然后说："我不干了，这不是适合我的地方。"随后，特罗斯特拿出一本关于 PAS 2000 的小册子，它激起了范登布林克的兴趣。

1984 年 3 月 1 日，范登布林克在 S&I 开始工作，他第一次见到了他的上司——理查德·乔治和赫尔曼·范希克。因为太忙，他们之前都没见过新员工。乔治和范希克带着挑剔的眼光浏览着这位年轻工程师的简历。范登布林克在考上大学之前读过社区学院，所以他显然有执着的品质。但是，他们看到了地区供暖项目论文，这对于需要以光学专家为核心的开发团队来说，却不是一个优势。但是木已成舟：范登布林克已经获得了一份正式合同。

弗里茨·范霍特也在几个月前与这家新成立的合资企业签约。在牛津大学完成 3 年的物理和数学课程后，他接着在苏黎世联邦理工学院完成了 3 项硕士课程，最后他回到了荷兰。他把目光投向了福克、飞利浦和沃克·斯蒂文 3 家公司。飞机制造商福克正在开发福克 50 和福克 100，但这位 24 岁的工程师对飞利浦光盘的成功故事最为着迷。范霍特对飞利浦的人力资源部门能在一周内回复他的公开申请感到惊讶。他们邀请他2月来面试。面试时，人力资源部门给了他两个选择：Elcoma或者"一个目前属于S&I但可能会被剥离的部门"。人力资源部门在所有工业部门安排了一整天的面试，因此范霍特一个接一个地拜访了德·克鲁伊夫、范希克和特罗斯特。最后一轮面试令人有点不舒服，直到范霍特在展示柜里看到了一台冷冻器，他认出了这台设备，因为他在苏黎世花了多年时间研究低温领域。他随口评论了一下，说冰已经破了。

范霍特立即收到聘用信：他受聘在一家尚未命名的公司工作，该公司目前仍属于S&I。他很惊讶，当时荷兰经济低迷，但他却刚迈出飞利浦的大门就被聘用了。他可以在5月1日开始上班。但是，当范霍特在上班前一周的星期五打电话给人力资源部门，问他该去哪里上班时，他们却不知道。"那家公司现在是一家独立的公司。"他们告诉他。他最终得知应该去飞利浦工业园区的TQ大楼报到，但却找不到他的上司范希克。范霍特遇到了20位新同事，但没有人知道该怎么安排他。他们都对他的到来感到惊讶和好奇：他为什么会从飞利浦转过来呢？他不是从飞利浦来的？那么是从ASM来的吗？当范霍特说他是自己申请来的时，他们都哑口无言。"你说什么？你真的是自己主动加入ASML的吗？"

* * *

3个月后，范登布林克和范霍特都大失所望。年轻的工程师们一起待了很长时间，他们有足够的时间交谈但没有什么正经事情可做。他们很快就有了相同的感受，并分享了自己对新雇主的看法。他们必须尽快离开ASML。他们的心情很糟糕，这家公司看起来不像那么回事，而且在公司很无聊。"简而言之，这家公司是从地狱来的。"范登布林克说。"是的，这公司就是垃圾，"范登布林克回答，"没人干活，每个人都在瞎嚷嚷。"1984年8月初，他们达成一致——是时候走人了。范登布林克厌恶虚假的客套话和办公室政治，也不喜欢抱怨。当他去找范希兑时，便直截了当地说："我想辞职。"范希克问为什么，范登布林克同样直接地回答："这里什么都做不了。其实所有的事情都没做，但我们被不允许着手做任何东西。那些飞利浦的老家伙不停地抱怨他们的养老金还剩多少，如果他们在这干25年是否会得到一块金表。我周围都是这样的人，他们不在乎这家公司会变成什么样。"范希克认为，那是因为目前ASML正忙于招聘大量人员。但是这位年轻的工程师没有让步："这里永远不会起飞，所有的人在这里做的只是呻吟。"

范登布林克的话令范希克震惊。他知道，这位年轻的同事说得对，但他与斯密特和管理团队最近几个月的谈话让他对这个行业重拾信心。更重要的是，他看到范登布林克是一位有才华的工程师。当范登布林克加入公司时，他负责对准系统和检查 CERCO 镜头。在最初的几个月里，他迅速掌握了所需的光学知识；他雄心勃勃，非常积极主动，而这正是 ASML 所需要的精神。

"来吧，我们谈谈。"范希克对范登布林克说，他们坐在 S&I 大楼和铁轨之间的公园里的长凳上。"那么，你接下来想做什么？"范希克问道。"我要离职。"范登布林克回答。然后范希克提了一个建议：他们将制造一台全新的步进光刻机，里面几个系统部件的设计极具挑战性，并问他是否有兴趣做镜头投影和对准系统。范登布林克毫不犹豫说："我很乐意设计对准系统和掩模台。"镜头和对准系统面临的挑战是整体挑战的一部分，年轻的工程师非常渴望参与。这就是范登布林克的特点，一个有抱负的工程师，喜欢应对挑战。

来到 ASML 才几个月，范登布林克已经完全投入步进光刻机的光学研发之中，现在他明确地知道难点在哪里。Natlab 发明并获得专利的对准系统是迄今为止 ASML 最先进的技术，这将使得 ASML 从竞争对手中脱颖而出。在这方面，范登布林克有一个愿望——每周在 Natlab 待一天，他将这个愿望告诉范希克。因为在 ASML 没人知道光刻机是如何工作的。

这位 ASML 的年轻工程师知道，他所需要的知识就在仅 20 分钟自行车车程之外的飞利浦。所有了不起的人都在那里：爱德·鲍尔，制造了光刻机的人；吉斯·布休斯，光学大师，在 20 世纪 70 年代早期发明了经由透镜对准技术；约瑟夫·布拉特，光学设计师；还有扬·范德·韦尔夫，对准技术专家。此外，爱德·胡斯特在 Natlab 的光学团队也在开发光刻机，这与 ASML 的工作完全分离。他们的晶圆重复曝光光刻机 3 代将是一个备用方案。光刻机对于耗费资金的 Megachip 项目至关重要，显然飞利浦对外部供应商没有足够的信心。

* * *

范希克听到范登布林克想要做的工作后，他毫不犹豫地答应了。这位年轻的工程师将同时处理对准系统和掩模台，他获准每周在 Natlab 工作一天。"哦，下周我将去奥伯科亨与蔡司讨论我们需要的镜头，"范希克补充道，"想跟我一起去吗？"

范希克没有忘记他的另一个年轻员工。弗里茨·范霍特是否想当 PAS 2000 的项目经理？他可能会接手这个奄奄一息的光刻机项目。但这个新职位也将使他成为研发委员会的一员。研发委员会是 ASML 最重要的咨询机构。对于一个年轻的工程师来说，在职业生涯的第一年就担任这个职位已经很不错了。所以他很快就答应了。

日本人

20世纪80年代初，日本的芯片制造商和机械设备制造商无人能敌。GCA不断败退。

在 ASML 成立的时候，美国芯片行业正处于动荡之中。日本制造商正一步步击败他们的美国竞争对手，因为他们的产品更加可靠。美国人对此不能理解。计算机行业需要大量的内存芯片，而日本人正在大量生产这些强大的芯片，而且几乎没有错误。分析师里克·鲁德尔在分析报告中描述了尼康的步进光刻机和投影光刻机对日本芯片行业的积极影响。1984 年，以 NEC 为代表的日本公司已经占据了全球芯片市场份额的 40%。两年后，256Kb DRAM 将使他们占据高达 90% 的市场份额。

这与过去几十年的情况大不相同。在 20 世纪 60 年代和 70 年代初，美国人认为自己是芯片市场的绝对霸主，仿佛这是他们与生俱来的权力。贝尔实验室发明了晶体管，英特尔和德州仪器在 20 世纪 70 年代初开发微处理器，不久之后就发明了集成电路。DRAM 和非易失性存储器也是美国的发明。简而言之，芯片行业就在美国。

但日本人正在慢慢站稳脚跟。1979 年，日本国际贸易和工业部（MITI）庆祝 "技术独立的第一年"，这是使日本成为全球工业领导者的系统性运动的初步胜利。日本人从 20 世纪 70 年代开始制造手表和袖珍计算器的电子元件，最终成功抓住半导体行业的核心，即 DRAM。作为负责飞利浦消费电子部门的董事会成员，科范德·科鲁特（Cor van der Klugt）敏锐地感受到了日本的决心。他大声疾呼：日本从西方获取技术的每一个行业，都正准备击倒对手。

在 20 世纪 70 年代，美国人无法与日本人大幅提高的质量相提并论。1979 年，一位惠普的经理在一次行业会议上解释了当时的状况。在投影仪上，他列出了惠普为电脑、仪器和计算器购买的芯片，其数量数以十万计。其中大部分芯片来自美国制造商，但惠普也从富士通、日立、三菱、NEC 和东芝等日本的大公司购买了一些芯片。

当报告者开始谈论质量时，听众都竖起耳朵。他说惠普必须退回至少 5% 的美国芯片，而这在日本产品中很少发生。此外，日本供应商总是准时交货，备件也随时可用。美国芯片通常到货太晚，而且备件通常也同样不可靠。惠普的经理说，他的美国同胞让他不舒服：他能拿到备件就已经很幸运了。

在 20 世纪 70 年代末，关于质量的投诉并不新鲜。但 1979 年是惠普第一次在公开场合投诉。对美国芯片制造商来说，真正令他们震惊的惠普引用的关于日本的数据：日本的质量太好了，令人难以置信。但在接下来几周，几家美国的大公司也证实了惠普披露的信息。日本人正在做着他们不可能做到的事，而且会一直做下去，直到控制整个芯片行业。

日本人在 1978 年首次证明了对企业进行严格管理的优势。那一年，IBM 自豪地向世界展示了第一个 64Kb DRAM 芯片，以展示其技术优势。但主导 DRAM 市场的是日立、NEC 和东芝。日本人用内存芯片占据市场的态势，对美国的信心造成了严重的打击。

在 1987 年的一份报告中，市场研究员杰伊·斯托斯基（Jay Stowsky）称之为日本人的"长征"。他总结了这个国家成功的几个关键因素，与机器制造商建立密切的合作关系就是其中之一，但日立、NEC 和东芝选择了更简单的芯片设计策略，并成功使用旧技术制造出了内存芯片。美国芯片制造商则青睐更先进的技术，但发展道路更加崎岖。

日本人敏锐地意识到芯片生产技术具有深刻的战略意义，光刻知识对于在电信和计算机等信息密集型市场保持领先地位尤为重要。日本巨头佳能和尼康在 20 世纪 70 年代已经开始研发芯片光刻技术。两家公司都拥有光学内部技术，并且资金充足。尼康于 1917 年由 3 家日本光学公司合并成立，专门制造照相机、显微镜、双筒望远镜和光学仪器。佳能在 1937 年创立时是一个精密光学仪器实验室，从一开始它就是一家相机制造商。第二次世界大战后，它与日本 NHK 电视台联手制造了一台电视摄像机，并在 1958 年面世。之后，这家跨国公司将业务范围扩大到复印机、计算器和计算机。

在 20 世纪 70 年代末，芯片制造商向 GCA 下了大量步进光刻机订单，而佳能和尼康则蓄势待发。MITI 领导日本半导体行业通过 VLSI 项目撼动美国的统治地位。在日本财团中，这些公司与芯片制造商密切合作改进机器。佳能和尼康甚至并肩工作，因为他们还没有进入市场并参与竞争。当时，佳能正在开发的不是步进光刻机，而是 1∶1 的投影扫描光刻机，类似于 Perkin-Elmer 公司的产品。

*　*　*

日本在 20 世纪 80 年代初开始准备大规模生产 64Kb DRAM 时，佳能和尼康看到了巨大的机遇。如果他们能很好地为同胞服务，他们将获得稳定的客户群。日本芯片制造商已经因依靠美国芯片设备制造商而付出了代价。在 20 世纪 70 年代末，美国公司产量不足，只能把美国客户放在首位。甚至光刻机公司 GCA 也难以向日本客户提供设备。日本人决心不让这种情况再次出现。

1981 年，半导体产业正走向衰退。但尼康当年在国内推出了第一台步进光刻机，日本开始庆祝胜利。这是对 GCA 利润丰厚的市场进行正面回击的第一步。GCA 的客户 NEC 和东芝立即转向尼康，尼康迅速提高了产量。日本的光刻机公司也能提供质量一流的机器：机器不仅在机械和系统架构方面比 GCA 更出色，而且具有分辨率更高的镜头。总之，日本的系统更好、更可靠。

尽管受到经济衰退的影响，GCA 在 1982 年仍然感觉自己不可战胜，它的数据说明了一切：它主宰着市场。那一年，GCA 在日本的市场份额为 95%。在世界上的其他地方，所有的步进光刻机都来自它。上千万美元订单的光刻机正在装备整个晶圆厂，GCA 轻轻松松就获得了这些生意。

在 1981 年和 1982 年经济衰退期间，日本芯片制造商在市场上遭受重创。但他们还是坚决地继续投资生产，并得到该国主要金融机构的支持。当他们的美国竞争对手开始踩刹车时，他们仍专注于自动化和降低生产成本。

这就是日本芯片制造商在 1981 年成功占据高达 70% 的全球 64Kb DRAM 市场份额的原因。1982 年，摩托罗拉和德州仪器成为从事 DRAM 芯片制造的仅存的主要美国厂商。日本存储器的高质量也带来了步进光刻机市场的转变。

在客户的帮助下，佳能和尼康获得了巨大的现金流和丰富的机会，这进一步完善了他们的技术。64Kb DRAM 市场为生产其他产品提供了坚实的基础：高度垂直整合的日本科技巨头在自己的计算机和设备中使用自己的芯片，并将零件出售给他们自己财团内的姊妹公司。

与佳能和尼康相比，GCA 处于明显的劣势：它与客户没有紧密的关系。美国芯片制造商不信任他们的设备供应商，更不想分享生产细节，因为他们害怕这些信息会被透露给竞争对手。他们宁愿自己为工厂中的机器提供服务，也不愿让供应商参与进来。因此，设备制造商难以改进其技术，他们需要自行制定研发路线图。然而日本的设备开发商则与工艺运营商和芯片厂密切合作、互相学习。

GCA 不习惯竞争，且反应迟缓。它不在日本制造产品，甚至其在亚洲的所有服务部门的员工都是美国人。1983 年，GCA 在日本光刻机市场的份额下降到45%。于是该公司试图通过与日本住友集团成立一家股权分配比例为 50 ∶ 50 的合资企业来改善其本地服务。两家公司建立了一个全新的分销系统，开始聘请日本工程师，并从日本供应商处购买组件，目的是建立完整的分销系统。但这个策略没有成功。当 GCA 忙于捍卫其在日本的市场地位时，尼康于 1982 年在硅谷设立了分公司。与日本一样，尼康在美国的公司在开始批量销售光刻机之前就建立了可靠的服务网络。

日本的公司在经济衰退期间仍在扩大规模，但美国半导体行业的衰退严重打击了 GCA。在美国市场，GCA 的收入在 1981 年和 1982 年下降了 50%。人们开始谈论尼康的步进光刻机，许多美国芯片工艺工程师都渴望尝试日本的新机器。

这种巨大的生产压力和时间的紧迫意味着美国芯片制造商不会转向新的光刻供应商。像 AT&T 和 AMD 这样的大客户仍在美国购买设备，这有利于 GCA 在1983 年重新站稳脚跟。

1984 年，GCA 从复苏的光刻机市场中获利超过 2 亿美元，这使它成为世界上最大的半导体设备供应商。但这是它最后的辉煌之年，因为日本人并未停止前进的脚步。到 1984 年年底，日本光刻机市场规模超过美国。在售出的 1,100 台步进光刻机中，绝大多数是由 GCA 和尼康生产的，其中 600 台则销往日本的晶圆厂。那一年，日本芯片制造商购买的光刻机比世界上其他国家加起来的总数还要多，而且他们大多是从同胞那里购买的。

* * *

ASML 尚未注意到，但此时的 GCA 已经处在风雨飘摇之中。一场新的行业衰退即将到来，它将很快将这家设备制造商推向倒闭的边缘。尼康已经在各方面都做好了准备——成为 GCA 之后的行业领导者。这家日本公司擅长精密技术和自产光学，他们的镜头质量甚至胜过蔡司；GCA 在机器中使用蔡司的镜头，但这家德国公司的镜头问题正越来越严重。

尼康以努力和坚持一步一步征服了光刻机市场。紧随其后的是佳能，它已经把焦点从投影扫描光刻机转移到了步进光刻机。这两家日本设备制造商的勤奋和实力对 GCA 产生了毁灭性的影响。这就是 ASML 创立时的市场背景：美国人处于极度震惊之中，而日本人在品尝胜利的果实。

最初的蓝图

贾特·斯密特向董事会提交了一个天价预算，留给他们的选择是：付钱或倒闭。

1亿美元。这个数字在贾特·斯密特的脑海中嗡嗡作响。他究竟要如何向董事会解释，为什么征服光刻机市场需要这么大的投资。

在他向股东们提交他的商业计划之前，斯密特与理查德·乔治、乔普·范凯塞尔和吉尔·詹森一个字一个字地精心梳理着报告的内容，在他们看来这个计划雄心勃勃。3个男人读着读着自己都瞠目结舌，他们认为斯密特疯了，但他的论点好像又有道理。从理论上讲，这是可行的，只是要花的钱太多。范凯塞尔和乔治宣称："贾特，你绝不可能促成这一切。"

连续8天，斯密特在脑海里排练他将在董事会上进行的演讲。1亿美元确实很多。荷兰的光刻机市场正在衰退；飞利浦正在削减业务，只保留核心业务，而芯片市场也让人信心不足。分析人士预测，未来几年将出现强劲的增长。

ASML只有押注于市场增长，公司才会成功。在这方面，斯密特的计划和ASM与飞利浦几年前决定合作时所做的规划相去甚远。在他看来，两家公司于1983年所写的商业计划就像是业余爱好者的涂鸦。虽然他在这个领域只调研了几个月，但他对他的战略非常有信心，尽管其成本高昂。

* * *

这一刻终于来了，斯密特在董事会上发表了激情洋溢的讲话。4位董事基本没有质疑斯密特关于技术挑战的论点：ASML的技术已经准备就绪，这主要是一个关于组织与纪律、灵活性和创造力相结合的问题。他们有些东西在业内无人能比，甚至连领头羊GCA和尼康都无法比肩。然后，斯密特说到他的关键信息。他必须说服股东，取得市场支配地位的价格不菲。

斯密特感觉自己像个长笛手，必须让整个管弦乐队都按他的曲调演奏。他演奏的曲调与乔治·德·克鲁伊夫、威廉·德利乌、阿瑟·德尔·普拉多和维姆·特罗斯特所习惯的曲调完全不同。特罗斯特是光刻机死忠派；德尔·普拉多在芯片设备方面拥有多年的经验。现在，他必须说服这些人：他们之前的商业计划只是纸上谈兵，而他在设想一个完全不同的战略，所以需要更大的投资。

他讲述了在 SEMICON West 展会上的见闻，以及 ASML 现在的处境是多么危险。美国芯片制造商没有给他任何获得订单的希望。ASML 一根救命稻草都没有抓住。但他小心翼翼地描绘了这家荷兰的合资企业最终能取得胜利的情景。斯密特勾勒出未来几年资本密集程度将日益提高的市场景象。他说："我在电信和航空领域都见过这种情况，新一代设备的研发投资是上一代设备的 10 倍。我们这个领域的情况也没有什么不同。"正如在电信和航空领域发生过的一样，他预测芯片光刻行业将发生一次震荡。在这种情况下，只有积极、大胆、创新且集中的战略才有可能取得成功。

"为了使资本向密集型发展，你需要一个大市场，"斯密特告诉面前的 4 个人，"现在，有大约 10 家公司正在争夺市场份额。除非它们能获得最大的客户，否则它们都无法长期生存。正如在电信和航空行业一样，只有几家大公司留在光刻领域；只有拥有先进技术和雄厚资金的公司才能有所作为，它们往往需要政府的大力支持才能启动。"

斯密特解释说，这在航空行业已经是既定的事实，现在电信行业也正在发生改变，很快将轮到光刻机市场：恶性竞争和过高的开发成本将引发新一轮整合。"失败者会被淘汰，最后只会剩下几家厂商。因此，我们至少要进入前三名，"斯密特解释道，"要进入前三名，就只有一个办法——将投资做到行业榜首。我们必须去争取金牌，第三名都是不够的，我们必须争取第一名。我们获胜的唯一机会是制定积极进取、创新、集中的战略。不可避免的洗牌显示了市场的残酷。如果我们幸运，我们最终会登上顶峰；如果我们不太成功，我们将最终排在第三名；如果我们运气不好，我们会以第六名的成绩出局。但是，如果我们对排名第三或第六感到满意，那么我们最好现在就收手别干了。我们必须把目标定在顶峰，没有其他选择。这是我们唯一的生存机会。"

"这意味着我们要在所有战线上打胜仗，"斯密特坚定地说。ASML 不仅需要在技术方面，还需要在物流、生产和服务方面都出类拔萃。"我们需要抱着必胜的心态，"他补充道，"我们需要一种所有人齐心协力夺取胜利的文化，它来自完美的执行力和充足的投资。是的，这将耗费不少资金，但如果成功，ASML 将成为市场上的'杀手'。"

斯密特谨慎地暗示他们需要投入多大规模的资金。"我们最初的估计表明，我们可能需要多达 1 亿美元，"他用外交式口吻仔细地措辞，"先生们，这是一个粗略的估计。我还没有计算出具体的数字。可能更少，也许 5,000 万。但是这是你们应该考虑的资金规模。"

他告诉董事会，他们不必立即做出决定，他会算出具体的金额。这句话让会场平静了一些。然后，斯密特用他最喜欢的话题——"航空"作类比来鼓励他的董事会。"飞机负载越重，到达巡航高度所需的燃油就越多。我们必须全速前进，否则就会坠毁。如果我们不愿意燃烧煤油，最好取消航班。"

然后，斯密特为合资企业的投资人展示了这根"多汁的胡萝卜"："如果以赢得金牌为目标，我们必能收获成功的果实。"

* * *

斯密特提出的数字让德尔·普拉多大为震惊。他所要求的投资几乎相当于 ASM 的年收入。ASM 当时刚扭亏为盈，但德尔·普拉多知道，斯密特的判断有时不是他能理解的。但无论如何，斯密特的分析和结论确实引起了他的好奇。成为全球第一的想法像音乐般美妙，机会就摆在他们面前。这个说法激发了他商人的本性。他知道，要赢得最高奖励，你必须付出最大的代价。

德·克鲁伊夫和特罗斯特没有对这个巨大的数字感到十分震惊。他们了解其中缘由。在飞利浦，他们对这种规模的投资司空见惯。如果没有一条造价数亿的装配线，你就无法大规模生产电视或灯泡。特罗斯特也非常清楚，斯密特的计算是合理的，虽然他没有评论。两年前，他本人估计 PAS 2000 的开发费用为 5,000 万美元，当时 S&I 曾请求政府经济事务部提供财政支持。

但就像德尔·普拉多和他的技术干将德利乌一样，德·克鲁伊夫和特罗斯特不会马上答应。飞利浦的这两人并无权签字发放这笔巨额资金，他们必须提交飞利浦董事会并由董事会决定。更重要的是，德·克鲁伊夫知道飞利浦是一个政治雷区。负责公司芯片业务的产品部门的 Elcoma 还没有正式承诺购买 ASML 的光刻机。

斯密特没有得到肯定，但董事会也没有说"不"。德尔·普拉多喜欢"成为第一名"的想法，但投资规模却让他退缩了。"那太好了，贾特，"他说，"但你必须自己拉到投资。"他表示，ASM 和飞利浦可以提供帮助，但拿出一亿美元是不可能的。合伙人们决定各增加 150 万美元的投资。

斯密特觉得这个结果不算差。董事会暂时的答复是"可以"，因此他额外得到了 300 万美元。局势仍不明朗：预算将逐渐到位，现金的涌入意味着暂时对资金没有迫切的需求。在计划没有明确被否的情况下，ASML 可以继续前进。董事会希望斯密特自己去找投资并制订更详细的计划。目前，他可以继续推进了。

* * *

会后，特罗斯特建议斯密特和他立即拜访 Elcoma 位于奈梅亨的芯片厂负责人——亨克·克梅斯特（Henk Kerkmeester）。斯密特一行热情地向亨克讲解了 ASML 的 PAS 2500 计划，但这位工厂经理的反应冷漠。原因是什么呢？特罗斯特这个人代表了 Elcoma 和 S&I 之间的斗争史，这影响了亨克·克梅斯特的判断。这位工厂经理对他们提出质疑：Elcoma 在前几年不是明确表示，它无意使用油压型机器吗？顺便说一下，在 Elcoma 没有人被要求加入 ASML。

亨克·克梅斯特还明确表示 Elcoma 无意与 ASM 合作，它已从美国的应用材料公司购买熔炉。他还认为合资企业是飞利浦摆脱光刻业务的举措，所以拒绝给出一个承诺。"好听的故事不能让我得到任何好处，"亨克·克梅斯特咆哮道，"你们把新机器做好再回来找我吧。"特罗斯特听后摔门而出。

几周后，当斯密特访问瓦尔沃在汉堡的芯片厂时，对方也讲了同样的话。这家位于德国的飞利浦工厂当初是被迫购买 PAS 2000 的，它正在使用这台机器，但存在问题。斯密特听到很多否定的声音，他得出结论，这家工厂并不打算听取荷兰总部的指示。这是一个普遍的现象，在意大利为 S&I 工作的时候，他也经常不听荷兰同事的指令。1984 年夏天，斯密特空手而归。美国公司都说不要，甚至母公司飞利浦的芯片厂也都对 ASML 的技术表示不屑。

* * *

这不是斯密特唯一要面对的问题，他还需要为来自飞利浦的疲惫员工打气。更重要的是，来自 S&I 的团队需要与 Natlab 的同事们联手。为了成功开发步进光刻机，他们必须与飞利浦的研究部门密切合作才能确保项目顺利进行。Natlab 是直线电动机的诞生地，但最重要的是光学专家在那里工作，这对 ASML 至关重要。

作为 Natlab 的粉丝，德·克鲁伊夫一直与该研究中心保持着良好的关系。在 ASML 成立后不久，他向 Natlab 的部门主管基斯·布休斯和马里诺·卡拉索（Marino Carasso）介绍了斯密特。卡拉索是负责步进光刻机开发的部门总监，他和斯密特都知道 Natlab 和 S&I 之间的爱恨关系。他们明白，如果 ASML 要成功，那么这种敌对关系必须结束。卡拉索和斯密特计划在 ASML 举行一次会议。

10 名 Natlab 的研究人员前来了解 ASML 的计划，并与十几名大多数来自 S&I 的 ASML 员工一起参加会议。这两支队伍像对峙中的军队。斯密特告诉他们：现有的光刻机是没法出售的，而他们将不得不努力地工作，以夺取市场份额。更重要的是，现在时间不多了。

卡拉索和斯密特一起向小组发表讲话。"好吧，伙计们，"斯密特说，"我们正面临着巨大的挑战。我知道在过去，我们之间因为种种原因有过摩擦，但现在是该握手言和的时候了，因为所有不快都已成过眼云烟，回顾往事对现在没有帮助。我们有一个了不起的项目，这是一场我们想要赢得的战争。因此，让我们撸起袖子大干一场吧。这个房间里的每个人都是牛人，多少都有点脾气，这意味着大家很难相处融洽，但是我们现在没有时间进行磨合。我们必须成为一支梦之队，球需要去哪里，我们就把球传给谁，大家拧成一股绳只为最后射门成功。这里的每个人都已经全力以赴，但现在是齐心协力的时候了。所以如果有问题，现在就告诉我。马里诺和我是好朋友，我们期望和你们也成为朋友。"

卡通演示

贾特·斯密特以幽默的演示方式赢得了员工的信任。毕竟，他们这次终于有机会向世界展示他们的技术。

如何打破消极的恶性循环？自从他第一次发现前飞利浦员工的抵触情绪以来，他一直在问自己这个问题。他知道，团队中的 50 个人极具天赋、经验丰富，但在飞利浦工作多年后，他们所有的勇气都消失了。但是，在征服市场的战役中，一个没有勇气的团队是没有用的。他需要他们比在母公司飞利浦更努力、表现更好。

在 ITT，斯密特看到了积极向上的公司文化的作用。在飞利浦工作时，他看到了截然不同的情况：官僚主义、没有人承担责任的放任文化、内部矛盾的负面影响以及管理层的空头支票。他对这种环境非常反感。在 ASML 任职期间，这种情绪成为他努力创造公司文化的驱动力。对于斯密特来说，这是一个基本的商业准则：要成功，就必须要改变当前消极、负面的气氛。

向 ASML 董事会描绘出战略的第一个大纲后，斯密特斗志昂扬。董事们没有立即否定他的计划，现在是时候让他的员工们振作起来了。虽然关于未来的蓝图在有些方面仍然模糊不清，但他想尽快传达积极的信息。斯密特打电话给 ITT 并向后来成为英国电信和阿尔卡特朗讯的首席执行官本·韦尔瓦延的秘书征求意见，她给斯密特介绍了一位在阿姆斯特丹利用业余时间画漫画的教授。随后，他打电话给这位教授："你能把整个故事变成可以现场演示的卡通片吗？"

* * *

1984 年 6 月，ASML 的员工来到飞利浦娱乐中心，他们的心情很糟。几个月来，他们一直在抱怨。斯密特的小进展很难激发大家的信心。斯密特推了推眼镜，打开了投影仪。在露出第一个微笑之前，他几乎没说一句话。他的演讲内容是搞笑漫画的幻灯片。"哇！"从飞利浦来到 ASML 的弗朗斯·克拉森忍不住赞叹。斯密特将整个故事变成图画，这给这位 30 岁的开发者留下了深刻的印象。斯密特着实在他的演讲上花了些心思，这是克拉森在飞利浦从未有过的体验。

斯密特以响亮的声音阐述了形势。他的声音听起来果断而坚决，不仅如此，还热情洋溢。自从前往 SEMLCON Wset 展会后，他就知道 ASML 有机会从劣势地位跃升到世界舞台的中心。几个星期以来，他一直充满热情。

斯密特用通俗易懂的语言来解释这一切。他告诉听众，在过去的几个月里，他一直未能仔细研究形势，但有几点已经引起了他的注意。"你们有一台很好的步进光刻机，"他一边说一边展示一张幻灯片，并将光刻机描绘成一个小孩的滑板车，"这个概念是正确的，因为我们有一个先进的对准系统。这台步进光刻机基本上没有问题。"

在介绍了所有技术后，斯密特告诉他们需改进的地方。在与乔治和范凯塞尔的谈话中，他注意到机器上存在的所有问题。他一个一个地描述问题和可能的解决方案。然后他说："当然，这一切都要花钱。我们需要在开发、生产、营销、服务等方面进行投资。我们需要人才，我们将进行招聘。"他的员工不敢相信他们所听到的，这里居然有一个人说他还想投资，甚至要引进更多的人。

但斯密特还没有结束演讲。他展示了一张带有数字 1、2 和 3 的领奖台的幻灯片。"先生们，我们要争夺金牌，"他宣称，"我们要成为市场的主导者。"他的听众更加吃惊。斯密特解释了他的意思："你不能说，我要为了银牌而训练，然后看看有没有机会得到金牌。不，在奥运会上获得银牌的人都是为了金牌而训练的。如果你去争取金牌，如果你足够幸运就能赢得金牌；如果运气差点也能赢得银牌；如果你运气实在不好，可能最终排名第六。但在芯片光刻机市场根本容不下 6 个竞争者。"

然后，斯密特向他们说明，ASML 在十大厂商中排名垫底。他告诉他的队员不要因此吓得不敢比赛。他告诉他的员工，几年后该行业将开始生产新一代芯片。这些他们已经知道了，但斯密特还告诉了他们一些新的信息。他预测，这将引起该行业的洗牌：在这 10 家厂商中，无论大的还是小的，有名的还是没名的，包括 ASML，最终只会剩下三四个。他的话充满激情："这是我们唯一的机会，我们必须充分利用这个机会。"

斯密特甚至设法将不被看好的 ASML 描绘成技术赢家。"我们目前可能落于人后，"他说，"但这只是一种错觉。分析师里克·鲁德尔将其他公司排在我们前面，因为他们在客户群和销售方面更加成熟，而不是因为他们的技术更好。其中至少有5家公司完全是个笑话，他们根本不可能成功。"斯密特的演说像美妙的音乐一样飘向他的工程师听众的耳朵中。

斯密特实际上不知道他的竞争对手具有什么样的技术，但他知道如果教练告诉球员自己的队伍比对手强很多，奇迹就可能发生。"伙计们，虽然我们现在还没有产品上市，但我们一定会成功的。"

第一条招聘广告

ASML首次公布了其招聘职位。贾特·斯密特未经授权使用了飞利浦的标识。

1984 年 4 月底，PAS 2500 的发展蓝图刚描绘完成，贾特·斯密特、理查德·乔治和约普·范凯塞尔就立即投入招聘新人的工作中。他们该如何在 2 年之内找到数百名工程师来开发和制造这台新机器呢？斯密特建议他们立即开始招聘工作。斯密特把目光投向了荷兰以外的地方。他告诉乔治和范凯塞尔："荷兰的制造业已经一塌糊涂了，这个国家已经摧毁了整个工业。荷兰已经不适合发展制造业了。这是一片商人的土地。加工行业很重要，但我们这里没有高科技的制造文化。"

ASML 需要几十位涉及各个学科的人才：软件、电子、机械、光学、测量和控制技术等，还需要通晓精度、系统开发，以及能够非常精确地将所有这些部件组合在一起的人。斯密特对范凯塞尔眨眨眼，说："我们需要有勇气的人。"

斯密特建议他们在巴登 - 符腾堡州的斯图加特附近寻找工程师，那里是德国的高科技机械制造集中地，离荷兰有 300 英里远。"去那里有很长的路要走。"乔治和范凯塞尔说。两人都在本土技术行业拥有更多的经验。1984 年年初，荷兰陷入经济衰退，两人认为这可能是招募本土员工的好时机。

但最有经验的工程师在飞利浦、福克和一些小公司，比如 Old Delft 和 Enraf Nonius 等 ASML 已经承诺飞利浦不会去挖它的墙脚。但是，斯密特盘算说："如果工程师自己来应聘广告上的职位，飞利浦应该就不会说什么了，对吗？"他们想好的招聘策略是：ASML 可以把自己此次的招聘活动作为飞利浦的招聘活动。

斯密特要求 10 位同事在 5 月的 4 个晚上从晚上 6 点到 10 点通过电话回答申请人的问题。这样，在电话中就可以进行第一轮淘汰。斯密特还决定在广告中使用飞利浦的标识，尽管他知道这是不被允许的。不少申请人寄给 ASML 的申请信上注明"转交飞利浦公司"，这说明这些求职者是想去一家大公司。

1984 年 5 月 11 日，每周招聘报纸 Intermediair 刊登了 ASML 有史以来的第一条招聘广告。该公司欣然地将自己描述为"ASM 与飞利浦科学与工业部的合资企业"。ASML 表示，它利用了"飞利浦的研究成果和专业技术以及 ASM 的全球营销经验"。它还介绍了其产品："用于芯片制造的核心步进光刻机使用极其先进的技术，以高速和完美的精度将图案光学蚀刻到晶圆上。这是一款世界上独一无二的设备，是飞利浦 10 年研究的成果。"该公司希望为在各学科受过良好教育的工程师们提供在"世界最前沿领域"工作的机会。

* * *

"这个职位看起来不错。"维姆·亨德里克森（Wim Hendriksen）说，他在附近的位于贝思特镇的飞利浦医疗公司担任软件工程师。他向妻子大声读出那则招聘广告："ASML 是一家典型的高科技公司，计划在不久的将来征服全球市场。公司采用现代社会规范，员工可在自由发挥和纪律之间实现健康生活与工作的平衡。"

亨德里克森不知道步进光刻机是什么，但其技术挑战很大，这对他很有吸引力。他了解到，这项工作涉及"软件、电子、机械、光学、测控等各种现代技术"。广告中描述道："ASML 正在寻找在这些学科中深耕并极具团队精神的专业人才，他们将帮助公司成为世界领导者。具有开拓精神的专业人士一定能认识到，这家独特的合资企业能提供大量的职业机遇。"广告所体现的进取精神吸引了亨德里克森，他被打动了："我要去应聘。"

亨德里克森还谈到，ASML 打算在未来几年内发展到几百名员工，收入达数亿美元。他喜欢这种使用清晰明了的数字来表达的方式。"这意味着每位员工创造大约 50 万美元的营业收入，"他告诉妻子，"我认为医疗公司不可能做到这一点。"

广告中还说，不需要回信发简历。有兴趣申请的人可以在晚上 6 点到 10 点之间打电话联系。这种做法在那个时代是非常特别的。第二天晚上，亨德里克森打电话时刚好是理查德·乔治接电话，两人立即安排会面。Intermediair 上的广告没有明确表示在 ASML 工作就是在飞利浦工作，但看过该广告的人都这样以为。ASM 和飞利浦的标识在广告上十分醒目。这让斯密特受到了母公司飞利浦的责骂，但他假装自己不知道这是不可以的，并承诺不会再发生这种事。

ASML 实现了它的目标，广告吸引了大约 300 名申请人，斯密特和他的管理团队对荷兰的人才如此充足而感到惊讶。糟糕的经济形势使得国内有许多待就业的工程师，这使他们有机会雇用了近百人。斯密特决定先对这些工程师进行两周的培训来帮助他们熟悉光刻机，并请唯一来自 ASM 的员工黑克·弗里马（Heico Frima）来编写一门入门课程。

06

截止期限

1984—1986

商业计划

ASML的第一个商业计划是一份纲领文件。贾特·斯密特竭尽全力筹集资金：善意的谎言，夸张的数字和不切实际的目标。但他自己有一个清晰的愿景。

根据对芯片市场的选择性预测，加上理查德·乔治、约普·范凯塞尔、吉尔·詹森和首席财务官杰拉德·韦尔登肖特提供的信息，贾特·斯密特在1984年夏天提出了一个雄心勃勃的商业计划。芯片行业正在蓬勃发展，对设备的需求量远远超过了供应量。ASML的团队援引分析师的话说，在可预见的将来，形势仍将如此乐观。分析师的报告充满了鼓舞人心的数据。

ASML的管理团队从里克·鲁德尔、Dataquest和行业期刊 *Electronics* 的报告中获得了各种数据。这些报告中的预测都有些不同，但斯密特将其总结为良好的态势，并预测未来将出现直线增长：1988年全球步进光刻机的销售量将为1,200～1,800台，总价值将为8.4亿～12.6亿美元。

计划中的论据和数据被有倾向地用来解释市场状况，这是个善意的谎言。斯密特和他的团队需要资金，很多资金。因此，他们于1984年8月6日发送给ASML股东和管理团队的商业计划是一份高度形式化的文件。其主旨为：随着时间的推移，公司会赚大钱。计划中所描绘的蓝图必须吸引股东尽可能多地投资。

对于任何了解ASML真实情况和对半导体市场有所了解的人来说，这份商业计划是非常荒谬的。例如，斯密特在文件中说，公司将在1986年1月1日仅用18个月就为下一代芯片设计交付一台新机器——可首次用于VLSI芯片生产测试的机器。斯密特甚至写道，他计划一次开发并制造10～15台光刻机，这将是了不起的成就。但是在那时，这种精密机器的生产准备时间不出意外都至少需要18个月。

乔治一直告诉管理团队，斯密特的远大计划是完全不现实的。斯密特声称，

ASML 将在 1986 年出售 60～70 台光刻机，因此公司将实现它的目标——在那一年盈利。"这意味着我们必须大规模生产，并在两年内发售机器，"乔治告诉斯密特，"这绝不可能。"

乔治还有其他的不满。斯密特声称，公司的研发人员需要在 1985 年迅速增加到 80 名，并预测研发团队的规模在随后几年内基本保持不变。"这严重低估了实际情况。"脾气暴躁的乔治对斯密特吼道。

但 ASML 的首席执行官有一个更高的目标。他必须表明，整个项目不是一个亏钱的生意，速度是至关重要的。ASML 正在与另外 9 位竞争者比拼谁先研发出下一代机器。时间期限只有短短的两年。为了实施他的战略，斯密特需要 1 亿美元。他非常清楚，这个数额是他的股东们完全不能接受的，所以他改成了 5,000 万美元。这也是斯密特有意在商业计划中将研发人员人数的估计值设定在较低水平的原因。实际上，他根本不在乎数字，而只想全速推进项目。他将在几个月内聘请 100 多名开发人员，1985 年 ASML 将继续招聘工程师。

* * *

这家只有 4 个月历史的公司的远大计划是什么？其商业计划显示，到 1988 年年底，该公司应跻身全球三大步进光刻机供应商之列；1986 年，公司应该扭亏为盈；3 年后的 1989 年，它计划还清所有债务。斯密特写道，在登顶的路上，ASML 首先必须穿越一个深谷。到 1985 年年底，其累计亏损将达到 2,000 万美元。"与潜在投资者的谈判已经开始了，"他写道，"我需要 5,000 万美元，我们正面临着一项复杂而且影响深远的任务。"斯密特还在商业计划的总结中写道："不仅仅是因为我们已经没有多少时间。市场就在那里，我们提供的产品经过检验且具有竞争力。目前我们面临的挑战是在短时间内制造足够多的机器，并抢占所需的市场份额。"

斯密特写道，ASML 内部拥有所有的关键技术，成功将机器推向市场只是组织工作的问题。他无数次强调，如果成功，回报将是巨大的。"我们会成功雇用所需的人力资源，并成立一家人均收入为 50 万美元的高科技公司，这个计划没有可行的替代方案。"他用坚决的语气结束了报告。

C. Manpower:

    End of year number
                    | 84 | 85 | 86 | 87

    2000 | 12 | 5 | 4 | 2

    2500 | 30 | 42 | 26 | 15

    3000 | 1 | 15 | 30 | 45
    ----
    support | | | |
    facilities | 11 | 14 | 14 | 16
    ----
    management | 4 | 4 | 4 | 4
    ----
    total | 57 | 80 | 79 | 83

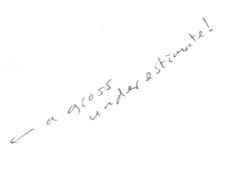

    - no PAS 2000 sales after 1985

    - no estimate for work on new technologies.

D. Capital Investments

    . Computer for software development
    . Planning and CAD/CAE tools
    . Machine shop
    . test equipment

    in m Hfl. | 84 | 85 | 86 | 87 |
    ----
    total | 2.0 | 2.1 | 2.1 | 2.5 |

E. Milestones:

    - detailed agreement on Nat.Lab. collaboration   Aug. 1984
    - idem   on CFT   Sept. 1984
    - setting up projectteams and detailed planning   Sept. 1984
    - introduction new development procedures   end 1984
    - setting up CAD team   end 1984

　　在 ASML 于 1984 年 8 月提交的商业计划中，贾特·斯密特尽可能地将员工数量的估计值设定得较低，以使他的投资计划能顺利通过。负责 PAS 2500 系统开发工作的理查德·乔治从另一个角度解读这个计划。他在商业计划书副本的空白处写道："这严重低估了！"

　　乔治的判断是正确的。1987 年年末，参与研发和生产的工程师的数量将是斯密特在 1984 年设定的估计值的近 4 倍：不是 62 人，而是 218 人。其余员工（行政、销售和营销）的数量将增长到 162 人，是斯密特最初估计的 8 倍。

斯密特的商业计划在各方面都十分乐观。他仍然打算出售几十台油压驱动的 PAS 2000。事实上，他知道这是不太可能的。各方消息都认为，芯片制造商对这种滴着油的机器不感兴趣。不仅如此，机油系统的发电机比光刻机本身都大，并且产生了很多噪声，需要定制外壳来减少噪声。但显然，ASML 仍希望将其库存硬卖给那些想要尝试其高级对准系统的公司。

事实上，ASML 在飞利浦工业园区的 TQ 大楼中的员工仍然忙于油压驱动型步进光刻机的研发工作。合资企业在刚成立时，在母公司 ASM 的坚持下买入了大量零件。

1984 年 8 月，ASML 仍然没有放弃油压装置。事实上，这家制造商计划在同月为另外 10 台 PAS 2000 订购零件。"以防我们需要生产的 PAS 2000 的数量超出预期。"商业计划书中写道。

斯密特过度夸大了 PAS 2000 的竞争力。例如，商业计划书说，该系统是可靠的，并在生产环境中得到检验。据称，油压驱动的步进光刻机在产品良率和产量上击败了由 GCA、尼康、Perkin-Elmer 公司和优特公司制造的机器。其良率优于市场上的其他产品，只有优特的投影扫描光刻机在吞吐量上超过 PAS 2000。

然而只要一瞥就可发现这台光刻机的弱点，于是谎言就被揭穿了。尽管假设将售出大量 PAS 2000，但商业计划里明确指出的一些基本要求，如电动工作台、处理 6 英寸晶圆的能力以及更大视野的镜头，这台机器都不具备。"PAS 2000 的基本功能是无可比拟的，但这些根本性的缺点使它无法大量出售。"该商业计划还坦诚地说明了售后服务和客户承诺情况。在这些方面，PAS 2000 的得分明显低于竞争对手。

1984 年 8 月，ASML 仍然乐观地认为会有客户愿意尝试 PAS 2000。无论如何，这些不利因素并没有阻止斯密特预测当年将再出售 4 台油压驱动的步进光刻机，虽然当时只剩下 4 个月的时间了。1985 年，他的目标是卖出 20 台。他的目标设定基于这样的假设：芯片制造设备仍然是卖方市场，芯片制造商会购买他们能买到的任何东西。

这个商业计划在某种程度上仍沿用了飞利浦的思维模式：这台机器的对准系统非常先进，在这个急需生产设备的技术驱动型市场中，芯片制造商将乐意尝试用 PAS 2000 进行生产测试。他们将购买它们并期待着"1986 年年初更有竞争力的 PAS 2500"，而 PAS 2500 在带有电动晶圆台的同时取消了油压驱动系统。

＊　＊　＊

　　这个商业计划还表明，ASML 在满足潜在客户需求方面面临着许多重大的问题。很明显，光刻已经发展成为一种战略技术。芯片制造商知道他们在相当长的一段时间内与光刻机供应商的关系是密不可分的，这使得稳定性和耐用性变得非常重要。他们的选择也是非常看重技术的，他们希望芯片设备制造商已经具备与大公司合作的实践经验。

　　事实上，ASML 几乎无法满足这些要求。有盈利的 ASM 和庞大的飞利浦的支持，公司只能证明其在财务上相对稳定。此外，它目前拥有一张技术王牌：能够实现精准套刻的对准技术。但由于这项技术被应用于油压驱动的机器中，这使得整台机器实际上都是无法出售的。

　　斯密特转而为解决方案开展繁忙的营销活动。1984 年年底，他想在行业报刊上宣传 ASML 无与伦比的对准技术。然后在 1985 年上半年，他想在商业媒体上进行第二轮营销活动，强调 ASML 对客户的长期承诺。他还想在服务和售后支持上大力投资。

　　这两次营销活动和作为测试机器售出的 PAS 2000，从销售理论上说会在 1985 年下半年为 PAS 2500 带来订单。这是一个乐观的预测。ASML 甚至想在美国和日本实现开发和生产，毕竟 90% 的市场在这两个国家。1984 年他们在美国凤凰城建立了一个演示实验室，1985 年建立了销售办事处，1986 年建立了生产设施，并在硅谷建立了第二个演示实验室。斯密特计划 1988 年在日本也照搬这样的模式。如果到那时年产量超过 300 台，ASML 将加快其国际扩张的步伐。

＊　＊　＊

　　围绕半导体市场的炒作对斯密特有利。但几个月后，灾祸来临，经济衰退将使芯片行业在未来 3 年内都处于低谷。但是在 1984 年 8 月，还没有任何灾难即将来临的迹象。ASML 的商业计划大胆预测光刻机的市场在未来 4 年内都将呈直线增长。

　　这并不是说没有麻烦，斯密特和他的管理团队确实看到了一些即将到来的难题。他们写道，光刻机供应商在 1984 年和 1985 年将继续享受卖方市场，但之后的竞争将加剧，从而产生定价压力并最终导致价格下滑。他们预测，ASML 的 9 个竞争对手最终只会剩下 5 个。

这一判断也完全取决于大量的资金投入。斯密特强调，半途而废是浪费精力；如果他们这样做，ASML 肯定会在几年内倒闭。如果市场保持线性增长，ASML 最好的情况是在 1988 年销售 400 台光刻机；如果情况不那么乐观，他们仍然能卖出 250 台。这将使 ASML 占据 25% 的市场份额。这家荷兰公司计划在美国销售大部分光刻产品，在日本和欧洲销售其余产品。当时，日本已经拥有 45% 的芯片市场，和美国一样。

* * *

尽管存在各种公司政治、夸大的数字和极不现实的目标，ASML 的第一个商业计划是富有远见的。斯密特描述了定价和产品差异化的战略选项，并得出结论：他的公司需要专注于降低生产芯片的成本。换句话说，就是只要能低成本地产出芯片，设备就可以卖得很贵。即使在他的第一个商业计划中，斯密特也认为降低拥有成本是维持公司长期发展的最佳方式，而不应像其他设备供应商和竞争对手那样只是寻求倾销旧库存。

简单地说，晶圆光刻机无异于"印钞机"。只要它够快，机器的成本就无关紧要了。能够交付比竞争对手"印钞"速度更快的机器，就可以收取更多的费用，而价格在销售过程中起着次要作用。斯密特认为："这就是我们确保高投资能得到高回报的方式。"

正如斯密特所写的那样，从投影扫描光刻机到步进光刻机的行业转型，突显了拥有成本战略的价值。步进光刻机比投影扫描光刻机贵得多，而且由于曝光过程较慢其启动效率要低得多。但是，步进光刻机的极高精度可制造质量更好的芯片，并使投射更小的电路图成为可能。因此，同样的芯片只占用更小的晶圆，从而大大降低了生产成本。

拥有成本将成为 ASML 销售和营销战略的核心。在 20 世纪 90 年代，ASML 未来的首席执行官威廉·马里斯（Willem Maris）将其称为"所有权的价值"。从技术上讲，电动晶圆台将是 ASML 实现步进光刻机高吞吐量的基石。但是在斯密特提出他的商业计划的时候，Natlab 的该项技术还没有发展成熟，尚不能进入应用阶段。

＊　＊　＊

ASML 的商业计划中收集的知识提供了一个相当不错的机会来考察光刻机领域。它表明 GCA 已经面临压力，并正确地预测了这家美国光刻机供应商将失去市场份额，即使他们不是很清楚原因。根据 ASML 的商业计划，市场领导者拥有高销售额和完善的服务，但实际上到 1984 年夏天，GCA 的服务已经非常糟糕了。该计划还正确地指出，尽管有改进的方法，但 GCA 的步进光刻机不是很先进。

当时，佳能和 Perkin-Elmer 都是迅速增长的厂商。两家公司主要供应光刻机，他们的市场份额分别为 1% 和 5%。然而，分析师预测，未来 4 年，他们的市场份额将分别增长到 15% 和 23%。对 Perkin-Elmer 的预测主要基于公司的声誉，多年来，它一直主导着光刻机市场。

分析师预测，Perkin-Elmer 在美国和欧洲的强大的专业销售组织将刺激公司通过收购 Censor 来获得步进光刻机业务的大幅增长。ASML 的商业计划简要地描述其美国竞争对手"可能成为市场领导者"。对佳能的主要预测与未来几年的实际发展大致相同，但 Perkin-Elmer 实际上在几年后退出了市场，因为 Censor 的步进光刻机技术性能不佳。

总之，这份商业计划是一次关于积极思考的了不起的实践。斯密特写道："没有一个供应商拥有绝对的优势地位，只有 GCA 和尼康有限地例外。""有限"一词表明，斯密特还没有意识到尼康有多强大。他的预测是基于该公司第一代声誉不佳的产品：尼康的早期机型主要是基于 GCA 的机器研发的，这些机器需要操作员不断调整设置来维持运行。欧洲显然与美国厂商一样对尼康的新机器的先进一无所知。这也是斯密特认为他有 2 年时间提高销量的原因之一。

由于他访问了奈梅亨的 Elcoma 和汉堡的瓦尔沃，斯密特非常了解芯片制造商对战略光刻技术的看法，以及在这个市场站稳脚跟是多么困难。他的 SEMICON West 展会之行只是让他更确信这一观点。GCA 是最早进入市场的，自 1978 年以来，它占据了相当大的市场份额。而尼康近年来成为了后起之秀。但所有这些都没有阻止斯密特志存高远。

＊　＊　＊

商业计划也反映了20世纪80年代初人们对芯片技术发展的殷切期望。显然，Perkin-Elmer公司销售的1∶1投影扫描光刻机的黄金时期已经过去。由于晶圆越来越大，这些机器的性能也濒临极限。商业计划认为，投影扫描光刻机的市场规模将在1983年和1984年达到顶峰，这一说法在随后几年成为现实。

与当时的预测完全一致，商业计划预测光学技术将在10年内达到极限。几乎每个人都同意，可用光源的波长是芯片成像的限制因素。正如投影扫描光刻机一样，重复曝光光刻机的寿命也有限。

事实上，ASML的三大目标之一是在20世纪80年代末成为公认的光刻设备量产供应商。该计划清楚地表明，在制造芯片的光学方法方面，该行业目前仍有很多不确定性。这就是发展电子束光学和X射线光刻技术成为其第二要务的原因：可以用来争取前三名的市场地位，但需要先扭亏为盈并偿还所有债务。

当时业界对电子束直写技术抱有很大期望，但使用X射线进行1∶1成像也是备受关注的话题。例如，在20世纪80年代，尼康仍在全力研发能产生芯片制造所需的平行X射线的同步加速器。里克·鲁德尔在1985年关于光刻机市场的报告中写道："如果您的公司没有积极的X射线开发计划，请马上制订一个。"ASML的商业计划遵循这一逻辑。斯密特写道："有迹象表明，人们对晶圆加工设备的电子束直写技术越来越感兴趣，这使得这些技术对20世纪80年代后期的持续发展至关重要。"人们对X射线成像存在疑问，但斯密特注意到尼康正在进行相关研究，并表明Perkin-Elmer也在研究这项技术。

简而言之，ASML的商业计划表明，在1984年，人们对光学光刻技术是否具有这种持久力完全不清楚。该计划预测，光学光刻技术将在1990年达到顶峰，电子束直写和X射线成像等新技术将在1994年超过它；到2000年，光学光刻技术将走到尽头。

商业计划也很好地概述了当时的先进技术。1984年，最先进的芯片工艺生产细节为1～1.5微米，使用的步进光刻机的叠加精度为0.35微米。1988年，芯片工艺生产细节为0.8微米，叠加精度为0.2微米。在这4年中，成像光场的边长从14毫米增加到18毫米。新兴的MOS技术尤其需要更大的曝光场。主要的芯片制造商很快将在8英寸的晶圆上制造芯片。

190

*   *   *

ASML 的第一个商业计划尽可能详述了它的战略。合资公司的目标是在 4 年内生产 300 多台机器，该公司计划在埃因霍温以南几英里远的维尔德霍芬的新工厂组装它们。自己制造一切是不可能的，因此尽可能外包是公司的关键战略之一。不仅仅是单个部件，公司还计划外包完整的子组件的生产。商业计划委婉地指出，ASML 正争取与飞利浦在附近的阿赫特自治市的机器工厂做出"特殊安排"。然而，事实上，对于斯密特和他的生产主管范凯塞尔来说，这已不再可行，飞利浦的部分子公司不能按时交货早已是人尽皆知的事实。

斯密特并不期望这家荷兰制造商能够满足光刻误差极其微小的要求，并建议他们在德国西南部的巴登－符腾堡州寻找供应商，该州有许多高科技公司，包括光学专业设备制造商蔡司。但令他大吃一惊的是，范凯塞尔很快宣布，他在附近已经找到了合适的供应商。大型机器制造商对像小型公司 ASML 这样的有风险的客户不屑一顾，但两位小型专业公司 G. van der Leegte 和 Nedinsco 愿意合作。

在那时，大多数机器工厂都做大量的粗拉和铣削工作，但 ASML 的要求更高。G. van der Leegte 一直都从事工具制造工作，以极高的精度制造一次性或小型实验性产品。该公司拥有电极丝熔蚀和芯片沉积等专业技术，可制造精细的机械部件，如铸币机和注塑模具。因此 G. van der Leegte 的加工费更高，但它正是 ASML 正在寻找的那种公司。

像 G. van der Leegte 这样的小公司靠飞利浦看不上的生意为生。飞利浦这种大公司自己生产所有部件，但其在阿赫特的机器工厂却因不可靠而臭名昭著。该工厂从未按时交货，因此飞利浦的业务部门经常求助于外部供应商。ASML 的要求对 G. van der Leegte 来说是一个颇大的挑战，但该公司渴望掌握这种精密技术，其所有者杰拉德·范德利格特（Gerard van der Leegte）也准备为此而努力。

在 20 世纪 80 年代后期，像这样的小供应商能接到像 ASML 这种规模的订单就足以维持运营。随着飞利浦的进一步衰落，这些供应商的兴衰开始与 ASML 密切相关。因此，ASML 著名的外包生态系统的种子是在那些年种下的。

*   *   *

斯密特和他的管理团队希望加快发展速度。根据市场估计，研发部门需要在

191

1986 年 1 月 1 日前交付 PAS 2500 的原型；6 个月后，该机器必须能够进行批量生产。ASML 计划在两年后生产新一代步进光刻机；1988 年 1 月，研发部门能够将 0.7 微米的细节成像到 18 毫米见方的光场。

这种研发的投资将是巨大的。为了缩短开发时间，ASML 打算雇用更多员工，外包也是发展的必然。比如，Natlab 和 CFT 是专注于设计电动晶圆台和改进对准系统的内部供应商（参考附录 9）。

与此同时，斯密特正在与 NMB 银行和经济事务部谈判，以确保融资、信贷以及商业计划在掌控之中。

地标

ASML希望将其办公室迁至维尔德霍芬——在A2高速公路上可以看到的地方。邻近的城市埃因霍温和桑镇试图阻止ASML搬迁。

1984 年夏天，飞利浦工业园区内匆忙建造起了简易房，来容纳 ASML 的管理团队及其财务、营销和人力资源部门。在那里，贾特·斯密特和约普·范凯塞尔对新的公司地点进行了规划。斯密特的设想是一座散发着高科技气息的雄伟建筑，这样在埃因霍温地区的每个人都会注意到 ASML 的存在。他想要一个地标建筑，一在视觉上有冲击力、夺人眼球的大楼。在潮湿的荷兰，斯密特想要建造一个像硅谷一样的总部。

在ASML迁至维尔德霍芬之前，其管理团队、办公室员工和人力资源部门只能待在TQ大楼附近的几间狭小的简易房中，该公司就在那里开发光刻机。

他们很着急，由于 1985 年 8 月要开始量产，之前没有具体考虑过大楼的事，而且这栋大楼需要具有不同化学级别的超净实验室和装配区域，以及用于机器测试和集成的密闭空间；同时，其要求必须隔绝振动，所以该建筑需要一个特殊的地基。

ASML 的首席执行官还有一些个人愿望。他的家人后来搬到了大约 30 英里外的一个小镇上，他告诉范凯塞尔，他希望能够从火车站骑自行车去上班。ASML 的生产主管提议了维尔德霍芬市，斯密特则喜欢贝斯特市飞利浦医疗公司附近的空地。

过了一阵子，建筑师罗伯特·范阿肯（Robert van Aken）为他设计了一座引人注目的建筑。范凯塞尔将图纸发送到维尔德霍温和贝斯特的市政厅，询问这两个地方是否欢迎 ASML 引人注目的新工厂入驻。哦，顺便说一下，在 4 年内工厂将雇用 300 多人，其中 2/3 拥有大学学位。在一个饱受失业困扰的国家，这是一个非常有吸引力的计划。贝斯特的市长当晚就给范凯塞尔打了电话，并邀请斯密特来他家吃晚饭。

3 英里外，维尔德霍芬的市长和市议会也讨论了这件事。ASML 把目光投向了高速公路旁的一片土地，名为赫特阿克凯因德。ASML 的诉求与一年前该市向省议会提出的要求相吻合。维尔德霍芬希望将赫特阿克凯因德从乡村划为城市。该市有娱乐设施，但重新分区后也将允许无污染工业使用。

位于维尔德霍芬的赫特阿克凯因德，之后在这里建造了 ASML 的第一座工厂。这张珍贵的历史照片是由赫尔曼·范希克的妻子安妮 - 玛丽·范希克 - 沃尔贝达（Anne-Marie van Heek-Volbeda）拍摄的，她在 20 世纪 70 年代参与制造了飞利浦的 SiRe1。

维尔德霍芬的领导人反应迅速。议员约翰·史蒂文斯（Johan Stevens）与斯密特会面，并立即致电邀请当地媒体参加第二天他在市政厅召开的发布会。在会上他宣布了令人兴奋的消息：他正在与 ASML 谈判，ASML 将在 3 年内在维尔德霍芬创造 300 个就业机会；虽然还有一些问题要解决，但问题不大。

1985 年 8 月 22 日，该地区主要报纸的头版头条标题是"维尔德霍芬可能赢得 ASM 和飞利浦的合资工厂的投标"，并以"1988 年新增 300 个就业岗位"为副标题。在就业率创新低之际，该报终于可以报道一些好消息："该建筑群将包括 35,000 平方英尺的工厂和 25,000 平方英尺的办公空间。"

议员史蒂文斯将这事处理得很好。他利用报纸采访，将维尔德霍芬未来的居民描绘成全球参与者，并称 ASML 将驾驭芯片行业爆炸式增长的浪潮。该报援引史蒂文斯的话说：1988 年，美国和日本的芯片制造商将花费 10 亿美元购买步进光刻机，其中大多数将产自 ASML。

* * *

议员巧妙地概述了维尔德霍芬的优势。这片土地非常符合 ASML 提出的要求：赫特阿克凯因德靠近高速公路出口，这对公司的国际业务很重要；这个位置非常显眼，将很好地展示公司。这篇文章详细地对比了史蒂文斯的小镇与同规模的相邻城镇。记者指出："众所周知，维尔德霍芬的工业用地比埃因霍温要便宜得多。"

史蒂文斯在非正式场合也很高明。他带斯密特前往省会登博什，在那里 ASML 的首席执行官可以向荷兰前首相、现任女王专员的德里斯·范阿格特（Dries van Agt）讲述他的激情故事。不久之后，该省批准了该项目。"ASML 可能搬到维尔德霍芬的赫特阿克凯因德，"地区报纸报道，"有着英俊的艺术家形象的建筑师罗伯特·范阿肯被委托建造这座建筑。""ASML 不该在普通的工业园区，"该文章写道，"但维尔德霍芬的赫特阿克凯因德的南部区域显然满足了这家公司的所有需求。"

* * *

因此，ASML 选择了维尔德霍芬。附近的贝斯特市市长坦然地接受了他的失败，但埃因霍温和桑镇的市领导并不开心，因为这两个城市有许多工业园区空无一人。当他们得知 ASML 选择了一片休闲用地后，他们带着沮丧的情绪将 ASML 告到荷兰最高法院。当斯密特听到这两个城市和埃克斯克里吉特工业园试图阻止该省的决定时，他非常愤怒。

ASML 的时间很紧，但要等事情解决后，它才能开始施工。建筑必须在 11 月 1 日之前破土动工，但案件要到几天后才能开庭审理。"真是混蛋，"斯密特在范凯塞尔面前吼道，"政府应该帮助你、支持你，但他们反对我们。不管他们说什么，我们都要开始建造厂房，如果他们反对，可以打爆我的头！"

在接下来的几天里，斯密特打电话给最高法院的一位大法官。他在 ITT 的时候就认识这个人，他们和几位著名的政府官员都曾是一个咨询小组的成员。法官回答道："别说了，不要再说一个字，再说下去我会丢饭碗的。"但斯密特只是想让法官告诉他，哪个专业的律师能搞定这种事情。法官给了他一位位于阿姆斯特丹的教授的电话号码，"他是空间规划领域的权威专家。"大法官说。

愤愤不平的斯密特不会让建筑许可证闲置，即使最高法院可能宣布它无效。10 月 12 日，第一辆推土机在赫特阿克凯因德隆隆驶过，铺设了一条通道。承包商 IBC 建议他们等待最高法院做出判决再为地基开桩，但愤怒的斯密特听不进去："我希望你现在打这些桩！无须等待审判！"

地区文件给了斯密特一个机会来解释他不选择普通工业园区的原因。"与我们的无尘实验室相比，医院的手术室就是一个垃圾带。"他说。选择维尔德霍芬是合乎逻辑的，因为它靠近 Natlab 和飞利浦的机器工厂。尽管整个事件使斯密特火冒三丈，但在公开场合，这位 ASML 的首席执行官还是会克制言辞。"很明显，我们在谈判中没有威胁任何人，"他在文件中说，他指的是在与这 4 个候选城市的谈判中，"我告诉他们机不可失。我们想在 11 月破土动工，稍有延期都会带来灾难性的影响。我们本可以选择在美国或日本建造这个工厂，毕竟我们的主要客户都在那里。"

公众舆论普遍支持 ASML。在一篇题为"城镇间对 ASML 的争夺毫无风度"的文章中，地区工会对当地政党大发牢骚：政治博弈对他们来说比选民的就业更重要吗？地区职业介绍所也谴责当地政党的行为。

在最高法院审理此案之前，报纸甚至用了整版来总结目前的情况。版面标题赫然写着"步进光刻机将是世界潮流"，标题下面是一张大照片，照片中有赫特阿克凯因德，还有一个打桩机驾驶员在工作。"没有人期望 ASML 在维尔德霍芬的新总部停止建设。"副标题写道。其中一篇文章中出现了范凯塞尔的照片，他正自豪地解释 ASML 究竟是做什么的。

斯密特的同事们则开始展露自豪的笑容。这家当时只有 100 名员工的小公司已经连续数月为公众所热议。成立不到一年，ASML 就已经让人注意到了。

斯密特和范凯塞尔以及他们的律师一起准备案件，不放过任何细节。在听证会当天，他们带来了拟建建筑的照片和比例模型。主审法官对此印象深刻。更重要的是，这位法官本来就讨厌法律的条条框框，他期待看到什么是真正的公平。最后 ASML 获得了建筑许可。

回到Elcoma

乔治·德·克鲁伊夫带着贾特·斯密特去拜访Elcoma。他们遇到了基斯·克里格斯曼和威廉·马里斯，Elcoma承诺购买ASML的机器，只要它能按时交货。

贾特·斯密特雄心勃勃的计划很快在飞利浦的老朋友圈里传开了。飞利浦的荷兰分部主管费迪南德·劳文霍夫（Ferdinand Rauwendoff）听说这件事后，热情地对 S&I 的技术董事、ASML 董事会成员乔治·德·克鲁伊夫说："我们飞利浦终于又有了一个敢于创造不同的人！"

德·克鲁伊夫也对这家年轻公司的雄心壮志感到兴奋，但他正面临一个重大问题。虽然他是 ASML 监事会的主席，但他依赖飞利浦的董事会将合资企业的资本翻倍。斯密特要求一笔巨额投资。ASM 和飞利浦已经增加了 300 万美元的支出，但这仍然不够。

德·克鲁伊夫知道 Elcoma 是关键，如果他能让该工厂的管理层对 ASML 的光刻机感兴趣，那将给飞利浦的高管们发出一个积极的信号。因此，在斯密特向监事会提出他的商业计划后不久，德·克鲁伊夫建议他们一起拜访负责 Elcoma 芯片厂的基斯·克里格斯曼。

斯密特并不期望得到多少。几个月前，他和维姆·特罗斯特一起拜访了 Elcoma，他们的会面并不愉快，当时咖啡的涩味至今仍在口中挥之不去。但他知道他必须赢得飞利浦的芯片厂的信任，不仅仅是为了资金。ASML 如果不供应其大股东，那么也就失去了在其他芯片制造商中的声誉。此外，这个客户只是一路之隔，如果卖给它第一台机器，就能非常方便地进行试运转和操作故障排除。

* * *

5 年后将成为 ASML 首席执行官的威廉·马里斯正和基斯·克里格斯曼共同

运营当时飞利浦最雄心勃勃的项目之一——Megachip 项目。

这个项目与西门子合作开发，西门子在芯片技术方面落后于日本竞争对手，正奋力追赶。飞利浦和西门子希望开发非常先进的内存芯片生产技术，这种芯片可以存储 100 万比特的数据，因此被称为 Megachip。这个有野心的联盟将进行一次巨大的尝试，预算投入也相当高。虽然飞利浦那时正在削减各方面的成本，但克里格斯曼却有一张几乎空白、可以随便填的支票：他获准投入高达 7 亿美元。在 Natlab，Megachip 项目正在全面展开。飞利浦的研究人员可以在那里获得最先进的设备，以使欧洲重新征服全球芯片市场。Natlab 甚至为该项目开发了几款光刻机，作为 ASML 光刻机的备用方案。

时间很紧，这对于项目的设备供应商来说一样。1986 年 4 月 1 日，飞利浦希望收到用于生产 Megachip 存储器的设备，它将在 3 个月后决定购买哪种设备。克里格斯曼告诉德·克鲁伊夫和斯密特："然后我们将决定哪些设备适用于大规模生产。"

* * *

斯密特公布了他的计划：ASML 可以在 1986 年 4 月 1 日按时交付，因为 ASML 内部设定的期限是 1986 年 1 月 1 日。到现在为止，他已经多次推销自己公司的产品，并做出了积极的承诺。克里格斯曼对此印象深刻。Elcoma 的主管坦率地提出他的要求：他想在 1986 年 4 月 1 日收到第一台 PAS 2500，不能晚一天。"否则，我就会选择尼康。"他警告说。

如果 ASML 满足要求，并且这些机器通过了 Elcoma 的测试，那么克里格斯曼将为 Megachip 项目购买 PAS 2500。斯密特对此感到很吃惊。他知道克里格斯曼没有受到飞利浦文化太多的影响，他是从霍尼韦尔来到这个项目的，但他仍然对克里格斯曼的建设性态度感到惊讶。不过这些要求并不低，ASML 只剩下 18 个月的时间来开发并生产一台机器。

斯密特与克里格斯曼和马里斯的会晤是 ASML 发展史中的一个里程碑。虽然 Elcoma 在奈梅亨的芯片厂的经理们建议他们的上司不要与 ASML 做生意，但这两位 Megachip 项目的负责人都表达了对斯密特的支持。斯密特大胆提出用老式的油压驱动的步进光刻机，但克里格斯曼和马里斯坚决反对。

克里格斯曼不仅支持斯密特，还给了他一个极高的报价。他邀请这位 ASML

的首席执行官参加每月一次的会议，这是他和马里斯讨论 Megachip 项目的进展情况的专门会议，会议参与者还包括来自 Natlab 的基斯·布尔特西斯、马里诺·卡拉索以及 Megachip 项目测试工厂的罗尔·克莱默（Roel Kramer）。克里格斯曼说："这将有助于您了解我们对光刻机的要求。"斯密特激动得说不出话来，他兴奋地欢呼起来。他们居然欢迎他参加 Elcoma 和 Natlab 讨论技术方案的会议！ASML 的首席执行官不禁想起了他与飞利浦之间的爱恨关系。对于飞利浦内部所有腐朽的举措和所有错失的机会，他曾经忍不住咒骂，但飞利浦现在确实给了他所祈祷的一切。

斯密特现在正受到飞利浦对其分拆公司业务特殊的深度支持，而他之后在 ASML 工作期间，还会多次获得这样的支持。当合资企业在飞利浦堡垒的厚墙之外遭遇危机时，母公司的经理们通常会提供帮助。ASML 早些时候已经获得了 Natlab 对电动晶圆台的技术支持；现在，Elcoma 也发出了一个积极信号，虽然它是有条件的。

* * *

"哇，贾特，这是一次成果显著的谈话！"他们刚跨出 Elcoma 在埃因霍温的办公室大门，德·克鲁伊夫高兴地拍了拍斯密特的背。"多么有建设性态度的人——克里格斯曼。"他欣慰地补充道。德·克鲁伊夫知道，为 ASML 筹集额外的资金将不再困难。

对斯密特来说，这也是一大突破。他与 Elcoma 之间的关系突然和睦了很多。他很清楚，克里格斯曼在为 ASML 两肋插刀，这足以说服 ASML 监事会批准他的商业计划。

但股东们将资金上限定在 750 万美元。他们明确表示，ASML 必须在其他地方筹集额外的资金。

ASM、Elcoma 和飞利浦从那一刻起都因 ASML 的项目紧密相连。公司必须成功，所有相关人员在当时还不能理解失败的后果。其中的财务问题在后来将导致斯密特和德尔·普拉多之间产生不可避免的对抗。但今晚，这些后果还只是 ASML 首席执行官未来的担忧。

维多利亚韦斯特旅馆

从入职培训开始，贾特·斯密特就会给新员工传达一个坚定的信息：ASML在任何地方的做事风格都要与飞利浦不一样。

1984年9月初，在一个沉闷的星期二早晨，维姆·亨德里克森走进维多利亚韦斯特路边的一家旅馆，它坐落在埃因霍温中央车站对面的街道上。他将和其他20名ASML的新员工一起参加为期一周的入职课程。就像亨德里克森一样，其他大多数人才在ASML工作了几天。他们中的许多人直接来自飞利浦，贾特·斯密特在开场白中巧妙地利用了这一事实。"我花了7年的时间为S&I工作，然后我尖叫着跑掉了，"他说，"公司的条条框框太多了，光刻机项目在那里必定失败。"

但斯密特话锋一转：虽然飞利浦无法交付光刻机，但业界开始对ASML的光刻技术非常期待。"ASML最终将交付这个产品。"他说。

然后，斯密特讲述了另一位股东——ASM的成功故事。ASM对芯片市场了如指掌，这家母公司已取得成功而且增长迅速，并扭亏为盈。斯密特指出，1982年和1983年，这家科技公司的收入从5,200万美元跃升至7,700万美元。"1984年，ASM预计将获得高达1.06亿美元的收入。这意味着它的增长率比市场平均增长率快。"斯密特告诉他的新员工们。ASM成立16年间业绩良好，除了在荷兰设立了两个办事处外，该公司还在美国凤凰城、中国香港和日本东京设有办事处。

ASML的首席执行官告诉他的听众，公司将走向黄金时代。他说："我们还有很长的路要走，因为PAS光刻机的竞争力还不够强。尽管如此，ASML还是可以抓住芯片牛市。PAS光刻机就像一辆梅赛德斯奔驰车，拥有今天的技术和往日的构造。它内部结构结实，吞吐量和精度都很好，只是周边部分还不太好。幸运的是，ASML拥有改进它所需的一切条件。我们像初创公司一样小而灵活，但拥有非常成熟且关键的技术。"

斯密特向他的听众讲述了光刻机市场的特点。他告诉他们，这些都是非常精密的机器。不会出现新的竞争者，因为门槛太高了。斯密特说："我们在美国的竞争对手 Perkin-Elmer 和日本的竞争对手尼康尚未确立自己的领先地位。我们的目标是在 1988 年占领 1/4 的市场。到那时，我们 9 个竞争对手中的 5 个将被淘汰。"

然后，他告诉了听众们公司的目标。"我们在 1988 年将从销售 20 台光刻机增加到销售 300 台，收入为 1.56 亿美元。我们的目标远大，但是可以实现。为了追求速度，ASML 将尽可能多和外界合作。公司只会在内部开发最关键的专业技术，而这正是新工程师们的专长，他们将打造机器的核心部件。我们每位员工将获得 50 万美元的收入。"斯密特告诉他们。

ASML 的主要市场在美国，斯密特希望尽快在美国开设分部。维尔德霍芬的园区也必须采用美国管理模式。斯密特说："欧洲在技术上处于领先地位，但从商业上讲，非常糟糕。这意味着我们需要尽可能经常访问美国。只会思考和纯搞研究的人对我们来说没有任何用处；我们想要付出实际行动的人。我们希望公司有像硅谷的公司一样的心态。"

接下来，几位老手开始解释步进光刻机的各种技术，其中一位是马丁·范登布林克。他在 ASML 仅工作了 6 个月，但他讲起对准系统时如数家珍，就像他一直是专门研究这个的。

* * *

在维多利亚韦斯特培训了几天后，维姆·亨德里克森更坚信自己的选择。他签约为飞利浦的一家子公司工作，但他年轻的雇主 ASML 将完全放弃母公司的温和做法。他总结道，对公司要么全心信任要么放弃。亨德里克森感觉自己好像坐上了过山车，这让他头晕目眩。每位员工将获得 50 万美元的收入，ASML 也将在全球市场树立领导地位——这是公司的最低目标。

这个远大目标使亨德里克森兴趣满满。后来，他将保存他画了几十年的设计图，它们成了他的指南针。亨德里克森只有一个清晰的目标，那就是他前进的方向。

* * *

1984 年秋季，招聘活动带来了大量的新员工。他们当中有许多是从腐朽的飞利浦跳槽过来的。他们发现，在这家新公司，反对他们的前雇主已成为一门艺术。

那年秋天，年轻的工程师马丁·范登布林克和弗里茨·范霍特见证了一个惊人的转变。新鲜血液的涌入在短短几个月内就使公司的氛围焕然一新。当许多前飞利浦员工开始对未来感到兴奋的，老工厂里的抱怨声消失了。一些人使用豁免规则返回了母公司飞利浦，斯密特并没有阻止他们。午餐室里的嘟囔抱怨声也消失了，工程师们一边吃三明治，一边说说笑笑。

像亨德里克森这样的新员工，在几个月前就感觉不到 TQ 大楼里弥漫的悲观情绪了。他们的一些同事生来就是抱怨者，但是他和其他新人却很开心。他时不时地看到有人在走廊的瓷砖上无聊地用脚划来划去：这些人是来自 TQ 大楼的其他部门的飞利浦员工。亨德里克森和他的同事们不知道这些麻木的人是谁。就他而言，用餐时他总是抓起一个三明治快速地吃完，然后就回到工作岗位上。没有人会花时间在休息室里闲逛。

蚁冢

ASML仍然乱作一团。新任命的服务工程师乔斯·维克（Jos Vreeker）发现，根本没有客户买机器，现在没有多少售后服务工作。

1984年10月的一个星期五下午，马丁·登布林克走进TQ大楼的一间狭小的临时会议室。刚从学校毕业一年的范登布林克站在活动挂图旁边，面对十几个聚集的工程师说道："先生们，我们目前的光刻机很差。我们要重新进行设计，你们觉得该如何设计呢？"

乔斯·维克听到这句话时差点从椅子上摔了下来。那个星期五下午，他终于意识到他的新雇主的实际情况。4年来，他在欧洲为Perkin-Elmer的Micralign光刻机提供售后服务，那是一款非常成功的光刻机，世界上每个实验室和工厂都至少有一台。现在，他发现他就职于一家目前没有任何新机器可销售的公司。

维克习惯于在运作规范、纪律严明、等级分明的公司提供最优质的售后服务，但在ASML几乎没有产品可以服务。当维克看到大会上的PAS 2000时，他大吃一惊。他想，这真是小本生意啊，他们真能让这台机器运转起来吗。

在接下来的几个月里，当维克前往飞利浦的站点为PAS 2000进行售后维护时，发现光刻机操作员对ASML的技术不屑一顾。

在入门培训中，他了解到这台机器的精度有多么高：它有卓越的对准系统和能实现套刻的H型晶圆台。但是，当他在一家芯片厂提到ASML的对准系统能达到0.125微米的对准精度时，人们只是耸耸肩：这很好，但他们不需要这么精准。"这种对准方法是荒谬的。"他不断听到这样的说法。当他们不需要成像小于1微米的图案时，为什么会需要一台对准精度达到0.125微米的机器？在20世纪80年代中期，"光学光刻技术将很快达到极限"的想法仍然很普遍。

＊　＊　＊

维克不是唯一一个感到惊讶的人。"这里简直是一个灾区。"这是菲亚·洛森（Fia Loozen）在 11 月底走进办公室时的想法。在接下来的几天里，这个行政助理发现她的办公室像中央车站一样混乱。她办公桌旁的一个大柜子里摆满了办公用品、苏打水、啤酒、饼干和糖果。柜子旁边是一台冰箱，上面是咖啡机。工程师们每隔一分钟就去吃零食、煮咖啡。新上岗的行政助理应该在这么混乱的环境中工作吗？洛森并不开心。

3 个月前，这位阿姆斯特丹本地人在 Intermediair 上看到广告后，向 ASML 递交了求职申请。她曾在意大利的一家旅行社工作，还在吉列和汉高拥有多年的工作经验。在过去的 3 年里，她一直在埃因霍温以北 20 英里外的一家职业介绍所工作。那个工作不是她喜欢的，她决定要找一份有挑战性的工作。

贾特·斯密特亲自邀请她到他在埃因霍温的公寓接受面试，这是他那段时间的习惯。位于 S&I 建筑群外的临时简易房空间狭小，作为公司的面试场所不体面。几个月前，他还邀请他的研发主管尼科·赫尔曼斯和首席财务官杰拉德·韦尔登肖特到他家。斯密特认为这有一个好处：飞利浦压迫性的气氛在他的私人地盘是不存在的，在这感觉更像是一家初创公司，而不会闻到在工厂里的那种机油的味道。

＊　＊　＊

洛森听了斯密特热情洋溢的演讲后，她开始心动。这位首席执行官一边给她倒茶，一边告诉她 ASML 将征服世界。她想，这就是我想投入全部精力的公司。

但是她入职后，却发现新环境真是令人难以忍受。全新的打字机几乎是在最初几个月里唯一给她留下好印象的东西。但是其他一切都是一团糟，包括临时的办公室；但更糟糕的是同事们的沟通方式。简易房和工厂车间简直是一片混乱。当她环顾四周时，看到的是蚁冢般的景象：每个人都很忙。但是他们都在做什么？她不知道。她的人力资源部门的同事正忙着雇用新员工，地上堆满了纸和文件夹。显然，大家都在忙着做重要的事情，但洛森根本看不出任何章法。不过这

205

个地方还是很有趣的，气氛轻松，大家经常开玩笑。

　　这里看起来更像一个灾区。不，这就是一个灾区，不过这不是洛森的事。她要做的第一件事是把咖啡机搬出办公室，将所有的公共小吃和用品都移到大厅的尽头，放在洗手间旁边。

维多利亚酒店

贾特·斯密特举行了ASML的第一次外出静思会，他要求员工更快地推出一款新机器。他的团队仅用一天就起草完成了公司的第一张产品路线图。

1984年11月中旬，ASML的经理们和高级工程师们坐上了一辆向北行驶的公共汽车。他们一共20人，未来两天将在德霍格维鲁韦国家公园旁边的维多利亚酒店做团队建设和培训。他们正在准备一场激烈的技术竞赛，所以开发速度必须加快：新机器必须在创纪录的短时间内制造完成。

目标很明确。Elcoma希望在1986年4月1日收到PAS 2500，几个月后ASML希望在SEMICON West展会上展出该机器。这意味着他们只有一年的时间来设计和制造一个全新的系统，这样才能保证晶圆厂能够在1986年开始制造芯片。贾特·斯密特给他们的最后期限是1986年1月1日。在致PAS 2500项目团队的一封信中，他说，在这一天交货是"绝对不可更改的要求"。他在信的最后说："目标是在1986年1月1日，我们可以销售PAS 2500，而不是只有部分进展。"在公园旁边的酒店里，ASML的管理层正在讨论如何做到这一点。

下午2点左右，团队建设开始。飞利浦的两名培训师首先介绍了一门标准课程：讨论如何更快地将创意转化为实际成果、更快地制造机器。在飞利浦，该过程通常需要9～12年，但公司已经想出了一种方法，可将时间缩短到大约7年。ASML的人叹了口气，他们好像必须得想出更多方法才行。

晚上10点左右，斯密特来到现场。他一小时前抵达史基浦机场，此前他去了美国，再次与顾客交谈。顾客告诉他，ASML想在PAS 2500中使用的技术过于超前，而最不合适的地方就是光源：ASML的工程团队希望使用i线汞灯，但芯片行业还没有使用此种波长的光源。

然而斯密特很清楚，芯片制造商希望安全地使用它。目前，整个行业都在继续使用汞蒸气灯发射的g线波长。当天晚上，这位首席执行官召集他的管理团队，斯密特毫不含糊地告诉他们，如果 ASML 继续研发 i 线，那么它可能会成为技术领跑者，但他们的机器将无人会购买。整个行业已经建立了基于 g 线的基础设施并制造了 g 线相关的可用材料。

斯密特还宣布了另一件事情。在美国之行中，他证实了 ASML 确实不能将 PAS 2000 作为测试机器出售。油压驱动是客户的禁忌。此外经济衰退的最初迹象已经显露，芯片制造商越来越谨慎。

斯密特的结论是：他们需要一台不通过油压驱动的机器，最好是在明年就生产出来。客户再次指出 ASML 缺乏客户群，因此斯密特希望客户能够尽快开始试用机器。等待 PAS 2500 不是一个好的选项。

为了使机器可以尽快出售，他希望能够在 1985 年的 SEMICON West 展会上展示一台 g 线步进光刻机。理查德·乔治、尼科·赫尔曼斯和约普·范凯塞尔都在挠头：我们究竟要怎么做才能实现这个目标？斯密特在要求所有的人挑战不可能：他在 6 个多月后就想要一台完整的机器。

* * *

第二天早餐时，团队的其他成员也听到了消息：斯密特想取消原有计划并制订新计划，很快房间里就热闹起来。当培训课程再次开始时，飞利浦来的培训师有些不知所措。第一天，他们不知道公司的整个管理团队都在台下，当首席执行官亲自走到房间前面并重新制定整个日程时，他们吃惊地差点从椅子上跳起来。他们无语地溜到会议室的后面，变成旁听者。

斯密特概述了情况。他把目光投向了美国，但他应该如何说服一位美国晶圆厂的经理从荷兰的一家小公司购买一台机器呢？"我们在美国市场的占有率为零，"他表示，"我们没有客户群，没有服务部门，没有应用实验室，也没有经验。借助 PAS 2000 让客户产生购买 PAS 2500 的兴趣的计划注定失败。"等待 PAS 2500 问世的风险太大了。Elcoma 承诺在 1986 年购买 PAS 2500，但在这一年内 ASML 无法赢得任何美国客户。他们需要尽早得到美国人的认可。因此，他们必须向客户展示公司的持久力和能够兑现承诺的实力。他的人需要做到这一点，而且需要在 ASML 推出 PAS 2500 之前就做到。

斯密特不断强调他的观点：他们能够而且必须提前制造出一台机器。"否则，我们就会破产，就这么简单，"他说，"这是毫无疑问的。我们现在先从计划中剔除 PAS 2000，然后思考接下来我们该怎么办。"

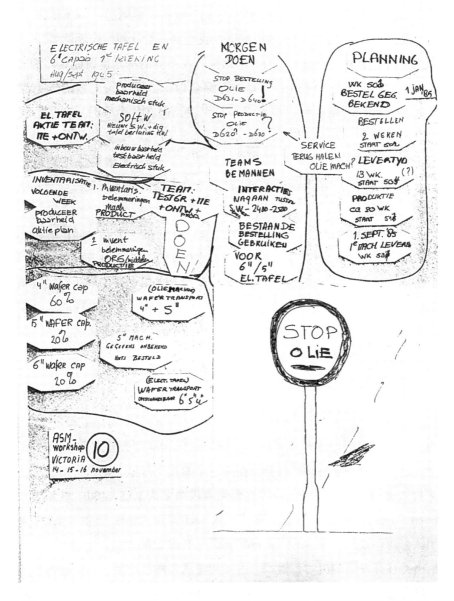

在荷兰德霍格维鲁韦的维多利亚酒店参与外出静思会期间绘制的草图。这次会议标志着 ASML 第一次明确决定将放弃制造油压驱动的 PAS 2000。图片中列出了许多事项，其中包括停止订购该机器所需零件的决定。

* * *

斯密特拒绝更改最后期限。他想明年春天在 SEMICON West 展会上展示一台 g 线步进光刻机。在不影响 PAS 2500 的开发的情况下，ASML 必须在 1985 年推出第一台机器后继续开发 VLSI 1 代芯片制造设备。他问道："我们怎样才能在 7 个月后制造出一台可运作的 g 线机器呢？我想要一个计划，今天就要。"

紧张的情绪给大家带来了动力。小组被分在不同的房间以研究具体细节。每隔 90 分钟，各组就重新回到主房间进行综合讨论。那天，无数的纸上满是想法和草图。飞利浦的培训师也被要求参与讨论，但在几个小时后，他们就被冷落了。

随着时间的流逝，每个人都清楚地认识到，他们无法更快地制造出 PAS 2500。开发和生产一台新机器根本不可能在 9 个月的时间内完成，即使几组人员并行工作也不行。

但该小组确实想出了一个解决方案，他们可以在规定的时间内开发 Natlab 的电动机台，然后将电动机台放到旧的 PAS 2000 中来替换液压机台。因为仍有几台旧机器在仓库里，所以计划执行起来没问题。如果他们能够让直线电动机在 PAS 2000 中工作，那么无论如何，他们都有了样机可以用来进行演示。唯一的缺点是 CERCO 现有的 g 线光学装置只能曝光 10 毫米 × 10 毫米的光场，而业界已经要求能曝光 14 毫米 × 14 毫米的光场。

* * *

当工程师们离开维多利亚酒店时，成堆的纸的高度齐腰。但 ASML 现在有了一个计划，以及一个明确的目标。在接下来的几个月里，他们将制造一台过渡机器来打入美国市场，他们已经将这台光刻机命名为 PAS 2400。埃弗特·波拉克（Evert Polak），一位前航空工程师，从 S&I 转到 ASML 来领导 PAS 2400 的研发团队，而理查德·乔治的团队将继续研究 PAS 2500。

斯密特在开发光刻机时，做了一些飞利浦从未做过的事——他聆听客户的意见，客户的愿望就是他的命令。斯密特并不依赖他的工程师从技术会议中带回的东西，也不依赖从科学文献中找出的东西。他问顾客需要什么，再把分析后的结论作为硬性要求交给他的工程师。从本质上讲，斯密特完成了第一次产品营销，并且随着 PAS 2400 和 PAS 2500 的新计划的制订，ASML 的第一张产品路线图诞生了。

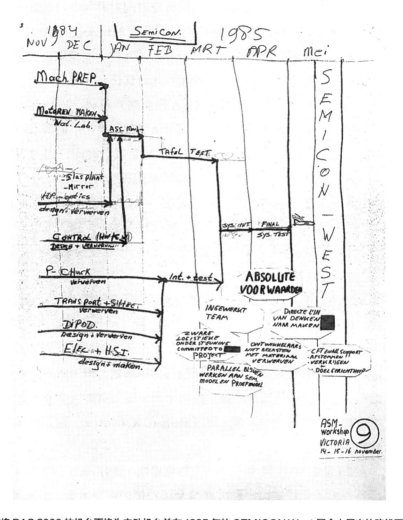

这是将 PAS 2000 的机台更换为电动机台并在 1985 年的 SEMICON West 展会上展出的路线图。

* * *

斯密特的选择也使公司的光学研发变得更为关键。ASML 花了几个月的时间说服蔡司定制 i 线镜头，但无济于事。现在，他们突然选择了另一条路线：斯密特决定使用蔡司的标准 g 线镜头中的一种。ASML 必须调整对准系统，以便将该镜头应用于 PAS 2500。

当时，斯密特不知道 GCA 使用的镜头在芯片行业内评价极低。交付的压力太大，以至于这家美国的步进光刻机厂商没有花时间对蔡司交付的数百个镜头进行质量检查。GCA 的工程师也没有意识到蔡司交付的镜头柱存在一个严重的问题——漂移。起初一切都很好，但机器运行一段时间后，成像质量就会下降，这造成了严重的影响。芯片制造商的停机时间因此而延长。

因为不知道问题出现的原因，所以 GCA 没有通知蔡司。1984 年，马丁·范登布林克在与蔡司的第一次会面中，建议其对从奥伯科亨出厂的镜头进行全面测试，但德国人不听。他们认为出厂前的质量检验是浪费时间，因为他们已经向 GCA 交付了数百个 g 线镜头，但没有一个镜头被退回。

镜头问题将成为蔡司遭受的最大的灾难之一。这将是导致 GCA 失败的主要因素，也将严重损害蔡司的声誉。蔡司的光学元件无法与尼康，尤其是与佳能当时使用的高品质镜头相媲美。ASML 也将受到蔡司形象受损的影响，但在 1984 年，这家荷兰公司还不知道情况的严重性。

在接下来的几年里，GCA 将不得不用卡车来装客户替换下来的 g 线镜头。在那时，ASML 还没有售卖光刻机，但它坚持要求蔡司进行出厂镜头的质量检验。

当蔡司调查时，他们发现了问题：蔡司使用柔性密封剂将玻璃透镜黏附到金属支架上；这么做要考虑到两种材料不同的热膨胀系数，但密封剂对水分和温度敏感，从而产生漂移。问题如此严重，蔡司半导体镜头负责人汉斯·莱切（Hans Letsche）和他的助手伯恩哈德·凯末尔（Bernard Kammerer）别无选择，只能与 ASML 合作来解决这个问题。

因此，在 20 世纪 90 年代中期，CFT 的克里斯·维尔泽尔（Chris Velzel）和里恩·科斯特想出了用铰链固定和玻璃与金属胶接的解决方案。后来他们发现，若使用极薄的胶水层，玻璃透镜在收缩和膨胀时其相对于金属支架的位置不会发生改变。

蔡司此前曾拒绝与 ASML 进行任何形式的合作，这次被迫合作是一个突破。这样的合作还有很多次，最终将使 ASML 和蔡司之间的关系越来越紧密。

美国市场

贾特·斯密特给他的工程师放映了一段视频，在视频中客户表达了他们对ASML的鄙视。

1984年秋天，贾特·斯密特要求硅谷的一家营销公司安排主要芯片制造商的专家进行圆桌讨论。在这次焦点小组会议上，专家们讨论光刻机成功的因素。参与者知道他们的谈话会被录下来，但不知道ASML是幕后的需求方。营销公司对专家提的问题是：对光刻机供应商有何期望，顺便说一下他们对新成立的ASML有何感想？

他们直言不讳地表明，绝对没有人对ASML感兴趣，芯片行业只存在于美国和日本。美国人把荷兰工程师描绘成旧世界的居民，而这些人以规避风险和保守的态度而闻名。

斯密特给他的团队放映了这个视频，这虽然让他们很受伤但带来了积极的影响。他们意识到要消除美国人的偏见，还有很多工作要做，卓越的机器性能是基本要求。美国人说，他们主要寻找具有持久力、财务实力和愿意投资当地售后服务的光刻机公司，而这些公司还应为未来制定明确的路线图。

* * *

在1984年8月的商业计划中，斯密特主要关注美国人和日本人。他写道："为了在客户中建立信誉，等资金足够后我们需要尽快在美国和日本建厂生产。"ASML已经在凤凰城租了一栋大楼作为应用实验室。1986年，斯密特想要在硅谷和东京建立演示实验室。

看到视频后，斯密特更改了策略。他意识到追赶日本是没有意义的，美国已经非常具有挑战性了。因此，日本从他的目标中消失了。虽然ASML的机会有限，但他把一切都押在美国身上。ASML可能会先忽略英特尔、摩托罗拉和德州仪器等主要公司，因为它们与日本竞争对手日立、NEC和东芝处于竞争状态。美国人在半导体领域的声誉下跌，他们只沉迷于一件事——击败亚洲竞争对手。为此，他们必须与正处于巅峰的日本人在质量、可靠性和服务等方面进行较量。美国巨头们正在从佳能和尼康购买他们的光刻机，以便像他们的对手一样建立自己的工厂。

对更高质量的需求标志着GCA的衰亡开始了。这家在1978年推出第一款商用光刻机的公司现在无法与日本公司相媲美，而且正在迅速失去市场。

* * *

这意味着ASML面对的门槛极其高。PAS 2500有成功的机会，但只有最高的专业精神才能说服美国客户。斯密特意识到他在英特尔、摩托罗拉和德州仪器等公司完全没有机会，唯一的选择是说服像AMD、赛普拉斯和MMI这样的第二梯队的公司。

AMD的主要竞争对手是英特尔，而不是日本公司，这意味着该公司可能对ASML的机器有兴趣，这将有助于它击败其在圣克拉拉的竞争对手。赛普拉斯也是如此。这两家公司都在寻找办法，以超过更强大的美国竞争对手。斯密特表示ASML的光刻机能向他们提供帮助。

如果说它周五来，那它就不会来

弗朗斯·克拉森被安排开发ASML的晶圆台控制系统，他备感压力。公司的未来掌握在他手上。

在车队前往维多利亚酒店之前，克拉森认为完成目标并没有什么问题。他正在研发的电动晶圆台需要在 1986 年年初完成，到那时他们才会发售 PAS 2500。但是，在外出静思会上的讨论使他的可用时间减少了半年。斯密特想在 5 月下旬的 SEMICON West 展会上展示一台带电动晶圆台的演示用的 PAS 2400，这意味着克拉森只有 6 个月的时间完成这一切。

当克拉森想到这一点时，他就感觉头好像要爆炸了似的。问题一个接着一个，他无法掌握所有要做的事情。他们将如何在工厂制造新电机？新电机适用于镜头吗？ ASML 要搁置一个技术成熟的油压驱动系统，而替代方案却没人保证可以成功。

事情的真相是 ASML 根本就没有选择。客户根本不想要油压驱动的机器。他们唯一能做的就是改进 Natlab 的电动机台（参考附录 10）。这样一来，公司就要走一条未来几年都将经常走的路：把一切都押在不成熟且未经验证的技术上来。

现在这家有 100 名员工的公司的未来完全掌握在克拉森的手上。他感觉浑身冒汗。克拉森是公司中最精通新的驱动技术的人，他告诉同事："他们说想替换油压驱动系统，但我的东西只完成了一半。这是一个相当冒险的决定。"克拉森向 PAS 2400 项目负责人埃弗特·波拉克表达了他的担忧。在波拉克的要求下，克拉森解释了一切：要做的事很多，关键的事也很多，但问题也很多。克拉森开始哽咽。"这永远都完不成。"他一看自己不断增多的清单就哭了起来。但波拉克很平静，他说："克拉森，我们都在同一条船上。让我们一个一个地解决这些问题吧。"慢慢地，但可以肯定的是，克拉森开始明白：抱怨不会有用，他们所能做的就是不断向前。

＊　＊　＊

克拉森骑自行车到 Natlab 去取他的旧图纸，然后开始工作。他必须从头开始重新设计机台，因为它必须适应 PAS 2000 的框架。他打开了 PAS 2000 的液压台，油泵和发电机都可以移除了，而机器的重量立即减轻了一半。

＊　＊　＊

这个项目规模庞大。在 PAS 2400 团队的第一次会议中，波拉克将整个日程安排绘制在白板上。定子、静电吸盘、平板空气轴承、玻璃滑门、基座：所有机械部分都绘制在克拉森和他的设计师的时间表上。控制电子和软件也有路线图。会议结束时，整个日程安排一周一周地写在白板上。波拉克用相机记录了这一切，并将照片交给克拉森。这让他们都有了一种紧迫感。

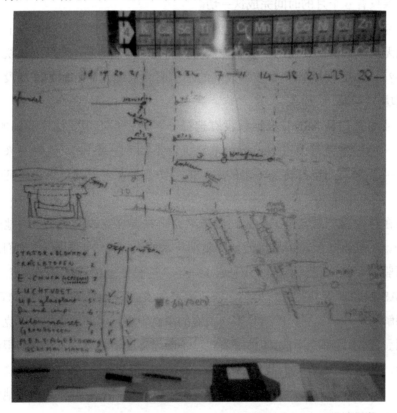

宝丽来照片：埃弗特·波拉克拍摄于 1984 年年底，以记录电动晶圆台的发展路线图。

* * *

克拉森在 Natlab 展示了电动晶圆台的原理，但现在他和他的团队面临着一个全新的挑战。他们必须开发一个系统，该系统可以每天保持高速和高精度运转。该晶圆台包含几个关键部件，如定子、包含电线圈的直线电动机部分以及一些需要极高精度的玻璃零件。即使是花岗岩底座也至关重要，它必须完全平坦，因为它是间隙只能为 10 微米的空气轴承的一部分。

直线电动机是一个全新的概念。电动机已经存在了一个多世纪，但没有驱动系统像喇叭一样工作：一种能使永磁体移动的电磁铁。飞利浦在传统电机（从电动剃须刀到重型发动机）的绕组线圈方面拥有丰富的专业技术。但是，当时世界上没有一条用于生产直线电动机的工业生产线。

直线电动机的核心由多层组成——数张薄电工钢板粘成一叠。胶水或树脂必须将钢板黏合在一起，同时使钢板之间相互绝缘。接下来，铜线必须非常精确地缠绕电机的每个部分，然后绕过电芯。总之，这是一项非常精细的工作。

一年前，Natlab 的车间为克拉森手工制作了一台直线电动机。这台手工制作的机器花了一个月的时间。

现在，克拉森必须找到一家能大规模生产定子的工厂。如果一切顺利，ASML 在几年内将需要 50 ～ 100 个定子，手工无法制造这么多。此外，生产必须是可控的，实现这一目标的唯一方法是在可靠的制造过程中进行机械化生产。

克拉森和他的设计师们向东前往飞利浦位于阿尔默洛的电机线圈工厂。但是工厂对生产 Natlab 那些复杂的产品不感兴趣。他们问：ASM 和飞利浦的合资企业是怎么回事？阿尔默洛没有人听说过这件事。"你要求的，是不可能做到的，"他们同时告诉克拉森，"我们必须在几秒内吹风和焊接，这是不可能的。"飞利浦习惯于更大的生产规模，数以万计，而不是只要几十个。

但是团队坚持寻找。那张带有紧凑日程的宝丽来照片深深印在克拉森的脑海里。他在飞利浦外部的机器工厂询问，但在那里 ASML 的名字根本无足轻重。克拉森试图联系的制造公司对此毫无兴趣。他一告诉他们一年只要 50 个，以及交货时间，谈话就结束了。克拉森感觉自己像个没人理的小孩子。

* * *

但他的工作也得到了积极回应。当他需要上级的帮助时，领导们总是有求必应。在这方面确实很令人满意，他只需要打个响指，理查德·乔治、尼科·赫尔曼斯，甚至贾特·斯密特都会帮助他准备一切，这样他就可以继续工作。如果这不起作用，他们还有维姆·特罗斯特。这位前 S&I 的业务部门主管总是愿意在飞利浦庞大的体系中做协调工作：他们会帮助 ASML 吗？

慢慢地，但可以肯定的是，飞利浦在阿尔默洛的工厂开始意识到，要求定制定子的是一群不屈不挠的人，他们一定要使他们的机器研发成功。克拉森和他的设计师最终与工厂的一些工程师会面，这些工程师准备倾听并帮助他们制造关键的部件。

当时，弱小的 ASML 仍然不得不极度依赖官僚作风严重的巨头飞利浦。这是一只懒洋洋、难对付且不合作的巨兽，但它坐拥一个技术宝藏。除了它没有公司能够生产微型步进光刻机所需要的先进部件。此外，在这家大型跨国公司的关键职位上，有相当多的人希望帮助飞利浦的合资企业进步。

ASML 的人也不断敲开飞利浦其他机器工厂的门。无论他们走到哪里，他们都必须努力按时获得零件，并使零件达到所需的规格；无论他们走到哪里，人们都告诉他们飞利浦不能制造他们想要的东西，因为那些东西太复杂了，但是只要坚持不懈，他们最后几乎都能达成目的。ASML 没有其他选项，波拉克的那张简单的宝丽来照片说明了一切，他们必须准时得到部件。

有时他们很幸运。这些极其平坦的镜片和一些精密的玻璃部件在只需穿过几条街道就可以到达的飞利浦的玻璃工厂中就可获得。这几乎是天赐的礼物，因为 ASML 的零件不可能单靠发送一张图纸就能获得。ASML 的设计师经常花费数小时与飞利浦的同事讨论，这些设计师常困惑地想，他们究竟将如何制造这些东西。

* * *

但在 1984 年 11 月和 12 月，克拉森成为人们关注的焦点。除了光学元件，晶圆机台也是最关键的部分，在当时也是最值得关注的部分。ASML 成功与否取

218

决于克拉森的努力。就连斯密特也会每天到他的办公室，看看事情的进展如何。克拉森一直都承受着这些压力。每个人都知道最后期限。

尽管压力很大，但克拉森还是熬过来了。这位年轻的工程师能得到任何他想要的东西。当他撞上路障时，他只需要吹个口哨，乔治和赫尔曼斯就能确保他能继续前进。订购的零件开始源源不断进入工厂。当克拉森需要增加一个设计师时，他马上就能得到一个。此外，还有精神上的支持。"弗朗斯，如果你能在圣诞节前让那东西跑起来，你就会得到一箱啤酒，上面写着你的名字。"赫尔曼斯和斯密特在秋天的某个时候为他鼓劲。

* * *

说服飞利浦的生产工厂给予帮助可能是一场噩梦，但按时拿到所需的零件是一个更大的挑战。克拉森正在等待无数的关键组件，缺少任何一个，他都不能继续工作。为了控制零件的交付流程，亨克·范恩格伦（Henk van Engelen）为克拉森提供协助。范恩格伦帮助克拉森做各种官方文书工作。有时生产和交货的地点之间相隔3个仓库。来自其他国家的零件首先必须经过海关，然后到附近的阿赫特自治市的仓库，最后再到 S&I 的配送中心之一。每一步都有烦琐的文书工作，范恩格伦都在那里帮助他们检查清单上的每个零件。有时他们打哈欠说："下周某个时候可能要交货了。"但克拉森是个没有耐心的年轻人，他就是不明白为什么今天到达机场的东西明天不能放在他的办公桌上，而总是需要 2 个星期。

如果克拉森在周五下午打电话询问零件达到的时间，飞利浦的司机就会说："不可能在周末之前把零件拿出来，因为现在快 5 点了。"他们不能加班吗？不能，飞利浦的员工从不这样做。克拉森问到底怎样才能让他们加班呢？万万没想到，有一种方法：给他们一点现金，几杯啤酒，一瓶或两瓶葡萄酒。克拉森、范恩格伦和赫尔曼斯做出安排：从那时起，范恩格伦的车的后备箱总是装满了啤酒和葡萄酒，以便尽快从飞利浦烦琐的程序中提取订购的零件。此外，他们还时不时地用现金给工人一些加班费。

有时，克拉森和范恩格伦被告知零件被卡在这个或那个仓库里。过了一会儿，他们就能想出办法解决这个问题。范恩格伦马上开车赶去。两人对于飞利浦这只巨兽变幻莫测的想法摸清了一些门路。当员工告诉他们零件将于周五到达时，他们知道暗含的意思是什么。克拉森甚至有一句口头禅："如果说周五有什么东西要送来，那它根本就不会来。"

* * *

机械部分不是克拉森唯一关心的问题。光刻机还需要电子元件，以控制机械并为直线电动机供电。雅克·斯塔尔斯（Jacques Stals）负责电子装置的设计。为了能够制造印制电路板（PCB），这位年轻的工程师必须确保他拥有所有零件。电缆、插头、组件等——缺了任何一个，S&I 的电路板工厂就无法生产 PCB。即使缺少一个小零件，工厂也不能开始组装。

现在克拉森已经去过好几次 S&I 的街区了，每次仓库员工都会告诉他东西在"仓库的某个地方"。他们能在计算机显示器上看到这个东西进仓库，但就是不知道它具体在哪里。克拉森对同事斯塔尔斯说："雅克，那个仓库总是这样。它出现在你的桌子上才算是进仓库了。"他命令斯塔尔斯把所有东西检查两遍，直到零件到了他的办公室，他才能把它从清单上划掉。

结果还是很有效的。仓库员工很快意识到，直到零件出现在斯塔尔斯的办公室，这种唠叨才会停止。如果东西不在办公室，克拉森便会一直对他们大喊大叫。于是，无数的电缆、插头和成箱的零件开始堆积在斯塔尔斯的办公桌旁。

* * *

时间匆匆流逝。这家积极进取的小公司仍依赖于飞利浦，但它已经能很好地运转了。一个非常先进的定位系统已初步完成。双向平稳移动的系统中有干涉仪和先进的电子元件，可将晶圆和镜头定位到精度为 1 微米的精准位置。

1984 年接近尾声，在圣诞节前几周，尼科·赫尔曼斯突然闯入，克拉森正盯着他的系统。

"那么我应该买那箱啤酒吗？"这位研发主任问道，"我们能在圣诞节前让它工作吗？"克拉森刚刚发现了另一个问题，为电机供电的功率晶体管会不断爆炸。"如果你想观察它移动，我可以演示给你看，但只能看一次，因为之后它就会使放大器爆炸"。沮丧的克拉森告诉赫尔曼斯。但赫尔曼斯的反应是热情的："太棒了！给我看！"

几天后，赫尔曼斯把一箱啤酒放在冰块上，并把大家召集在一起观看演示。克拉森启动他的机器，晶圆台只移动了一下，放大器就哔的一声爆掉了，随后晶圆台停止移动。在热烈的欢呼声中，他们打开了啤酒。一个大大的笑容在克拉森脸上绽放。

弗朗斯·克拉森在 2013 年与 1984 年的部分电动机零件的合影。

快！快！快赶上了

PAS 2500面临延误，但贾特·斯密特并不想听坏消息。

1985 年 3 月 11 日，天气寒冷多风，24 名 ASML 员工在埃因霍温登上一辆公共汽车，他们要去德国的威尔城；停留一天后，他们将前往在苏黎世举办的欧洲国际半导体设备展览会（SEMICON Europe）。贾特·斯密特是乘客之一，他的员工很欣赏他的这一举动。这位首席执行官是 ASML 团队中唯一参加过 SEMICON 展会的成员，他认为，这次展会是工程师近距离观察竞争对手的理想机会。

维姆·亨德里克森也在公共汽车上。几个月来，这位负责光刻机软件的人一直渴望说点什么。他是机器开发和生产链的最后一环。在组装整个系统之前，软件开发人员无法真正测试他们的代码。PAS 2500 必须在 1986 年 1 月 1 日启动并运行，但无论亨德里克森如何压缩时间，他都会延误三四个月。"我们 1 月无法完成了。"他告诉他的上司塞斯·多斯伯格（Cees Doesburg），但多斯伯格不理睬他，只是重复了管理团队的口头禅——我们不会接受延误。理查德·乔治说这个时间表是不现实的，但尼科·赫尔曼斯和贾特·斯密特不想听。

亨德里克森只能将这个想法憋在心里。在去瑞士的路上，当斯密特坐在他身边时，亨德里克森告诉了他这个坏消息。他就是这样，不能控制自己不说出来。亨德里克森解释说，在 1986 年 1 月 1 日交付 PAS 2500 是完全不可能的。"你可以忘掉它，这就是不可能的。"他告诉斯密特。不出所料，这位首席执行官咆哮道："然后我们就可以倒闭了吗？"但他没有询问亨德里克森具体细节。

亨德里克森的说法已经触动了他的神经，斯密特不愿意听到坏消息。负责该项目的赫尔曼斯没有表示存在问题，尽管斯密特经常到公司工作，应该知道事情的真相，但他对此却假装不知道，前往苏黎世的途中发生的事情也没有改变这一点。亨德里克森感觉自己像个蓄意阻挠者和愤世嫉俗者。他记得他的前任上司总是建议他："永远不要打一场你赢不了的仗。"亨德里克森没有再提这件事，在去德国的公共汽车上，除了他没有人会考虑即将到来的危机。"嗯，我起码试过了。"

222

他当晚在日记中写道。

＊　＊　＊

ASML 的工程师和领导们肩负着一项不同寻常的任务。Eaton-Optimetrix、GCA、尼康、优特和 Censor 公司（现在是 Perkin-Elmer 的子公司），都在苏黎世的 SEMICON 展会上设有展位。佳能没有来。所有公司都在为 VLSI 一代光刻机做准备，ASML 必须弄清楚比赛已经进展到什么程度了。

首先，他们必须弄清楚竞争对手是如何设计机器的。为此，团队中的每个人都分别负责观察特定的子系统。他们必须了解每家公司的设计方法：光源、掩模抓手、镜头、对准系统、晶圆台、晶圆抓手和电子部分。此外，他们每个人都被赋予了一项特殊的任务，例如"了解有关 GCA 的一切"。

掌握信息不是那么容易的，GCA 和尼康都在精心保护他们的技术。每家公司都在自己的黄色小展台房间内安装了光刻机和晶圆显影机，这引起了游客极大的兴趣。里面装有摄像头，外面有监视器，游客可以看到它是如何工作的。但是只有真正的客户才能进入黄色的房间。不过这些荷兰工程师们通常在等客户来的时候假装闲逛，以便在供应商解释细节时偷听他们需要了解的内容。

在接下来的几周里，弗里茨·范霍特编制了一份出差报告，其中记录了他们的所有发现。他写道，每家光刻机公司都有一个机械晶圆台，均使用导程螺丝杆或球螺钉将其与普通电动机相结合，比 ASML 的直线电动机的精确度低很多。所有机器都可以加工直径为 5～6 英寸的晶圆。许多想得到的信息仍然难以获得，他们对镜头和光源方面的信息几乎一无所获。

＊　＊　＊

斯密特确实实现了他的目标：SEMICON 展会给他的工程师们留下了深刻的印象。他们见证了 4 个竞争对手拥有完备的可交付的机器。根据所看到的，他们可以得出一个令人放心的结论，即还没有一个系统真正为 VLSI 芯片做好准备。但同样清楚的是，竞争对手不是坐着不动的，他们需要加快速度。从苏黎世回来之后，没有人记得亨德里克森的痛苦评论。周末，当他疲惫地走进莱茵河畔威尔城的酒店房间时，他在日记里只加了一句话："快点，快点，应该快追上了。"

223

我们可以赢的

出发去美国SEMICON West展会，大家腿软嘴干。

1985 年春天，PAS 2400 制造完成，现在是时候向世界展示它了。贾特·斯密特试图说服飞利浦的 Megachip 项目团队购买这台机器，他试图赢得罗尔·克莱默的信任。但这位负责建设 Megachip 测试工厂的人很快就厌倦了斯密特销售式的宣传："贾特，我们会自己决定需要什么。"

但不管怎样，飞利浦并不是斯密特的主要挑战。他的主要挑战是在美国站稳脚跟，因为美国是半导体产业的发源地，也是全球近一半的芯片的来源。当斯密特回顾焦点小组会议的视频时，他很清楚，即使是二线芯片制造商也不会与一家微不足道的欧洲光刻机公司合作。

为了克服这一点，斯密特想要提升 ASML 的形象。他认为成功的一个关键点在于智慧营销。欧洲技术的优势必须被印入美国人的脑海中。斯密特知道他必须按美国人的规则参与这场游戏：一次壮观的、有冲击力的、声势浩大的宣传。他没有使用母公司 ASM 使用的媒体机构，ASM 用无聊的照片做的让人昏昏欲睡的广告，对于斯密特来说不够独特。

ASML 在美国凤凰城的一位销售人员向他推荐了洛杉矶的一家创意机构。斯密特打电话给其老板查克·罗伯茨（Chuck Roberts），对方对这个挑战很感兴趣。这位 ASML 的首席执行官飞往洛杉矶进行了一轮紧张的谈判。两人一致认为：他们要讲述一群善于发明创造的荷兰工程师的故事，这些工程师制造了一台非常高级的机器，而且注重承诺和稳定性。"这样才牛气！"斯密特笑了。

斯密特和罗伯茨选择积极的广告活动。他们想在 1985 年的 SEMICON West 展会上引起轰动，那里是展示芯片设备的最佳平台，ASML 的第一台光刻机将被放在聚光灯下。5 月 21 日至 23 日，在圣马特奥，1,000 家供应商将向来自世界各地的 45,000 名参会者展示他们的设备，这绝对是万众瞩目的场所。ASML 在 SEMICON West 展览手册中占据了 10 页之多。

对于敏感的荷兰人来说，这次广告活动是大胆的。微小、谦逊的 ASML 正在为树立形象全面出击，广告标题醒目、吸睛："ASML 展示的产能让 GCA 和尼康都不敢看"。在几页中，ASML 将其 PAS 2000 的性能与市场领先者的产品进行比较。荷兰机器的速度明显更快，因此产量可以提高 10% ~ 20%，其精度（另一个主要竞争因素）也高得多。广告巧妙地省略了光学元件上的比较，因为它的 CERCO 镜头其实没有竞争力。

* * *

ASML 在 SEMICON West 展会上展示 PAS 2400 之前，在 5 月初就得到了一个振奋人心的消息。荷兰政府经济事务部向该公司提供 780 万美元的贷款，国家媒体也注意到了这一点。斯密特抓住机会大力宣传 ASML 及其最新的 PAS 2400。

毫不夸张地说，他的策略是大胆的。ASML 成立还不到一年，几乎没有卖过任何光刻机，而且他们还在飞利浦工业园区的临时简易房里工作，但斯密特毫不犹豫地将他的公司描绘成未来的市场领导者。斯密特在接受一家主流的全国性报纸的采访时说："该公司的计划是在 5 年内成为全球最大的芯片工业光刻系统供应商。"这家报纸同时分享了一些细节："首席执行官斯密特先生的目标是在 1989 年为公司带来 1.5 亿美元的收入。"

报纸还提到了该公司为 SEMICON West 展会而进行的积极的广告活动。"这就像街区新来的孩子需要勇气来面对街头霸王——一家年轻的小公司要对最大的两个竞争对手发起全面的正面攻击。"斯密特急切地补充道："当你有把握时，你只能这样做。当然你要绝对确定你可以提供特别的东西，否则会输得很惨。"

尼科·赫尔曼斯也在文章中说他们是最有实力的，"这听起来可能有些傲慢，"这位研发负责人告诉记者，"但我们会把竞争者抛在脑后。我们只参加最高级别的联赛。"

* * *

弗朗斯·克拉森花了几个月的时间研究电动晶圆台，因为他将在 5 月的 SEMICON West 展会上演示 PAS 2400，他其实还不太自信。克拉森到硅谷时感觉腿软嘴干，害怕在全世界面前把演示搞砸。整个流程在他的脑海中闪过：如果他漂亮的晶圆台不动，或者其他部件失效，那得是多么大的灾难啊。

当他看到 ASM 在展会上的展位时，他的神经才真正受到冲击。一年前，飞利浦在展馆的一侧占据了一个租金较低的地方。现在，ASML 使用母公司 ASM 的展位，其位于中央展馆最昂贵的区域，旁边就是日本巨头佳能和尼康。

但是当克拉森看到竞争对手的机器时，害怕的情绪很快就消失了。时髦的小册子中他所熟悉的光刻机在演示中都出了问题。工程师们一直在研究它们，而且在维修时展台经常关闭。克拉森利用这些机会偷偷观察到了他们的光刻机的内部结构，这位 ASML 的资深工程师立即看出这些机器只是原型。而 PAS 2400 几乎一直在运行，其偶尔的停机根本不是大问题。现在，克拉森可以根据技术优势来判断竞争状况，他的信心有所增长。他意识到 ASML 的技术有很大的潜力。"我们可以赢得这场比赛的胜利。"克拉森激动地告诉他的同事。

ASM Lithography presents some wafer stepper numbers GCA and Nikon would like to ignore.

74 wafers per hour.

Throughput WPH (Global)		
GCA Series 6000	Nikon NSR 1505 G	ASM PAS 2000
66	60	74

That's the kind of throughput GCA and Nikon only dream about. But ASM Lithography can deliver it today.

Our PAS 2000 features a unique high-speed X-Y-Θ stage that's 30% faster than the competition.

And our double telecentric lens allows reticle change and alignment in about 1.5 seconds. Even our exposure speeds are fast: 0.1 to 0.2 seconds.

GCA is a trademark of GCA Corporation. Nikon is a trademark of Nikon Precision Inc.

在 1985 年的 SEMICON West 展会前夕，ASML 对市场领导者 GCA 和尼康发动了全面的正面攻击。广告活动突出 PAS 2000 的强项，但巧妙地避开其光学弱项。这里提到的 PAS 2000 其实是带有电动晶圆台的 PAS 2000B 型机器，内部称为 PAS 2400。

0.125 overlay accuracy.

Overlay Accuracy (Global)		
GCA Series 6800	x̄ ± 0.25 μm	2 Sigma²
Nikon NSR 1505 G	x̄ ± 0.25 μm	2 Sigma²
ASM PAS 2000	x̄ ± 0.125 μm	3 Sigma²

GCA and Nikon can't even come close to alignment like this. But that's exactly what you get with the PAS 2000.

Our highly accurate, automatic through-the-lens alignment system and unparalleled mechanical stability will improve the stepper resolution capabilities of your fab line.

And since the PAS 2000 automatically aligns all layers to the zero layer, you won't spend time putting additional markers on subsequent layers.

8 minute set-up time.

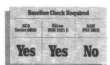

Baseline Check Required		
GCA Series 6800	Nikon NSR 1505 G	ASM PAS 2000
Yes	Yes	No

Here's another number GCA and Nikon would just as soon ignore. After all, with their wafer steppers, it can take nearly an hour to run a baseline check—and you have to do it before every shift.

On the other hand, the PAS 2000 is a self-checking system. You simply run one fast test wafer and the system is ready for you to start your actual job. You won't have to do any measuring at all. And remember—while other machines are being set up, the PAS 2000 will produce up to 74 actual wafers.

ASM Lithography
Our numbers make us number one.

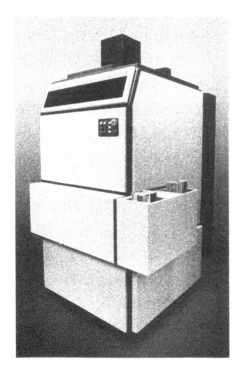

Count on us to keep you in the chips.

Outstanding throughput, overlay accuracy and set-up time are only part of the reason the PAS 2000 can increase your yield. We've addressed virtually every area that can affect the number of good chips you can produce in a given period of time.

For example, the PAS 2000 is process independent. It will work with the process you favor today, as well as the one you may move to in the future.

The PAS 2000 will also meet its designed specifications in a normal clean room environment. No environmental chamber is needed.

Still another advantage is its small clean room footprint.

For complete information on the wafer stepper with the numbers you can count on, call 1-800-227-6463. Or return the coupon below. We'll show you why our numbers make us number one.

我们听见了你的话，杰瑞

贾特·斯密特跳上协和式飞机准备和他的美国同事来场快速的头脑风暴，但芯片公司AMD让他吃了闭门羹。

贾特·斯密特为 ASML 在美国营销而聘用的查克·罗伯茨很有主见。他知道为什么大多数广告都不起作用：无一例外，它们只展示一些关于工具或机器的无聊的照片。罗伯茨告诉斯密特："这种产品广告对于汽车、飞机和手表来说都很好，但它并不能传达芯片设备的信息。"这位美国人给 ASML 的首席执行官上了一节简单的营销课。这是基本的心理学知识：人们对别人的照片不感兴趣，他们只对自己的照片感兴趣。罗伯茨说，专业市场也不例外。"因此，如果你的首要任务是赢得 AMD，"他告诉斯密特，"那么我们需要专门针对他们做一个广告。"

不久之后，罗伯茨发现了一个难得的机会。在 SEMICON West 春季宴会上，杰瑞·桑德斯（Jeny Sanders）哀叹美国芯片设备制造商的质量和服务。他们的系统太糟糕了，桑德斯不得不向日本购买设备，这位 AMD 的首席执行官讨厌这样。他的信息是明确的，每个人都理解他。他的美国同胞们认为日本是一个冷酷的劲敌，这要归功于日本在芯片、汽车和计算机方面的经济成就。罗伯茨读到了桑德斯的尖锐评论，立即拿起电话："斯密特，桑德斯正在抨击 GCA 和 Perkin-Elmer，因为他不满意他们的机器，只能被迫在日本购买，但他宁愿不买。这是我们的机会！"斯密特立即采取行动了。他让罗伯茨在《电子新闻》和《半导体国际》行业期刊上预订了广告版面，并要求他的广告代理第二天飞往纽约。第二天早上，斯密特坐上去巴黎的飞机。在戴高乐机场，他登上了上午 11 点飞往纽约的协和式飞机，斯密特在紧急情况下不在乎多花钱买机票。

超音速飞行将为他节省 4 个小时；他可以在美国东部时间上午 11 点在肯尼迪机场的希尔顿酒店与罗伯茨会面，然后于当晚乘飞机回欧洲。

一个引人注目的广告出炉，它直接对 AMD 的首席执行官喊话。广告标题是大而粗的文字："我们听见了你的话，杰瑞。"标题下面写着："ASML 光刻机接受杰瑞·桑德斯的可靠性挑战，保证提供 90% 的运行时间，这几乎是该行业现在的 2 倍。杰瑞，你甚至不用担心圣安德里亚斯断层的地震，我们这些机器是牢不可摧的。"

* * *

一个月后，斯密特和斯特夫·维特科克拜访了 AMD。他们不知道他们的"我们听见了你的话，杰瑞"的广告是否奏效，但他们在加利福尼亚州的销售工程师汤姆·坎德里斯（Tom Kandris）已经能够安排他们与科林·奈特 (Colin Knight) 的会面，而科林是 AMD 负责采购生产设备的人。

当他们在森尼韦尔的 AMD 大厅里等待时，他们得到了令人不快的消息。AMD 的工程经理，一个微胖的女人，来向他们道歉："很抱歉，经过进一步考虑，AMD 的领导无意与你们会面。"斯密特和维特科克询问原因，他们听到了和飞利浦 Megachip 项目经理克莱默评价 PAS 2400 一样的保留意见：CERCO 镜头的光场太小。AMD 的工程经理说，他们也没有空置的会议室和斯密特他们谈判。

坎德里斯，这位有着漂亮栗色头发的希腊裔英俊男子，施展他所有的魅力，终于说服他们安排一次会议。毕竟 ASML 的首席执行官和执行科学家大老远地从欧洲飞来参加这次会议。"好吧，好吧，先生们请先坐一下。"

经过长时间的等待，这位工程经理回来了。不过奈特先生的日程排满了，他们只有半小时的时间向一群年轻的工程师展示他们的产品。在斯密特的简短介绍后，维特科克向 AMD 的工程师解释了 ASML 光刻系统背后的概念。但工程师们提的问题非常尖锐。

斯密特对他们对维特科克的贬低态度表示异议，"这些小工蜂显然是授命来把我们赶走的。"他后来对维特科克说。

但维特科克并没有皱眉头，即使问题很无理，他仍然保持了良好的风度。他向工程师们致以友好的赞扬，夸赞他的年轻听众提出了很有意思的问题和话题。这位 ASML 的执行科学家耐心地回答了这些问题。房间里的气氛开始转变，场面变得活跃起来。2 个小时后，AMD 的技术负责人奈特突然探进头来。斯密特和维特科克知道他们的机会来了，于是他们请奈特进来加入会议。

会议一直持续到下午 1 点左右，斯密特问奈特是否饿了，他们可以一起吃午饭，奈特表示同意。用餐期间，AMD 发现他们对这家非日本光刻机供应商感兴趣。对话是友好的，但很明显，ASML 目前还无法帮助 AMD。这家美国芯片制造商不需要 PAS 2400，PAS 2500 还得一年才能准备好。斯密特说："奈特先生，如果我们给您一台 PAS 2400 免费使用，您觉得怎么样？您可以测试我们先进的对准系统和晶圆台。这样，您就会对未来的 PAS 2500 有一个很好的认知。"奈特非常喜欢这个建议。

AMD公司

付出了无数的血汗与眼泪，ASML终于交付给AMD一台测试样机并最终赢下一局。

1985 年夏天，ASML 意识到了严峻的现实。1984 年年底，市场已经开始走下坡路，现在整个半导体行业都停滞不前。潜在的光刻机客户很少；日本市场是一座不可攻克的堡垒，主要的美国公司仍在购买尼康的光刻机。

贾特·斯密特开始怀疑自己的判断。芯片行业正处于暴风雨中。ASML 甚至没收到来自正经的芯片制造商的任何订单，连飞利浦都拒绝做出购买承诺。要摆脱困境还有很长的路要走。

在 ITT 时，斯密特学会了无论发生什么都要按预算操作。现在，ASML 感受到了降低成本的压力。但与此同时，这位首席执行官知道，如果他开始削减战略投资，他的公司将会失败。如果他削减研发预算，第一个受害者将是 PAS 2500。削减成本就等于告别未来。

"我们应该踩刹车吗？"斯密特多次询问他的首席财务官杰拉德·韦尔登肖特。但韦尔登肖特的态度坚决："贾特，我们可以削减成本，我们的股东现在不会受到影响。但如果我们削减成本，会让我们错过研发的最后期限，他们到那时肯定会受到负面影响。我们还是保持目前的计划不变吧。"

1985 年夏天，当 ASML 搬到位于维尔德霍芬的新大楼时，斯密特决定不冒险，所以没举行任何庆祝仪式。

与此同时，母公司 ASM 的处境却越来越艰难。该公司像火箭一样飞速增长多年，但在 1985 年，它第一次出现亏损：收入 1.05 亿美元却仍亏损 580 万美元。当母公司遭受损失时，它的子公司却还在不停地烧钱，这是希腊悲剧式的开场，母公司和子公司都被自己的问题所困扰。他们的利益和目标开始出现分歧，矛盾开始积累。

＊　＊　＊

1985 年秋天，斯密特接到一通电话："我是阿瑟·德尔·普拉多，ASM 的首席执行官兴奋地说，我找到了一个客户，他需要 5 台 PAS 2000。""这太棒了！"斯密特回答道。但是听到客户在保加利亚，他很震惊。斯密特一度怀疑德尔·普拉多正在寻找非主流客户。在那时，与东欧国家进行芯片技术业务往来可获得的利润较为丰厚。德尔·普拉多的销售风格就是这样的，但对于想要获得向美国出口的机会来说，这是一个问题。

斯密特告诉德尔·普拉多，他认为这是一项冒险的举动。当他在 ITT 担任高管时，他的美国前雇主对于类似的交易需要个人保证以及在一系列文件上签名，这些文件充满了道德和法律风险。他下意识想反对，但斯密特没有立即对这位对他来说最重要的股东说"不"。他将要求董事会成员乔治·德·克鲁伊夫用飞利浦的名义完成这笔交易。

斯密特很快便得到飞利浦管理层的回答，这家荷兰的跨国公司命令 ASML 立即放弃这笔生意。

这类事件，以及斯密特花钱如流水的风格，无益于他与德尔·普拉多的关系。他烧钱的公司战略正在榨干 ASM，但他找不到任何其他可行的方式。

＊　＊　＊

然而，公司也有一些令人高兴的事。除了飞利浦承诺为 Megachip 项目购买 PAS 2500 外，奈梅亨的 Elcoma 还希望在 1986 年购买 10 ～ 15 台光刻机：其中一些来自 ASML，另一些来自 GCA。Elcoma 于 1985 年 6 月下订单。到 1986 年年底，它希望收到技术成熟的 PAS 2500，而 ASML 可以同时提供 PAS 2400 进行评估。

在接下来的几个月里，半导体行业衰退加剧。AMD 也发来了坏消息，斯密特和维特科克的访问引起了该公司的兴趣，但由杰瑞·桑德斯领导的 AMD 在短期内不需要新机器。

奇怪的是，市场发展放缓反而对 ASML 有利。因为无论如何，这家荷兰公司现在并不能交付机器，危机为 ASML 暂时提供了一些喘息的空间。

工人在 ASML 位于维尔德霍芬的第一栋大楼内的新超净室中组装。照片中：维克托·范本德（Victor van Bunder）（左数第二个，留着胡须），图翁·范登·克尔霍夫（Toon van den kerkhof）（左，在前景）。

但芯片市场的变化是周期性的，AMD 比任何人都清楚这一点。为迎接下一次复苏，该公司邀请了 4 家光刻机制造商为其位于得克萨斯州奥斯汀的工厂提供试运行的光刻机。AMD 希望在 9 个月后开始在这个美国南部小镇生产新一代 VLSI 芯片。因此，它对新的光刻机进行了全面的评估和筛选。

桑德斯的 AMD 一直追问：ASML 何时才能交付其第一台 PAS 2500 ？

其实 ASML 不可能在 1985 年夏天甚至秋天交付 PAS 2500。该公司别无选择，只能兑现斯密特最初的承诺，并发送一台 PAS 2400 以供测试。斯密特乘坐航班飞往圣何塞，向 AMD 的管理人员传达该信息。飞机落地后，他直接开车到最近的万豪酒店，迎接他的客户经理脸色很差。"AMD 已经发来通知说我们出局了，他们不能接受 PAS 2400。对不起，贾特。他们也不想开会了。"

遭到这当头一棒后，这 4 个人继续讨论其他话题。斯密特通过反复咒骂美国的破咖啡来缓解他的沮丧情绪。等他平静下来后，他的美国员工告诉他，AMD

很难说服加利福尼亚州的工程师从气候温和的硅谷搬到炎热的奥斯汀。当时，奥斯汀只是得克萨斯州沙漠旁边的一个小镇。

斯密特又看到了机会。他建议发传真给 AMD 的管理层，提出将 PAS 2400 交付给奥斯汀测试。他还表示愿意帮助他们找到愿意去得克萨斯州的工程师，此外，他还愿意向 AMD 提前交付首批 PAS 2500 中的一台。斯密特这么说显得有一点滑头，因为其实第一台机器已经承诺交付给飞利浦。

斯密特在虚张声势。他很清楚，没有一个美国工程师愿意搬到闷热的得克萨斯州。但几周后，他得到了满意的答案：AMD 同意接受 PAS 2400 进行测试，但有一个条件，就是他们希望在几周后就收到机器。

当时，斯密特不知道 ASML 是顶替了 Perkin-Elmer 的位置：该公司已经放弃了，并停止开发步进光刻机。GCA 的处境也越来越艰难。佳能和尼康可以提供更好的机器，但 AMD 的桑德斯不愿自己的美国公司依赖于日本人。AMD 没有让 ASML 帮助他们在奥斯汀寻找工程师，这让斯密特长舒了一口气。1985 年 7 月，ASML 的官方记录里提到了 3 家有意订购 PAS 2400 的公司：AMD、赛普拉斯和美国国家半导体公司。

* * *

ASML 将 AMD 视为重中之重。公司决定向得克萨斯州的试验工厂发送第一台 PAS 2400。加班加点地工作后，这台光刻机在由莱因·梅耶带领的一个小团队的护送下抵达奥斯汀。在那里，他们得知尼康的两名工程师已经在那里工作了两个星期，试图让他们的机器运行起来。当梅耶和他的队员们在一天之内启动并运行 PAS 2400 后，他们取得了心理上的胜利。

但在接下来的几天里，出现了一个严重的问题。PAS 2400 是 ASML 的第一台配备直线电动机的设备，长时间运行所产生的热量使机器发生变形，这有悖于 ASML 所有关于高精确度的说法。梅耶设法推迟了验收测试，但他必须在 AMD 工程师在场的情况下再次进行测试。与此同时，他回到维尔德霍芬的同事正在通过日以继夜的工作来解决这个问题。他们终于想出了一个解决这个棘手的问题的方法，但只有开发者扬·范杜文沃德（Jan van Duiven-voorde）能够做到。这是暂时的解决方法，但它将为团队赢得时间来制定永久的解决方案。斯密特和他的管理团队决定冒险，把不会说英语的范杜文沃德送到奥斯汀去施展他的"魔法"。

梅耶想知道如何把范杜文沃德偷偷带进车间。他决定在晚上抓住机会，他的出入证一天 24 小时都有效。梅耶在机场接到他的同事，然后直接开车到 AMD 的试验工厂，在那里他们解决了机器故障。第二天，AMD 进行了测试。当梅耶庆祝他们的成功时，范杜文沃德已经登机返回荷兰了。

1985 年 10 月，斯密特召集他的整个团队，告诉他们 PAS 2400 在汉堡的飞利浦和在奈梅亨的 Natlab 都成功运行了。他自豪地说，在 AMD 的机器两天内就正常工作了。美国人也在评估尼康。"但它已经到达工厂一个星期了，仍然不能正常工作。另一个竞争对手也已经退出了。"这位首席执行官大声补充说，客户对竞争对手的机器不满意。

斯密特回想起他之前的商业计划和卡通演示。他预测的市场衰退已经开始了。前三名相当明显：尼康、佳能和 GCA。斯密特站在他的团队面前，发表了一个比他几个月前的观点更有说服力的观点。在前三名的后面，还有两家公司，其中之一就是 ASML。

GCA 也快不行了，这位昔日的市场领导者无法与日本的公司匹敌。此外，尽管公司销售部门发出了警告，但其管理层仍生产了过多的机器。在日益加速的经济衰退中，GCA 无法售出这些机器。这场会议后一周多，GCA 的流动性问题就上了新闻。1985 年 11 月的第一周，该公司股价暴跌，从 35 美元跌至 7 美元。

几个月后，AMD 告知 ASML 它赢得了第一，但机器还有几个问题：CERCO 镜头的性能低于标准，机器产生的灰尘过多。所以，尽管赢了，但 ASML 并没有接到订单。

* * *

1985 年秋天，韦尔登肖特走进斯密特的办公室。这位首席财务官怀疑 ASML 的工程师在 PAS 2500 上开发的一些功能没有意义，随着交货期限的临近，这样将浪费很多时间。

韦尔登肖特经常监视工程师们。他有时会在大厅里随便找一个人聊天，这曾惹恼了开发主管尼科·赫尔曼斯。不过这一次他观察到，工程师们正在装备的 PAS 2500，使用的是 6 英寸大的掩模，而不是 5 英寸的行业标准掩模。

* * *

斯密特立即警觉起来，因为没有人和他说过这个问题。他知道工程师们存在着一个严重的毛病：他们完全不了解客户的需求，他们完全孤立地进行研发创造。作为一家小公司，ASML 如果偏离行业标准，就会承担过高的风险。这家荷兰机械制造商的麻烦已经够多了。

几天后，当斯密特身处硅谷时，他探明美国巨积公司的状况。"顺便问一下，"他问工厂经理，"你觉得 6 英寸的掩模怎么样？它们能成为未来的主流吗？"答案很明确，"你疯了吗？你知道将我们的掩模从 5 英寸变成 6 英寸要花多少钱吗？"那人摇摇头说。"6 英寸意味着很多很多钱，先生。"他补充说道，他指的是昂贵的镀铬薄膜掩模。

斯密特观察到的情况是正确的。1984 年年底，研发部门一致决定按 6 英寸掩模制造 PAS 2500。但首席执行官和他的首席财务官不知道的是，他的工程师已经知道了这个结果。同年秋天早些时候，马丁·范登布林克前往加利福尼亚州了解最新的技术要求，因为 PAS 2500 将在几个月后，即 1986 年年初发货。令他沮丧的是，根据他在一次行业会议上以及他在掩模车间的所见所闻，每个人都在使用 5 英寸掩模。范登布林克立即意识到：我们的 6 英寸掩模可能没人要。在维尔德霍芬，他不得不非常激动地宣布这一重大事件，以至于他担心自己丢掉工作。

回到维尔德霍芬，斯密特和他的团队很快意识到，他们正在面临一场灾难。工程师们看到他们的上司非常了解市场动态，感到获得了支持。斯密特要求他的员工再次列出 PAS 2500 的规格，并删除所有当前并非绝对重要的内容。时间不多了，他们必须回到基本面：唯一重要的就是达到在最后期限之前交货的基本要求。

他的工程师们匆忙地聚在一起讨论时间安排。6 英寸掩模的自动系统的开发立即被中止。一个 5 英寸掩模的自动系统却不能在几个月内制造出来。他们将在 4 个星期内为 PAS 2500 打造一个手动掩模抓手。在同一次会议上，工程师们为 5 台在建的机器设定了新的完成期限。时间最紧急的是为 Natlab 制造的光刻机；它必须于 1986 年 3 月 1 日发货。两个月后，在位于圣马特奥的 SEMICON West 展会上则需要新的演示样机。

但是在 ASML 没有人能确信他们完全正确，连斯密特也不能肯定。他飞遍了他的整个美国销售团队所在的地方，与 PAS 2500 开发团队进行协调。斯密特对工程师有着天生的不信任，他希望确保开发和销售完全同步。

斯密特与 7 名美国销售同事的谈话给他提供了方向，但没有提供百分之百准确的信息。例如，销售人员说，事实上一些芯片制造商正在考虑 6 英寸的掩模，他们预计在 18 个月至 2 年内可能会发生 5 英寸到 6 英寸的过渡；在向客户推销产品时，销售团队发现蔡司 i 线镜头比较吸引客户。

两周后光学问题得到解决，已经很明显的是，蔡司在制造 i 线镜头时遇到了问题。显然大多数芯片制造商更愿意选择久经考验的 g 线镜头。飞利浦也发出相同的信息，这有助于 ASML 确定目标。ASML 决定使用蔡司的 g 线镜头，GCA 和日立也在使用这款镜头，他们将使用 i 线镜头的计划暂时延后。此外，客户还没有准备好迎接 i 线光源。

在过去的这几个月里发生了很多让人困惑的事，但有一点很清楚：竞争对手 GCA 陷入困境，消息传到维尔德霍芬，蔡司开始更关注荷兰客户的生意。ASML 将使用 SMI 容器配置其光刻机，这些容器在芯片厂里用于运输芯片晶圆。斯密特可以接受它，它虽然是 ASML 机器的一项可选功能，但更具有营销价值。它之后将成为 PAS 2500 最有魅力的功能之一。

斯密特的发声板

> 贾特·斯密特认为公司缺少好的架构，因此他求助于顾问。员工们的
> 经历大相径庭，而他们的上司却愈发过度地扰乱他们的工作。

1985年8月和9月，ASML迁至维尔德霍芬的新大楼后，时间压力越来越大，问题开始堆积。PAS 2500的进度跟不上计划。贾特·斯密特看到被催着干活的员工，也增加了挫折感，他知道自己不能忽视它。有一天，他走进了皮姆·坎（Pim Kan）的办公室。斯密特以前在Holec时结识了坎，在解雇了从飞利浦过来的第一位人力资源主管后，斯密特聘请他管理ASML的人力资源事务。坎说，员工们一直在抱怨薪酬不透明。"他们不满意。他们觉得工资的多少是随机定的。没有关于绩效考核、加薪和晋升机会的明确信息。"

坎的评价与斯密特的评估相符。在一年的时间内，ASML又雇用了几百人。飞利浦最初的50名员工必须培训新同事，同时他们正以创纪录的时间制造PAS 2400和PAS 2500。

每个人都有自由为公司做自己认为正确的事。但是对斯密特来说，他的员工们看起来越来越像一群缺乏组织纪律的"自由人"，没有像样的规章制度来约束他们。他们确实有一张组织架构图，但那张纸没有多大的意义。公司缺少实际的架构和稳定性。斯密特任命了各个团队的经理，但他们也是新人，并且对如何管理团队知之甚少。简而言之，他看到一片混乱。

斯密特告诉坎，他正在探索如何建立合理的组织架构：公司缺少一个工作绩效评价体系和相对应的薪酬体系。斯密特想聘请一家美国咨询公司来解决这个问题："毕竟，我们正在打美国式的战争。"他的人力资源主管建议他去找Hay公司："他们是这个领域的专家。"

* * *

不久之后，乔斯·博默斯（Jos Bomers）接到一位同事的电话。博默斯是

Hay 公司的高级顾问，组织设计和建立公司文化是他的专长。几年前，飞利浦首席执行官威斯·德克曾聘请他来评估公司的 400 名经理，当时他遇到了乔治·德·克鲁伊夫和维姆·特罗斯特这样的人。在 20 世纪 80 年代初，他俩曾经非常详细地告诉他公司的问题——光刻机项目。

博默斯的同事直截了当地告诉他，ASML 的贾特·斯密特曾经拜访过他。他听了斯密特的故事，但他还不能评论。"我搞不懂这个人，"他告诉博默斯，"他一直在不停地讲话，我根本不理解他在说什么。我不明白那里的情况。你能接手这个客户吗？"

博默斯在埃因霍温市中心的一家中餐馆与斯密特见了面。他发现他的同事没有夸大其词，斯密特确实口若悬河。ASML 的首席执行官第一次开始担心他的公司。

但斯密特仍然是斯密特，他热情地描述了公司所面临的机会。很显然，他担心员工的动力不足，担心他的团队 3/4 的成员都是固执倔强的工程师。在两人谈话的几个小时里，博默斯问了几个问题，俩人讨论得很热烈。在谈话结束时，他们都认为这次谈话根本没有取得任何进展。他们计划安排再次见面。

一周后，传奇故事继续，这次还是在中餐馆。再一次，斯密特口若悬河，而他的对面却十分安静。在博默斯花了 90 分钟听了斯密特关于他管理团队的想法和故事后，这位顾问决定进行干预。他意识到是时候采取措施了。如果这次谈话还以上周的方式结束，他们将再次一无所获。博默斯说："斯密特先生，你谈了很多。我理解你所说的大部分内容，但还有很多内容是我不懂的。"然后他直截了当地说："我认为你不太善于倾听。"

斯密特立刻绷紧了神经，他坐直了，但博默斯还没说完："斯密特先生，我想你已经没有了组织条理。"他接下来的话更刺耳："我听到你谈论你的管理方式，你已经失去了员工的信任。现在他们已经不再理解你了。我不是百分之百肯定，但我绝对说对了 99%。"

斯密特惊呆了："你为什么这么说？"博默斯解释道，在两次会面中，他都在认真聆听。"建立薪酬体系不是你的首要任务，这个可以稍后再解决。你的公司很小，发展很快，一切都在高速运转中。"斯密特立刻明白了并且产生了兴趣。然后，博默斯说："你知道你团队中的关键人物对合资企业的看法吗？还有对你的看法？对管理的看法？现在是你要自己去发现的时候了。"

博默斯已经提出了他的观点。他建议斯密特评估公司的情况，并描述了评估的方法。在一周内，ASML 的首席执行官就能确切地了解自己公司的情况。但是，要做到这一点，他必须百分之百地配合博默斯。博默斯顾问描述了调查的步骤。他说，只有斯密特告诉他的员工为什么这么做，这才能奏效。"你还必须告诉他们你能反馈什么。"

斯密特听到一个好主意时，他本能地就知道这是一个好主意。他聆听并承认了博默斯计划的价值后，没有考虑太久。他简短地回答道"好，好"，并聘请博默斯来执行计划。博默斯很少遇到这么雷厉风行的领导。他很惊讶，斯密特的回应是一个信号。他花了几个小时听斯密特滔滔不绝地演说，当他最终插话时，两人只用了两秒就达成一致，他们很有默契。所以几分钟后，博默斯拿到了这个咨询项目。

* * *

斯密特则有不同的看法。博默斯的提议刺激到了他，不是因为他同意这位顾问关于他不了解他的员工的论断；相反，斯密特坚信他与他的团队之间有着密切的联系。飞利浦呆板的坏毛病在 ASML 已经消失，但公司缺乏结构化管理，他担心这样下来员工可能不能帮助公司成功。

ASML 正在建造一艘战舰，而战争已经开始。战舰还没有完工，但对方的大炮已经开火，血流成河。场面极其混乱，水手们在疯狂地来回奔跑，虽然船长已大声下达命令，但他的手下不知道如何把斯密特的作战计划、应变措施和战略变成具体行动。

斯密特不仅希望他的团队能够制造一台可靠的光刻机，还希望他的公司成为一个统一的整体。营销、开发、运营和物流：这些部门都必须像一台台运转良好的机器。这就是斯密特讨厌那些只重视技术的人的原因。忘记技术吧，他告诉他们，必须各方面配合才能成功。这不是演奏钢琴或小提琴，而是指挥一场交响乐；这不是迈克尔·乔丹，而是整个芝加哥公牛队。斯密特唯一的问题是，我该如何让我的"公牛队"更有活力呢？

这不是一个简单的问题，因为斯密特处在一个近乎超现实主义的环境中。在他周围，工程师们正在为开发世界级技术而展开一场令人心烦意乱的竞赛，这样他们就能在不切实际的最后期限前完成。但是这个期限是 ASML 生存下来的唯一机会。这位首席执行官不顾所有反对的声音。如果 PAS 2500 不能按时交付，他的公司将分崩离析。这一点，他非常清楚。

＊ ＊ ＊

斯密特既是航空工程师又是理论物理学家，他能注意到被别人忽视的一些联系。他非常热衷于向人们传达他的愿景，但不是每个人都愿意倾听。他们中的大多数人还有很多事要操心，员工们都忙着制造光刻机。

ASML 的工程师大军没有时间接受心理辅导。薪酬体系糟透了，员工们曾经大声向人力资源主管嚷嚷。但发泄完这些不满，他们还是忙于制造他们的机器。他们对公司的财务状况毫不担心，因为斯密特和杰拉德·韦尔登肖特将这些信息严格保密，尽管他们中的一些人曾注意到 ASML 的首席财务官总在他的办公室里来回踱步。

事实上，斯密特对 ASML 的看法的确来自对公司精神状态的正确分析。超净室里的人并没有感觉到公司存在任何混乱。新员工给公司注入了活力，飞利浦的团队非常乐于见到年轻的同事掌握这些技术。研发部门正在迅速转变为一辆不可阻挡的坦克，执行着一项神圣的使命——赢得光刻战争。最后期限是明确的，他们的目标是充满挑战且激动人心的：他们要争夺第一名，赢得金牌。

但是员工们确实面临着另一个问题，他们很少见到老板。当他们看到他时，老板常常给他们带来麻烦。员工们正以惊人的速度齐心工作，完成任务，而老板像一枚无制导导弹一样，下达着矛盾的命令，干扰他们的工作："向左转；不，等等，向右转。"

斯密特不关心他的团队的挫折感，他有一个更高的目标。他本能地感觉到，他的公司过于专注于自身，而不是客户。那些穿着实验室无尘服忙碌的"蜜蜂们"，并不知道外面的世界是什么样子。他们安全地躲在超净室里，有充足的时间来思考。斯密特的做法正好相反，他不是在看员工能做什么，而是在看他们需要做什么。对他来说，一切都需要围绕着市场来获得动力。他毫不留情，命令他的员工必须遵守规定的最后期限，即在 ASML 向客户交付机器的日期前准备好。

斯密特的指令对研发部门有重大影响。他的一些干预是极其必要的，例如解决光源和掩模大小的分歧。但是工程师们无法理解他的另一些命令。通常，斯密特前后矛盾的命令让他们摸不着头脑。光刻机老将赫尔曼·范希克秉持他一贯的怀疑态度，为斯密特起了一个新绰号——最高总司令。

*　*　*

与此同时，斯密特和博默斯之间的关系日益密切。ASML 的首席执行官认为 Hay 公司的顾问是他可以放心信任的人。博默斯钦佩斯密特的智慧，一个兼备技术洞察力与社交能力的天才人物。他知道如果没有积极进取的团队，世界级技术就像一盒废金属一样没有价值。

博默斯通过访谈来开始执行这场计划。在这个过程中，他认识了 ASML 职位最高的 20 名员工。马丁·范登布林克、理查德·乔治、尼科·赫尔曼斯、埃弗特·波拉克、斯特夫·维特科克等人：所有最高级别和次一级别的管理者都提供了匿名反馈。仅仅一周后，情况就很清晰了。员工们欣赏公司的自由和建设性的气氛，但每个人都有自己的担忧。

有些人对他们的任务有疑问，他们很怀疑这样继续下去真的管用吗？没有任何客户，也没有制造出任何机器。ASML 就像狂野的西部，每个人的职责都不明确。他们的老板像疯子一样到处跑，他到处花钱，就像钱会过期一样。他们认识贾特·斯密特，他们听过他的讲话，但他是对的吗？他从未给员工任何承诺。他们看到这家公司在没有新资金来源的情况下，花钱如流水。高层们担心他们很快就会被告知演出已经结束，钱花完了，路走到尽头了。

斯密特在一个晚上召集了他的 20 位高管开会，向他们展示 Hay 公司提供的企业文化调查结果。到会的人完全同意调查结果。调查结果在一些问题上对斯密特表示赞扬；但对于其他问题，大家的态度不一。他可以给员工打气，他可以讲一个很好的故事，他对于经营公司非常专业，但他的团队不清楚他的战略。

斯密特的人总听到他说 ASML 将成为市场领导者，但他们仍然必须打造机器才能使它成为现实。他疯了吗？这听起来不错，但对于队员来说，斯密特的说法站不住脚。一切都必须同时进行：开发、营销、招聘、建造新建筑、寻找投资者。对于这样的冒险，你需要一个明确知道做事方法和其中原理的团队。大家需要知道目标是什么。但是，目前的团队无法找到斯密特的愿景中可以执行的明确重点和优先事项。

＊　＊　＊

博默斯的调查让斯密特按下了重置按钮。这位首席执行官知道 ASML 拥有出色的技术，因此战略有实现的可能。他一次又一次地告诉他的"公牛队"：他确信他们未来能够夺得金牌，但博默斯已经向他表明这还不够。每个人都喜欢在 ASML 工作，并欣赏公司给予他们的自由，但公司缺乏结构化管理。在博默斯的帮助下，斯密特得出结论，公司需要更多的规则和秩序，他的人将不得不放弃一些自由。

这场企业文化调查让团队的情绪得以宣泄，斯密特的坦诚激励着他们。员工们看到斯密特承认公司存在的问题。坚冰已经被打破了。员工们也多了一些耐心：他们明白斯密特不能一次性解决一切问题。

然后，斯密特和他的管理团队要求 Hay 公司撰写一份建立业务流程组织的建议书，包括良好的绩效审核和薪酬制度。这是一个规模极大的项目，将改变其维尔德霍芬和凤凰城办事处的组织形式。ASML 再次通过引入外部的智慧而变得更加强大。

＊　＊　＊

在接下来的几年里，博默斯成为斯密特的发声板，以及斯密特在公司之外的主要知己。这位顾问是一个讨人喜欢的人：经验丰富，有洞察力。几年来，他们一起吃遍埃因霍温的餐厅。斯密特找到了他需要的心理专家，他可以向博默斯倾诉，集中思想并排解心中的压力。终于，他可以自由地诉说他的疑惑、痛苦和愤怒，而没有不良后果。他可以说出他不能让员工或董事会知道的忧虑。

虽然博默斯只是以局外人的角度观察公司，但几个月后，他也开始怀疑。ASML 的光刻机项目是一个永不满足的"怀孕的怪物"。直到那个怪物生了"孩子"，公司才有东西可卖，然而它的饥饿感却无法消除。这位顾问不是工程师，但当他看着 ASML 时，他看到无数的钱流向无底洞。

博默斯有时也会惊恐。在会谈中，他多次告诉斯密特："一切都很好，但这一切都花了太多的钱。Hay 公司的服务也很贵。GCA 和尼康正在服务一个成熟的市场，你甚至没有产品，你投资起来就像疯了一样。这种信心从何而来？你必须坚信你的技术是无敌的。斯密特，这不是我应该评论的事情，我不是工程师，但如果你走错这一步，那么你会摔得很惨。"斯密特对这类评论的反应总是云淡风轻："是的，是的，我知道。"

他的计划不能更改，这是斯密特的底线。他正在解一个巨大的谜题，理论上 ASML 可以把所有零件都组装在一起。但在实践中，斯密特也不完全确定自己是对的。然而，他不是那种在焦虑中无法自拔的人。他是一个理论物理学家，他确信他的想法行得通。这是他自信的基础，也是他寻求解决方案的指南。

但在与博默斯的会谈中，斯密特确实表达了保留意见。他在 ASML 一般不说这些，但他不必在博默斯这位顾问面前掩饰什么。斯密特说："我明显冒了一个巨大的风险。德尔·普拉多像鹰一样盯着我。更糟糕的是，市场对我们不利。"博默斯点了点头。

*　*　*

他们经常谈论公司的管理和斯密特的处事风格。博默斯认为斯密特扮演了一个重要的角色。工程师可以自主工作，但在最初几年他们肯定需要指导。怎么描述贾特·斯密特呢？他是一个能够影响企业的人，他有勇气投资并全力以赴达成目标。

博默斯与 ASML 保持了多年的合作关系，即使在斯密特离职之后这种关系也未中止。这些年来，他亲眼看到 ASML 团队中出现了罕见的活力，从而催生了繁荣的公司文化。

紧急会议

ASML将错过其第一台机器的交付期限。贾特·斯密特意识到后勃然大怒。

1985年6月，理查德·乔治要求弗里茨·范霍特确定PAS 2500的时间计划表。这位年轻的工程师开始工作后不久，就明白了为什么让他担任项目控制员。因为现有的时间计划表是硬拼凑在一起的，只有粗略估计，非常随意。

范霍特准备做出改变。他拜访了开发PAS 2500的5个子项目负责人，详细询问他们的情况，并在编制时间计划表时进行考量。这个计划被安排在周末并在VAX小型计算机上运行。周一早上，范霍特打印出结果，然后他将这些页面用胶带粘在一起放在地面上，长达20英尺。范霍特边走边看，确定了一个锚点——神圣的最后期限。

如果你错过了芯片市场的船，起航前你就会淹死在水中。所以在范霍特的时间计划表中没有任何娱乐时间，一个小时也没有。ASML岌岌可危，处于生死存亡的关键时刻。1985年，公司必须制造出一台带电机的光刻机。但到1986年年初，它还必须有一套新的镜头。摩尔定律不能容忍任何延迟（参考附录6）。如果他们不能成功，公司就得关门了。

这是ASML获得的唯一机会：为下一代VLSI芯片提供步进光刻机。如果能够准时交付，这台如此有吸引力的设备将使得半导体制造商不能忽视它。飞利浦是PAS 2500的第一个排队者，想在耗钱的芯片竞赛中迎头赶上。但光刻机对其Megachip项目至关重要，所以这家荷兰电子公司也向其他光刻机公司下了订单。Natlab甚至自己在秘密地开发光刻机，以防外部供应商的光刻机无法通过验收。

首席执行官斯密特非常坚持于1986年1月1日交货，那是他18个月前提出的最后期限。这将使ASML有足够的时间在4月将一台能正常工作的光刻机运送到飞利浦，然后过一个月再船运一台光刻机到美国的SEMICON West展会上。范霍特将硬性期限键入程序中后，得到的都是负数。如果5位子项目负责人分别给他的时间表无误，那么实际的交货期限会比最后期限晚几天或几周，甚至是几个月。

1985 年 11 月初，范霍特和他的开发人员得出结论，进展顺利的话，他们能够在斯密特的最后期限的一个月后交付 5 台机器中的 2 台。因此，他在调度系统中输入 2 月 1 日作为最后的日期。

1985 年 11 月和 12 月，范霍特看着 PAS 2500 的进度远远落在时间表后面。他规定了交货的硬性期限，但开发人员已经预感到了灾难。他们知道延长最后期限将是唯一的选择。

* * *

范霍特面临的时间危机将变成一个常用的词——负余量。每次要赶不上最后期限时，工程师们都不得不在更短的时间内做更多的工作，结果就是长期加班。午夜加班变成了常事，而不是异常情况。因此，加班总是与 PAS 2500 捆绑在一起。

几十年来，"负余量"将成为 ASML 压力、争论、疯狂的加班和倦怠的代名词，但严格保证最后期限也为同事们之间的友谊打下了基础，并为最终成功提供了无与伦比的范例。

在新年的第一周，斯密特敲了范霍特的门。理查德·乔治和尼科·赫尔曼斯都在度假，这位首席执行官需要向监事会汇报工作。于是他问范霍特 PAS 2500 能否如期完成？显然，1 月 1 日的最后期限已经过了。范霍特说，他甚至不确定他们能否在 3 月 1 日完成。他说："时间非常紧张，交货日期可能进一步推迟。"范霍特这段时间都在担心日程安排，但他不知道开发主管赫尔曼斯是否已经提前把信息传达给首席执行官。"我们能成功吗？"斯密特坚持问。范霍特犹豫地回答道："这将是非常艰难的。"

斯密特勃然大怒，赫尔曼斯一直告诉他一切都很顺利，但范霍特给他的信息却是一个可怕的警钟。斯密特暴怒的故事很快传到了工厂车间，每个人都知道情况有多糟糕。范霍特和同事一直都在讨论这个问题。1 月 9 日，维姆·亨德里克森在他的日记中写道："范霍特再也不相信时间计划表了。"公司里谣言四起，项目经理们也不再掩饰，因为已经找不到任何借口来遮掩了。此外，每个人都可以亲眼看到机器确实还没有完成：含有汞蒸气灯的曝光柱尚未安装完毕。亨德里克森是正确的，他在 9 个月前就预测到危机正在逼近，一切都失控了。他在日记中指出："管理层发现 PAS 2500 的开发没有按计划进行！"

*   *   *

斯密特命令乔治和赫尔曼斯马上去解决。亨德里克森在 1 月 10 日写道："先生们今天召开了紧急会议。"首席执行官给威廉·马里斯打电话，一年前他在 Elcoma 为 ASML 两肋插刀。但这次马里斯没有给他宽限时间，Megachip 项目不能承受时间延误所产生的影响。下一个星期一，斯密特将再次召开会议，讨论延误问题。这次会议规模较大，共有 20 名重要人员参加。斯密特采取了强硬的态度，要求 3 月必须有一台可以工作的机器。

PAS 2500 的项目负责人乔治认为，这绝对不可能。几个月前，他意识到他严重低估了测试阶段的用时，他知道他应该早点提出警告并要求增加人手。开发主管、乔治的上司赫尔曼斯也知道这一点，但他也没有提前告知斯密特。

会议期间，乔治的态度很强硬。这个英国人以不喜欢搪塞而闻名，他很有个人信誉。他尖叫着对斯密特说："你疯了，这台机器要到 5 月才能准备好。如果你认为它能在 3 月完成，那么我们中的一个人应该准备进疯人院。"

斯密特现在有了大麻烦。赫尔曼斯没有告诉斯密特延误的事情犯了一个致命的错误。乔治公开表达了他对该项目可行性的质疑，这让斯密特感到烦恼。即使这个英国人完全正确，从心理上来说，这也会给团队带来负面影响。斯密特害怕乔治会打击到其他人的积极性。对于首席执行官来说，最后期限是神圣的。他认为这必须成功，不允许以任何借口拖延。旁人都可以看出来，他需要把乔治从项目中除名。如果一个球员在半场休息时说球队会输，教练必须换掉他。如果你开始怀疑你不能取得胜利，那么你一定会输。

斯密特知道他也需要干预研发。他应该怎么处理赫尔曼斯？他在考虑让 ASM 的乔普·范凯塞尔和威廉·德利乌来接替。他的首席财务官杰拉德·韦尔登肖特建议他可以继续用赫尔曼斯，虽然两人相处得不好。

斯密特会见了他的顾问兼发声板——乔斯·博默斯。Hay 公司的这位顾问同时也与管理团队的其他成员定期会谈，因此他对乔治和赫尔曼斯都相当了解。

247

斯密特问他的知己："我该怎么办？开除尼科吗？现在解雇他看起来还为时过早。"博默斯建议说："很明显，为什么韦尔登肖特想要你再考虑一下。如果你把尼科踢出去，你将失去一个从一开始就参与研发的人。他很了解其他人，如果是我，我就不会这样做。去找些新办法吧。你现在没有人管理人力资源和行政事务，让尼科去负责，这样你就不必出去找人了。"

博默斯过去经常和高管交谈，但还没有遇到过像贾特·斯密特这样的人。当ASML 的首席执行官听到一些有意义的事情时，他可以快速改变，每次博默斯都会大吃一惊。他从来没有遇到过类似的人，他感觉斯密特极其自大同时雄性激素非常高。今天，博默斯所要做的就是提出一些明确的论点，在说服斯密特前，他是不会停下来的。斯密特则立即明白，让赫尔曼斯负责人力资源和一般的行政事务是最好的解决方案。

斯密特召集开发人员。他说，赫尔曼斯将被调任到一个新的职位，然后宣布，PAS 2400 的项目经理埃弗特·波拉克将接任并发主管一职。每个人都向赫尔曼斯表示祝贺，他并没有意识到他被边缘化了，反而以为自己被提升为总经理。

会后，波拉克问范霍特的看法。"我看见你在摇头。"波拉克问他的年轻同事。范霍特不习惯看到员工被草率地推到一边，也不认为他的上司赫尔曼斯该遭此待遇。他说："在不了解事情真相的情况下，斯密特喜欢很快免除负责人。"

* * *

斯密特把赫尔曼斯调到另一个岗位后，他就准备处理乔治。他不需要那些公开质疑公司目标的人，他知道这个英国人的脾气火爆，所以选择了一个公司外的地方来传达他的信息。他们来到斯密特第一次见到博默斯的中餐馆。"理查德，你为我们取得这一切成就付出了巨大努力。"他先客气地说。然后，他直奔主题："但您无法完成 PAS 2500 项目。"斯密特要求乔治去美国，协助产品营销，而且立即动身，他的家人可以和他一起去。

把乔治调走，斯密特做到了一石二鸟。他在美国组建的销售和服务团队对光刻机不够熟悉，乔治对这台机器一清二楚，他对客户很友好，而且作为以英语为母语的人，他非常适合美国客户。

乔治却感觉很不好。他无法见证自己的研发计划的完成，他有种被流放的感觉。斯密特选择了一个即使场面失控也不会太难堪的地方。乔治很生气并且毫不掩饰地表现出来，他跳起来，气愤地冲出餐厅。

乔治无法想象，他将不能在那里见证 PAS 2500 的诞生。他能够施加影响的唯一方法是通过波拉克。他邀请他的新上司出去吃饭，两位工程师讨论了最新的中餐菜式。乔治说，他并不渴望参与开发第三款光刻机；在美国进行产品营销对他来说很有趣。但他很担心研发工作。他告诉波拉克："你不能单独做研发这件事，你要确保马丁和弗里茨会接管我的工作"。他解释说，马丁·范登布林克是目前 PAS 2500 项目团队中最好的系统工程师和技术经理，他的得力助手范霍特作为项目控制者，在事物的组织方面最有洞察力。

令所有人惊讶的是，几天后波拉克让范霍特负责 PAS 2500 的研发工作。在主要由经验丰富的工程师组成的研发团队中，一位只有 18 个月经验的年轻同事将在决定公司命运的机器项目中发号施令。波拉克要求范霍特与范登布林克合作："与马丁会面，按照你认为合适的方式进行分工；你就是领导。"从那一刻起，范霍特是项目经理，而范登布林克是 PAS 2500 项目的系统工程主管。这是一项大胆的举措，波拉克本人对此并不完全放心。

* * *

这样，波拉克给成立不到两年的公司的研发部门带来了新气象。这位资深工程师来自 S&I，在那里他通过航空航天项目获得了声誉。波拉克不是第一批转到 ASML 的飞利浦员工，他是自己申请来的，他被这家年轻的高科技公司面临的挑战所吸引。当弗朗斯·克拉森努力使电动晶圆台工作时，波拉克担任他的指导员。

从 1986 年起，他利用自己的天赋鼓励其他人担任公司的研发主管。波拉克立即将两个年轻人安排在 ASML 最重要的项目上，并对他们说："要确保结果良好。"两个年轻人对被赋予如此重大的责任而感到惊讶，但这也增强了他们的自信心，他们开始大展身手。波拉克是个话少的人，所以他总显得冷静且沉着。举个典型的例子，多年后他接待了一次蔡司代表团，德国人沮丧地承认他们的光学元件深陷泥潭。大量镜头的设计存在重大缺陷，镜头必须更换，这项工作需要几个月才能完成。蔡司的人说完后，所有人都盯着波拉克。每个人都感到气馁，每个人都希望他把蔡司大骂一通。但是波拉克处变不惊，他简单地说了一句："我们能做些什么来帮助你们呢？"

波拉克也是一个控制狂，但他喜欢用系统的方法。他知道，在空间技术方面，一切都必须经过非常详细的规划。他向渴望改变一切的年轻新人传授了宝贵的经验。"如果你不知道目的地，就不要出发。"他告诉范霍特和范登布林克，当时他们不知道该怎么解决这个问题，"慢下来，想通再做。"波拉克知道光刻机的研发是多么具有挑战性，并鼓励他的团队坚持不懈："当你遇到困难时，不要放弃。如果你足够坚定那么你一定能达到目的。"

当斯密特听说波拉克让两个小孩子负责 ASML 最重要的项目时，他的反应很激烈："天啊，雇用一位真正的领导吧。"波拉克作为上司告诉他两个年轻的工程师，也许自己要被开了，他们很快就会有新的上司。

但在斯密特进行重组后，波拉克做出的决定最终奇迹般地达到了目标。在这个时候，范霍特和范登布林克有 18 个月的关于复杂系统的工作经验，他们工作的时间越长，对自己做的东西越兴奋。他们是不可阻挡的。

3 年来，斯密特及其继任者面试了多位候选人，想重新选择两位年轻的工程师来接管该项目。有很多来自知名技术公司的项目经理申请他们的职位，其中包括 Fokker100 的项目经理。但想不到的是，没有一位新聘请的技术经理能够超越他们两人。他们也曾转到 ASML 的其他职位，其中一次是去接替一位中途离职的前飞利浦经理。3 年后，范霍特和范登布林克已经证明了自己，他们完全能胜任他们的岗位。

不再狂野的怀尔德

贾特·斯密特有胆量冒险绕开蔡司而从其他光学公司订购镜头。宝贵的时间正在流失。

1985 年年底，当 ASML 开始开发第一款带有 g 线镜头的 PAS 2500 时，与蔡司的 i 线光学技术谈判已全面展开。这家德国公司在这几年里都在为光刻机市场领导者 GCA 供货，但 GCA 现在却陷入了困境。因此，贾特·斯密特希望蔡司能够欢迎其他新客户。斯密特去了几次奥伯科亨，但每次访问结果都是一样的：蔡司不想要排他性的合作关系，它要保持自己的自由选择权。

蔡司拥有这种骄傲的资本：ASET、日立和 Perkin-Elmer 的 Censor 公司都在苦苦寻求与这家光学元件供应商合作。GCA 也还没有完全败落，该公司正疯狂地试图用改进后的光刻机夺回自己的领地。GCA 的特罗佩尔部门现在在生产内部镜头，但特罗佩尔的业务规模很小。对于大量需求，这家美国光刻机制造商仍然依赖于蔡司。所以目前 ASML 只是众多"追求者"之一。这家荷兰公司和这家德国公司离建立他们独有的"两家公司，一个业务"的关系，还有很长的路要走。

经过几次尴尬的会面后，斯密特于 1986 年年初再次访问蔡司，并与其执行董事会会谈。他遇到了一群顽固的家伙，德国人不想达成任何特别协议。从蔡司的角度来看，这并不奇怪。该公司正处于一个关键但不确定的时期：其主要客户 GCA 的亏损不断扩大，但这家光刻机公司有可能在获得美国政府的救助后复苏。ASML 也还没有证明自己的实力，蔡司对这家荷兰公司充满了疑虑。德国人不想把自己困在一个弱小的伙伴的身旁。

这次会议是斯密特态度的一个转折点。ASML 的首席执行官看够了蔡司的不情不愿。"这次谈判失败了，"他告诉他的开发团队，"我们穿着黑色西服在蔡司公司的顶层永远谈不出结果。"在接下来的几周里，他与管理团队讨论了他戏剧性的结论：ASML 需要接触其他光学专业公司。

251

斯密特勇往直前的劲头是无法克制的，这是近乎盲目的野心。与客户的交谈是他的指南针。他关于光源和掩模尺寸的判断似乎很简单，但从结果来看是对的。因此，ASML 的产品规划慢慢开始形成。当这位自信且雄心勃勃的首席执行官的头脑中形成一个想法时，你根本阻止不了他。

斯密特关心方方面面，这快把他的工程师们逼疯了。但他们也知道，一旦"最高总司令"锁定目标，就无法改变。在斯密特访问蔡司后的几个月里，ASML 制定了所有的备用方案。除了蔡司，斯密特要求他们联系奥林巴斯和威得赫尔布格公司。

他的决定显而易见：如果蔡司不能作为他们的独家供应商，那么 ASML 将从其他光学元件供应商那里购买产品。这很有逻辑而且十分简单。但这一选择具有深远影响，因为它涉及复杂的技术元件，且只能通过密切协作来开发该元件。

ASML 现在必须投入时间和金钱来找到多家供应商。这不仅意味着涉及多个路径、不同供应商的产品以及复杂的集成过程；还意味着多种光学元件的供应商将同时应用相同的技术，并且他们都希望获得足够的利润来维持生存；更意味着有效但更昂贵的镜头。

在目前 ASML 的状态下，这个举动是疯狂而大胆的。1986 年，这家合资企业没有一个主要客户，而且每个月都会花费数百万美元。

* * *

虽然 ASML 正在与镜头问题搏斗，但在 1986 年，该公司开始逐渐意识到 PAS 2500 不能满足美国芯片制造商的需求。开发时遇到的种种挫折意味着该机器还没有准备好。与此同时，美国市场正在迅速变化。美国的半导体制造商在内存芯片市场的争夺中输给了日本，美国正逐渐向一个可以有所作为的领域转移——专用集成电路（ASIC）。这种芯片对光刻机提出了完全不同的要求。虽然日本晶圆厂的步进光刻机整天忙于冲压相同的内存芯片，但美国晶圆厂却需要能够不断改变设置以曝光不同芯片的光刻机。ASML 别无选择，美国市场是重中之重，因此该公司很快就提出了投资这种芯片设备的研发的想法，研发一种几乎完全自动化的新型光刻机。

PAS 3000 是 PAS 2500 的后继者，它是 ASML 第一个商业计划的一部分，但现在该机器将针对 ASIC 市场进行专门的调整。ASML 的研发部门在 PAS 2500 和 PAS 3000 的详细路线图的文件中写道："在芯片厂的物流支持方面，需求是不同的。为此，PAS 3000 将高度自动化，从而实现与工厂控制系统的集成。"

制造新机器的目标雄心勃勃。他们已经知道这台光刻机必须能制造细节为 0.7 微米的芯片，但 ASML 也希望它能够用于旧芯片工艺，包括 g 线和 h 线镜头。考虑到这些要求，公司要求蔡司、奥林巴斯和威得赫尔布格开发合适的镜头。

总之，ASML 最初为每个镜头类型选择了两家供应商，以便比较不同供应商的产品性能。奥林巴斯很快就碰到了问题：在与这家荷兰公司的第一次会谈中，语言障碍是巨大的，在工程会议上，所有沟通都通过口译员进行。于是，ASML 开始和威得赫尔布格正式合作，两家公司共同投资研发 10 套原型机镜头。

1986 年 3 月，蔡司开始根据飞利浦和西门子的要求，为 0.7 微米芯片制造设备设计具有战略重要性的 i 线镜头。ASML 为其在最新型号的光刻机 PAS 2500/40 中使用的镜头命名为欧罗巴，它旨在成为驱动飞利浦和西门子投入巨额补贴的 Megachip 项目的光学引擎，以使其赶上日本。1987 年，Megachip 项目将需要第一台带有欧罗巴镜头的光刻机。为了在 1988 年年初大规模生产，ASML 计划生产 9 套欧罗巴镜头。那些年，ASML 的研发部门就像一个压力锅，威得赫尔布格的项目负责人忍受不了了，将压力传给了赫尔曼·范希克。但 Natlab 的这位前辈很快便逃离了疯狂的 ASML，跳槽到飞利浦的 CFT 继续他的职业生涯。与瑞士光学公司威得赫尔布格的合作项目又交给了范登布林克："马丁，你需要接手这个项目。"这个坏脾气的工程师讨厌这个决定，"威得赫尔布格拿不出任何可用的东西。"他抱怨道。这位年轻的物理学家只有两年的从业经验，他并不想去管理供应商。"不过，你必须这样做，"范希克回答，"这是高层做出的决定。"

这实在是无奈之举。首席执行官斯密特和开发主管埃弗特·波拉克仍然认为范登布林克和弗里茨·范霍特需要承担更多责任，但他们别无选择。这两位年轻的工程师很积极，但管埋供应商并不是一项可以吸引他们的任务。他们就这件事进行了长时间的讨论。范霍特说："每个人都认为这事永远搞不定。"范登布林克说："只要斯密特做出决定，就没有讨论的余地。"

1986 年 9 月，范霍特和范登布林克总结了最新的情况。在题为《ASML 的镜头开发》的报告中，他们向其上司描述了波拉克的所有执行中的项目。瑞士的威得赫尔布格作为制图和太空航天光学系统的供应商而享有盛誉。从理论上讲，这家公司似乎是一个很好的选择。

范登布林克认为这个主意很疯狂，但有外交风范的范霍特在给波拉克的报告里礼貌地说明了管理团队的看法。"投影镜头可能被视为最要命的因素，"他写道，"所以建议寻找多家供应商和多种镜头类型，以防 ASML 面临严重的投影镜头问题。"

* * *

范登布林克决定去瑞士审查威得赫尔布格项目的进展，并介绍自己是新的项目负责人。他请约瑟夫·布拉特作为光学专家与他同行。在这个时候，这位 Natlab 的研究人员在光学领域已经享有盛誉。在 20 世纪 70 年代，他曾为 Natlab 的光学领域的核心人物吉斯·布休斯工作。

范登布林克和布拉特想亲眼看看生产过程。当他们在早上 8 点半到访时，受到了威得赫尔布格的首席执行官赫尔·施瓦茨穆勒（Herr Doktor Schwarzmüller）的接见，周围则是一群销售人员和律师。显然，施瓦茨穆勒是想给他们一个下马威。

"金玉其外，败絮其中。"29 岁的范登布林克感慨。"那么，范登布林克先生，你是该项目的领导者吗？"施瓦茨穆勒开始说道，"我想通知你，我们从今天起停止该项目，因为合同尚未签署。如果您在离开前未签名，我们就终止项目。"

施瓦茨穆勒在谈论一份价值数百万美元的合同。范登布林克认为和威得赫尔布格合作的整个项目就是一个错误，但他知道，他的上司斯密特希望他这样做，他能感受到肩膀上责任的重大。1987 年年初，与威得赫尔布格的这个合作项目是极其昂贵的，他很清楚 ASML 没有多余的钱。施瓦茨穆勒强迫他签字的方式引起了他的不满，布拉特也持强烈的保留意见。范登布林克站起来，毫不客气地说："我从来没有签过合同，我们的合作结束了。"然后准备离开。

这一切都发生在一刹那，但已经有足够的时间让范登布林克享受施瓦茨穆勒脸上的惊诧。然后他转过身来说："等一下，在我走之前，我想确保公司和我意见一致，给我 5 分钟。"几分钟后，他和斯密特通了电话。"贾特，我和施瓦茨穆勒在开会，他在我脖子上架了一把刀。他要我马上签合同。我不在乎他们向我施压，但这是我和他第一次见面。就我而言，他们可以自己玩去，我没有心情陪他们玩。"

斯密特说，他不想结束与威得赫尔布格之间的关系。"好吧，"范登布林克回答道，"但合同中有一个问题。焦深的定义不明确。如果焦平面有丝毫扭曲，我们将失去景深。这是威得赫尔布格的问题，它没有具体说明。"范登布林克和布拉特知道这是威得赫尔布格镜头设计的一个弱点。范登布林克向斯密特提出如下建议："如果合同中焦深的定义是正确的，我们就有保障了。我建议回去更改一下合同。如果他们不接受，我就走人。"斯密特同意了。

范登布林克回到会议室。他写下了一个数学公式，对施瓦茨穆勒说："把这个公式加到合同里，我就签合同。"威得赫尔布格的首席执行官同意了，并邀请他的客人在附近的城堡中享用长时间的午餐来庆祝合同成功签署。

*　*　*

因为有与 CERCO 打交道的经验，ASML 要求 Natlab 的约瑟夫·布拉特计算威得赫尔布格透镜的容差。综合多种因素，他是解决光刻机镜头存在的光学问题的最佳人选。在奥赛的法国光学研究所学习期间，他了解了计算机，并认为它非常适合用来进行与光学相关的数学计算。他掌握了皮特·克莱默在 Natlab 的光学小组所讲授的知识，他还接触过视频长播光盘的精细光学，那是 CD 光盘的前身。

布拉特决定为视频播放器的非球面光学编写自己的程序。他的代码最初涵盖了 500 张打孔卡，仅用于复制和比较 CERCO 等供应商的结果。布拉特和他的软件程序很快便成为实验室的标准。光学计算机工具在 20 世纪 70 年代末期已经推出，但它们并不针对非球面透镜。不断有同事从布拉特的办公桌前走过，问他能否通过他的代码来帮他们解决问题。因此，到 20 世纪 70 年代末，他的光学代码已经发展到 40,000 张打孔卡。在 20 世纪 80 年代初，他已经能够用它来毫不费力地为光刻机设计复杂的镜头，并分析和优化现有的设计。

07

花钱大王

1986—1987

员工们在位于维尔德霍芬的 ASML 新工厂为 MMI 组装 PAS 2400。

幸福感

在1986年年初，隧道尽头出现了第一道希望之光。ASML迎来了它的第一位客户并且最终成功地获得了梦寐以求的装机量。危机的结束似乎就在眼前了。

在 1986 年年初，ASML 的美国销售团队在没有得到任何帮助的情况下把 PAS 2400 成功卖给了一家小型芯片制造商 MMI。本地团队和本地技术支持成功说服这家公司要信任 ASML。在凤凰城的 ASML 实验室有 1 台步进光刻机，还有 3 名销售工程师和 2 名服务工程师：他们都是前 GCA 员工。

MMI 制造相对小的芯片，所以它对光刻机的要求不是那么严格。因此，PAS 2400 的较小的曝光光场对 MMI 来说并不是问题，这意味着这家公司可以充分利用 PAS 2400 的一些优秀特性，比如高产量、高精度和极高的可靠性等。此外，电动晶圆台对 MMI 来说也特别有用，所以这个客户帮助 ASML 挺过了这个特殊阶段。从那时起，ASML 不再是纸老虎，而是真正成为一家拥有装机量的新晋竞争者。

实际上，PAS 2400 只是一个仓促完成的解决方案，它只是一台用干净的电动晶圆台取代油压驱动的 PAS 2000。但在 MMI，PAS 2400 运行完全正常。事实上，这家小型芯片制造商对这台机器非常满意，MMI 的生产负责人乔治·科恩（George Kern）允许 ASML 在 1986 年年初投放的广告中使用他的照片。在广告中科恩说："荷兰的步进光刻机大大提高了芯片的良率，套刻精度和产量都比我们以前的光刻机增加了 50%。"由于 PAS 2400 的产能和可靠性更高，MMI 的实际产量提高了 1/3。"更重要的是，这台机器的正常运行时间超过 90%。"科恩感慨地补充道，表示他又多买了 4 台机器。

* * *

现在 ASML 充满了幸福感。他们不仅成功获得了一家客户，而且 PAS 2500

的最后期限又被延后了几个月，这给了工程师们极大的喘息空间。时间仍然很紧张，尽管每天都要召开危机处理会议，并付出大量血汗和泪水，但工程师们知道他们会成功的。毫无疑问，他们知道自己将为 4 月的 Megachip 项目和 5 月的 SEMICON West 展会交付设备。连续几个月的加班已经是常事，整个团队都沉浸在已经看到终点线并知道他们终将冲过终点线的激动的情绪之中。

埃弗特·波拉克总是在下午 6 点从门口探进头来，询问大家是否吃过饭了。半小时后，中餐外卖的香味就飘满了这座新大楼。ASML 的到来给街头的餐馆带来了好生意。这时对 ASML 来说根本没有日常的工作节奏可言，只有整晚的加班和没有周末的辛劳。最后一批回家的员工总是会工作到深夜。

为了方便那些住得比较远的员工，ASML 在维尔德霍芬租了一栋房子。来自北方和东部的工程师如果加班到深夜可以直接睡在那里。他们都把睡袋放在汽车的后备箱里，以防所有的床都被占了，那样他们就不得不在办公室的地板上抢地方了。最近从美国来的人也在租来的房子里度过了头几个月。

至此，ASML 拥有 300 多名员工，有几台 PAS 2400 已经在客户的工厂中运行。虽然胜利还有点远，但是曙光已经在前方。ASML 已经是一家真正的公司。工程师们坚信：他们正在制造一台征服世界的机器。经过两年的拼搏，他们终于有了一个最终产品，一个市场一直在等待的产品。他们要在这个行业立足，要站在成功者领奖台上的愿景将不再是梦想，而是即将成为现实。

* * *

PAS 2500 即将完成并不是大家保持乐观态度的唯一原因。突然间所有事情都运行在正确的轨道上了，乌云已经消散，阳光明媚的蓝天即将出现。几个月前，竞争对手 GCA 的股价暴跌，这是命运逆转的第一个迹象。这位以前的市场佼佼者遇到了大麻烦，其几名员工甚至跳槽到了 ASML。

2 月下旬，贾特·斯密特宣布了一个颇有胜利意味的消息：他已经说服 GCA 的服务经理肯·皮恩（Ken Pynn）跳槽来 ASML 工作。当皮恩抵达维尔德霍芬时，斯密特和他的团队终于明白，他们的竞争对手的问题有多严重。1986 年 5 月初，斯密特向他的管理团队总结了出现问题的原因：GCA 的技术创新太慢，公司没有足够重视基础设施的建设。大家都知道 GCA 注定失败，这意味着 ASML 等到了好机会。

GCA 并不是唯一一家陷入"光刻泥淖"的公司。继 Censor 业绩严重下滑后，Perkin-Elmer 也失去了大部分信誉，该公司也放弃了欧洲步进光刻机业务。

对 ASML 来说，另一个好消息是：市场复苏的最初迹象在 1986 年春天出现。斯密特在 1986 年 5 月初的运营计划中写道："商业环境和竞争对手地位的意外变化（市场领导者 GCA 濒临破产）要求我们调整战略和计划。"几周后，ASML 将第一批 PAS 2500 运送到 Natlab，而该机器已经引起了美国芯片制造商的极大关注。赛普拉斯对此很感兴趣，AMD 已经签署了购买 2 台 PAS 2500 的意向书，VTI 也希望购买 2 台。斯密特预计 MMI 还将加购 2 台 PAS 2400。所有这些订单，他认为都能在 3 个月内完成。

此外，中国还订购了一台旧式油压驱动的 PAS 2000，而且其他东亚国家也有意购买。斯密特感受到了执行下一步计划的紧迫性：他需要让公司为随后增长的需求做好准备。他在运营计划中写道："现在的市场情况，特别是最近时机迅速成熟，迫使我们在 1987 年而不能再等到之前预测的 1988 年占领美国市场。"

斯密特描述了眼前的这些机会：准备开始生产 VLSI 芯片的芯片制造商开始对非日本设备感兴趣。他在运营计划中写道："ASML 正在开发一款新产品，这款产品将极大地提升客户的信任度。"该产品采用欧洲镜头，蔡司将制作其中的 9 个。这些镜头具有较大的投影光场，能够对细节小于 1 微米的芯片进行成像。这些镜头将用于制造定于 1987 年年初交付给飞利浦和西门子的 Megachip 项目的 9 台 PAS 2500。"主要的 VLSI 芯片厂对非日产的 PAS 2500 越来越感兴趣。"斯密特写道。事实上，大多数客户都将其视为迄今为止用于制造 1 微米以下芯片细节的最佳机器。尽管如此，斯密特的运营计划也带来了一个负面问题：ASML 本应在 8 月之后的 5 个月内，每月向 Elcoma 运送 4 台 PAS 2500，但这个飞利浦的部门已将这 20 台机器的订单推迟到了次年。

* * *

ASML 现在制造出了一台出色的设备，而主要竞争对手在一个接一个倒下，市场环境非常有利。斯密特想尽快品尝到胜利的味道，于是他决心加快速度。他想扩大批量生产的规模，并提议他的管理团队将公司的销售目标设为 1987 年的

125 台和 1988 年的 250 台。为此，他希望在 1986 年生产 40 台步进光刻机。

斯密特认为，全球步进光刻机市场在 1985 年跌至 500 台以下已是低点。1986 年市场将有望回暖。事实上，1985 年全世界只售出了 250 台机器，尽管 1986 年春季出现了明显的复苏迹象，但当年只交付了 125 ～ 150 台步进光刻机。但 ASML 的首席执行官还不知道这个信息。他乐观地在 5 月的计划中写道，越来越多的迹象表明，1987 年的订单量将相当可观。他怀揣着雄心壮志："我们预计，我们今年售出的每台机器都将成为明年翻 5 ～ 10 倍的基数。"斯密特尚未制订扩建工厂的计划，但很明显他认为现有的生产空间不足。到 1987 年年底，ASML 将需要大幅扩张以生产届时飞利浦和西门子将在其 Megachip 项目生产线上使用的新光刻机。

斯密特认为，流水线大批量生产是在美国市场建立主导地位的"第一和绝对先决条件"。如果不能大批量生产，ASML 就没法利用芯片市场复苏所带来的机遇。"为了在 1986 年实现 PAS 2500 的批量生产，我们需要投入更多精力。"他在写给他的管理团队的信中写道。

为了实现专业且高质量的生产，公司必须大幅提高在工程和生产方面的能力。斯密特意识到这意味着他们需要在 1986 年再次投入大量资金，这比预计的要多得多，但是他对此并不在乎，因为他看到行业领导者的地位在召唤着他。如果这意味着耗费数百万美元，那也在所不惜。斯密特是一个致力于完成使命的领导者，他热情洋溢，势不可当，但他的雄心与 ASML 的囊中羞涩以及公司的技术水平形成鲜明对比。PAS 2500 将在几周内运送到 Natlab 用于 Megachip 项目，但它只是一个原型，仍需要完成大量的后期工作。"基本开发尚未完成。"斯密特写道。机器的多项规格尚未达到要求。很显然，在 ASML 能够大规模生产并开始批量组装机器之前，有几个部件需要重新设计。

事实上，PAS 2500 能按时交付给 Natlab 已经是个奇迹。这台机器是由一支两年前从未听说过光刻机的工程师组成的团队开发完成的。

* * *

斯密特激动地认为，他找到了合理的理由让股东和投资者掏腰包。他可以向他们展示 ASML 为什么需要这笔钱。经过与管理团队长时间的讨论，他立即记录下他的结论和理由。最终的计划显示，ASML 可以在当年再生产并交付 40 台光刻机，预算约为 2,850 万美元。

斯密特通过计算得出 ASML 在 1986 年将亏损 580 万美元，但他也确信 ASML 在 1987 年净利润将达到 610 万美元。但这样的利润额仍然无法使 ASML 在 1987 年变得富有。因为 1987 年，公司不得不偿还荷兰政府经济事务部 810 万美元的贷款。为了不产生过度乐观的情绪，斯密特使用了"保守的损益表，1987 年能销售 100 台机器"的说法，而他自己相信 ASML 将实际交付 135 台机器。他指出，在不包括日本市场的情况下，1987 年这些步进光刻机应该能带来 9,600 万美元的收入。ASML 总部对设备的销售量非常乐观。

* * *

ASML 当时没有意识到半导体行业的衰退将在 1986 年进一步深化。那一年，公司最终的销售量不是 40 台机器，而是 12 台机器。不光如此，其中大部分还是折价出售的，因为他们的竞争对手为了避免破产都在倾销他们的库存。

但是，当斯密特在 5 月制订运营计划时，他仍然感到欢欣鼓舞。他亲自在给管理层的文件中划出了重点词："ASML 能否实行上述所有组织措施，以交付足够数量的可靠产品，需要密集的专业支持。换句话说，如果公司能管理并控制它所面临的极快增长和变化，那么其他对手们在这方面已经失败！"

美国最强硬的老板

ASML向赛普拉斯公司交付了VLSI光刻机,从而登上国际舞台。令人生畏的分析师里克·鲁德尔的笔下终于出现了几句赞扬的话。

1986 年 5 月 7 日,第一台 PAS 2500 终于离开维尔德霍芬的超净室。对于 ASML 的工程师来说,这是一项来之不易的成就,即使已经晚了几个月。首台 PAS 2500 的目的地是美国加利福尼亚州的圣马特奥。从 5 月 21 日至 23 日,它将在世界上首屈一指的 SEMICON West 展会上大放异彩。第二台 PAS 2500 已准备运送给飞利浦和西门子用于 Megachip 项目。

在圣马特奥,ASML 展示的是一个成熟的光刻系统:一个将 PAS 2500 与晶圆轨道相结合的生产单元。第二个装置能够在晶圆进入光刻机之前,在晶圆上涂抹一层光刻胶。这是 ASML 的工程师首次将晶圆轨道连接到 PAS 2500。

第一天,PAS 2500 就曝光了 500 个晶圆。软件工程师本·斯拉格克(Ben Slaghekke)每天都会打电话给他的上司维姆·亨德里克森汇报最新情况。他说,ASML 的展位上总是人声鼎沸。一天后,斯拉格克看了看竞争对手的展位并进行了一次简短的调查。他的第一个问题:哪家拥有最好的光刻机?对手都回答:我们。下一个问题:谁家有第二好的机器?对手都回答:ASML。

ASML 展示的产品看起来都很完备。晶圆从晶圆轨道滑到光刻机中,经过自动曝光后,晶圆被转移到一个盒子中。这个自动化过程的秘密隐藏在几个控制面板的后面。在那里,一个摄像头系统显示了 PAS 2500 内部的状况,供莱因·梅耶时刻监测。他用键盘把正确的命令输入终端,使一切平稳运行。操作员必须整天待在操作间里,他与外界的接触仅限于给他带来三明治和可乐的同事。

最后一天出现了一个小故障:晶圆轨道被卡住了。当晚,亨德里克森在他的日记中写道:"SVG 公司疯了——轨道被卡住,客户不满意。"在 SEMICON West 展会结束后一个月内,ASML 的员工在内部通讯刊物里自豪地夸耀了神奇的 PAS 2500:"我们只是插上了电源,它就工作了。"

* * *

当梅耶在 SEMICON West 展会的最后一天进入操作间时，回到维尔德霍芬的同事正准备将第二台 PAS 2500 送到飞利浦园区的 Megachip 项目试验工厂。叉车将机器放到标准托盘上，再塞进用喷枪清洗过的厢式货车。这辆前一天运送过生菜的货车，有足够好的空调系统。

乔斯·维克（Jos Veeker）有幸在未来几个月里维护这台机器。维克被聘为技术支持工程师，在过去 18 个月中他一直是每笔订单的接口人。他的工作内容就是订购零件、取仪器和写机器文档等。现在，步进光刻机完工了，他终于可以回到原来应聘的售后服务岗位了。

当维克紧张地看着叉车慢慢地将 ASML 的第一个客户订单所对应的货品放进卡车时，他担心发生意外。作为标记某个部件的气球正在漏气，维克跳进卡车把气球吹起来。他的同事大笑：看起来他好像在给机器做人工呼吸。最后，卡车像爬行一样慢吞吞地开到了 Natlab。没有人去请交警帮忙，每次车队停在交叉路口时，都是团队自己去指挥交通。最后车辆一寸一寸地挪到埃因霍温的环城高速公路上。

* * *

在接下来的几个月中，维克一直在努力突破 PAS 2500 的各种限制。公司的内部通讯刊物从那个时候开始吹嘘他们惊人的先进技术。这里面至少有一部分是事实，毕竟机器在曝光晶圆方面表现完美。

但其他方面却是一团糟。第一台 PAS 2500 有 3 个不同的终端，分别控制 3 个不同的组件，但都做不到自动化。想要曝光晶圆的操作员必须执行梅耶在 SEMICON West 展会上所做的那种操作：手动输入每个步骤的命令。维克打开 350 瓦汞蒸气灯时发现机器没有电磁屏蔽功能。它发出的电磁脉冲太大了，导致它旁边的 TRE 光刻机每次都发生宕机。

事实上，PAS 2500 仍处于开发阶段，只是地点不是 ASML 的超净室，而是飞利浦的 Megachip 项目试验工厂。3 个月来，ASML 的工程师不断前往工厂调试机器，对他们来说这是一次宝贵的经历。之后的几个月里，他们为 Elcoma 和其他客户安装的机器都能成功启动并运行得越来越快。

* * *

几家公司在 SEMICON West 展会后向 ASML 询单，其中赛普拉斯公司是最热情的。其首席执行官瑟曼·约翰·罗杰斯（Thurman John Rogers）（外号 TJ）亲自来到展位，看 PAS 2500 如何运转。罗杰斯自己也是一位核心工程师。他曾领导 AMD 的研发部门，然后在几年前创办了自己的芯片公司。他立刻察觉到这台机器的优点，这项技术可能会让他的前雇主 AMD 大赚一笔。他当场决定购买 ASML 的机器。不久之后，斯密特亲自飞往硅谷敲定了合同。斯密特已经做好了准备工作，美国团队发给他大量关于赛普拉斯公司的文章，赛普拉斯是 20 世纪80 年代在西海岸的几十家初创公司之一。在日本企业以优异的质量碾压美国公司之后，这些初创公司是美国半导体产业的新希望。

这些新公司被誉为 20 世纪 50 年代芯片产业诞生后的第三波浪潮，第二波出现在 20 世纪 60 年代。这是有充分理由的，除了赛普拉斯公司，第三波浪潮中还包括凌力尔特、巨积、美信和 Sierra 等公司。它们都专注于利基市场，即以小型规模制造应用型的芯片，有时这些芯片会取得更大的成功。他们的客户有惠普、美国数字设备公司（DEC）和美国通用数据公司等。这些公司正急切地购买初创公司的芯片，以此来改进其设备的性能并降低成本。

赛普拉斯公司是以 AMD 为榜样而创建的。在采访中，罗杰斯毫不掩饰对前任老板桑德斯的敬佩之情。"桑德斯的眼光并没有因为自己是工程师而变得狭隘，"他告诉媒体，"杰瑞不仅可以让芯片正常工作，还可以通过它们来赚钱。如果你一直牢记这一点，而且研发速度足够快，你就可以甩开追赶中的日本人。"

罗杰斯的管理风格是对抗性的。在短短几年内，他逐渐发展成为半导体行业的"巴顿将军"。这位首席执行官喜欢用铁腕统治，并为此感到自豪。在赛普拉斯，候选人在受聘前要进行 10 轮面试。7 年后，《财富》杂志将他称为美国最难对付的老板之一。

罗杰斯在 1983 年（34 岁）成立了赛普拉斯公司。两年内他获得了 4,200 万美元的风险投资。1986 年 5 月，赛普拉斯在 SEMICON West 展会上遇到 ASML 时，距离其在纳斯达克上市只有几周的时间了，此次首次公开募股（IPO）将为公司筹集 7,300 万美元。

斯密特清楚地知道他在和一个"狮子王"打交道,所以他采取迎合自大的赛普拉斯首席执行官的方式。当两人第一次见面时,斯密特提到他很想更多地了解 TJ 的管理风格:他是如何成功经营他的公司的?斯密特确实很想在这方面得到一些指导。事实上,罗杰斯的"恐怖高压管理"风格让斯密特感到厌恶,但拍他马屁还是必要的。在他们的谈话中,罗杰斯提出了相当多的要求。"你们有世界上最好的机器,"他开始时这样说,但接下来切换到"牛仔风格","但如果机器搞砸了我的项目逼得我跳楼,我想确保你也一起跳。所以,你必须购买我公司的一些股份。"斯密特假装很热情,但他默默地想,他可不知道应该去哪里得到这笔钱。ASML 这两年花了那么多钱,现在初创公司赛普拉斯竟然还要求他为不确定的将来投入数百万美元。

1986 年 5 月,ASML 在加利福尼亚州圣马特奥的 SEMICON West 展会上演示了它的第一台成熟的步进光刻机 PAS 2500/10。

回到荷兰总部,ASML 的首席财务官杰拉德·韦尔登肖特立刻询问 NMB 银行是否愿意向 ASML 提供几百万美元的贷款。现在的主要问题是,作为公司的首席执行官，斯密特不能给出购买另一家公司的股份的正当理由。但 NMB 银行的行长爱德·范德波尔（Ide van der Boor）为他想好了办法，他代表 ASML 买了赛普拉斯公司的股份，但这些股份需要在他的银行托管。

1986 年 9 月 8 日，荷兰女王的特使德里斯·范·阿格特（Dries van Agt）参观了 ASML 的超净室。照片中从左至右依次为：维姆·特罗斯特，德里斯·范·阿格特的秘书，德里斯·范·阿格特，贾特·斯密特，约普·范凯塞尔，哈里·丹尼尔（Harry Daniëls），乔治·德·克鲁伊夫。

范德波尔对 ASML 董事会隐瞒了这笔交易，斯密特对此表示感谢。在这个困难时期，他还不必低声下气地请求股东投资。因为他知道，一年后他就会把事情处理好。因此，在他快要离开 ASML 时，他下令出售赛普拉斯公司的股份，即使当时的利润不多。

1986 年 6 月 20 日，在 SEMICON West 展会结束后一个月，约普·范凯塞尔与 ASML 的人员进行了一次令人振奋的谈话。该公司预计，在圣诞节前机器订单总额将达到 2,500 万美元，因此是时候卷起袖子大干一场了。在当年剩下的时间里，公司每周都要交付一台光刻机，以满足客户的需求。

赛普拉斯公司是排在第一的客户，该公司希望在秋季收到两台 PAS 2500。这将是 ASML 首批交付的两台成熟机器。原型阶段的所有更改都已完成，现在的生产是与时间赛跑。前两台 PAS 2500 必须在 8 月 15 日进行测试，然后是接下来的两批各 4 台机器，最后是另一批的 8 台机器。

* * *

斯密特最擅长的一件事，就是对股东的管理。他把注意力集中放在对 ASML 有价值的人的身上，市场分析师里克·鲁德尔就是一个很好的例子。ASML 的首席执行官听了鲁德尔对公司的批评后设法说服他，自己的这家荷兰制造商不是一般的老式欧洲公司。他还问鲁德尔是否认识任何想为 ASML 工作的美国专家。重要的是，这使得 ASML 从竞争对手 GCA 处挖来了几名优秀的员工。

从早先与鲁德尔的交往中，斯密特知道这位美国人喜爱古典音乐。当这名分析师第二次访问 ASML 时，首席执行官邀请他和他的妻子到阿姆斯特丹皇家音乐厅欣赏音乐会。

抵达荷兰后，鲁德尔参观了 ASML 在维尔德霍芬的极其现代的园区，这有助于说服这位分析师，这家年轻的荷兰制造商是光刻行业中的一支主力军。"我们期望 ASML 获得巨大成功。"鲁德尔在 1986 年的行业报告中写道。

鲁德尔确实看到了一些需要改进之处。他认为，PAS 2500 中的蔡司镜头比不上佳能的光学元件。德国镜头只能曝光 14 毫米 × 14 毫米的光场，这确实有点小。

但鲁德尔写道，ASML 的对准系统是迄今为止最好的，晶圆台的定位和对准精度比竞争对手高很多。总之，这位分析师期望 ASML 能在套刻精度方面超过佳能。日本的镜头更先进，但荷兰更好的对准系统弥补了他们光学上的不足。

鲁德尔写道，在访问维尔德霍芬期间，他确信 ASML 这家公司已成功立足，并且能够每年生产 100 ～ 125 套系统。他写道："他们年轻的工程师团队给我们留下了深刻的印象。"他不忘强调其母公司飞利浦是第一家制造步进光刻机的公司。他称赞公司对 GCA 员工的吸引力，他说道："ASML 通过聘用经验丰富的美国老手做市场营销、销售和服务，巧妙地建立了其技术质量高的声誉。"

该分析师注意到飞利浦的财务稳定性，并得出结论：这家电子产品制造商的高级别管理层对客户有长期承诺。鲁德尔咨询公司的报告还指出，如有必要，ASML 将免费更换客户购买的前 10 套系统。这位美国分析师赞扬了此举背后的含义：荷兰公司不想让客户为 ASML 通过新系统而积累的经验付费。他写道："为 ASML 喝彩！"

业内权威分析师的这一积极评价为 ASML 注入了一剂强心针。鲁德尔对斯密特表示肯定："我对欧洲公司反应迟缓和极端保守的做法一直有些担忧，但迄今为止我还没在 ASML 看到这些缺点。按照欧洲的标准，贾特·斯密特是一个不按常理出牌的人。按照硅谷的标准，他是一个有着企业家精神和坚定决心的人，这些是成功的必要品质。"

德尔·普拉多又被诱惑了

光刻界的佼佼者GCA已经倒下，奄奄一息。美国市场已是ASML的囊中之物。

1986年夏末的一个美妙的晚上，一辆豪华轿车开进 ASML 在维尔德霍芬的新园区。从车里走出了阿瑟·德尔·普拉多和理查德·里夫伯格（Richard Rifenburgh）。里夫伯格是当年 5 月 GCA 聘请的一位美国投资人，GCA 希望他能使自己免于破产。该公司濒临破产的边缘，这位新高管正试图挽救它。

* * *

多年来，GCA 一直是美国芯片技术的骄傲。但在 1986 年年初，首席执行官米尔顿·格林伯格（Milton Greenberg）离职了，和他一起离开的还有整个董事会。愿景、战略、运营和执行：GCA 的管理层都搞得一团糟。早在 1985 年 11 月，当 GCA 的股价从 35 美元暴跌至 7 美元时，ASML 就已经看到了 GCA 危机来临的征兆。

格林伯格离职后，GCA 最大的投资者之一梅隆银行聘请了里夫伯格。里夫伯格没有芯片行业的从业背景，但他在能源、计算机、建筑和铅晶质玻璃生产领域颇有名声。他裁掉了 1,000 人，并砍掉了所有非核心业务，试图拯救公司。

天生的商人德尔·普拉多正在稳步扩张他快速发展的商业帝国，当他看到他的美国竞争对手陷入困境时，他看到了机会。合并和收购是他经常采取的方式。他刚刚看到他几年前的一个举动的成效：1982 年，他在东京开设了办事处并赚了大钱；4 年后，这家办事处已有 100 多名员工从事生产和服务工作。在日本开设的这家由日本员工组成的办事处，使得 ASM 能够在 20 世纪 80 年代初屹立潮头。因为即使在全球经济衰退的背景下，日本仍然在大力投资半导体。

的确，在 1986 年，他的荷兰光刻合资企业 ASML 正在亏钱。但这位 ASM

的首席执行官不能让这样一个千载难逢的机会从他身边溜走：一家拥有世界上大多数芯片制造商客户的公司 GCA。因此，他通知了飞利浦的乔治·德·克鲁伊夫，并立即派遣 ASM 美国公司的代表去 GCA。

里夫伯格听到 ASM 和飞利浦想收购 GCA 很是惊讶，于是他来到荷兰拜访他们。德尔·普拉多铺上红地毯欢迎里夫伯格，两个人在夏天的晚上参观了 ASML 园区，斯密特亲自做向导。在接下来的几天里，他们计划在维尔德霍芬与 ASM 和 ASML 的人会面，出席的人甚至还有飞利浦执行委员会的成员。里夫伯格和他的财务助手菲利普·安博拉弗（Philip Ablove）得到了礼貌的对待，而 ASML 的团队正在默默地庆祝美国人的访问，并在心理上占了上风。这家荷兰公司的名字还一文不值，但 GCA 这个前市场领导者现在却沦落到此，GCA 在几年前似乎还是不可战胜的。

里夫伯格摊牌了。GCA 虽然在日本失去了可观的市场份额，但在美国的势头依然强劲。在 1983 年和 1984 年的上升时期，该公司受益于其客户群：芯片制造商坚持向他们购买光刻机。在日本，GCA 的市场份额可能已经缩小到原来的 1/3，但如果拥有像德尔·普拉多这样经验丰富且在东亚有团队的人，也许 GCA 在日本可以东山再起。

然后里夫伯格给出了报价。他计算了用于振兴 GCA 的成本，ASM 和飞利浦可以以 5,000 万～ 7,000 万美元的价格获得该公司的控股权。这笔钱相当于 GCA 在最佳年份 1984 年的光刻机收入的 1/4 以上。德尔·普拉多拿不到好价格是不会出手的，但收购的利益仍然诱人：他的光刻子公司技术刚刚成型，而市场机会现在就摆在眼前。

* * *

飞利浦没有兴趣成为唯一买单的人。这家电子巨头当时正面临着一个接一个的困境，非常耗钱的 Megachip 项目也延后了。合伙人们联系了 NMB 银行，申请了 2,250 万美元的贷款。德尔·普拉多希望在 9 月可以以 3,000 万美元收购 GCA。

并购游戏也吸引了斯密特，尽管他只是旁观。在维尔德霍芬，在 GCA、ASM 和飞利浦三方会面后，他走进了肯·皮恩的办公室。ASML 的这位总经理非常了解他的前雇主，因为他领导 GCA 的全球服务部门多年。斯密特要求他将 GCA 什么好、什么不好和最致命的缺点写下来。皮恩肯定了 GCA 的专利及其光学技术分部特罗佩尔的价值。当时，ASML 和蔡司之间的关系还不是很牢固，因此 GCA 的光学技术是一大优势。皮恩宣称："ASML 和 GCA 实际上非常互补。"GCA 拥有内部光学元件，ASML 拥有优雅的晶圆台。应斯密特的要求进行测算，皮恩估计 GCA 的价值为 4,000 万美元。

当斯密特与德·克鲁伊夫讨论这个收购计划时，两个人颇有共鸣，他们都有意避免一场新的战争。GCA 的呼唤是一个危险的诱惑。收购一家境况不佳的公司在战略上是不明智的。ASML 那时几乎还不能自立；它仍在打基础，在第二战线上的一个新攻势可能会毁掉它。此外，芯片市场预期的复苏始终没有到来。因此，尽管做出了承诺，ASM 和飞利浦仍未下订单。

虽然里夫伯格已经彻底重组了公司，但收购 GCA 意味着另一场大规模的重组，这将使大西洋两岸的公司不可避免地元气大伤。如果经济持续衰退，那么斯密特肯定无法确保荷兰的团队正常运作。此外，收购 GCA 的特罗佩尔子公司是一场赌博，他们的光学元件的规格远远不能满足美国制造商对光刻机的需求。因此，ASML 仍将蔡司作为公司的主要供应商。总之，收购风险太大。

虽然压力极大，但德尔·普拉多仍然渴望收购。1986 年秋天，很明显 ASM 将遭受有史以来最大的损失。此外，ASM 和飞利浦都要承担其光刻合资公司 ASML 的亏损。GCA 很快便有了第二个收购者，一个名为哈洛威集团的财团。ASM 的首席执行官无法以足够快的速度与 NMB 银行签订贷款合同为收购筹集资金。在 11 月底，德尔·普拉多最终放弃了收购。

* * *

斯密特因此松了一口气。如果收购成功，他将不得不管理它。但这项计划一直吸引着他，ASML 本可以通过 GCA 直接进入美国市场。他这几年一直在寻找这种直接进入的机会。美国公司仍然没有下大订单，他需要借助一家有名气的公司才能打入美国市场。这使他萌生了联系另一家制造商优特的想法。

优特的首席执行官对此很感兴趣，他认为合作是个好主意。这两家公司并不是直接的竞争对手，ASML 生产高端机器，为最微小的细节提供光刻技术，而优特则提供 1 : 1 投影扫描光刻机，就像 Perkin-Elmer 和佳能一样，这家公司提供低端技术服务。这家美国设备制造商因其设备运行速度快而获得了稳固的市场地位，飞利浦也将优特的投影扫描光刻机作为 Megachip 项目的主力设备。

但是，当斯密特将德·克鲁伊夫介绍给优特的母公司 General Signal 的首席执行官时，两人对彼此毫无感觉。只开了一次会后，合作的事就告吹了。

GCA的黄昏

GCA失败的原因是一系列糟糕的选择和缺乏专注。蔡司的镜片问题则给这个前光刻巨头带来了最后一击。

理查德·里夫伯格访问完 ASML 几个月之后，GCA 的情况迅速恶化。1987年1月，美国国防部人士在《纽约时报》上敲响了警钟：其关键技术面临消失的危险。文章写道："这是 GCA 在 20 世纪 70 年代末首创的技术。直到几年前，这项技术还是美国在芯片领域用来争夺主导地位的核心。"

GCA 的困境触动了政府原始的神经。美国还卷入了与苏联的冷战中。战略技术的丧失是令美国军方非常痛心的一点。20 世纪 50 年代和 60 年代，美国的海军、空军和陆军通过数十亿美元的投资为美国在芯片方面的霸权奠定了基础。他们不仅与大型科技公司签署了合同，还与小型初创公司签署合同，从而为硅谷铺平了道路。攻击美国芯片技术就等于攻击美国。

近年来，美国半导体产业在与日本的竞争中受到了严重的冲击。日立、NEC和东芝等公司几乎完全占领了内存芯片市场，接下来似乎就轮到芯片设备市场了。据《纽约时报》报道，许多人说为了尖端半导体的生产，美国将严重依赖国际竞争对手的机器。GCA 的客户表示，GCA 在与尼康、佳能和 ASML 的竞争中损失惨重，这意味着制造半导体的先进技术在短短几年内就转移到了海外。

拥有最好的光刻技术的公司可以制造运行速度最快的芯片、最好的计算机以及最有效的武器。"对于光刻，这是非常关键的。"唐纳德·拉汉姆（Donald Latham）说，他负责五角大楼的电子产品采购。"这是我们不能失去的东西，否则我们会发现自己要完全依赖海外制造者来制造对我们来说最敏感的东西。"简而言之，GCA 的失败威胁到国家安全。《时代周刊》指出，军方"可能表达得有点夸张"，但文章的主旨确实令人忧心：日本可能要占据美国的整个半导体行业。

*   *   *

GCA 已经无力回天，该公司背负了巨额债务。在过去的两年中，它亏损了 1 亿美元，骨干人才都已经离开，其中一些人加入了 ASML。1987 年年初，GCA 向美国证券交易委员会提交的文件中表示该公司的实际价值为负的 1,200 万美元；其股价在 1984 年为 40 美元，现在在 2 美元附近徘徊。纽约证券交易所表示想要将该公司退市。

在《时代周刊》的一篇文章中，美国国家半导体公司的技术副总裁吉姆·欧文斯（Jim Owens）强调，美国面临着失去基础产业的危险。"我们心中始终存在的问题是，外国人是否给我们提供了最好的技术？还是为了获得竞争优势而有所保留呢？"至少对欧文斯来说，很明显在步进光刻机方面，他没有太多的产品选择。

美国人的情绪是可以理解的，但其中至少有一部分是"鳄鱼的眼泪"。在 20 世纪 70 年代末的鼎盛时期，美国芯片设备制造商（尤其是 GCA）产能不足时，他们优先供应美国客户，而日本半导体公司不得不长时间等待收货。这也是这个亚洲国家决定制造自己的设备，而不再依赖美国人的原因。

*   *   *

怎么会这样？为什么在 20 世纪 80 年代初，美国放弃了对其最关键技术的控制权？许多研究人员和分析师在 20 世纪 80 年代末期提出这个问题，因为他们在努力探究美国芯片行业的弱点和日本成功的原因。1987 年 4 月，一位名叫丽贝卡·亨德森的哈佛大学博士生专注于研究光刻史，尤其是 GCA 的衰落。她梳理了行业媒体的信息，正是她与大约 70 名工程师、营销经理和光刻设备用户的对话，为这一复杂的行业提供了丰富的数据宝库。她的论文和其他出版物为了解芯片光刻的早期历史提供了一个有价值的窗口。

*   *   *

在 20 世纪 70 年代初，当 GCA David Mann 公司的伯特·惠勒（Burt Wheeler）、

格里夫·雷索、比尔·托贝（Bill Tobey）、霍华德·洛夫林（Howard Lovering）以及其他几位工程师开发 DSW 4800 时，他们的方向非常清晰。他们合作良好，在光学、精密技术和芯片成像方面拥有多年的经验。通畅的沟通和伟大的奉献精神使他们能够在不到 3 年的时间内打造出一台可以工作的步进光刻机，这是一项巨大的成就。

1978 年推出的 DSW 4800 并不完美，但它对于那个时代来说已经足够好。很快 GCA 就开始为如何满足交付条件而头痛。步进光刻机为一次举世无双的成功铺平了道路。1981 年，GCA 的 David Mann 公司的收入为 1.1 亿美元，是 1978 年的 8 倍。当时工程师的数量从 10 人增长到 200 多人。

但是，这台机器令人难以置信的成功使公司面临着巨大的挑战。丽贝卡·亨德森写道，这是一次三管齐下的进攻。GCA 必须同时管理快速增长的业务，为客户提供服务，并改进其步进光刻机。其快速增长的客户群中有许多要求苛刻的芯片制造商，他们要求改进设备并增加新功能。更快的机器、更高的良率、更高的分辨率，他们想立即获得这一切。其中，自动对准、改进光学元件和自动更换掩模等功能是优先级最高的需求。

早年在生产过程中，在不同的光刻机之间移动晶圆是一个大问题。但是，客户一直要求相应的解决方案。他们在前期步骤中用最先进的机器进行光刻，因为它们可以描绘最小的细节；然后使用旧设备的粗糙工艺来完成后续步骤，这样可以节省资金。因此，早期在步进光刻机和投影扫描光刻机之间移动晶圆是一件麻烦事。

晶圆定位非常敏感，以至于早年甚至不可能在相同类型的步进光刻机之间移动晶圆。光学元件的参数过多将导致如下情况：即使镜头来自同一个车间，制造商在生产过程中仍没有足够的处理能力。不同的步进光刻机所曝光的图层如果没法做到足够精确的套刻，那么所造成的缺陷意味着芯片将不能正常工作。在最初的几年中，必须用一台步进光刻机成像晶圆的所有图层。

GCA 从一开始就与蔡司公司合作，这家德国专业公司学习速度快，并大力改进了其光学元件。几年后，它已经使镜头具有更大的光场和数值孔径。GCA 使芯片制造商能够将更新的镜头安装在现有机器中，这是一项明智的举措。不仅如此，它的光源也有所改善。

但 GCA 也有它的麻烦。它的自动对准功能一直不尽如人意，这个功能指的是用一个图案对准上一个图案。David Mann 使用的测量方法对芯片制造厂使用的化学工艺很敏感。

GCA 还面临着巨大的内部障碍。为了满足客户的需求，公司决定使其所有的新机器与原始的 DSW 4800 兼容，这束缚了开发团队的设计，他们没有机会创建一个全新的架构来改进整个系统。多年来，所有 GCA 的工程师都只能根据 DSW 4800 当初的设计进行改造。

在最初的几年里，这些都是难以解决的问题。GCA 无法满足供货需求，它也无法建立高效的装配线。库存控制也存在问题，机器质量则逐步下降。出现种种问题都是因为这些美国人不愿花时间把事情条理化。尽管存在这种混乱，但市场上的 GCA 步进光刻机还是大获成功。

虽然只有几条装配线，但这并不意味着服务和维护就很简单。每个芯片制造商都有自己的要求，GCA 的工程师和技术服务人员总是忙于安装和优化客户的每台机器。他们添加各种额外的功能，却背离了大方向。再加上客户不愿公开谈论他们的工艺流程和应用，GCA 的开发人员不得不在黑暗中摸索，希望能把细节上的事情做对。事实上，GCA 无法对其机器进行真正的改进。

在 20 世纪 80 年代初，许多客户都担心产量。GCA 声称其步进光刻机每小时可以曝光 40 ～ 50 个晶圆，但实际上最多只能曝光 15 ～ 20 个。问题的根源是 GCA 没有统一标准的工程技术。标准接口被定义在各种组件之间，如光源和光罩转换。每个开发人员都孤立地开发自己的子系统，从不顾及子系统的模块接口。

当客户遇到问题、投诉和提出需求时，GCA 的工程师会以同样零散的方式做出响应。他们试图在自己的专业范围内解决问题，没有人考虑如何改善系统组件间的交互或整体的可靠性。

优化这种互相隔离的子系统确实会产生一定的效果，例如，开发人员设法显著增加光源的能量，但这一成就往往会被其他团队的努力抵消。1981 年，GCA 有 19 个独立的开发团队在研发步进光刻机。

GCA 的机器不是统一的系统，它们的系统模块是杂乱无章的，所以光刻机会经常宕机。亨德森在几年后总结道："将工程资源用于提高系统的整体可靠性可能更为有效。"她认为，GCA 所面临的制约因素及其快速增长使得项目团队无法考虑跨组件重新设计。

在 20 世纪 80 年代末，亨德森总结了 GCA 的主要问题。公司快速增长、客户投诉多、缺乏主次，使得高级管理层无法有效地指导产品开发。与此同时，开发团队不断收到客户的投诉和需求。工程师们从一个客户跑到另一个客户，而不是专注于改进和研发新一代机器的关键工作。

GCA 的开发人员也缺乏对芯片制造工序的充分了解，他们很难确定哪些应用具有优先级。他们并不真正了解市场，也无法根据不断收到的客户投诉和需求设定明确的长期目标。

GCA 的高级管理层沉浸在光刻机的成功里，他们试图锦上添花的做法是错误的。1980 年，公司决定为芯片行业开发其他机器，它不想只为光刻机市场服务，也想服务于其他利基市场。

在 20 世纪 70 年代中期，GCA 收购了一家生产晶圆机械臂的公司。在 20 世纪 80 年代初，它希望公司将业务扩大到做芯片接合机、离子注入和蚀刻设备。公司管理层决定全力以赴制造全套的芯片制造设备。

* * *

公司的多元化战略很快造成了亏损。1981 年，公司除了 19 个光刻机项目外，还有 40 个研发项目。步进光刻机带来了 80% 的收入和 100% 以上的利润，但只有 1/3 的研发预算给到光刻部门。亨德森写道："生产其他设备既花了现金，又占据了高层管理人员的时间。GCA 产品的进一步分散，使得销售和营销部门越来越多地抱怨工程部门忽视客户的需求。"

工程人员指责销售人员没有给客户的需求排优先级和要求不合理的交货日期，障碍在不断增加。当客户的机器出现故障时，研发人员会将矛头指向制造和服务部门，而后者也会反过来把责任推给研发人员。

尽管黄金时期尚未到来，但在 1981 年，GCA 已经成了一个几乎无法管理的组织。随后，高级管理层又犯了一个错误，他们急于确保 GCA 不会错过下一代光刻技术，于是决定开发电子束直写机。在那时，整个世界仍然认为到 20 世纪 90 年代末光学技术将会过时。市场需要新一代基于电子或 X 射线的机器，以确保芯片行业的变化能够符合著名的摩尔定律。

在 20 世纪 80 年代初，GCA 投资了 3,500 万美元用于开发电子束直写机，并投资了 7,500 万～1 亿美元用于研发工厂自动化技术。高级管理层希望这一举措能使公司再接再厉、保持增长。但随后的许多问题引起了管理层的注意。由于公司的研发团队是分散的，所以无法改进整体系统，客户仍然会向公司提出问题和投诉。管理层在客户那里将花费大量时间，以平息他们的怒火。管理层还必须管理公司的发展，并实施其雄心勃勃的多元化计划。这样一来，管理层没有时间进行反思。

服务部门也跟不上公司的快速发展。多年来似乎一切都很顺利，因为公司有一群经验丰富的服务工程师。他们中的大多数曾在公司的工厂从事集成和测试工作。但最终，公司的快速增长也阻碍了服务部门的发展。很快，服务工程师就把大部分时间都花在解决客户问题上，而不是安装和维修机器。

20 世纪 80 年代初，肯·皮恩负责在美国发展 GCA 的服务网络，并培训外籍支持人员。他管理着世界各地的 200 名服务工程师和地区经理，他很快就意识到，招聘和培训员工以及及时更新文档是一项徒劳的任务。

问题是从工程部门开始的。由不同的团队分别负责自动光罩处理系统、光学元件、晶圆台和软件开发。他们通报了他们做出的现场优化以及通过现场更改订单（FCO）所解决的问题。这导致数以百计的 FCO 源源不断地流向公司已经处于超负荷状态的服务团队，这些服务团队必须在客户工厂现场做出更改。

工程部门发送大量的 FCO，但从不回头思考原因。他们的文档做得很糟糕，有时还没有备份可以用。更糟糕的是，皮恩不能让他团队的所有人都接受培训。他向经理抱怨道：“我们花了太多时间把圆钉钉进方孔。”皮恩的人忙着处理大量的 FCO，没有充足的时间来缩短宕机时间，或者使机器的运行时间符合向客户做出的承诺。这自然带来了灾难性的结果，GCA 的声誉逐渐下降。

* * *

20 世纪 80 年代中期，蔡司的 g 线镜头是导致 GCA 失败的最终因素。光线会发生漂移：开始时一切都很好，但机器运行不久后图像质量就会下降。因为急于向客户交付光刻机，所以 GCA 在把镜头安装在机器上之前不会对镜头进行检查。GCA 交付了数百台带有故障镜头的光刻机，而蔡司多年来对这个问题一无所知，只有不到 10% 的镜头被送回进行维修。

主要问题是 GCA 的光刻机无法自动纠正此类错误。而工程师们也不知道问题出现的确切原因。

但是，他们的日本竞争对手却设法改进了光刻机的聚焦系统。更重要的是，他们开发出了具有较大数值孔径的 g 线目镜。这种组合使他们的系统能够更清晰地将微小的图案成像到光刻胶的薄层上。

芯片制造商都看好这种新的研发技术，因为这意味着他们可以在现有工厂中做出更小的图案。他们所要做的就是换掉 GCA 的步进光刻机。得益于佳能和尼康的创新，他们不需要创建一个全新的基础设施。使用日本产的光刻机，他们可以制造更好的芯片，并节省了大量资金。

这是一条会重复很多次的自然法则。芯片行业一次又一次地设法延长了现有技术的寿命，从而推迟了对更昂贵的新技术的需求。在 20 世纪 80 年代中期发生了 g 线技术向 i 线技术的过渡。

当芯片行业发现 GCA 和蔡司的 g 线镜头存在的问题时，两家公司的声誉都受到了巨大的损害。这个问题也将在接下来的 5 年中对 ASML 造成影响，因为这家荷兰公司正在其 PAS 2500 上安装相同的镜头。直到 1987 年年初，在德国人引进更好的胶合工艺后，这个问题才得到解决。

日本设备的可靠性

尼康迅速超过了两耳不闻窗外事的GCA，而GCA并不知道日本设备的技术有多么先进。

在 GCA 垂死挣扎之际，尼康正在稳步前进。少数新的美国光刻公司也加入竞争，但日本光学专业公司有更高的目标。自 1980 年以来，尼康一直与 NEC 和东芝等巨头合作，它们成立了一个财团，旨在克服日本对美国的技术依赖。

VLSI 芯片财团得到日本政府的支持，为尼康的研发提供了巨大的推动力。它使该公司能够快速交付其第一台商用光刻机。当这款 SR-1 步进光刻机于 1981 年上市时，大家很快发现其大部分技术直接来自 GCA。GCA 将 SR-1 视为自己机器的仿冒品。从框架到晶圆台，再到光学对准系统，一切都是一样的。

购买尼康的机器的主要芯片制造商经常把机器安装在 GCA 的设备旁边。操作员也注意到两者的相似性：两台机器看起来完全一样。在芯片行业，每个人都说尼康的步进光刻机是 GCA 的机器的复制品。

在 20 世纪 80 年代初，在肯·皮恩的领导下，GCA 的服务团队发现了日本是如何抄袭技术的。NEC 要求皮恩对宕机的 GCA 步进光刻机进行故障排除，皮恩发现机器被拆开过，但是日本人在重新组装时犯了错误，现在 NEC 没法让它继续工作。皮恩经过调查了解到，原因是 NEC 允许尼康拆开 GCA 的机器。

但尼康并没有满足于只做一个复制品。美国芯片制造商购买日本机器后，他们体验到了更好的客户服务。关于这种差距的笑话很快就传开了，它是这样的：当你从 GCA 购买光刻机时，它带有一个说明，上面写着"我们最好的机器祝你好运"；当你从尼康购买光刻机时，它附带了包含 5 名服务工程师的服务包。

* * *

当 GCA 的工程师们在改进旧设计上浪费时间时，日本人却在忙着制造越来越可靠的新机器。GCA 的光刻机需要操作员时刻关注，而尼康的机器无须控制即可运行数小时。不仅如此，日本的机器也便宜得多。

在 20 世纪 80 年代初，GCA 的注意力主要集中于自身。该公司是一家傲慢的超级公司，资金不断涌入，管理层正在疯狂地寻找新的机会。它甚至没注意到正在崛起的竞争对手，而是专注于开发多元化的芯片设备。几年后，丽贝卡·亨德森得出结论，GCA 很难理解尼康的成功，即使是相对简单的方面它也不能理解。从她与 GCA 前员工和客户的谈话中，她了解到公司管理层未将警告放在心上。她注意到，有一次美国客户向 GCA 发送了其公司机密的内部报告，对比了 GCA 和尼康的光刻机。此举显然给了 GCA 一个自我救赎的机会。

然而却无济于事，GCA 的管理层选择忽略这个情报，坚持"日本客户是尼康成功的原因"这种错误的观点，并说他们出于爱国情怀选择本国供应商而不是外国供应商。GCA 的董事会不愿意相信尼康的机器是优越的。由于重要的客户一再流失，GCA 开始指责自己的销售和服务团队。

* * *

在 1983 年和 1984 年 GCA 业绩最好的那段时间，位于马萨诸塞州贝德福德的 GCA 总部犯了一个又一个错误。它低估了新一代 VLSI 机器所需的投资金额，并不断押注于做其他半导体设备。管理层不仅希望利用公司在其他市场的专业知识，还希望向汽车和航空行业的客户出售其用于芯片制造的机器人和操作系统。

与此同时，GCA 急于退出一些领域。就在公司决定向芯片接合机、离子注入和蚀刻设备进行多元化投资的几年后，该公司取消了这些项目。同时，它还停止了其电子束直写机的开发。

在同期，尼康则势不可当。1984 年，该公司销售的光刻机数量与 GCA 相同。到了 1985 年，尼康甚至超过了它的这位美国竞争对手。当时，尼康在日本拥有 65% 的市场份额，并且在美国也十分畅销。

与此同时，GCA 的开发团队正在失去所有核心的整合能力。1981 年有 60 名工程师从事光刻机研发；两年后，这个数字增长至 200。但是新工程师被分配到特定的学科和子系统，他们没有机会了解系统的整体工作原理，这意味着没有机会进行整体改进。

＊　　＊　　＊

事实是，尼康的机器比 GCA 的机器要可靠得多。不仅机械设计优越，而且日本人在光学元件和机械部件的大规模生产和组装方面更专业。

尼康的工程师开始有机会重新设计并制造他们的光刻机。这意味着他们能更好地找出导致光刻机不稳定的因素。以困扰 GCA 机器的光漂移为例，美国人认为并接受它是赶不走的"魔鬼"：光刻机是高度复杂的机器，所以必须整天不断地调整它们，这不足为奇。但尼康的工程师们发现了其中的一个根本原因——全天气压的变化。

赫尔曼·范希克 10 年前在 Natlab 制造晶圆重复曝光光刻机时就意识到了这一现象，这说明当时飞利浦的技术非常先进。在 20 世纪 80 年代初，由于美国工程师一叶障目，不见泰山，所以 GCA 机器的光漂移问题已经无法解决了。此外，GCA 的机器还有太多的其他问题需要同时解决。

＊　　＊　　＊

GCA 的大部分镜头都来自蔡司，而尼康则自己设计并生产镜头。尼康很好地把握了光刻机的机械结构和光学元件之间相互配合的关系，这对机器的性能产生了巨大影响。在 20 世纪 80 年代初，芯片制造商们看到了尼康光刻机的质量上升。这家日本公司体系完善且纪律严明，这意味着它比蔡司更擅长制作镜头。

那时，尼康擅长管理镜头制作流程，因此公司可以提供可靠的高质量产品。获得先进的光学玻璃生产技术起着重要的作用，佳能也拥有优秀的玻璃生产工艺、材料和仪器，几年后其光学元件同样非常出色。

到了 20 世纪 80 年代中期，蔡司的技术已经无法与尼康竞争。其非常不可靠的镜头令 GCA 光刻机的声誉尽失。ASML 起初并没有意识到这个问题，因此在 20 世纪 80 年代的后半期它也将与这一麻烦做斗争。

＊　　＊　　＊

GCA 在岌岌可危的时候发出了最后一声令人惊讶的呐喊。1985 年，它宣布

283

推出低端 DSW 5000，这是 2 ～ 3 微米工艺适用的光刻机。但在那个时候，美国半导体制造商已经把目光转向了 VLSI 芯片，分辨率的要求为 0.7 微米。DSW 5000 唯一合适的市场是日本，但 GCA 在日本的市场份额已经下降了 2/3 以上。

公司声誉不佳、内部管理混乱和无工作方向的工程研发致使人才外流。失望的比尔·托贝于 1983 年离开了公司，作为 20 世纪 60 年代 GCA 的营销经理，他是该公司光刻机成功的推动力量之一。他对 20 世纪 80 年代管理层不作为的决定感到无法理解。

同时，这说明了半导体市场的残酷无情。光保持警觉是不够的，你必须成为"偏执狂"才能生存。虽然规则似乎很简单，但在芯片市场竞争对手还是会不断超越你。GCA 不是不了解市场，而是未能将已知需求转化为更好的机器和服务。GCA 管理层的工作重心没有放在其核心业务——光刻机上。1983 年，GCA 将其3,800 万美元研发预算的 1/4 用于工业系统部门，该部门负责为汽车和航空行业开发更耐用的机器人和控制系统，但该部门只能带来总收入的 7%。

GCA 低估了 1984 年年末的芯片危机。该公司当年的收入达到创纪录的 3.09 亿美元，高级管理层感觉自己是不可战胜的。销售团队警告说，芯片制造商的需求已经开始枯竭，但是 GCA 的管理层并不放在心上。董事会没有根据需求调整生产，而是固执地坚持在 1985 年销售五六百台机器。

然而最终它只卖了 100 台，然后 GCA 将不得不按 100 万美元的单价倾销库存。光刻机所带来的收入从 1984 年的峰值 2.01 亿美元骤降至 1985 年的 1.18 亿美元。公司在那一年亏损了 1.45 亿美元。1986 年，GCA 处于破产边缘，总债务为 1.1 亿美元。当年，该公司设法销售了 7,100 万美元的光刻机，将亏损降低到2,500 万美元，但是末日还是来临了。

1986 年年初，GCA 放弃了低端机型 DSW 5000，将一切身家押在高端机型 DSW 8000 上。这是在与佳能、Censor 和尼康的竞争中的最后一次尝试，但为时已晚。GCA 的资金耗光了，它开始用股份来支付蔡司镜头费用，但最终德国人停止了供货。1986 年 3 月，GCA 最大的债权人之一梅隆银行任命理查德·里夫伯格接任 GCA 的首席执行官，以挽救该公司。里夫伯格出售了分析仪器和机器人部门，并裁掉了 2/3 的人员。

GCA 的销售总监比尔·托贝后来告诉分析师："我们的技术人员，尤其是工程人员，绝对地傲慢自大，认为他们的工程成就无人能比。我们搞砸了！"慢慢地，但可以肯定的是，美国人开始意识到，日本人有一个完全不同的方法，他们的方法给理查德·埃尔库斯（Richard Elkus）留下了深刻的印象。作为 Prometrix 的联合创始人，他的公司同时是 GCA 和住友的供应商，他非常了解日本公司的情况。佳能和尼康与客户之间的深厚关系给他留下了深刻的印象。他还看到，日本的整个行业都团结在一起，共同致力于使其 IT 和电子行业取得成功，同时它们还与日本国际贸易部密切合作。

埃尔库斯指出，日本人有一种强烈的"我们共同面对"的信念。他们都献身于国家，愿意为成功做出牺牲。"在优先事项清单上，利润处于底部，"他后来在《赢者通吃》一书中写道，"日本的企业观点是，半导体设备行业对国家的经济和政治具有战略意义。"

碎梦大道

> 经济持续衰退，ASML最重要的潜在客户推迟了订单。游戏看起来快要结束了。

1986 年夏末，ASML 在坚实的技术基础上勉强制造出了一台真正的、可用的光刻机。这台机器还存在很多问题，但它的工作原理和所包含的光刻技术，将使芯片制造商在未来几年都感到满意。

在收到 Natlab 的评估报告后，斯特夫·维特科克向 PAS 2500 团队表示了祝贺。当然也有相当多的负面因素，但所有 ASML 的工程师都可以为已经获得的成功感到自豪。最重要的指标都在客户商定的规格范围内。这支队伍在这里完成了一件大事：他们在极短的时间内为新一代 VLSI 芯片制造了光刻机。全世界现在都可以看到，ASML 的工程师是最棒的。

无论如何，维特科克松了一口气。虽然飞利浦自己的工厂对这台机器有一系列批评和投诉，但他们并未指出 ASML 的机器有哪些规格没满足要求。ASML 的执行科学家强调，每小时 42 个 4 英寸晶圆的吞吐量确实不算高："我们还有很长的路要走。"

在技术方面，ASML 脱颖而出，这一点毫无疑问。这家光刻公司利用了 Natlab 的经验和专业技术，以及一系列技术创新。飞利浦的一个研究团队和 ASML 专门的产品开发团队的组合看起来像是成功的秘诀。ASML 的机器连续曝光的套刻精度是世界上最高的，它生产的芯片非常精密而且浪费的材料少。

客户的初步反馈也是正面的。PAS 2500 的前身 PAS 2400 正忙于为 MMI 制造芯片。这台机器证明 ASML 的技术是可靠的，设备很少出现故障。与此同时，赛普拉斯已被说服购买 PAS 2500，AMD 似乎也准备下单了。

交付能正常工作的 PAS 2500 使 ASML 的工程师信心大增，他们自愿加班，有时甚至昼夜不停地工作。董事会成员乔治·德·克鲁伊夫自豪地说，ASML 的灯光总是亮着，即使飞利浦大厦每天晚上 6 点准时变得一片漆黑。

＊　＊　＊

但斯密特以怀疑的态度对待欢欣鼓舞的情绪，尤其是对待研发团队担心的问题。在拿到订单之前，没有什么值得庆祝的。他从经验中知道，工程师的自负是一件危险的事情。斯密特警告管理团队要警惕自满和傲慢。他不仅说了这些，他还告诉管理层，我们的员工需要作为一个团队而工作，而不是像独唱家那样爱出风头。

他的研发经理们也不能有所懈怠。斯密特告诉他们，他们只关注周围环境还不够："你们很少与外界有接触，而且对我们的客户和竞争对手的情况了解不够。"为了解决这个问题，他邀请分析师里克·鲁德尔来公司办一个讲座，讨论行业现状。

作为公司总教练的斯密特越来越为缺少资金所困扰。工程师们的工作成果为他们赢得了一次很棒的"助攻"，但他的销售和营销团队还没有"扣篮"。同时，他还得向董事会和投资者德尔·普拉多做出承诺。

斯密特不会让员工们背负财务压力。高级管理层了解盈亏情况，但只有首席执行官斯密特和首席财务官杰拉德·韦尔登肖特知道 ASML 的财务状况，他们没有向任何人透露。偶尔有几位试图获取信息的开发人员询问韦尔登肖特，但他们得到的都是相同的令人放心的答案："不要担心，请放心，去继续制造机器吧。"

＊　＊　＊

1986 年，全世界所有芯片厂的步进光刻机总数达到 1,500 台。先进的芯片工艺，已对带投影对准系统的 1∶1 投影扫描光刻机完全没有需求。步进光刻机已成为制造芯片的过程中不可或缺的一部分。

但半导体危机使芯片设备市场陷入一场血战。1986 年，全球芯片光刻机市场的销量创下新低。那一年，芯片制造商只购买了 125 ～ 150 台步进光刻机，这是他们前一年购买量的一半，是两年前的 1/4。1986 年，10 家光刻机供应商中有 3 家退出了这个领域，然而消耗战仍然没有结束的迹象。斯密特在 1986 年 11 月初给他的管理团队的一份文件中写道："（几乎）所有美国步进光刻机供应商都很有可能被淘汰，如 GCA、Optimetrix、ASET、PE-Censor，或许还有优特。剩下的将会是尼康和佳能，也许还有 ASML。市场预期将在 1987 年反弹，销量约为 450 台，但是没有人能肯定。"

维尔德霍芬总部的压力越来越大。开发 PAS 2500 并建立物流、销售和服务系统的成本越来越高，更不用说建造生产线了。维持这家年轻公司的数百万美元资金来自 ASM、飞利浦、NMB 银行、政府的贷款和赠款。目前还不清楚经济衰退给其他光刻设备商造成了多大损失，但 ASML 从与 GCA 的接触中知道，这家前市场领导者已经奄奄一息。

ASML 在 1984 年和 1985 年几乎没有任何机器可供出售。但是现在，它在 1986 年下半年终于有了一台机器，他们的"演出"就要开始了。公司能成功地向客户推销其光刻机吗？然而事情看起来有所不同。

* * *

"芯片行业处于危机之中，预计在 1987 年中期之前不会恢复。"斯密特写信给他的管理团队。那时几乎没有任何芯片厂和设备制造商盈利。只有大客户仍在购买机器，并且只有新一代芯片需要尖端技术。光刻机制造商面临着产能过剩的问题，他们开始倾销他们的库存，这使得价格跌到了谷底。

1986 年 12 月 12 日，维姆·特罗斯特和贾特·斯密特欢迎 80 岁的弗里茨·飞利浦到 ASML 共进午餐。弗里茨是飞利浦创始人安东·飞利浦的儿子，但这不是人们知道他名字的唯一原因，他还以这家跨国公司的社会良知而闻名。在飞利浦的家乡埃因霍温，他备受尊敬。

斯密特再次问他的管理团队 ASML 的竞争优势是什么。在竞争对手倾销机器和凭前沿技术论高低的市场环境下,公司如何才能在令人窒息的市场中胜出?有两种选择:降低价格或进行质量竞争。从一开始,ASML 就选择了第二个选项。制造质量更好的机器是击败日本竞争对手的唯一途径。斯密特和他的团队决定不让公司参与价格竞争。

＊　＊　＊

此时,ASML 在产品营销方面做得非常马虎。在刚成立的繁忙的几年中,这家荷兰公司几乎没有注意到其目标市场发生了彻底的改变。日本赢得了内存芯片战争,而美国芯片制造商主要专注于 ASIC,即专用集成电路。像赛普拉斯和巨积这样的美国半导体公司开始考虑使用下一代光刻机,于是他们对光刻机有了全新的需求。这迫使 ASML 改造其机器,但 ASML 直到 1986 年秋天才开始实施。但并非在所有方面都要进行艰苦的战斗,美国公司已经降低了对分辨率的要求。ASML 的机器可以让他们获得更高的套刻精度,并让他们获得更高的利润。

斯密特分析这一切后得出结论,ASML 还没有到成功的时刻。美国主要的芯片制造商对 GCA 不满意,但他们并不愿意以荷兰公司的产品来替代 GCA 的机器,事实上他们正在日本寻找替代品。在一次简报中,他总结了公司的弱点:ASML 几乎不了解市场动态,没有跟踪记录,用来演示技术的机器太少,并且 PAS 2500 仍然需要更新大量规格来满足 ASIC 的生产需求。根据斯密特的说法,销售团队遵循的是"我们也有"的销售战略,未能表现出 PAS 2500 的独特优势。为此,他们需要了解竞争对手的内部策略和客户策略,但 ASML 并没有这些信息。

斯密特的语气是责备的。他表示员工几乎不了解公司的政策、目标和现有结构,这导致员工在这些层面缺乏主动参与的意识,因此生产成本高,产出不可靠。

斯密特认为员工之间沟通太少:运营部门与工程部门之间、维尔德霍芬与凤凰城的员工之间缺乏沟通。他担心 ASML 过于自满,他在简报中写道,公司对该行业所特有的多变的商业环境缺乏足够的认识。

＊ ＊ ＊

1986 年，ASML 不仅必须准备好 PAS 2500，而且还要尽其所能启动大规模生产。成本随即不断攀升，所需的人力和时间都超出预测。到 1985 年年底，管理团队仍然认为 ASML 在 1986 年夏天将有大约 260 名员工，但到年底，员工名册上比计划多了 100 人：他们全部被雇用来加速生产以在最后期限前交货。此时，生产部门却仍在挣扎，全年只交付了 12 台机器。

这是一场艰苦的战斗，但结果却并不好。到年底，ASML 在美国的市场份额只有 5%。360 名员工的人力成本很高，亏损越来越严重。到 1986 年年底，ASML 已经花费了 3,070 万美元。

斯密特意识到 1987 年将是关键的一年，公司要背水一战。在 1986 年出现创纪录的亏损后，ASML 必须大幅改善其产品性能。根据 1986 年年底起草的运营计划，最大的挑战在于占据 15% ～ 20% 的市场份额，实现盈亏平衡，这是公司能够“向市场明确传达 ASML 将成为市场领导者的决心和能力”的唯一途径。ASML 别无选择，如果不能实现这些目标，就只能关门大吉了。

佳能和尼康正在从危机中获利：他们一共占据 70% 的市场份额。20 世纪 80 年代初的市场领导者 GCA 基本上已经没戏了。

市场危机还导致芯片制造商大量更换设备供应商，这加大了设备制造商的履约压力。此外，光刻机的战略价值意味着光刻机的选择成为高级管理层越来越关注的事。这些高管关注供应商的长期生存能力。斯密特担心公司的销售人员与客户的高层管理人员接触的机会太少。

据记录，当时世界上有 7 家光刻机供应商，这远远超过了市场的需求。每家光刻机供应商都不得不在技术上投入大量资金。考虑到这些竞争者中有一半将在未来几年内出局，芯片制造商不得不为未来的稳定性而做出选择。但芯片制造商仍然不考虑这家荷兰公司，这是斯密特最头疼的问题。

潜在客户都注意到了 ASM 和飞利浦的艰难处境，这对 ASML 来说没有任何好处。合资企业 ASML 是公开上市的，每个人都可以从报表中看到他们还在艰难奋斗。客户询问斯密特，如果 ASML 生存不下去，他的股东是否还能大力投入资金来支持公司。

斯密特在与最重要的潜在客户 AMD 的会谈中亲身体验了这种情况。杰瑞·桑德斯的公司的订单已经推迟了几个月，并不断提出新的要求。现在，它要求飞利浦作为 ASML 的担保人。斯密特知道，这样的承诺只是一种幻想，母公司没有理由来帮助 ASML，对飞利浦来说，ASML 只是剥离出来的一个失败的项目。幸运的是，飞利浦执行董事会的一名成员愿意给 AMD 写一封内容虚无但措辞优美的信件，万幸的是 AMD 接受了。

＊　＊　＊

1986 年秋天，天气似乎暂时晴朗起来了。AMD 让相关经理提前准备好购买 PAS 2500 的文书。但在最后一刻，桑德斯否决了这笔交易。他也没资金了，他想等到市场出现更明确的复苏迹象再做决定。

桑德斯决定取消目前占 ASML 一半产能的订单，这像一把大锤一样击向斯密特。对于他的工程师来说，芯片市场的变化及其客户的犹豫没有太大挑战，但对首席执行官来说这是一个谜题。时间越长，越让人困扰。

不确定性久未消除。1986 年年底，客户仍未下订单。寒冬降临，天空越来越黑暗，斯密特开始怀疑自己。他曾相信 ASML 将在美国市场占据领先地位，但这种信念慢慢开始崩塌。他认为，日本人已经证明了自己，并毫不费力地打入美国市场，但是 ASML 还是死活迈不进门。斯密特担心，一家来自荷兰的小型光刻机供应商将无法跨越大西洋：因为他们没有符合美国风格的蓝图。

公司的其他人开始出现和他相同的失败主义态度。工程师和生产技术人员不知道具体的财务状况，但每个人都能看到没有客户下订单。他们花了两年时间努力制造机器并交付给客户，但现在没有要制造的机器了。员工们开始认为他们的冒险就像"破碎大道"一样，这指的是在附近的登博斯举办的一年一度的戏剧节。1984 年从飞利浦过来的一些员工现在很庆幸他们的聘用合同中有可以返回母公司的条款。

接受不接受随你

ASML继续烧钱，收紧荷包不是其首席执行官的风格。贾特·斯密特的处境越来越危险。

随着公司危机加深，对贾特·斯密特挥霍行为的抱怨也越来越多。人们对他使用外部咨询顾问非常不满。斯密特一直从 Hay 咨询公司请人，而且不计成本。Hay 的顾问习惯于为飞利浦和壳牌等巨头提供服务，但在他们看来，和 ASML 的人一起工作最有趣。这家小公司在寻求征服美国市场的进程中发出了可爱的吹牛声，重要的是，ASML 付款信用良好。尽管极度缺乏资金，但 ASML 是 Hay 在荷兰最大的客户之一。

Hay 的乔斯·博默斯定期参加 ASML 的管理团队会议，它是新任务的自动孵化地，从某个时候起，博默斯不再自己提出项目。ASML 知道他的每日收费高达 700 美元。Hay 寄账单时，没有人提出异议。

只有一个人除外。杰拉德·韦尔登肖特开始对 Hay 的咨询投以更加批判的眼光。"又有另一个好方案，嗯，乔斯？"这位首席财务官收到 Hay 的发票后这样对博默斯说。"别担心，杰拉德，没有乱收费。"博默斯笑着回答。他们的关系仍然友好。韦尔登肖特并不反对投资，他只是认为应该少投资一点。但是，当他告诉首席执行官斯密特应当控制金额时，老板总是把他的话当成耳旁风。

Hay 的顾问费确实很贵，但韦尔登肖特真正感到棘手的问题是斯密特为他的管理和销售团队组织的美国之行。首席执行官每年飞往美国两次，与美国同事沟通营销和销售工作。Hay 的顾问偶尔也会和他们一起去，每个人都乘坐商务舱，甚至包括 Hay 的人。

在旅行中，斯密特就像一阵旋风。他是这个旅途中的明星，他总是在不停地运动，同时被这个游戏消耗着。荷兰人和美国人在一起的团队建设和战略会议每季度开一次。他并不关心花了多少钱，他只关心以最短的时间达到目的。他总是能找到最高效的航班和目的地。团队从洛杉矶飞往凤凰城，在大峡谷附近的一个度假胜地开会。时间是灵活的，只有目标是最重要的和优先的。有一次斯密特当场决定他们需要去旧金山，马上安排大家都前往那里。对于 Hay 的顾问来说，这些旅行更像是度假。他们不必一直都在场，在这里与 ASML 团队会面几个小时，再与 Hay 的一些美国雇员交谈几个小时，其余时间都花在打球上。斯密特却一点也不在乎，不管多花几美元还是少花几美元，在宏伟的计划中，这都只是小菜一碟。在飞利浦和 ITT 任职期间，他从来不用担心钱的问题。如果他决定要飞到某个地方，他就立马飞过去。但他现在的同事认为他很奢侈，斯密特与韦尔登肖特之间的争论越来越多。

＊　＊　＊

韦尔登肖特是一位专业的财务优化专家，他所有的时间都花在说服不情愿的投资者掏出钱包。这位首席财务官不断与飞利浦总部进行交谈，他可以从飞利浦的税务和会计部门获得免费的财务建议。他从荷兰等国家的银行获得了大量政府和私人资金。在早年，ASML 一直财务吃紧，但是，荷兰政府经济事务部提供的源源不断的技术研发款项和偶尔的特奖——数百万的欧洲补贴，使它得以生存。韦尔登肖特是一位出色的财务人员，他是 ASML 财务控制工作的策划者。韦尔登肖特现在越来越沮丧，他的领导在大手大脚地花他辛苦筹集来的数百万美元，还都是以去淘金拉生意为理由。斯密特的大手大脚渐渐使他越来越恼火，他开始叫斯密特"花钱大王"，对于这个绰号阿瑟·德尔·普拉多认为特别贴切。

"贾特，没有必要把来自 Hay 的顾问一起带到美国，对吗？"韦尔登肖特问斯密特什么时候开始计划他的第 15 次美国之行。"我们是一家小公司，不该为一家大公司支付差旅费用。Hay 的伙计们除了和他们的美国同事闲逛外，什么都不做，却在花我们的钱。这对你来说不是倒贴吗？你为什么要那么做？这不是 ITT，你知道的。"韦尔登肖特也曾供职于这家电信巨头，知道在那里钱从来不是问题。

但斯密特对韦尔登肖特的话置之不理。Hay 的博默斯也有点为斯密特的花销感到为难，尽管斯密特不关心金额其实对他有利。"贾特，看看你花钱的对象。这怎么可能？"博默斯反复告诉他。但他也钦佩这位首席执行官的勇气，他的这位客户一直光明磊落，他对自己花的钱毫不隐瞒。斯密特对这些批评的回应是相同的："如果我们想要取得任何进展，那就得花钱。就这样！我们可以退出也可以继续，但你不能抱怨代价太高。"

不只是那些与斯密特关系密切的人讨厌他这样无所顾忌地花钱，公司的其他成员也意识到他的奢侈。那些知道 ASML 毫无进展的人，在每次看到他跳上昂贵的协和式飞机前往美国时，都会感到愤怒。他们看到韦尔登肖特抽着烟在办公室踱步，琢磨着如何避免公司破产，而此时的斯密特却在大手大脚地花钱。

斯密特的个性也让许多员工产生了误解，他们认为他的领导是狡猾的。当首席执行官需要他们时表现得很有魅力，但一旦事情结束，他就不再理他们。这不利于公司形成良好的氛围。

＊　＊　＊

德尔·普拉多对"花钱大王"的耐心也逐渐消失。1986 年年底，德尔·普拉多清楚地认识到，公司的亏损将创新高。最新的统计显示，他那一年可能不得不支付超过 2,000 万美元，这比 ASM 上一年的亏损额还高。

德尔·普拉多受到监事会越来越严重的抨击。在那时，ASM 监事会的大多数成员都是值得信赖的人，很少抗议。虽然 ASM 是上市公司，但德尔·普拉多仍然是其大股东，监事会代表小股东群体，用来监管首席执行官和大股东，这使得它更像是一个咨询委员会，而不是一个主管部门。尼科·诺贝尔（Nico Nobel）是批评德尔·普拉多采取的那种大公司集团管理方式的董事会成员之一。诺贝尔受过会计培训，但他也经常一叶障目。随着时间的流逝，他注意到德尔·普拉多正在失去对公司的控制。

对于 ASML，这当然是正确的。从福克公司来到 ASM 的威廉·德利乌，在定期到访合资企业时，一直小心翼翼地保持距离。ASML 的员工们对 ASM 的态度是敌对的，ASML 的管理层和工程师看不起德利乌，当他们谈起他时，总是会把话题岔开。在他们眼里他比较无能，他能做的就是用毫无意义的问题纠缠他们。他们故意掩盖实际问题，这使得德尔·普拉多缺乏关于 ASML 真实状况的信息。

在 AMD 取消一系列 PAS 2500 的订单后，ASML 的管理团队拜访 ASM 并进行解释。贾特·斯密特、杰拉德·韦尔登肖特和约普·范凯塞尔在德尔·普拉多的桌子旁坐下时非常清楚此行的目的。他们以前经历过几次这种状况，但这次气氛却紧张得让人喘不过气。每个人都知道 ASM 的首席执行官多么专制，他们的财务状况有多严重。

　　财务专家韦尔登肖特猜到了德尔·普拉多最后要说的事。ASML 为 1986 年制定了预算，但现在支出早已超额。韦尔登肖特已经和斯密特提前对好了台词，因为他知道德尔·普拉多要发火。果然这 3 个人没等太久，ASM 的首席执行官已经开始发怒了。斯密特的支出为什么超过了预算？他知道市场状况吗？斯密特也生气地争执起来。办公室很快硝烟弥漫，斯密特咆哮道："这些钱都是值得花的！"然后他匆匆列出一份必要的开支清单。

　　ASML 的首席执行官并不害怕与德尔·普拉多针锋相对。德尔·普拉多反复说："我是写支票付钱的人，所以我要发号施令。"斯密特回敬道："这无法接受！这是我的策略，这是我的方法，接不接受随你。"韦尔登肖特已经多次告诉斯密特，他承担不起这样与董事会成员和主要投资者说话的后果。在现在这样的时刻，他所能做的就只能是无助地看着失去理智的斯密特和董事长争吵。

＊　＊　＊

　　德尔·普拉多的愤怒是可以理解的。1985 年年底，斯密特向德尔·普拉多承诺 ASML 将在 1986 年销售 40 台步进光刻机，收入为 2,850 万美元，利润为 200 万美元，然而计划落空。总之，ASML 在 1986 年只销售了 12 台机器，收入仅为 1,100 万美元。母公司 ASM 本身就将亏损 2,500 万美元，它还不得不承担合资企业的亏损：ASML 到年底的亏损将超过 1,400 万美元。

　　唯一对斯密特有利的事实是，PAS 2400 和 PAS 2500 已经让公司踏入了光刻机市场的大门。但 ASML 未能收到任何大订单，在过去的一年里，他们的努力和希望都集中在 AMD 身上，但是杰瑞·桑德斯还没有下订单。

　　即使有 1,100 万美元的收入，德尔·普拉多也很清楚这是虚假的数字。母公司飞利浦购买 ASML 光刻机时按全价支付，而美国客户则要求特别大的折扣，ASML 几乎没有利润。

　　所有生产光刻机的公司都在倾销库存，这削弱了 ASML 讨价还价的能力。从美国和亚洲客户给出的价格可见 ASML 在 1986 年承受着多大的压力。总之，赛普拉斯公司购买 2 台 PAS 2500 所支付的金额是 172.5 万美元，而 Erso 以 85 万美元购买 1 台 PAS 2500，MMI 则以每台 60 万美元的价格购买 3 台 PAS 2400。

相比之下，飞利浦的两家工厂——位于奈梅亨的 Elcoma 和位于汉堡的瓦尔沃，以及 Natlab，他们购买的 3 台 PAS 2500 中的每一台都按全价——250 万美元支付。

ASML 的目标市场是美国，其所有工作的重心都集中在那里，但这家荷兰公司似乎没有取得任何进展。公司从 MMI 和赛普拉斯公司收到了订单，但订单量不够大。这越来越困扰斯密特，他解释说，ASML 的信用度不够高，美国客户似乎觉得风险太大了。

1984 年，斯密特在 SEMICON West 展会上反复听到的论调再次出现在他的脑海中：大多数芯片制造商不会从 ASML 购买光刻机，直到它成功售出 10 ～ 20 台机器。他们一直都这么说，这意味着公司现在不能前进。随着危机的持续，他越来越意识到他对两个关键因素（即市场和潜在客户）的影响微乎其微。如果芯片制造商不想购买机器，那么 ASML 不可能得到任何销售额。在斯密特的想象中，他的公司必须清除的在美国市场的障碍越来越大。每过去一个月他都更加烦恼。他为无法让公司在市场发挥作用而忧心忡忡，他甚至说不好 ASML 是否能生存下去。

ASM 的所有者和 ASML 的首席执行官之间的争论以僵局告终。德尔·普拉多正在维护他作为大股东的利益，试图限制支出。斯密特固执地坚持完成他的使命，推动 ASML 成为第一。两人未能缩小他们在观念上的鸿沟。

贾特·斯密特，2012年

296

80美元和再见

阿瑟·德尔·普拉多甚至与日本公司谈判，试图让ASML继续生存下去。来自AMD的一个大订单令人振奋。

1987 年 3 月初，当一群 ASML 员工参加在苏黎世召开的 SEMICON 欧洲展时，他们第一次真正了解到芯片设备市场遭受的冲击。Eaton-Optimetrix 已经倒闭了，ASET 也没有演示任何机器，幸存者们没有什么消息要分享。"GCA 和 Perkin-Elmer 正在演示步进光刻机，但它们只是用旧产品配新的镜头。"弗里茨·范霍特在他的旅行报告中写道。蔡司早在 1986 年 3 月就开始开发欧罗巴透镜，但一年后，仍没有出售新镜头的迹象。"蔡司的展位也没有展示欧罗巴镜头。"范霍特记录道。他在为 ASML 寻找机会。唯一一家提供 i 线机器的公司是 GCA，但它却在演示时死机。他写道："看起来显然有一个将日本人拒之门外的机会，因为看不到任何正式的 i 线设备。"他只能猜测蔡司碰到了大麻烦。当蔡司执行委员会成员古斯塔夫·皮珀（Gustaf Pieper）在 SEMICON 欧洲展结束一个月后访问 ASML，并与贾特·斯密特讨论局势的严重性时，范霍特的推测得到了证实。蔡司在制造复杂镜头时遇到了困难，但皮珀承诺，他们会让这些镜头正常工作的。

皮珀的承诺没有兑现，这迫使斯密特向奥伯科亨发送了措辞强烈的传真。他急切地想得到欧罗巴镜头的规格，ASML 需要该信息以对其机器进行必要的调整。"使用首款 58 个镜头的 PAS 2500/40 延迟交付，是飞利浦 Megachip 项目目前的主要障碍。"斯密特在谈到欧罗巴镜头时写道。然后他指出，Megachip 项目最后的、可接受的交付日期只剩 10 天了。

蔡司无法解决早期 i 线镜头的技术问题。斯密特为皮珀阐明了问题：蔡司的进度落后了 4 ～ 6 周，并且 ASML 不得不把一半的镜头退回去，因为质量太差了。在修复后的镜头中，50% 的镜头仍不符合规格，斯密特非常不满。ASML 需要每个镜头都非常精确，这样它才可以将其正确安装在光刻机中，但镜头的信息通常来得不是太晚就是不准确。

这些都导致 ASML 的进度严重落后和生产成本提高，因为公司在安装和拆卸镜头时浪费了大量的时间。斯密特估计，6～10 台光刻机要到 1988 年才能交付。斯密特写道："这会进一步对我们的利润、库存以及我们已做出承诺的客户（包括飞利浦和 AMD）造成严重后果。"

＊　＊　＊

在蔡司，著名光学专家俄哈德·格拉策尔请年轻的研究员温弗里德·凯撒（Winfried Kaiser）调查这个问题。凯撒的日常工作是在相机镜头部门进行测量工作，他很乐意暂时逃离枯燥的摄影世界。他注意到，他的同事都认为责任不在于自身：这不可能是蔡司的错，他们生产光刻机镜头已经几十年了，ASML 则是刚成立的。唯一可能的解释是，维尔德霍芬几位无能的工程师在验收测试中犯了错误。

但凯撒在不到两周的时间内就发现了真正的问题。欧罗巴镜头的焦平面是稍微弯曲的，因此，镜头仅在焦平面的中心或角落才能正确对焦。这是一半的镜头共有的问题，另一半则勉强能工作。由于他的同事仍然把矛头指向 ASML，凯撒决定检查客户那里的情况。在 ASML 的超净室中，测出了误差是不可辩驳的。他们把镜头安装在光刻机上，微观图像显示了镜头中的错误。弯曲的焦平面使得在光刻胶中心或边缘的图案比较清晰，但无法使两者都清晰显示。凯撒在测量中找到了问题的根源，蔡司错误的测量方法使得曲率问题没有被发现。而一旦发现了，问题就会变得相对容易解决，最后，蔡司圆满结束了其著名的欧罗巴镜头的开发。

但是到了第二年，欧洲人对技术的期望显然过于激进。飞利浦和西门子的 Megachip 项目的目标是 0.7 微米的芯片，他们希望使用搭配蔡司欧罗巴镜头的 ASML 的 i 线步进光刻机来制造。欧洲共同体对他们开发的这项技术给予了财政支持。

但西门子似乎无法启动这个芯片制作流程。这家德国跨国公司计划将 Megachip 项目开发的技术用于 DRAM 生产，但该公司的半导体部门无法掌握整个制造流程，流程的瓶颈是 i 线的光刻胶，它仍然造成了太多的问题。

西门子担心错过 4Mb DRAM 的研发，因此启动了紧急备用计划。西门子从东芝购买了新一代内存芯片的生产设备，得到政府资助的德国和其他欧洲的设备制造商们提出了抗议。日本人为他们的 4Mb DRAM 选择了一条更安全的技术路线，即使用 g 线镜头进行曝光。

为此，佳能开发了具有较高数值孔径的光刻机和光学元件。它有一种先进的镜头，可进一步提高 g 线光源的分辨率。虽然以前的 g 线镜头可以成像大约 1 微米的细节，但新的佳能机器可以成像仅 0.8 微米宽的线条。诚然，这比 i 线镜头可以成像的 0.7 微米的细节稍大，但这款佳能机器使芯片制造商能够将 1Mb DRAM 生产工艺中的 g 线工艺用于生产新一代 4Mb DRAM。这意味着东芝可以继续使用熟悉的材料和设备来制造新一代的内存。

西门子选择日本工艺对其芯片厂的设备和材料供应商的选择具有重大的影响。ASML 和蔡司非常失望。西门子没有冒任何风险，该公司决定复制东芝的整个 4Mb DRAM 生产工艺，包括所有的细节。这意味着西门子要转而使用佳能的步进光刻机，也标志着西门子与佳能之间的长期合作关系的开始。

ASML 和蔡司被冷落了。这是一个巨大的打击，其影响将持续多年。这是完全超出他们控制范围的因素在起作用。一个看似次要的因素——g 线设备可以用旧的光刻胶，影响了整个芯片厂的设备选择。这促使人们认识到在技术转型期间要格外小心这些因素。

* * *

1987 年也有一些好事发生，虽然不算多。1 月下旬，MMI 下订单购买 4 台 PAS 2400，德州仪器和 MSC 也分别购买了 1 台 PAS 2500。西门子想买 2 台 PAS 2500，飞利浦则订购了 16 台。1987 年的运营计划列出了 PAS 2400 的 10 个潜在买家和 25 家可能购买 PAS 2500 的芯片制造商。ASML 预测将有 4 笔购买 PAS 2500 的订单来自 AMD、赛普拉斯、DEC、Hughes、德州仪器或 VTI，而其余订单的数量则较低。ASML 需要完成所有这些单子，其 1987 年的销售目标是 45 台 PAS 2500 和 15 台 PAS 2400。该公司在 1986 年制造了太多的 PAS 2400，但 MMI 的热情表明它们有望被卖掉。

与此同时，公司正遭受着成长的痛苦。付出了无数的血汗，ASML 终于开始生产并成功运转。问题的关键在于找到有经验的人，这个问题也开始影响其客户现场服务。ASML 推出的战略将成为公司文化不可分割的一部分：它开始鼓励开发人员在一段时间内转向运营和服务，以获得更高的薪水和更好的职业前景。

* * *

ASML 的股东们也遇到了种种问题。飞利浦的半导体部门 Elcoma 仍处于困境中，而 Megachip 项目也延误了。与此同时，半导体行业的持续衰退使 ASM 遇到了严重的问题，在上一年的 580 万美元亏损的基础上，ASM 以创纪录的 2,500 万美元亏损结束了 1986 年。阿瑟·德尔·普拉多不得不将在美国的员工从 600 人减少到 200 人。公司持续的经营不佳也迫使他在国内采取行动。1987 年 2 月，他解雇了比尔特霍芬的 350 名员工中的 85 人。随着 ASM 进入新的一年，公司状况没有即将改善的迹象。该公司将设法保持收入稳定，但这一年又将亏损 2,300 万美元。不过，德尔·普拉多确实在危机时期筹集了数百万美元。1985 年年底，荷兰经济事务部拨款 1,200 万美元给他在维尔德霍芬建立一个实验室，他还可以向 NIB 银行借款 900 万美元。

德尔·普拉多承受着巨大的压力。公司管理层的意见经常与他相反，从而导致冲突。他从零开始创造了一颗高科技的明珠，但现在带给他的只是批评和怀疑。饱受折磨的德尔·普拉多对媒体说：目光短浅的荷兰只是拒绝理解，当前的经济衰退是芯片行业正常规律的表现。

在 1987 年年初的各种报纸上，德尔·普拉多愤怒地批评荷兰小心眼的心态和严格的劳动法。他告诉《新鹿特丹商业报》："让 ASM 这种高风险企业快速倒闭，是典型的荷兰人做法。如果我们的灯连续 13 个晚上亮着，政府劳工检验员会要求查看我们的工作许可证。我们应该接受另一个极端吗？我们应该把一个关键的战略产业拱手让给美国和日本吗？那我只能说，去快乐地挤牛奶、搅动黄油和种植郁金香吧。"

愤愤不平的德尔·普拉多说没有人会承认 ASM 的成就：他努力扩大了自己的市场份额，甚至在日本向日立、NEC 和东芝出售了最新一代芯片的生产设备，外面的世界只看到 ASM 的亏损。有一件事是肯定的——德尔·普拉多深陷泥沼。

在媒体上，ASM 的首席执行官抨击了国有私人股本基金 MIP 所采取的策略，后者正在投资 ASM 的竞争对手 Focus，而不是德尔·普拉多的公司。如果事情继续这样下去，他可能不得不被一家日本公司收购。"日本银行对我们非常感兴趣，鉴于我们在日本的业务，日本公司很有可能并购 ASM，"他在《新鹿特丹商业报》的报道中威胁说，"从某种意义上说，这当然还不错，但同时也会带来严

300

重的危险。"

* * *

1987 年即将结束，杰拉德·韦尔登肖特越来越难在 ASML 支付薪水。与此同时，德尔·普拉多正在全国范围内筹集资金。媒体提到的日本收购 ASM 并非虚张声势，1987 年 5 月，住友的一个代表团访问了 ASM 和 ASML，然后花了两个月的时间与德尔·普拉多谈判。ASM 的首席执行官对谈判保持了开放的态度，并在第二年与日本三井物产进行谈判。

斯密特对此不太满意。他更倾向于被美国收购，他建议 Perkin-Elmer 和应用材料公司来收购 ASML，尽管后者正在与 ASM 竞争。与此同时，ASM 和 ASML 的糟糕表现让两位首席执行官之间的关系越来越紧张。德尔·普拉多讨厌斯密特挥金如土的风格，在 ASM 的部门主管年会上，斯密特也遭受了猛烈的炮火攻击。多年来，他一直以挥霍无度著称：ASM 在芯片炉和后端装配上赚的钱都被 ASML 花光了。ASM 的管理团队每年都会对斯密特施压。当两人脾气爆发时，德尔·普拉多和斯密特甚至在走廊里互相咆哮。

1987 年 2 月，斯密特在更新他的运营计划时，改用了比较谦卑的语气，他知道监事会也会阅读这份文件。他满怀歉意地写道："ASML 雄心勃勃的目标和紧迫的最后期限使得过去 3 年来很难降低成本。"然后他补充道："今年，我们必须以极大的成本意识来维护我们作为公司管理层的信誉。"

他的话只是为了作秀。事实上，斯密特并没有按他所说的去做，他认为恰恰相反：ASML 应该继续大力投资。你不可能坐着不动就赢得金牌，其他意见都没有意义。

但斯密特的地位越来越不稳定。经济衰退仍在持续，没有一个客户来下订单。大学或研究实验室时不时地购买一台光刻机，但 ASML 不能靠这样的"面包屑"业务来维持生活。天哪，斯密特想，一切都错了。ASML 在美国仍然没有吸引到任何大客户。收购 GCA 的项目告吹了，收购优特也未实现，公司似乎错过了所有取得成功的机会。斯密特不再相信自己会胜利，他越来越想知道员工对他的看法。不利的市场条件不是 ASML 可以解决的问题，斯密特觉得无能为力。

301

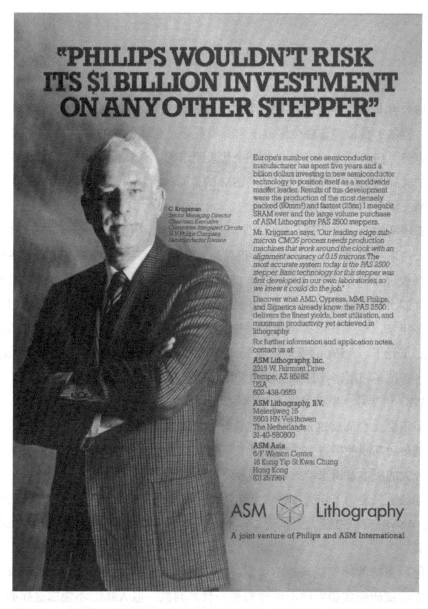

飞利浦 Elcoma 的基斯·克里格斯曼即使在困难时期仍然站在 ASML 这边。他很乐意让公司利用他的形象来实现其营销目标。

与母公司 ASM 的紧张关系已升级。德尔·普拉多看到 ASML 并未发售机器，尤其当他听到 AMD 下的那笔关键订单被延迟时，他快崩溃了。斯密特的人公开询问他对未来的规划，而这位首席执行官几乎无法驱散员工的恐惧情绪，他感到自己已精疲力竭。他与 Hay 公司的密友详细谈论了这件事，因为他不能与 ASML 的任何人吐露他的担忧。不过，当德国的博尔德·赫利斯（Leybold Heraeus）请他前去担任高管时，他拒绝了。

* * *

1987 年，ASML 的机器在 MMI 的成功终于说服 AMD。AMD 正在收购 MMI 这家内存芯片制造商，当 AMD 的人到达清点库存时，他们看到 Perkin-Elmer 的机器在角落里落满了灰尘。而与此同时 6 台 PAS 2400 在 ASML 服务工程师的支持下正在不断地制造晶圆，这促使 AMD 最后对 ASML 说"同意"。

最后，1987 年 6 月 1 日，AMD 签署了购买 25 台 PAS 2500 的合同，这发生在 PAS 2400 首次接受测试的一年半之后。那天斯密特高兴得在每次经过走廊时都吹起了口哨。现在有充分的理由期待更多的订单：桑德斯的公司也要求其对 25 ～ 30 台额外的机器进行报价。

AMD 的订单是斯密特的胜利，但他卸任 ASML 首席执行官的日期也已经到来。公司岌岌可危的财务状况，以及他与走投无路的德尔·普拉多的对抗，使他处于一个不利的位置。当 Leybold Heraeus 公司在那个夏天再次向他提供职位时，他答应了。这家德国公司给他的薪水翻了一倍，并给他配了一辆宝马汽车。

1987 年 8 月 20 日，乔治·德·克鲁伊夫向员工宣布了人事变更：他们的首席执行官斯密特已接受德国哈瑙 Leybold Heraeus 执行董事会的职位。ASML 的下层员工特别高兴看到斯密特离开。当公司按传统将收集离职红包的帽子传给 300 名员工后，他们只往里面放了不到 80 美元。

* * *

1987 年秋天，当施密特离开 ASML 时，ASML 是什么状况呢？财务状况比 1984 年成立时还要糟糕。到 1987 年年底，维尔德霍芬的这家公司已经花费了近 5,000 万美元。计划的销售目标没有实现。ASM 和飞利浦的蜜月期已经结束，他们的合资企业正在不断亏损。ASML3 年后还活着绝对是个奇迹，但它只是活着的，外面的世界还注意不到它的存在。但自 1984 年夏天以来，一台运行良好的

303

战斗机器已经缓慢而确定地形成了。用了 3 年的时间，斯密特为一个鼓舞人心的组织奠定了基础。

ASML 的员工们给前首席执行官的 80 美元与他的表现形成了鲜明对比。以金牌为目标，斯密特没有把注意力集中在成本上，他投资他需要的地方，并且一直这样做。尽管在有些地方他确实可以少花一些，但是，如果不是以这种果断的开场冲向顶峰，欧洲将永远不会在世界上最具挑战性的工业技术——芯片光刻领域发挥主导作用。

这似乎有悖常理，但从 1984 年至 1987 年，市场长时间的衰退是使 ASML 免于灾难的主要原因。斯密特余生都对这一切感到惊讶：在他当首席执行官期间，市场崩溃最终证明是对公司的天赐之物。如果市场在 1984 年之后继续像分析师预测的那样增长，蔡司的产能将无法满足 GCA 的需求，当然也无法供应 ASML。市场需要新一代镜头，但德国人无法以足够快的速度按所需的质量生产。蔡司当时的产能非常糟糕，以至于佳能和尼康即使在经济没有衰退的情况下也一定能占领整个市场。

经济衰退也给了荷兰公司继续比赛所需的喘息空间。ASML 有足够的时间重塑其开发和生产部门。具有讽刺意味的是，订单不足也起到了一定的正面作用。维尔德霍芬的装配厂的产能在 1986 年和 1987 年根本无法完成真正的大订单。

斯密特之后将这场危机和随之而来的设备采购订单延迟评价为上天的恩赐：这些情况他无力改变，但这种不可预知结果的、奇迹般的方式确保了 ASML 得以继续生存。但在 1987 年秋天，在维尔德霍芬，当时没有人能够感受到这种奇迹。日本人在庆祝：东芝、NEC 和日立已经占领了全球内存芯片市场，而佳能和尼康在光刻机领域占据主导地位。他们已经占领了日本的整个国内市场，在美国，尼康已经给了前市场领导者 GCA 最后的致命一击。

从 1984 年至 1987 年的 3 年危机实际上具有很强的破坏性，只有佳能和尼康获得了无可争议的成功。就市场份额而言，ASML 完全无法与他们相提并论。

ASML 的金牌之争和斯密特在最初几年所表达的雄心壮志才刚刚开始。ASML 已经拥有一个充满创造力且自力更生的开发团队，物流和大规模生产系统也趋于成熟，销售和营销也已成为一股重要的力量，推动公司登上全球冠军领奖台所需的高强度训练终于可以开始了。

08

走上正轨

1988—1990

胖胖的人

维姆·特罗斯特作了最后一次告别——最终他坐在董事的椅子上了。

1985 年夏末，维姆·特罗斯特度过了他的 60 岁生日，这个年龄是飞利浦员工退休的年龄。在他的告别聚会上，贾特·斯密特、约普·范凯塞尔和杰拉德·韦尔登肖特都上前和他握手。

"维姆，你退休了，"范凯塞尔说，"但是如果你想在周一出现来帮助我们，我们会很开心。"斯密特和韦尔登肖特期待地笑了笑。ASML 当时成立不到一年，管理团队面临着一堆得不到解决的问题。这家年轻的合资企业还与飞利浦有千丝万缕的联系。这家跨国公司的机器工厂和镜头厂为 ASML 这家刚刚起步的公司提供许多重要部件，但经常延迟交货。特罗斯特人脉很广，他正是公司需要的人。

特罗斯特也是一个不善拒绝的人：在他退休之前，他已经接受了有 1,001 人的公司的咨询委员会的席位。但他不能拒绝 ASML 的请求，一个星期后他仍然出现在公司的门口。他和斯密特达成一致，从 9 月开始，他每周工作 3 天做兼职顾问。同月，他监督 ASML 搬到维尔德霍芬。

在他的新职位上，特罗斯特负责 ASML 为飞利浦的 S&I 在全球营销的电子束直写机。他还负责处理斯密特和他的管理团队没有时间处理的一些难题，他的待办事项清单有整整 15 页：成立公司工作委员会、安排一系列开放式房屋、雇用保安人员、负责景观美化、停车、制订疏散计划和重要访客的规程……这一大堆事都是特罗斯特要处理的事务。

但到 1987 年 3 月，他的工作圆满完成。ASML 制造了一台坚固的机器并赢得了一些美国客户。特罗斯特决定是时候说再见了，他的妻子也很高兴他正式离开。现在，他们终于可以开始那些他们梦想多年的长途旅行了。1987 年夏末，在一个温暖的日子里，特罗斯特在附近的努埃宁镇的白色农舍后花园里放松。当太阳温暖着他的皮肤，他的妻子照顾她的蜜蜂时，花园的大门打开了，是乔治·德·克鲁伊夫，这位高大的S&I董事多年来一直是特罗斯特的上司。德·克鲁伊夫碰到了一个麻烦，他直截了当地说："贾特·斯密特离开了公司。"

德·克鲁伊夫恳求特罗斯特回来并掌管公司一段时间，一周只要来几天就可以。阿瑟·德尔·普拉多正在疯狂地寻找一个永久的管理者，所以临时代班最多不会超过几个月。他们喝了两杯酒后，德·克鲁伊夫就走了。特罗斯特一直是个总是说"行"的人，他的心和灵魂一直属于步进光刻机项目，如果ASML需要他，他就会出现，况且这次只是一段短暂的时间。

* * *

在维尔德霍芬，特罗斯特接手了有点紧张不安的ASML。斯密特走了，没有人知道会发生什么。ASM仍然负责寻找一个接班人，但比尔特霍芬还没有消息。特罗斯特听说工会当晚要来谈话，而且公司正在裁员。工作委员会和工会要求允许前飞利浦员工根据协议返回母公司。

特罗斯特认为德尔·普拉多很快就会带着新的首席执行官一起出现。与此同时，积攒的工作正在逐步增加。这位退休人员每周在维尔德霍芬的工作时长很快就长达六十个小时。

痛苦的几周过去了。特罗斯特还没有获得官方授权，但无数文件需要他签字。最后，德尔·普拉多走进会议室，身后跟着一个矮胖的人。这个英国人向特罗斯特作了自我介绍，他是克莱夫·塞加尔（Clive Segal），他说他目前正在经营剑桥医疗设备公司，就没有再多说。德尔·普拉多表示特罗斯特可以离开房间，并生硬地补充说，塞加尔将很快被任命为公司的新任首席执行官。

特罗斯特想为ASML的新领导人铺上红地毯表示热烈欢迎，并希望他能马上上任。他和他的管理团队坚信塞加尔将在假期后开始上班。在1988年1月的第一天，一个欢迎委员会一直等待着。埃弗特·波拉克、约普·范凯塞尔和其他几个人在大厅里轮流等待，但即将上任的首席执行官并没有出现。

一个星期后，特罗斯特打电话问德尔·普拉多为什么塞加尔没来。ASM的首席执行官很忙，但表示新任首席执行官即将上任，所有的人都只知道这一点。最后，特罗斯特从英国拿到了一个电话号码，他多次打给塞加尔，但秘书一直说她的老板正在出差。后来特罗斯特着急了，他坚持说：这事非常紧急，她的老板

307

很快就要来荷兰工作了，特罗斯特想得到一个确切的上任日期。终于，特罗斯特与非常吃惊的塞加尔说上话了，这位英国人告诉他，他对半导体公司没感觉，他根本不打算加入 ASML。

特罗斯特气炸了，他从来没有遇到过如此疯狂的情况。他在电话里对德尔·普拉多和德·克鲁伊夫大喊大叫："我在这里究竟是干什么的？我一个人做了所有的事。"然后他说："首先，我要你任命我为首席执行官；第二，我想要一份合同。合同必须是官方授权的，所以我将有权签署文件。我受够了在这里被你们当傻瓜。"

几天后，特罗斯特收到一封来自威廉·德利乌的简短的任命信，信中任命特罗斯特为 ASML 的首席执行官。他会同意吗？这是一个一生中从未要求升职或加薪的人，一个在飞利浦工作时为光刻机业务倾尽全力的人，而他的同僚——S&I 的主管们却指责他的项目瞎花钱。1984 年他从 ASML 的首席执行官候选人里被剔除，而现在这个人终于开口，要求成为公司的领导者。而如果没有他的决心和毅力，公司也不会存在。

* * *

特罗斯特的行政助理菲亚·洛森被她的新老板与贾特·斯密特的不同所打动。斯密特没有时间做小事情，很少仔细检查每一个数字；而这位前飞利浦董事组织严密、注重细节。当特罗斯特不得不在他的详细日程表中重新安排会议时，他会仔细记录会议的来龙去脉。在取消预约的页面上，他也会添加预约的新日期并说明原因。

这不是他唯一的怪癖。当特罗斯特将名片交给别人时，他还送给他们 3 张他在飞利浦工作时的旧名片。洛森叫他"先生"时，他要求她不要这么叫。关于他的一切事项都有特定的做法。她也遇到了一个新的问题：她要打印他口述的信件和文件。"我的天呐，他太老派了。"她这样想。

特罗斯特带来了变革之风。斯密特花钱如流水，而新任首席执行官珍惜每一分钱，并研究每一个削减成本的可行之策。这包括 ASML 的费用津贴系统。公司员工每月都会收到固定的业务费用。这个数字不包括差旅费，这意味着这笔收入像额外的津贴而该公司不必付税。

特罗斯特不习惯这种安排。他同意年薪 11 万美元，最高费用津贴为 5,000 美元，这与斯密特 1984 年创立企业时的工资相同。但是，当他开始尝试削减公司开支时，他怎么也无法去掉那些固定的、合同约定的报销。甚至他自己的助手也打电话给法律部门的同事来抗议这一举动。特罗斯特意识到有些事情确实是他不能完成的，洛森也能感觉到这对他来说真的很难。

斯密特的风格是说"去把它搞定"，相比之下，特罗斯特在精神和文字上都遵循规则，并与员工一起核对每一个细节。洛森在她的新老板身上看到了一个战士的影子，一个日夜工作的带有飞利浦风格的人，他希望他周围的人也这样做。但即使是特罗斯特也有他的小缺点。他的名片上印有"Dr.（博士）"的字样，用来打动他们的美国客户。这是他在飞利浦养成的习惯。为了帮助 ASML 生存下来，特罗斯特必须让这家拥有 400 名员工的公司节省开支。他宣布了在 1987 年年底将采取的措施。他首先调低了生产计划，12 月初，生产经理范凯塞尔将这个消息传达给他的公司和供应商。1988 年，ASML 将生产总共 60 台机器，而不是 80 台机器。特罗斯特还告诉每个人，按 60 台的目标去展开工作，在美国凤凰城的办公室也必须服从。

一贫如洗

ASM的钱袋子已经空了。它不能再继续冒险，并且不得不撤资。

1988 年年初，ASM 的财务状况跌到谷底。在过去的 3 年中，它总共亏损了 6,400 万美元。维尔德霍芬的子公司 ASML 是阿瑟·德尔·普拉多的一个沉重的负担。在 1987 年 ASM 损失的 2,300 万美元中，ASML 是罪魁祸首，它损失了近 800 万美元。

显然，ASM 再也无法继续光刻机的冒险了。德尔·普拉多寻找共同投资者但至今仍没有结果，就连荷兰政府的私人股权基金——专门为这种高风险的大型技术项目提供资金而成立的基金，也拒绝签约。德尔·普拉多这么多年来一直公开批评该机构的政策，有传言说，他因此而失去了自己所有的信用。ASM 的首席执行官前往日本寻找解决办法，但没有人对此感兴趣。

德尔·普拉多的回旋余地正在缩小。与他本来的风格完全相反，在银行的最后通牒下来时，他必须找一个可靠的首席财务官加入管理团队。他联系了安德烈·范里（André van Rhee），范里是一位企业资深人士，过去 15 年来一直在成像设备制造商 Oldelft 担任财务职务。

但 ASM 并不是唯一的摇摇欲坠的公司，ASML 的亏损对飞利浦来说也是一场灾难。这家大型电子公司对合作伙伴的退出不感兴趣。飞利浦当初选择合资企业结构，就是为了将光刻机业务分离。当该公司的银行 NMB 认为事情变得过于危险时，它要求飞利浦作为 ASML 的担保人，才能提供另外 2,500 万美元的贷款。因此 Elcoma 签订了一份合同，保证在未来几年内它将从 ASML 购买 75 台光刻机。

* * *

当范里于 1987 年加入 ASM 担任首席财务官时，该公司已经"烧钱"多年了。但即使在那个困难的时刻，德尔·普拉多的乐观情绪仍是不能动摇的。这位首席执行官不断谈论他的愿景：一家能够供应整个芯片行业所有设备的公司。范里很快就意识到 ASML 是德尔·普拉多的梦想项目。

这些年对德尔·普拉多来说也是灾难性的：1986 年，他失去了他的妻子。但是，这位精力充沛的企业家坚毅得像没有事情发生一样。范里对这位老板的远见和耐力感到非常震惊。

在经济衰退期间，在范里来到 ASM 的一年前，该公司与波士顿的 4 位技术企业家创建了另一家合资企业——ASM 离子注入公司（ASM Ion Implant）。德尔·普拉多虽然手头很紧，但他还是腾出了资金。现在，测试设备是 ASM 唯一没有涉足的领域。同年，德尔·普拉多试图说服飞利浦收购 GCA。同时，他还积极进行他的日本冒险。1987 年，他在日本长冈建立了一家工厂，一年后，ASM 在东京多摩开设了新的总部。

与此同时，在比尔特霍芬，芯片光刻机实验室已经开始建设。ASM 的首席执行官不断向范里保证事情会进展顺利。他一再表示，在半导体行业，出现低迷时期是完全正常的。芯片市场会自然波动，他相信危机将很快结束。

但与人们的预期不同的是，经济衰退仍在持续。随后，1987 年 10 月 19 日，全球金融市场再次遭受巨大打击。这一天将是历史上的黑色星期一，这一打击将进一步减缓芯片市场复苏的步伐。当时，德尔·普拉多正在谈判出售 ASM Fico，这是一家专门生产芯片封装机的子公司，但股市危机彻底抹去了这笔交易的可能性。

1988 年年初，德尔·普拉多已经无计可施。他必须换上一种他不熟悉的作风：只有卖掉公司的部分产品线，才能维持公司运转。这一年是忙碌的一年，后端部门 ASM 太平洋科技公司在香港证券交易所上市。

1988 年，一切有价值的东西都出现在比尔特霍芬要被砍掉的产品线上。最后，Varian 收购了 ASM Ion Implant 公司，该子公司是两年前成立的。ASM 的管理层甚至对 ASML 的命运进行了辩论。至少公司目前还不想撤资。首先，德利乌的任务是写一份商业计划书，试图在最后一搏中去拉一些大投资者。

德利乌起草了一份公司简介。这时，ASML 有 380 名员工，其中 70 名在凤凰城。到了裁员的时候了。德利乌强调，包括新投资者在内，没有人会把市场拱手相让。近年来，半导体行业一直很艰难，由于光刻机是一项战略投资，所以客户会花更长的时间精挑细选。"一年或一年以上的评估期也不稀奇。"他写道。

此时，ASML 拥有两个版本的 PAS 2500。"然而，在这个要求很高、对性能敏感的市场中，需要改进新功能并持续开发新版本。"简介里指出。此时 ASML 还需要 3,800 万美元的资本注入才能继续保持活力，直到它在 1990 年首次盈利。"目前的股东将无法提供这些款项。"德利乌写道，并指出迄今为止，ASM 和飞利浦在 ASML 投资了 6,500 多万美元。飞利浦另外还借给 ASML 1,200 万美元。

* * *

1988 年春天，ASML 用光了信用额度 2,500 万美元，这使 ASML 在本月月底可能无力支付下一轮工资。负责飞利浦国内财务的贾普·古吉尔（Jaap Gooijer）要求韦尔登肖特承担责任。当这位 ASML 的首席财务官把他华丽的老式捷豹车开到飞利浦在足球场对面的停车场时，他感觉每个人都在盯着他看。

古吉尔用响亮的声音问："那么，ASML 的情况如何？"ASML 的首席财务官给出了简短的回答："不好。我们需要支付工资，但我们没有钱。"古吉尔解释说："ASM 和飞利浦处于僵持阶段，德尔·普拉多不会增加投资，他没钱了。因此，我们也不会增加投资。就是这样。"

韦尔登肖特假装惊讶："你是认真的吗，贾普？"古吉尔仍不让步："我们绝对不会投入更多的资金，合作结束。告诉你的人，我们准备撤资。"韦尔登肖特抓了抓头，难道飞利浦确定只让负责财务的人做这个决定吗？

"听着，贾普，"他说，"我只是一个想做好本职工作的普通会计师。我不是股东，如果你要让 ASML 倒闭，你需要告诉每个人，而不只是我。"他还表示会为古吉尔的讲话做好一切准备："我会给你安排好一切。我们有一个大会议室，下午 5 点，我会召集大家。我会为你搭建一个临时的讲台，你可以登上讲台，告诉所有人飞利浦准备退出合资企业。"

古吉尔不安地挪了挪身体："不，不，我也只是一个普通的会计，在公司拿工资的，像你一样。"韦尔登肖特站起来，礼貌地道别，并重复了他的提议。"真是这样的话，那就没有必要为你安排了。"半小时后，他接到古吉尔的电话："发放薪水需要多少钱？""130 万美元。"韦尔登肖特告诉他。古吉尔重复了这个数字，表示第二天就会转钱过来。

这种情况持续了 3 个月。在那段时间，德尔·普拉多试图说服日本三井物产购买 ASML 的股份，但徒劳无功。ASM 已经是一贫如洗。一个月又一个月过去了，它仍没有资金流入，而飞利浦不断转现金过来支付工资。到 1988 年中期，德尔·普拉多已经别无选择。现金短缺持续增加。飞利浦不断投入资金，从而使公司得以生存。

*　*　*

ASM 不能再信守对飞利浦的承诺，这对德尔·普拉多来说是不得不忍受的苦事。在可预见的将来，也没有迹象表明情况会好转。他别无他法，如果他现在不采取行动，ASML 会拖垮其母公司。他要被迫和他的子公司说再见了。

现在飞利浦必须决定该怎么做。ASML 的命运掌握在这家跨国公司的执行董事会手中。令特罗斯特极为沮丧的是，他们没有邀请他参加这场关键会议。在那几年，飞利浦的运营状况糟糕，首席执行官科范德·科鲁特不得不卖掉公司的部分产品线，以维持其余部分的运营。几乎没有一个高管对继续光刻机的冒险感兴趣。

董事会成员格德·洛伦茨（Gerd Lorenz）设法扭转了局面。由于他慷慨激昂的恳求，公司于 1988 年 8 月决定让 ASML 继续生存下去。洛伦茨是德国人，进入飞利浦执行委员会才 1 年。他有着出色的业绩记录，包括飞利浦在汉堡的瓦尔沃的出色表现。

在 20 世纪 80 年代，美国和欧洲都经常对过于依赖亚洲的问题进行激烈的讨论。许多人认为放弃光刻机和对内存芯片生产等战略技术的控制是非常危险的，德国尤其坚持保持技术独立。洛伦茨也强烈主张掌握这种专业技术，他设法说服了他的同事。

最后，飞利浦承担 ASM 在合资企业中的股份和债务，没有任何其他的解决方案。这意味着德尔·普拉多 3,500 万美元的投资打了水漂（详情请见附录 11 中的最后声明）。

*　*　*

解散合资企业很容易，因为没什么要拆散的。ASM 和 ASML 本应在销售和

313

营销方面联合起来，但这一计划从未启动，合资企业的服务部门也完全独立。在最重要的市场——美国，母公司 ASM 和子公司 ASML 都在独立运作。

ASM 和飞利浦以一份相当简单的契约结束了他们的合作关系。如果 ASML 将进行 IPO 或出售，ASM 仍将受益。这是一份为期 5 年的协议，其中 ASM 在 IPO 或出售中所占的份额每年都会下降一点。实际上 ASML 最终花了 7 年时间才在 1995 年 3 月上市。ASML 保留继续使用 ASM 名称的权利 10 年，这使得 1997 年双方重新进行谈判。

ASM 离开后，飞利浦与 ASML 的银行 NMB 合作，帮助建立一个公司结构，以便继续接收来自荷兰和欧洲共同体的所有可用的政府赠款。飞利浦和 ASML 都在最大限度地利用这些资源来支持荷兰的技术研究。如果 ASML 完全归飞利浦所有，它将不能和飞利浦分别享有财政支持。

为了保证 ASML 作为独立公司存在，飞利浦子公司的发展路线的决定权不能完全由飞利浦掌握。因此，飞利浦成立了一个组织，由 NMB 银行取代 ASM，飞利浦正式放弃其控股权。这一切都是与荷兰经济事务部密切协商后决定的。

有希望的客户

美国的美光科技和中国台湾的台积电对ASML的生存起着至关重要的
作用。

在 20 世纪 80 年代末，一家好奇的美国芯片制造商引起了 ASML 的注意。
这家制造商就是美光科技（以下简称 Micron），一家不遵循硅谷逻辑的半导体
公司。Micron 不在旧金山湾区，而是位于爱达荷州博伊西附近的马铃薯种植地，
距离旧金山仅两个小时的飞行时间。Micron 的战略也与加利福尼亚州的芯片公
司的战略有很大的不同，该公司专门生产动态随机存取存储器（DRAM）。到 20
世纪 80 年代末，大多数美国公司已经把 DRAM 领域让给日本人了。1985 年，
美国有 7 家半导体制造商放弃生产 DRAM，日本人现在几乎控制了整个市场。
但 Micron 不顾亏损，坚持制造 DRAM。

双胞胎兄弟乔·帕金森（Joe Parkson）和沃德·帕金森（Ward Parkinson）
在 1978 年成立 Micron，作为一家工程公司为其他公司设计定制芯片。1980 年，
他们开发出自己的产品——64Kbit DRAM。当时，摩托罗拉和 IBM 是市场的主
要参与者，但帕金森的公司设法创造了一个更小、更便宜的设计。更小的芯片意
味着对昂贵的晶圆的需求更少，同时产量更高。如果兄弟俩能够成功制造出这种
新的 DRAM，他们将成为赢家。

帕金森兄弟开始寻找投资者，这样他们就能建造一个 DRAM 工厂。他们遇
到了杰克·辛普洛特（Jack Simplot），一个依靠马铃薯产业发家致富的人。辛普
洛特向 Micron 投资 100 万美元，以换取 40% 的股份。这笔交易将使他成为亿万
富翁。

* * *

1987 年年初，Micron 还不在 ASML 美国目标客户的清单上。但随着一年

的进展，情况发生了变化，ASML 在美国的销售团队开始与 DRAM 制造商联系。而 Micron 正在寻找生产技术来使他们能够在未来几年进一步缩小芯片尺寸，ASML 这家荷兰公司刚好有一台有吸引力的光刻机。

这是因为 1987 年 ASML 为其 PAS 2500 配备了新 i 线镜头，这使得光刻线条的宽度比 1 微米还小。ASML 向飞利浦发送了原型机，飞利浦希望在其 Megachip 项目中使用 i 线光刻机。Micron 也很快发出订单，当时，该公司正在大量生产 256kbit 内存芯片。1988 年 1 月，Micron 完成了对 PAS 2500/40 的首次验收测试，在随后的 4 个月内，该公司曝光了 1,000 多片晶圆。

1988 年 5 月，弗里茨·范霍特来博伊西讨论进展，他了解到 Micron 是如何做事的。约翰·艾顿（John Aiton）给他展示了这家 DRAM 制造商不仅能生产更小的芯片，而且它只需要 7 次曝光就能制造出内存芯片。这为公司节省了大量成本，因为其日本竞争对手的曝光次数要比他们多一倍。

Micron 购买了 ASML 的 i 线机器，大幅缩小了原 1.2 微米的芯片。使用 PAS 2500/40 进行首次测试后，艾顿持乐观态度。他认为公司将能够用这台机器制造三代或四代内存芯片。Micron 目前正在准备用 PAS 2500 制造 4Mb DRAM，这需要 0.7 微米的线宽。"我们希望您的系统能让我们将线宽降低到 0.5 微米，"艾顿说，"这将使 16Mb DRAM 触手可及。我们已经制造出了线宽那么小的芯片。"

艾顿告诉范霍特，Micron 的测试显示，PAS 2500 的传送带产生的灰尘过多，是装配机器人的 10 倍。灰尘已经弥漫整个工厂。因此，Micron 敦促其所有供应商改用机器人进行晶圆操作。

但艾顿也对机器赞不绝口。无论化学处理的过程是怎样的，他们在各道工序反复曝光晶圆都不会降低 ASML 机器的对准精度，这与 Micron 过去用其他供货商的设备的情况大不相同。PAS 2500 也经历了一次带有传奇色彩的停电：整个工厂的温度上升，从而中断了生产，但供电一恢复，Micron 居然可在不到 4 个小时的时间内恢复生产。他们甚至不必调整 ASML 的步进光刻机上的仪表参数。

在 ASML 吸引芯片制造商中国台湾的台积电成为其客户后，该公司又与中国台湾的汉民公司合作。这标志着 ASML 最成功的市场渗透战略的开始。与 ASML 在美国的做法不同，这位合作伙伴选择在中国台湾建立一个本地销售和服务机构，为台积电等客户提供支持。在照片中，维姆·特罗斯特与汉民公司的阿奇·王（Archie Wang）签署了合作协议。

* * *

虽然 PAS 2500 比竞争对手的产品更出色，但它仍然存在问题。这并不全是 ASML 工程师的过错，芯片制造商需要调整机器以匹配自己的特定生产工艺。在 Micron，这些调整也产生了问题。当艾顿仍然不满意时，ASML 会采取一个措施，但这可能会对客户的生产方式产生持久的影响。在与 Micron 协商后，ASML 决定在博伊西派驻一组服务人员。他们将寻找问题的根源，而不是互相指责，他们将作为一个团队解决所有问题，目标是使 PAS 2500 满足 ASML 承诺的所有规格，即提高每天的平均晶圆产量和缩短机器的最大停机时间。

这家荷兰公司还附加了一个条件：如果机器的性能得到改善，它将分享利润。在随后的几年里，Micron 稳步增长，ASML 也将从这一成功中获益。

* * *

20 世纪 80 年代末，又出现了一个对 ASML 至关重要的新客户：积体电路制造公司（简称台积电或 TSMC）。台积电是一家代工公司，一家不自行设计芯片的芯片公司，它只是为他人生产芯片。

1987 年台积电成立时，飞利浦以芯片技术换取其 27.5% 的股份并获得了 5,800 万美元。飞利浦举办了培训课程，并分享建造和运营芯片厂所需的专业知识。在之后的几年里，飞利浦让中国台湾的工程师观察 Megachip 项目的发展情况。由于制造工艺相同，飞利浦可以按照现有工艺将现有的芯片生产线转移到台湾。这使得台积电在芯片生产中使用相同设备成为一个自然而然的选择。

对于 ASML 来说，这个垫脚石似乎唾手可得，但事情并没有那么简单。台积电相信 PAS 2500 有 i 线技术优势，但他们仍然可以自由做出自己的采购决定。ASML 与飞利浦的关系似乎反而不利于它。台积电也算是飞利浦的子公司，它充分利用了这个优势从而使得谈判很艰难，台湾方面提出了很多要求。

维姆·特罗斯特知道这笔交易至关重要，考虑到时差，所以他每时每刻都要能被联系到。令他妻子恼火的是，他们在巴厘岛度假看舞蹈表演时台积电都会来电话找他。

在台积电，ASML 遇到一种典型的亚洲态度：客户拒绝为服务支付费用。这对荷兰人来说是一个文化冲击，因为美国设备制造行业习惯于签订服务合同。相比之下，在亚洲，购买价格为 7 位数的机器的公司要求获得多年的免费服务，这就是谈判如此困难的原因。对于 ASML 的工程师来说，这像一桶冷水浇在头上：一位不想为他们的服务而付费的客户。

这两家公司通电话的时间很长，而且经常是在深夜。最后，台积电向 ASML 发送了一份两个拳头厚的合约。但特罗斯特并没有被吓住，他与财务总监西奥·巴特莱伊（Theo Bartraij）商量每人审阅一半的文件。巴特莱伊经常工作到深夜，但他无法做到通宵工作。第二天早上，他发现他的上司的精力是多么旺盛：特罗斯特将他的那一半文件从 A 到 Z 进行了编号，并将其仔细编辑，一个逗号都没放过。

　　1988 年年底，台积电刚完成机器安装工作就发来传真：他们需要 17 台新机器，因为他们的工厂被烧了。这对 ASML 来说就是一场及时雨，该订单在关键日期提供了至关重要的财务方面的喘息空间。台积电将所有步进光刻机从工厂送回维尔德霍芬。超净室挤满了半组装的 PAS 2500 和从台湾送回的机器。在送回的步进光刻机中，有几台只受到了很小的烟雾损害。很多机器很容易被修好。1989 年，台积电的保险公司——最后真正掏钱的金主，成了 ASML 当年最大的客户。

尼康的阿喀琉斯之踵

理查德·乔治从美国调回并推动了ASML的进步：公司需要新一代的
步进光刻机。它可以快速适应未来5年的技术发展。

1986 年，贾特·斯密特把不愿离开的理查德·乔治调到了 ASML 的亚利桑那办事处。在外派期间，这位前 PAS 2500 项目经理在整整两年间每周都会从凤凰城飞往客户那里。他艰难地学习产品营销：客户带他参观晶圆厂，工厂里尼康新的步进光刻机正在生产芯片，此外还有来自 GCA、Perkin-Elmer 和优特的旧设备。尼康明显是光刻机销售冠军，在日本的市场份额为 75%，在韩国、中国和美国的市场份额都有 50%。其装机量大，机器可靠性高。尼康光刻机可平均连续运行 16 天。这家公司每年销售近 400 台光刻机。晶圆厂经理满意地将手指指向尼康机器，并询问乔治 ASML 是否有击败这种技术的实力，他们笑着觉得不太可能。乔治自己想，这肯定不是 PAS 2500 能做到的吧。

与美国芯片制造商的深入交谈让乔治明白了客户的需求。无一例外，他们非常渴望听到他对技术的看法，那些将有助于工厂降低成本、提高利润的技术。汞灯的 i 线光刻机刚刚交付，但每个人都已经期待从氟化氪准分子激光器（KrF）发出的深紫外线（DUV）可以曝光更小的细节。每个芯片制造商都渴望提高生产速度：用芯片制造术语表示就是"吞吐量"。这可以通过更大的曝光场和更快的机器来实现。整个行业也不得不开始从 6 英寸晶圆到 8 英寸晶圆的转换：这将需要大量的投资，但好处是可极大地降低成本。像这样的话题总是热点。

* * *

乔治刚从美国回来，就入住了米尔洛的德布鲁格酒店，这里还住有斯特夫·维特科克、马丁·范登布林克和他们的妻子。他们在周五晚上坐下来吃晚饭之前，一直在谈论光刻机。GCA 刚刚引入了 DUV 步进光刻机，问题是 ASML

应该如何应对。他们应该研发具有更大数值孔径的 PAS 2500 的后续型号,还是应该设计一个全新的架构?客户已经在大声疾呼,希望系统能够处理更大的晶圆。晚餐的主角变成了 365 纳米 i 线、248 纳米 DUV 和 8 英寸晶圆,聚餐的妻子们都已经习惯了。

整整两天,男人们都在讨论技术。他们如何保持高速度的发展呢?新的镜头将接二连三地出现。尼康的长处和短处是什么?乔治说,ASML 的机器肯定需要提高速度,并支持掩模和晶圆的顺利抓取与交换。这将需要先进的控制系统。此外,他们的步进光刻机需要与工厂中的其他机器进行通信。乔治告诉了其他人尼康的致命弱点,这家日本公司的服务机构反应迟缓,他听到几个客户抱怨这一点。"这让我吃惊,"他告诉维特科克和范登布林克,"服务可是他们战胜 GCA 的原因呀。"乔治还认为尼康推出 i 线镜头的时间比较晚也是一个弱点。"但他们很快就会推出一个 i 线镜头,从纸上的规格看比我们的镜头更好,"他说,"尼康还计划为机器配备先进的 8 英寸晶圆操作机器人。"

他们也不该低估佳能。这位日本光学专家在 1983 年年底才推出步进光刻机,此时尼康已经在日本市场击败了 GCA。佳能目前拥有的 20% 的市场份额,其中欧洲市场占一半,在世界上其他地区是 10% ~ 15%。"佳能在价格上有竞争力,"乔治说,"但他们的光学元件是非常好的。整个行业都在谈论他们的 g 线镜头和它异常大的曝光场。"

佳能的 28 毫米见方的大光场会降低其分辨率,但它可以让晶圆厂制造出更大的芯片。乔治认为,DRAM 和 ASIC 制造商都对此非常感兴趣。"如今每个人都希望曝光更大的图像。"乔治估计,佳能还没有 i 线镜头,但其 DUV 技术的延迟意味着这家日本公司将很快推出 i 线机器。

他们对其余的美国厂商的恐惧则变少了。GCA 和优特现在是 General Signal 的子公司。GCA 的主要优势是其特罗佩尔光学部门。美国国防部还在支持 GCA 开发 DUV 步进光刻机。"GCA 仍然拥有最大的客户群,"乔治说,"但他们的技术远远不如我们和日本。"

很明显,ASML 的步进光刻机需要彻底改造,研发竞赛意味着他们需要一种易于改进的新机器架构。镜头和组件系统需要可以快速更换,他们需要灵活的设计,可以持续至少 5 年,即使需求每年都在变化。机器必须能够成像 8 英寸的晶圆,因为这是未来的发展方向。光源首先得是 i 线,然后是激光。乔治、维特科克和范登布林克意识到，过去几年来，他们追求新技术的步子迈得太大了。ASML 发展 i 线波长的速度太快了，但由于芯片制造商坚持短波长 g 线的时间比预期长，所以 i 线多年来一直是一个利基市场。他们不想再犯这种错误了。

两家日本公司的营销声明表明，佳能和尼康计划跳过 i 线，直接从 g 线跳到 248 纳米的激光。但乔治、维特科克和范登布林克看到市场对 i 线机器的需求渐涨。他们确信，一旦该波长成为标准，芯片制造商将比预期的使用时间更长。

在接下来的几个月里，乔治整理了思绪，把这一切都写下来了。他将两年来与潜在客户的讨论以及两位技术伙伴的意见编入一份文件中，该文件催生了 ASML 首台真正对市场造成冲击的步进光刻机——PAS 5500。

* * *

乔治的经验以及之后的深入讨论催生了一个产品规划团队：一支由 ASML 员工组成的精英团队，他们决定着公司的产品发展战略。只有最好的专家才能加入这个团队，他们每三个月开一次会，决定其光刻机的规格。他们不仅考虑客户的需求，还考虑光刻机是否可管控且技术上是否可行。

产品规划会议建立了声誉。在规划会议上并没有长幼之分，其成员可以毫不留情地相互盘问。争吵都是口头上的，不过范登布林克经常用拳头敲打桌子来增加他说话的分量。乔治和销售总监道格·马什则在最后期限、定价以及 ASML 能否兑现承诺上发生冲突。对于不了解实情的旁观者来说，这群人常常看起来像是街头斗士，互相扯着喉咙喊，但在激烈的会议之后，气氛总是融洽的：他们一起喝啤酒，他们是亲密无间的朋友。新加入这个小组的人需要一段时间才能明白，这些攻击从来都是对事不对人的。

几年后，蔡司的工程师也开始参加这些季度会议。他们花了一段时间才习惯了这种极其粗鲁的荷兰式坦率。当赫尔曼·格林格（Hermann Gerlinger）在 20 世纪 90 年代首次参加时，他惊奇地看着范登布林克和他的同事们推拉扭打在一起，有时格林格的亲密同事温弗里德·凯撒和范登布林克互相大喊大叫。这到底是怎么回事？格林格在想，他们到底在干什么？

这是格林格第一次接触 ASML 的文化。会后，他问凯撒，在范登布林克遇到攻击后，他如何保持冷静。凯撒笑了笑，"马丁只和他尊重的人打架，"他解释道，"当然，他总是在攻击，但你会知道，他从来不是针对个人的。他只是碰上了问题，他在努力确保产品问题得到解决，他的风格非常有特点。赫尔曼，你还有很多要学习。"

产品规划会议通常会讨论并做出最佳选择。在20世纪90年代，德国人逐渐适应了ASML的文化，逐渐领略到公司开放的沟通风格。季度会议将成为连接ASML和蔡司的黏合剂，并为团队精神和成功合作奠定基础。

现金流变正

ASML的收入首次超过其支出。在欢庆声中，迪克·奥雷里奥（Dick Aurelio）建议公司上市，但维姆·特罗斯特心有疑虑。

1989 年夏初，在维尔德霍芬，所有的人都松了一口气。ASML 的收入首次超过其支出，此时前母公司 ASM 撤资已有一年。飞利浦处于悬崖边缘，但其子公司再次燃起制订新计划的雄心。整个管理团队将前往位于南部城镇索恩的拉维尔布兰奇酒店举行外出静思会，以制定未来 5 年的战略。

讨论的结果是一份具有再造思维的商业计划书。"ASML 已成立 5 周年，我们也跨越了负现金流、负利润和取得巨大市场份额的重要障碍。"该文件中的语气充满自豪。

态度如此乐观，以至于该计划甚至提议在 1991 年公开发行股票。这是客户投资的机会，同时也可以降低飞利浦的所有权占比。ASML 计划将筹集的资金主要用于其新一代机器的研发。

上市的建议是迪克·奥雷里奥提出的，他是 ASML 负责商业运营的高级副总裁，他来自 Picker 国际，一家专门从事制造医疗诊断设备的公司。贾特·斯密特在离开之前，在阿瑟·德尔·普拉多的授意下雇用了这位美国人。奥雷里奥为公司的服务、销售和营销部门提供指导，他的工作地点在美国，但经常来荷兰出差。

奥雷里奥知道该如何向客户销售复杂的机器，他很有说服力，是个天生的有野心的推销员。他喜欢奢侈的生活，喜欢挥霍，总是梳着整齐的头发，穿着剪裁得体的西装和意大利设计师设计的鞋。他很渴望成功，希望快速达到目的：这就是他喜欢的。当斯密特的继任者迟迟没有出现，维姆·特罗斯特暂时填补了空缺时，刚到公司只有几个月的奥雷里奥便大胆地公开申请空缺的首席执行官职位。

在 1988 年经济衰退之时，奥雷里奥和道格·马什帮助 ASML 敲开了 Micron 和国家半导体等大公司的大门。他还负责一项工作，即接近美国巨头 IBM、英特尔和摩托罗拉。但是在 1988 年年初，监事会认为他不是能让 ASML 继续生存下去的合适人选，而把工作交给了特罗斯特。

Elcoma 的威廉·马里斯（中间）在维姆·特罗斯特和迪克·奥雷里奥（分别位于马里斯左右）面前签署了购买 75 台光刻机的合同。ASML 和 Elcoma 发布的联合新闻稿里却没有这张照片。

特罗斯特对奥雷里奥的野心表示怀疑，他对这个男人的华丽的生活方式没有多大好感。这个美国人一直建议他们上市，但他的经验与特罗斯特求稳的飞利浦作风不太相符。特罗斯特在讨论中说："我们甚至没有能力去打倒一根羽毛。我们首先要确保能够交付机器，并在市场上引起轰动。"

特罗斯特对他的管理团队没有实施过多的控制，对研发部门也没有实施任何控制。整个公司就像一列自动向前行驶的火车。5 年后，ASML 已发展成为一个在开发、物流、销售和营销方面充满热情的组织。

当奥雷里奥在索恩的会议上再次提到上市时，特罗斯特虽然不喜欢这个主意，但他没有争论。这位首席执行官改变了他在飞利浦当经理时的被动思维。如果奥雷里奥在 1991 年夏天将首次公开募股（IPO）添加到商业计划中，他就能接受它。特罗斯特知道芯片市场动荡多变，纸上的计划是需要耐心来变成现实的。他希望公司里有一些安宁，一开始就争论是没有意义的，以后有足够的时间来纠正事情。

1989年夏天，管理团队有几个理由畅想一个光明的未来。1988年和1989年，芯片市场终于再次增长，ASML感受到了市场的推动作用。其商业计划表示，公司现在拥有15%的全球光刻机市场。在这一点上管理团队有点不自信，因为有点运气的成分：台积电遭遇的大火使ASML在1989年的销售量增加了17台，这正是它扭亏为盈的关键推动因素。

事实上，ASML的市场地位并不稳固。该公司在光刻机市场仍然不算是一线的参与者，与日本竞争对手相比，PAS 2500不够独特。此外，ASML的财务状况也很糟糕。订单显示，ASML在1989年的收入和利润虽然翻了一番，利润达到700万～900万美元，但事实上ASML的地位仍然不稳。此外，它还欠飞利浦大笔债务。

维姆·特罗斯特，2016年

芯片市场不断成熟，整合、专业化和积极的投资成了主要参与者的顶级联赛。1989年，30家半导体公司占全球芯片设备采购总量的80%，这使得吸引最重要客户的注意力变得越来越困难，尤其是对于生产设备和提供技术支持的小型供应商来说。

这并没有影响ASML的情绪。奥雷里奥乐观地预测公司的销售量将会呈线性增长。他预计当年将出售80台机器，这一数据在1990年将保持不变。在随后的3年中，他希望销售量分别能达到90台、120台和145台。

作为一名推销员，奥雷里奥已经建立了极大的信誉。他可以证明他为ASML拉来了一些大客户合作。国家半导体和SGS汤普森（译注：后来的意法半导体）现在都从ASML购买机器，Micron和IDT等公司的订单量也在增长。ASML已经让潜在客户了解了其PAS 5500的制造计划，IBM、英特尔、摩托罗拉和西门子等巨头也表示，他们愿意帮助ASML开发这种新机器。"根据我们发展计划的优势，几个主要客户都愿意承诺签订合作协议来研发该产品。"商业计划中写道。

此外，荷兰经济事务部和欧洲共同体的ESPRIT项目已经批准了1,650万美元的赠款，这些资金都将用于开发PAS 5500。ASML估计，这些资金约为其总研发成本的60%。

* * *

事实上，公司1989年的整体战略是围绕PAS 5500展开的。其商业计划明确地指出，ASML的未来取决于这台机器："我们5年战略计划的基石是我们下一代产品的最终完成和成功运行。很明显，这台机器的研发至关重要。我们正在进入下一个重要增长时期，我们的大多数竞争对手都未能成功推出一款具有竞争力并帮助其赢得市场份额的下一代产品。"

计划中提到的失败的竞争对手包括GCA、ASET和Perkin-Elmer公司生产步进光刻机的子公司Censor。GCA目前在政府的支持下苟延残喘，因为美国不想失去其战略芯片光刻技术。而真正的竞争对手在亚洲，尼康以压倒性优势统治着全球步进光刻机市场，它在欧洲、韩国和美国都处于领先地位；在日本，尼康与佳能几乎占据了所有的市场份额。

但当时最大的机遇在环太平洋地区。得益于当地政府的支持，韩国等地的新公司正在快速崛起。ASML 希望将它们作为最终进攻日本的跳板。关于 ASML 将要对佳能和尼康发动的战争，ASML 的商业计划表示，公司将"最终通过卓越的产品性能和服务来攻入日本的国内市场"。

PAS 5500 必须成为 16Mb 和 64Mb DRAM 内存芯片的主力生产设备。当时，1Mb DRAM 正在量产，4Mb DRAM 正在试生产中。在 20 世纪 80 年代末期，这类内存芯片是驱动半导体市场发展的引擎，是技术发展的动力。第一家安装新芯片生产设备的公司可以通过生产更大的存储器来获得更高的利润，或者通过缩小旧芯片来大幅降低成本。

DRAM 在芯片市场中所占份额很大，在 20 世纪 80 年代末，分析师们甚至认为 DRAM 将很快占全球半导体收入的 2/3。这就是 ASML 将重点放在 DRAM 生产设备——PAS 5500 上的原因。但事实并非完全如此：该公司也瞄准了美国市场，而美国主要生产 ASIC 和微处理器。但是，如果 ASML 能够满足 DRAM 制造商的需求，那么美国客户也将注意到他们。

* * *

在那几年的产品政策讨论中，ASML 的顶级工程师们很高兴地确定他们走上了正轨。多亏了飞利浦和西门子的 Megachip 项目，他们才得以提前登上 i 线列车。该波长的光刻技术现已在全球发展为占主导地位的芯片生产技术。

佳能和尼康则犯了个策略错误，他们的计划是跳过 i 线，从 g 线直接跳到深紫外线（DUV），但他们碰到了技术问题。事实证明，DUV 非常复杂，日本的机器无法通过研发阶段的测试。DUV 的研发需要大量的占地面积，对准晶圆是件棘手的事情。对于芯片制造商来说，DUV 仍然非常不可靠。此外，甚至没有适合 248 纳米 DUV 的光刻胶。最后，佳能和尼康只能被迫考虑 i 线。

ASML 在 1988 年经历了如此艰难的时期，以至于它没能力大力投资 DUV 机器。现在，产品政策组决定在 1991 年推出全新的 PAS 5500 之前，通过发布带有高分辨率 i 线镜头的过渡性机器 PAS 5000 来稳固公司的地位。

即便如此，1989 年 8 月，ASML 在《半导体国际》关于 DUV 的封面故事中仍扮演了主角。在这篇文章中，这家荷兰公司说，PAS 5000 配备了 DUV 镜头和 KrF 激光器。这项工作是由一个欧洲研发项目资助的，因为斯特夫·维特科克一年前设法从欧洲共同体获得资金。

ASML 的管理团队齐聚凤凰城。从左到右站着：安德斯·雅各布森（Anders Jacobsen）、埃弗特·波拉克、尼科·赫尔曼斯、道格·马什、乔普·范凯塞尔；从左到右坐着：杰拉德·韦尔登肖特、维姆·特罗斯特、迪克·奥雷里奥、斯特夫·维特科克。

在《半导体国际》一文中，维特科克借机发布了一个重要的信息。他认为，当前的市场仍可以继续维持下去，i 线步进光刻机的进展仍然可观："我们预测在一个相对长的时期内，i 线步进光刻机将继续发挥作用。"这位 ASML 的执行科学家确信 i 线步进光刻机的分辨率将低于 0.5 微米。16Mb DRAM 这一代产品，甚至收缩尺寸的后续版本，将主要由 i 线步进光刻机生产。即使是第一代 64Mb DRAM 也可以使用 i 线步进光刻机生产。

*   *   *

特罗斯特的计划任期很短。他的主要任务是通过指导管理团队来保持 ASML 的发展方向。他签了 18 个月任期的聘用合同，希望在那之后能收拾东西走人。

奥雷里奥毫不掩饰自己渴望成为首席执行官的愿望，特罗斯特在与销售和营销人员的谈话中多次听到这一点。1989 年年底，这个美国人的声誉良好。他的团队成员肯·皮恩和道格·马什几乎认识所有美国客户的经理。如果没有这个销售、营销和服务团队，ASML 迟早会失败。

但特罗斯特担心美国人会在公司营造一种等级文化。奥雷里奥与工作委员会没有密切的关系，而特罗斯特则认为与员工组织保持良好的工作关系至关重要；这位销售员还经常表示，ASML 将在美国，尤其是硅谷，更加充分地发挥其潜力。特罗斯特认为这是一种威胁，他并不认为美国的研发非常出色，也不希望整个公司都搬到美国。奥雷里奥经常建议：最重要的市场是美国，ASML 需要靠近客户，这样才能更近地管理服务工作，而且美国有很多供应商，镜头都可以在美国买。

飞利浦最终没有将 ASML 的最高职位交给奥雷里奥，飞利浦从自己的公司选择了一名经理来领导这家设备制造商。同样，奥雷里奥也做了自己的选择，他在一年多后离开了 ASML，去经营 Varian 公司。

开启加速模式

埃弗特·波拉克低估了光刻机市场的增长速度,这使他受到了严厉的批评,并使他的工程师们背上了一项艰巨的任务。

1988 年,理查德·乔治为一台全新的机器绘制了第一幅蓝图。这是他根据两年来与美国芯片制造商的交谈,以及与马丁·范登布林克和斯特夫·维特科克的深入交流而描绘的。他描绘了一台全新的光刻机,在未来至少 5 年内都可以吸收芯片行业的每一项创新技术。ASML 已将 i 线成像精度控制在 1 微米以下,但其目标是生产出能够生产 0.25 微米芯片的机器。

现在,乔治已经把框架写在纸上了,他们需要补充详细信息,并选择机器架构的基础。最主要的要求是,ASML 能够快速调整并适应每一项新技术的发展。

* * *

ASML 的高管们仍然认为范登布林克和弗里茨·范霍特在领导这个庞大的项目方面缺乏经验,这意味着公司迫切需要聘请一位高级项目经理。与此同时,范登布林克和范霍特正在尽力确保项目正常推进。但客户也评论说,这两个家伙似乎太年轻了。类似这样的声音经常传到特罗斯特的耳朵里。公司真的需要研究城市供暖和低温物理的两个毛头小子吗?

特罗斯特很担心这两个人不能处理这个大型项目,但其他申请者一再退出竞选。他们中的一些人尝试了一下,但几周后就退出了,这个项目确实太复杂了。由于缺乏更好的人选,管理层别无选择,只能让这两人负责该项目。范霍特是项目经理,系统工程师范登布林克则是他的得力帮手。

1989 年 5 月,PAS 5500 的开发快速推进。在圣马特奥的 SEMICON West 展

会上显示的 8 英寸晶圆趋势，使得芯片制造商对这台新机器的呼声高涨。市场调查公司 Dataquest 的分析师称，NEC 和另外两家日本制造商已经开始了试生产。市场研究人员预计，在未来几年，所有主要芯片制造商都将改用 8 英寸晶圆。日本的 10 多家公司以及美国的 IBM、英特尔、摩托罗拉和德州仪器正在准备转型。此时，迪克·奥雷里奥已经领导 ASML 的美国销售团队超过 6 个月。在摩托罗拉，他发现了客户对 8 英寸的步进光刻机有极大的兴趣，但他还没有产品可以提供。鉴于高昂的开发成本和较低的预测销售量，ASML 甚至还没有开始研发 8 英寸的机器。在圣马特奥，奥雷里奥因为没有任何 8 英寸的机器可卖而向埃弗特·波拉克大声疾呼，ASML 将为此后悔很多年。

在 SEMICON West 展会上与他人的交谈中，奥雷里奥得出结论：PAS 2500 的销售量堪忧，ASML 的形象仍然不佳。Dataquest 将这家荷兰光刻公司排在第四位，在全球市场份额排名中位列倒数第二，市场份额仅为 6%，次于尼康（53%）、佳能（18%）和 GCA（10%）。如果 ASML 想要得到芯片制造商的重视，它将不得不提出一个替代方案。对波拉克来说，SEMICON West 展会是一个警钟。奥雷里奥对荷兰的工程师没什么好话，他感觉他们已经与市场脱节了。波拉克打电话给范登布林克："马丁，我们必须在 2 年内把 PAS 5500 准备好。"波拉克的时间期限是不现实的，ASML 又回到了起点，面临着与 1984 年同样的挑战：在创纪录的时间内从零开始制造一台全新的机器。

* * *

由于需要处理客户关于 PAS 2500 的所有要求和投诉，ASML 实际上没有时间开发新机器。

但是 ASML 别无选择，因此，范登布林克开始着手，以乔治在过去几个月里在纸上描绘的 PAS 5500 的蓝图为指导。范登布林克扮演架构师的角色，开始设计新一代机器。这是一项艰巨的任务，几乎没有任何人可以帮他。于是，他闭关了 3 个月，按照所有的要求设计出一台具有革命性意义的机器。

当范登布林克寻求帮助时，一些工程师施以援手。这将成为他们一生中难忘的经历，尽管他们当时没有意识到这一点。为了解决所有问题，他们选择了相对来说无人打扰的地点：街对面的 Zwaga and Partners 会计公司的会议室。在那里，他们卷起袖子，用了不到 100 天的时间创建了 PAS 5500 的架构。

显然，它将是一台乐高那样的机器：一台模块化的机器，其组件系统可以很容易地组装在一起。可以肯定的是，这种灵活性在装配过程中非常有用，如果服务技术人员能够快速关闭镜头、光源或其他模块，它将为晶圆厂节省大量资金。这台"乐高机器"还可以通过更换系统组件来升级系统，这意味着半导体制造商可以通过更换镜头来实现更高的分辨率，这样他们就不必购买一台全新的机器了。

起初，工程师要做的不仅仅是机器的物理设计，他们还必须选择特定的技术，然后再扩展物理设计。如果机器架构从一开始就不可靠，那么以后每个人都会遇到麻烦，并且问题将持续多年。

晶圆台精度是一个不确定因素。当时，ASML 在其机器中使用带有直线电动机的 H 型晶圆台，但不清楚该机器还能在市场上存活多久。芯片制造商对对准精度的要求越来越高，没有人知道 H 型晶圆台能持续满足这些要求多久。

最大的问题是，他们是否应该尝试从现有的设计中找出更多可利用的东西。在 20 世纪 80 年代中期，Natlab 曾想出过一个更精确的替代方案。着眼于未来，该实验室在步进光刻机研究中正在使用 10 英寸晶圆的定位台（芯片行业当时还没有达到 8 英寸的标准）。选择使用 10 英寸晶圆似乎无法提高精度。为了解决这个问题，Natlab 的杰拉德·范恩格伦（Gerard van Engelen）想到了一种不易过时的长冲程、短冲程电机设计（参考附录 12）。现在最大的问题是 PAS 5500 的架构师是否应该采纳它。

除了 Natlab，ASML 一开始还与 CFT 合作。CFT 是飞利浦内部机械、机电一体化和电子工程师的乐园，他们的工作更贴近实际生产。Natlab 的研究和 CFT 的开发多年来一直存在良性竞争。1984 年在 CFT，范登布林克遇到了扬·范艾伊克（Jan van Eijk），两个人一样地固执，对工程充满热情。

范艾伊克是一位脚踏实地的理想主义者，他学习了高精度工程，然后在巴基斯坦和斯里兰卡完成了他加入联合国教科文组织的服役工作。1984 年，荷兰机械工程传奇人物维姆·范德霍克（Wim van der Hoek）请他来 CFT 工作，在 CFT 他遇到了范登布林克。在接下来的几年中，他们将共同完成一项神圣的使命——

完善 ASML 的光刻机。在 20 世纪 80 年代和 90 年代的大部分时间里，ASML 都是将其所有的系统开发和原型制作的工作外包给 CFT 和 Natlab，包括晶圆台。对于 PAS 5500，它需要更快、更精确，而且需要移动更长的距离才能跨过整个 8 英寸晶圆，这使得范恩格伦的实验性长冲程、短冲程电机成为可能，但范艾伊克认为，在熟悉的 H 型晶圆台的基础上开发仍然有很大的操作空间。范登布林克邀请两人在一次会议上各自阐述他们的观点。

问题是 ASML 是应该选择革新，还是应该像范艾伊克建议的那样逐步改善。如果选择逐步改善，机器很可能最终无法达到要求的套刻精度和分辨率。另一种选择是使用 Natlab 革命性的长冲程、短冲程发动机寻求突破。在这种情况下，他们在开发过程中会遇到许多未知的障碍。经验表明，在探索新事物的过程中总是有新的问题出现。如果出现这种情况，那么必定将浪费资金。如果最后真的出了问题，那么该项目进度将被耽误，且无法挽救。

首席架构师范登布林克还没有做出决定。他想在这两条路上分别试验 6～9 个月，这意味着 CFT 和 Natlab 都将创建一个功能模型。范登布林克希望这样可以让他迅速看到他们将遇到什么根本问题。范艾伊克和范恩格伦开始了他们的技术竞赛。

最后，试验证明值得信赖的旧 H 型晶圆台有足够的潜力定位 8 英寸的晶圆。因此，ASML 选择了这条保险的路线。范登布林克现在还找到了一个机器更新换代的绝佳备选方案。

* * *

显而易见的是，PAS 5500 也将使用由吉斯·布休斯在 20 世纪 70 年代开发的经由透镜对准的技术。在 20 世纪 80 年代后期，范艾伊克和范登布林克在这项技术上有了很大的改进（参考附录 9）。范登布林克的机器所带来的问题不仅仅是技术问题，还有组织问题：他没有足够多的开发人员，克拉森特别需要人手。在 ASML 成立的第一年，这个让关键的电机启动并运行的人，目前领导 PAS 5500 的晶圆台研发工作，正在处理这个因不断增长的需求而导致的挑战。

范登布林克决定，PAS 5500 将配置一个 6 自由度的晶圆台，在各个方向和角度都必须能以极高精度定位晶圆。除此以外，这也使得每次曝光时晶圆能够保持绝对水平，这对使光线正确聚焦光刻胶的薄层非常重要。克拉森和他的团队的任务是为这个 6 自由度晶圆台创建驱动和控制系统。

ASML 已经向惠普提出了特别要求。这家美国公司将开发一种可以测量 5 自由度的干涉仪，以便实时跟踪所有晶圆台的运动，关键是确保在曝光期间，整个焦平面与晶圆上的光刻胶层重合。垂直对准 1 微米厚的光刻胶层，并在单侧 22 毫米的图像场上使其保持水平——就像将足球场那么大的面积垂直对齐到 1 毫米的高度。为此，Natlab 开发了一个高度计，可以确定从镜头到晶圆的距离以及所有角落的偏差。蔡司则负责开发相关的光学元件。

克拉森已经把这个方案转化成了可行的设计。他确定了所有的细节后，敲响了范登布林克办公室的门然后告诉他需要多少人手。范登布林克得知克拉森需要 50 个工程师时大惊："什么？不可能！这太荒唐了！"这位光刻机的总架构师有时确实是不客气的，但他的反应也暴露了他是多么敏锐地意识到公司急需技术人才。这几天他一直在思索从哪里可以获得足够的人力以及如何部署人员。现在，克拉森冲进来并要求带走 ASML1/6 的开发人员。

"除非你能给出充分的理由，否则你和范登布林克无法达成一致"，所以当晚克拉森坐下来详细写出了一切。第二天早上，他把文件拿给总架构师看，"我相信你知道很多，但你最好看看这个。"克拉森剖析了每一个细节。范登布林克发现了一个不能忽视的事实：克拉森真的需要 50 个人来制造新的晶圆台。

* * *

克拉森在一个组件上确实具有优势。数字技术的兴起对他有利，信息技术也大大提高了机器的精度、可预测性和可靠性。对于 PAS 2500 和更早的机器，ASML 不得不完全依赖模拟控制系统，而这些系统从来就不是完全可预测的。

但现在，计算机的发展使得深度优化系统特性成为可能。在 1991 年切换到数字控制器后，ASML 可以通过软件优化控制，而无须切换组件。从那个时候起，公司进入了一个极其稳定的研发阶段，这将有助于其为未来的市场地位奠定基础。

2000 年，马丁·范登布林克拿着氟化钙晶体。

* * *

自创立以来，ASML 一直在寻找机会开发和生产其组件系统。由于工程师和资金都相对短缺，外包仍然是首选。1989 年年底，该公司有机会在一个欧洲共同体项目中开发晶圆装卸器。此系统模块是将晶圆移入机器的机器人单元，它把晶圆从盒子中取出来，并大致地对齐它们，然后用机械臂将它们放在晶圆台上。在复杂的 PAS 5500 项目中，这是一项相当具有挑战性的工作。

欧洲共同体慷慨的研发资助是极具吸引力的融资渠道，ASML 抓住了这个机会。ASML 在巴黎以南的小镇奥夫里找到了一个合作伙伴——Micro-Controle，一家只有 60 名员工的小型公司，专门使高精度系统自动化。这家公司的另一个优势是，其部分员工还曾就职于 GCA，因此他们在半导体光刻方面拥有丰富的经验。

1989 年年底，ASML 与 Micro-Controle 签署了合作协议。一切似乎都已尘埃落定。这一切都通过合同、严格的标准和开发文件进行规范。Micro-Controle 紧张而有序地开展工作，项目应该是不会出错的。因此，ASML只派了一个人盯着项目进展。事实证明，这还不够。

1990年秋季，ASML发现Micro-Controle无法按期为PAS 5500提供晶圆装卸器。埃弗特·波拉克和马丁·范登布林克决定催促这些法国人行动起来。他们乘坐周六的航班，经由杜塞尔多夫机场转机去巴黎，虽然开车去更快，但选周末的航班的目的是让Micro-Controle的管理人员知道情况的严重性。范登布林克和波拉克告诉他们，ASML将不得不找第二个货源，这最终导致1991年3月双方达成最后的停止合作协议。除了已结发票外，ASML还支付了400万法郎（70万美元）来终止协议。ASML获得了Micro-Controle所有的知识产权，Micro-Controle被允许继续使用这些知识产权，但不得用于生产与ASML产品存在竞争的产品中。

尽管已出局，Micro-Controle仍然抱有一种想法，即如果能够让晶圆装卸器正常工作，它仍然可以交付其产品。他们提出继续开发的意愿，并要求范登布林克和波拉克再给一次机会让他们报价。两位工程师没有异议，不久之后，Micro-Controle就发出了报价。

不过ASML还是转向了第二家供应商。这一次，公司选择与当地的公司合作：荷兰工程公司CCM和飞利浦机器厂。CCM这家小型机电一体化专业公司将开发一种晶圆装卸器，然后飞利浦机器厂将负责生产。

1991年1月，当第一位项目经理出现过度劳累后，范登布林克别无选择，只能把项目交给经验丰富的老将克拉森。克拉森正在努力使PAS 5500的晶圆台充分启动并运行，而现在他又接手了晶圆装卸器项目。

压力是巨大的。CCM直到ASML将第一台PAS 5500交付给IBM后才开始处理晶圆装卸器。在纽约东菲什基尔的IBM芯片厂，他们坚持使用Micro-Controle的晶圆装卸器原型，ASML、CCM和飞利浦已经对原型进行了极大的改进。这是IBM的PAS 5500最初每7分钟宕机一次的原因之一。

晶圆装卸器项目令人备感压力，这导致范登布林克和克拉森之间需要充分磨合。克拉森确实确保了一切顺利运行，这在一定程度上要归功于飞利浦机器厂派出了最优秀的员工参与这项工作。

1992年，克拉森接到了Micro-Controle的电话，这家公司想知道需要怎么做才可以保住ASML的订单。克拉森给了这家法国公司令人失望的消息。ASML

没有回复 Micro-Controle 的报价，部分原因是价格太高。虽然 ASML 从未正式确认或发出过订单，但 Micro-Controle 已经投入了生产。ASML 从 Micro-Controle 购买了一些可用的材料，但为时已晚。这家法国公司为晶圆装卸器投入巨资，几个月后就破产了。

IBM公司

IBM要求设备制造商为8英寸晶圆制造生产设备。ASML在美国的销售团队抓住了这个机会。

1988 年，IBM 宣布它将成为第一家在更大的晶圆上制造芯片的公司。这家计算机巨头将为纽约东菲什基尔的一家新工厂配备能够处理 8 英寸晶圆的机器。IBM 呼吁整个光刻机行业开发合适的设备。在 20 世纪 80 年代末，IBM 是世界上最大的芯片制造商之一，公司管理层认为，新技术对未来的几代大型机至关重要。从 6 英寸晶圆（碟子大小）到 8 英寸晶圆（早餐盘子大小）的切换有望显著降低成本。IBM 时间太紧，他们不想浪费时间讨论标准化问题。IBM 决定独自负担成本来支付业界第一套 8 英寸设备的研发费用。

这个选择充分展示了这家大公司的风格。这家计算机巨头最后将在这个项目上花费 10 亿美元。

也许 IBM 的地位让公司别无选择。大型机技术就是提高计算能力和存储能力的技术，如果你想成为最好的，就必须投资最好的芯片。IBM 押注于这个领域，该公司的研发和 IC 生产技术十分突出。IBM 规模如此之大，它虽然不销售芯片，但却是世界上最大的芯片制造商之一。

在芯片技术领域处于领先地位的公司，在计算能力和存储能力方面也处于领先地位，这意味着更强大的计算机、更高的竞争力和更高的利润。IBM 正在全力以赴，整个公司都明白 8 英寸晶圆项目的重要性。失败不是一种选择，每个人都为名誉而战，这将创造或毁灭自己的职业生涯。

供应商也明白这一点，能够将其 8 英寸设备出售给 IBM 意味着公司将从芯片机制造商学校以优等生毕业，并吸引整个行业的注意力。无论发生什么，获胜者都可以期待后续可以向 IBM 交付更多的系列产品。ASML 在美国的销售团队看到了机会，并接触了 IBM。IBM 对新一代的光刻机感兴趣吗？是的，IBM 的芯片工程师很感兴趣，但他们向 ASML 的销售人员明确表示：别抱太大的希望。

在 IBM 的全球光刻机供应商名单中，这家荷兰公司只排在第五位，换句话说，就是最后一名。说实话，ASML 也许现在就该放弃。

争取 IBM 的订单是一个雄心勃勃的目标，但成功的把握不大。尼康和 SVG 是位于佛蒙特州伯灵顿的 IBM 芯片厂的主要供应商，该工厂与日本超级供应商的关系非常牢固，IBM 也渴望维持现状。转向另一家供应商将耗费大量的时间和精力，因此 IBM 的生产人员对与其他光刻机制造商的实验合作不抱有信心。

但是，在东菲什基尔开展 8 英寸晶圆试生产的项目负责人没有任何历史包袱。IBM 半导体研发中心主任约翰·凯利（John Kelly）负责这个 8 英寸晶圆试生产的项目，他向每家新的供应商展开怀抱。他从零开始，根据每家供应商的优点来评判他们。

* * *

ASML 的美国销售团队开始向 IBM 展现魅力，但最终是 ASML 的技术为两家公司之间形成的密切甚至温暖的关系播下种子。

IBM 半导体研发中心主任约翰·凯利访问了荷兰，当他到达时，他确信了 ASML 的技术优势。在 CFT，他看到了新的 H 型晶圆台，但他也可以预测未来的技术——长冲程、短冲程的空气轴承晶圆台。至此，CFT 和 Natlab 已经为这两个系统配备了镜头和双对准系统。

ASML 能够提供的对准方式将是凯利做出最终选择的决定性因素。在那时，对准技术起着主要作用，因为准确套刻不同芯片图案并进行曝光非常困难。高套刻精度至关重要，这是凯利愿望清单上的头号功能。

当凯利亲眼看到 ASML 定位技术的情况时，他立即意识到这是 IBM 一直在寻找的技术。他认为 ASML 的方法最好，并且与竞争对手相比有实质性的飞跃。凯利表达了他对 PAS 5500 的初步支持。尽管他知道必须与 IBM 伯灵顿芯片厂的技术人员展开激烈的内部辩论，而且会为这一选择付出代价，因为他们希望继续选择尼康。

09

你追我赶

1990—1992

圆桌会议新老板

ASML的人听到威廉·马里斯将来管理公司后，脸色铁青。他们在飞利浦时就认识他，他给人们留下的印象是软弱。

1990 年年初，飞利浦宣布威廉·马里斯将领导仍未摆脱困境的 ASML。这个工作恐怕不是好做的。母公司本身正在悬崖的边缘摇摇欲坠，它向其光刻机分公司投入了超过 3,500 万美元，而这家公司还有天价的债务要偿还。

在维尔德霍芬没有人为这一任命喝彩，ASML 的许多人都认识他们的新任首席执行官。一年前，他代表 Elcoma 签署了一份合同，保证飞利浦将购买 75 台步进光刻机。

"好了，我们现在完蛋了。"ASML 的管理团队都说出了这样的话。他们中的一些人开玩笑地说，自己应该和特罗斯特一起离开。特罗斯特尽职的工作态度和永远坚持推出完成度高的产品的原则，使他从未真正融入 ASML 的非正式文化。

ASML 一直反抗飞利浦母公司的控制，这种态度是该公司文化遗产的一部分，这也会影响员工看待马里斯的方式。马里斯以没有主见而闻名，他是那种避免冲突的人，ASML 的员工认为他不适合领导一支雄心勃勃的队伍来与日本竞争对手进行残酷的竞争。ASML 的整个管理团队坚信马里斯是被流放到了维尔德霍芬。"去搞光刻机吧，它会让你远离母公司。"他们猜是类似的意思。

马里斯自己在飞利浦的职业生涯并不辉煌。他 50 岁了，从未担任过 Elcoma 的高层管理者职位。在芯片业务部门管理装配和测试，他取得了一个良好的开端，但他在下一个岗位出了问题：他与基斯·克里格曼一起管理的 Megachip 项目以失败告终。虽然他们在技术方面取得了一些进步，但新的晶圆厂从未大量使用这项技术。这让零部件部门遭受了巨大的损失，并最终促使公司采取了强硬的措施。ASML 的职位空缺是飞利浦摆脱马里斯的绝佳机会。

*　*　*

威廉·马里斯生长在一个备受呵护的环境中。他的父亲格斯·马里斯（Guus Mans）是国家公路和水务局局长，并负责过三角洲工程，这是为荷兰西南海岸修建大坝、水闸、船闸、堤坝和风暴潮屏障等的工作。威廉是 5 个儿子中最小的，他的母亲常说，他是威利，家里的宝贝。他的 4 个哥哥都是聪明、爱运动的男孩，他们并没有给弟弟太多空间。威廉不是会主动争取的人。

但最年轻的马里斯最终证明了自己，因为他也擅长运动。他成了一位著名的网球运动员，1958 年赢得荷兰网球冠军。他参加过戴维斯杯网球公开赛，甚至一路打入温布尔登公开赛。获得机械工程学位后，他于 1964 年移居埃因霍温，并在飞利浦公司工作。在飞利浦，他一级一级地往上晋升。大学毕业生不必在飞利浦脱颖而出就能获得晋升，这只是靠年龄混资历的事。

当他的第一个孩子 5 个月大时，Elcoma 请马里斯和他的家人搬到墨西哥过了 4 年。墨西哥磨磨蹭蹭的公司文化对他来说很难忍受。相比之下，他后来在韩国度过的 3 年是非常快乐的。他在那里为飞利浦开设了一个办事处，并看到他的韩国员工工作是多么辛苦，他还学会了如何始终信赖他们。在首尔，在好奇心的驱使下他和妻子参加了冥想课程，他非常喜欢冥想带给他的平和，因此在余生里都保持着这个习惯。

20 世纪 70 年代末，马里斯回到荷兰，因为马里斯和妻子希望他们的两个孩子在荷兰的学校就读。马里斯是飞利浦高管迪克·努尔德霍的亲信，但在 20 世纪 80 年代初，像努尔德霍这样工程师出身的高管在这家跨国公司权力平衡的转移中失势。生意人逐渐接管掌舵权，最终威斯·德克在 1982 年被任命为首席执行官。马里斯拒绝升职去领导一个对他没有吸引力的部门后，这也成了他履历中的一个污点——在飞利浦这样的公司你是不能拒绝这种提议的。

*　*　*

马里斯不是一个强硬的人。他不喜欢等级制度和公司的政治，这些特质使他无法真正进入飞利浦高层，即权力和政治游戏的舞台。在这家电子巨头公司，人们认为他是一个平庸的经理，不堪大任。Elcoma 的芯片部门已经忘记了他在组装和测试方面的成功经历，他们大多只记得 Megachip 项目失败了。这项技术就在那里，但马里斯无法使这项昂贵的技术广泛应用于晶圆厂。

马里斯对权力没有渴望。此外，还经受了一次失败：Glasmini 是马里斯 20 世纪 70 年代在 Elcoma 负责的第一个项目。Glasmini 是一台小型录像机，半根手指长的小玻璃管里充满了电子元件。这是试图制作飞利浦著名的 Plumbicon 图像传感器的便携式版本。他们需要大幅缩小其尺寸，因此 Elcoma 严重依赖 Natlab，无数的研究小组和几十位科学家都参与了这个项目。

Glasmini 项目被分成大约 20 个子项目。为了避免政治游戏和等级制度，马里斯发明了一个新词。他把每个人，包括他自己，都贴上了"圆桌先生"的标签。他试图传达一个意思，即每个人都在同一级别上合作，没有人是老板，没有人可以摆架子。这是马里斯对抗产品部门与研究实验室之间臭名昭著的竞争和摩擦的方式。

尽管他的方法很抽象，没有人知道"圆桌先生"的确切含义，但马里斯在激发组员激情方面相当成功，他的非正式风格在 Natlab 尤其受欢迎。马里斯是一个搞工程的人，但他并不自大。更值得一提的是，他一直是一个言行一致的人。他在实验室里设了办公室，定期与每个人交谈，从助理到组长都是如此。

Natlab 的部门主管之一皮特·克莱默认为马里斯是一个有魅力的人，他可以把整个项目团队团结在一起。他总是可以在实验室里安排合适的人，他是一个天生的沟通者。每隔两三个月，马里斯就去敲克莱默的门，他经常意外出现，但两人总是很开心。在谈话中，马里斯会随意地提供些新信息，主要是关于 Glasmini 项目的进展以及他们遇到的问题。他的话总是很有魅力，克莱默喜欢他的热情。克莱默愉快地观察了为马里斯工作的研究人员：马里斯让每个人都对他俯首听命。

但 Glasmini 项目对马里斯的职业生涯没有帮助。到 20 世纪 80 年代初，这个概念已经完全过时了。玻璃管与日本人在摄录一体机中使用的更袖珍的 CCD 芯片无法竞争。在马里斯的领导下，让飞利浦成为电视摄像机明星的 Plumbicon 显像管，证明了"过去的表现并不能保证未来的结果"的格言。

* * *

当菲亚·洛森听说马里斯将掌管 ASML 时，她开始思考。这位行政助理很谨慎：又是一位来自飞利浦的人。但是，1990年2月1日，当她的新老板踏进公司大门时，她发现他与特罗斯特的性格完全不同。马里斯很正式，她也没有设想飞利浦高管会有所不同，但洛森也见识到了马里斯迷人的个性。马里斯长相英俊，彬彬有礼。

新任首席执行官发现自己正处于一个非正式文化活跃的组织中，有许多年轻员工，这个团队是拘谨的特罗斯特从未试图理解的。特罗斯特是ASML第一个让洛森称呼其为"领导"的人，她决定再也不这么称呼上司。在马里斯上任的第一天，洛森用阿姆斯特丹特有的腔调告诉他："在ASML，我们习惯于用名字称呼对方。"

洛森当时没有得到太多的回应，但在马里斯上任的第一天，她继续按自己的风格向他讲解公司礼仪。例如，她注意到这位新任首席执行官习惯让别人给他倒咖啡，她很快让他戒掉了这个习惯。马里斯收到一个热水瓶和一叠杯子，这样他就可以自己给客人倒咖啡了。马里斯第一次碰到ASML的这种惯例时就接受了，他觉得秘书玩的这种小把戏其实很有趣。

洛森看着马里斯迅速适应ASML。在最初的几个月里，这位新任首席执行官花了很多时间去了解公司，并迅速适应了公司的非正式文化。那年夏天，他的任期正式开始后，他为员工刊物《PAS时代》注入了新的活力。"毕竟，有效的沟通是我们公司的基石，"这位新的领导者在刊物中写道，"你会经常看到我走到你的部门，请不要拘束并随时找我聊一聊。"在一年的时间内，洛森看着他从一个相当正式的人变成一个轻松愉快的人。

* * *

马里斯加入公司时，半导体市场持续衰退。但在1989年，ASML的表现好于预期：公司总共收入9,400万美元。由于台积电的火灾，ASML创纪录售出74台光刻机，获利700万美元。从订单来看，1990年这个数字将小得多。尽管如此，马里斯在该刊物中带着热情报道：1990年ASML的目标是销售60台机器。但他知道，这可能不会成功。

在《PAS时代》中，马里斯还报告说，他受到了员工竞争精神的感染。"我们会比尼康和佳能做得更好，"他写道，"我们要打败他们两个。"

从理论上看，ASML 的进展看起来非常不错。这家设备制造商现在将 AMD、Micron、国家半导体、意法半导体和台积电纳入其客户之列。尽管 Micron 和台积电正准备在行业的特定领域进军，但当时它们还是相对较小的参与者。现在，ASML 正在试图吸引 IBM、摩托罗拉、三星和西门子。马里斯宣布，钓到这些大鱼是公司的重中之重。

但芯片行业的危机仍在持续，全球不确定性仍然很高，没有任何订单到达维尔德霍芬。越接近年终，马里斯就越意识到形势的严峻。最终，1990 年只有 54 台光刻机走出工厂大门。因为订单交付期至少为 9 个月，很明显，1991 年的情况会更糟。与此同时，飞利浦新任首席执行官扬·蒂默（Jan Timmer）也在公司实施了一次重大重组。ASML 也将出现在蒂默想清理掉的名单上，这只是时间问题。现在形势越来越危急。

马里斯需要削减成本，但从哪里下手呢？随着新型步进光刻机的蓬勃发展，ASML 仍在疯狂地烧钱。首席财务官杰拉德·韦尔登肖特告诉马里斯，他肯定不能削减开支，否则他将毁了公司的未来。他能做的最好的事情就是在这里省一点，在那里省一点。管理团队决定飞行时不再坐商务舱，这对销售和服务人员的工作热情是一个考验，在几个月的时间里，他们将不得不坐经济舱环绕地球多次。

马里斯也多次乘飞机出差，客户总是坚持与首席执行官会面。事实上，他也坐经济舱这一点给人留下了深刻的印象，尤其引起了来自飞利浦的工程师的共鸣。他们以前就知道，飞利浦会给工作第一天的大学毕业生订商务舱。马里斯的行为赢得了员工的心，他融入了公司，向所有人展示了他是团队中的一员。

1990 年 12 月，马里斯邀请管理团队的成员以及他们的妻子来家中吃圣诞大餐。虽然这只是一个象征性的邀请，但它加强了他们之间的纽带和团队精神。周围的人开始欣赏他自由主义的领导方式。

* * *

1991 年，公司处于最危急的时候，马里斯很清楚 ASML 其实相当于进了 ICU。荷兰政府和欧洲共同体的赠款相当于喂食管和呼吸器，而母公司飞利浦则将她的手指放在了死亡按钮上。没有人下订单，公司眼见就要破产。显然，

ASML 在新的一年里将只能出售几十台机器，而这个数字最终是微不足道的36 台。

ASML 需要奇迹般的疗法，每个人的希望都寄托在 PAS 5500 上，这一定是一台梦想中的机器，将推动这家荷兰设备制造商走向世界中心的舞台。这台机器也是一剂强心针，每个人都把它当作生命线一样紧紧抓住它；有了这台机器，他们会让整个行业都对他们刮目相看。削减这种具有革命性的机器的生产成本根本不能作为选择。

更重要的是，ASML 已经成功地激起了 IBM 的兴趣。IBM 的微电子部门希望将 PAS 5500 纳入包括日本竞争对手在内的评估名单中。为了获得更大的订单，ASML 承诺在 1991 年 5 月 1 日将机器交付给 IBM。1990 年 8 月的《PAS 时代》中写道：PAS 5500 代表了一代全新的机器，它远远领先于其时代。开发工作正在全面展开，公司中的每个人都在为大规模组装机器而热身。新的超净室和办公室的图纸已经准备就绪，零件都已经订购完成。一切都会在 1991 年的头几个月准备就绪。

ASML 还设法向荷兰政府说明了 PAS 5500 项目的重要性。1990 年 9 月，经济事务部向该公司提供了 1,900 万美元的技术开发贷款。

德国人的垄断

与ASML的企业文化相比，蔡司不仅仅像另一个世界，它更像另一个
星球。蔡司的历史深刻地影响了它的企业文化。

在上任的第一年，威廉·马里斯遇到了一个根本性的两难境地。和他的前任
贾特·斯密特以及维姆·特罗斯特一样，他也很难不受影响。ASML 虽雄心勃勃，
但完全依赖于一家传统的、以蜗牛速度前进的德国公司。20 世纪 90 年代初，蔡
司的高层管理人员对这家荷兰公司并不十分重视，半导体光学充其量是德国人的
边缘业务。此外，这家拥有 150 年历史的公司正面临着经济和生存危机。

ASML 的主要问题是它完全离不开蔡司。ASML 的第一任首席执行官斯密特
在 1985 年和 1986 年试图与可替代蔡司的供应商奥林巴斯和威得赫尔布格建立合
作关系，但两次尝试都以失败告终。到马里斯上任时，半导体光学元件的制造变
得非常复杂，世界上没有其他像样的供应商了。ASML 的命运掌握在蔡司手中。
如果 ASML 在未来几年内要交付大量的 PAS 5500，蔡司将不得不卷起袖子拼命
干。马里斯必须消除对德国人的依赖。

蔡司目前的情况让事情更加复杂。这是一家有 150 年历史的公司，它早已忘
记了如何创新，很少有员工乐于接受新想法。以摄影部门为例，该部门是蔡司的
骄傲，蔡司的员工们为其倾注了多年心血。但在 20 世纪 70 年代，他们的大部分
低端相机镜头和电影摄影机镜头都输给了日本人。

显然，这还不足以警醒德国人。久负盛名的哈苏相机也开始频繁地向亚洲
购买零件，因为那里的镜头更便宜。日本人成功地研发出第一个带电子快门的
目镜，他们的成本远低于蔡司位于风景如画的巴德维尔巴德镇黑森林地区的
Prontor 分支所生产的精密机械版本。

蔡司固执地坚持使用机械快门，继续在营销材料里吹嘘其卓越品质。这也许
是对的，但日本人的电子快门费用只有蔡司的 1/10。摄影杂志发现两者在质量上
没有差别，德国人的自信心受到沉重打击。在 20 世纪 90 年代初，他们也失去了

哈苏的大部分订单。

ASML 和蔡司两家公司在文化上的差异很大。ASML 是一家年轻且雄心勃勃的公司，拥有无限的能量；蔡司则由德国坚固且雕有传统花样的花岗岩制成，它对其光学和专业技术有着坚定的信念，但所有这些都在逐渐落后。

＊　＊　＊

蔡司公司的历史可追溯到 19 世纪中叶。1863 年，大学讲师恩斯特·阿贝敲开了蔡司公司光学和精密机械车间的大门，他需要几件仪器来做物理实验。在耶拿大学里，蔡司被认为是一位准时交货的优质工匠。3 年后，蔡司和阿贝之间建立了合作关系。

1866 年，蔡司公司开始生产显微镜和其他仪器。但该公司刚刚被哈特纳克超越，后者的放大仪器包含了水浸物镜，因此分辨率有了质的飞跃。阿贝的加入帮助蔡司公司赶上了对手。

＊　＊　＊

蔡司和阿贝两人之间的关系非常亲密。在蔡司公司的历史中，这位物理学家在技术和社会责任方面都起着决定性的作用，他的第一个大项目是彻底改变他们制造显微镜镜头的流程。

当阿贝和蔡司第一次见面时，这项工艺还很简单。就像小提琴制造者一样，蔡司工作室的工匠一次只做一台显微镜，并独自组装整个仪器。然后，工匠确定哪些组件需要调整，哪些镜头需要额外的抛光。这需要工匠根据多年的经验来评估、决定和调整。当这位大师纠正一个错误时，可能又会产生其他问题。这个艰巨的试错过程正是蔡司向阿贝寻求帮助的原因，蔡司相信这位科学家能够帮助减少生产过程中出现的各种不可预测的错误。

阿贝放弃了传统的调整模式。他单独计算每个镜头的偏差，但也将其作为显微镜整个光学系统的一部分来考虑，这样将得到具体尺寸和最大偏差，然后车间把它们分到不同的小组。一组开始制作粗糙的形状，另一组则在凹透镜上工作，还有一组在凸透镜上工作。每个小组以误差限制范围内的质量交付其组件。

卡尔·蔡司。照片来源：蔡司

恩斯特·阿贝。照片来源：蔡司

每个人都受同样的规则约束，多人同时制作一台显微镜的镜头，这有点像装配线：每个工作人员只执行一项特定任务，最终结果是显微镜制造完成就能够符合规格。在阿贝到来后不久，车间的 20 名员工可以生产更多的仪器。在新模式实施的前 5 年，公司的产量大幅增长且无须雇用更多的人员，同时，价格下降了 25%。在阿贝到来 20 年后，蔡司公司雇用了 300 多名员工。这位物理学家在 1875 年成为公司的股东。到 19 世纪末，蔡司公司成长为先进的光学产品供应商。

但阿贝的技术影响力并不是蔡司公司声望提高的唯一原因。当公司的同名创始人于 1888 年 12 月去世时，阿贝做了几个明智的决定。这位物理学家把他所有的股份都放在一个名叫卡尔·蔡司的基金会里，并说服蔡司公司的继承人也这样做。蔡司和肖特两家公司也加入了基金会：Optische Werke Carl Zeiss 和 Glaswerk Schott & Genossen。后者成立于 1884 年。蔡司和阿贝请来"玻璃医生"奥托·肖特（Otto Schott），以帮助他们提高光学玻璃的质量。

阿贝花了数年时间制定基金会的章程，规定两家公司员工的权利和义务。1900 年，也就是阿贝去世前 5 年，他引进了 8 小时工作制。自 1891 年以来，蔡司一直是每周 6 天、每天 9 小时工作制。在德国的其他工厂，人们则是每天平均工作 10 小时。德意志联邦共和国首任总统西奥多·豪伊斯（Theodor Heuss）后来称阿贝为"理性主义圣人"。这位科学家在蔡司内部留下了坚强团结的不朽遗产。在 20 世纪，公司继续稳步增长，但仍保持了家族企业的管理模式。尽管其光学设计师被称为"数学家"，但因为其等级制度严格，他们实际上被尊为神。

* * *

1945 年 4 月，当巴顿将军和他的第三军打入德国图林根州（耶拿市所在地）时，蔡司公司成为战略目标。那时，美国人已经很好地控制了战局。德国核弹的威胁已经解除，欧洲即将迎来胜利。但与日本的战争正全面展开。如何把这场战斗变成决定性的优势，现在成为美国要优先考虑的问题。

美军进驻欧洲后，向欧洲增派了一支由 3,000 名科学家和专家组成的军队。他们穿着正规军官的制服，但实际上，他们是专门来评估被俘获的德国技术的。

对于国防部的专家来说，蔡司一直是评估的首要对象。盟军知道他们在耶拿的工厂会获取很多战略技术，包括航空摄像机和炸弹制导系统。同月早些时候耶拿遭到轰炸，但蔡司的雇员已经设法恢复了 2/3 的生产能力。

专家们花了几个月的时间分析蔡司的工厂。到了 1945 年 5 月，第一个主要命令已经发出：蔡司必须生产 3,400 个空中摄像机用的目镜。美国科学家完全清楚，德国人在这一领域领先于其他所有人，这个任务是制造用于美国仙童相机的光学元件。但由于政治原因，这个命令随后被撤销了。

* * *

美国专家酝酿了一项雄心勃勃的计划，要在 7 月 4 日之前将蔡司的工厂迁至西方势力范围内。他们必须转移 2,456 台机器，其中包括 490 台车床、280 台铣床和 210 台磨床，共需 600 辆货运车。

随着时间的流逝，美国人不得不调整自己的目标。最终，他们决定只转移公司的高层管理人员和科学核心部门。"我们要拿走公司的大脑"，蔡司的董事会成员得到了这一令人震惊的消息。蔡司的 84 名工程师和经理，以及肖特光学玻璃的 41 个人最终选在奥伯科亨重新成立公司。蔡司的其余员工仍留在耶拿，并保留了公司名字。

* * *

1989 年柏林墙倒塌时，蔡司的两个分支在政治鼓励下试图合并。奥伯科亨蔡司已经处于十分糟糕的状态，而合并只会使事情变得更糟。耶拿蔡司也没有盈利，合并问题甚至有可能彻底扼杀整个公司。当时，奥伯科亨蔡司在全球拥有 15,000 名员工；耶拿蔡司有 5 万名员工，但是其中许多人是只挂名不工作的。

在柏林墙倒塌后的一年里，奥伯科亨的员工去拜访耶拿的公司，他们被沿途的贫困景象震惊了。他们看不到任何新建筑。这种贫困与他们在耶拿见到的高科技水平形成鲜明对比。耶拿的工程师水平完全满足合并后与奥伯科亨一起开展工作的条件，他们还了解奥伯科亨的规范，并与其使用相同的标准。

耶拿的真空技术是高度先进的，这是制造电子显微镜所必需的技术。他们现在可以使用所有最新的设备，那是美国之前禁运和禁止出售给耶拿公司的物品。

波士顿咨询公司的分析师受耶拿蔡司管理层的委托，负责审查 10 个项目，它们合计占公司收入的一半。1990年夏天，分析师已经得出了结论。波士顿的专家们看到了高技术水平的人员和生产能力，但他们的分析结果很明确："如果不采取行动，耶拿蔡司在1991年春天将无力支付工资。"1991年，耶拿蔡司的董事会要求其管理层与工作委员会合作起草重组计划。耶拿业务最终将作为卡尔·蔡司耶拿有限公司（奥伯科亨卡尔·蔡司的子公司）继续运营。

＊　＊　＊

德国统一一年后，ASML的一个小型代表团离开维尔德霍芬去耶拿考察。ASML已经了解到蔡司正在制造自己的光刻机。马丁·范登布林克、机械工程师塞斯·范迪克（Cees van Dijk）和斯特夫·维特科克决定去看看。他们非常好奇，想知道耶拿蔡司的技术水平如何。一方面ASML肯定希望可以多发现一个好的供应商，另一方面合作伙伴的关系也会对公司有所帮助。

从理论上讲，蔡司的两个分支可以一起制造光刻机，但是奥伯科亨的人绝对没有兴趣和他们久违的耶拿"表兄"联手，奥伯科亨的蔡司是迫于政治压力才会与耶拿的蔡司合并的。ASML的3个人乘坐飞机从杜塞尔多夫飞到莱比锡。飞机的窗户非常大，让他们大吃一惊，而且其振动比西方飞机还要小得多。范登布林克和范迪克用工程师的眼光研究了飞机，确定了其振动频率低，因此飞机应该是用质量大的材料做的。

他们刚降落在莱比锡，接机人就带他们去了瓦特堡，坐上了耶拿蔡司的20辆公司汽车中的一辆。汽车沿着黑暗中的雪地向耶拿方向驶去。当他们发现酒店的客房爆满时，便前往城外一座山的半山腰上的一家青年旅社。维特科克住唯一的单人间，他的两个年轻同事被迫在一间没什么摆设的房间里共用一张床，以及一个煤炉。范迪克仔细检查了炉子，以防他们死于一氧化碳中毒。

第二天早上，两位同床的同事穿过冰冻的内院，去维特科克的房间里洗漱，只有那个房间里有一个水槽。

这是阳光灿烂的一天，但当他们越接近山谷时，太阳光就变得越暗。这座城市笼罩在烟雾中，当汽车进入耶拿时，他们发现了问题的根源：每栋房子旁边都堆放着褐煤。

他们看到蔡司的工厂后非常惊讶，因为工厂规模巨大。荷兰人从来没有见过这么大的工厂，如果非要比喻，就像飞利浦总部所在的埃因霍温一样。加工设备排成长龙，一排一排的车床，一列一列的锯床。在耶拿，他们自己制造一切：玻璃、胶水、计算机等。

3 位参观者认为他们的步进光刻机不是很先进，这台机器对 ASML 构不成威胁。但该设备确实能工作，耶拿蔡司已经运送了几台机器到几个工厂。这些机器没有被退回来的，因为一旦他们交付，剩余的事都由客户自己做，包括安装、使用、维护等，蔡司都不需要负责。ASML 的男士们承认，这节省了大量旅行和住宿费用。但蔡司拥有的关于光学生产的知识是了不起的，3 人都同意请耶拿蔡司开始为 ASML 制造零件。他们回到公司后，范登布林克和范迪克发送了一些图纸和报价请求，但直到第二年他们也没有收到任何答复。后来图林根州的办公室被拆分后，两家公司才建立了合作关系。

* * *

在 20 世纪 90 年代初，奥伯科亨的蔡司正在为生存而战，也在为它的历史地位而战。在动荡的 20 世纪 70 年代和 80 年代，它的员工寻求安稳舒适，这让他们被日本人超越。现在，他们为自己缺乏创新的企业精神付出了代价。

所有的工作都围绕生存、削减成本以及修复与耶拿的关系进行，奥伯科亨的蔡司毫不关注别的东西，它没有听到 ASML 寻求它关注的声音，其大部分精密光学元件仍用于制造显微镜、照相机和医疗器械。蔡司的高级管理层几乎无视交付到维尔德霍芬的少量光刻机镜头业务，这一事实让马里斯大吃一惊。

步进光刻机镜头与蔡司的特殊项目（如太空望远镜）一起被搁置，蔡司认为这家荷兰公司在光刻机方面也没有什么成就。蔡司的高层管理人员认为，佳能和尼康在光刻机市场占据着主导地位，但正是这些公司让蔡司在摄影市场的处境变得如此艰难。

这种态度有可能给 ASML 带来灾难，公司总是收到质量一般的镜头。显然，蔡司并不认为半导体市场是一个优先事项，更不用说认识到该市场的潜力了。ASML 无法说服他们。德国人是不可能有按时交货的压力的，他们坚持历史悠久的供应模式：下订单，看看什么时候有空再开始做。镜头何时能到达维尔德霍芬，没有人清楚。所以 ASML 需要说服蔡司，它需要给出足够的时间来增加产量。

给IBM的录像片

1991年年初，ASML的命运似乎已经注定，但埃弗特·波拉克却想出了一个办法。

ASML 的第一台光刻机 PAS 2500 不足以引起大型芯片制造商的兴趣，PAS 5500 应该能改变这种状况。但是，该机器包含的镜头极其关键，而且比迄今为止所有步进光刻机的任何镜头都要复杂。大客户 IBM 也视此镜头为潜在的破局者。因此，当蔡司表示它的光学元件的研发正朝着正确的方向进行时，维尔德霍芬的每个人都松了一口气。

"如果蔡司能够证明光学元件的质量很好，我们将赢得 IBM 的订单。"这是 ASML 的坚定信念。这意味着 1990 年 11 月在奥伯科亨与 IBM 举行的复审会议至关重要。

11 月，来自 ASML 和 IBM 的 10 个人乘出租车到布鲁塞尔，约翰·凯利和他的团队与蔡司的代表一起视察了维尔德霍芬的装配工作。接着马丁·范登布林克和 IBM 的客户经理肯·皮恩准备飞往下一个目的地——奥伯科亨的光学工厂。范登布林克完全相信，如果 IBM 满意这些镜头，订单就会开始进来。

当两辆出租车到达扎芬特姆机场时，他们发现那里的空中交通已经关闭，一片混乱。IBM 的鲍里斯·利普金（Boris Lipkin）一直坚持说："给 ASML 首席执行官威廉·马里斯打电话。"范登布林克开始头疼，如果马里斯在场他会怎么办？利普金说："马里斯会绞尽脑汁安排一架飞利浦的私人飞机，因为这是一项要命的关键任务。"

范登布林克没有采纳利普金的建议，他试图租两辆汽车，但很难租到。最后他们终于找到了一家不知名的公司，租到一辆宝马 7 系和一辆捷豹 X 型，这居然要花几千美元，但是为了从 IBM 获得订单他们也顾不了这么多了，于是他们掏出了信用卡。

这时已经是晚上 9 点了，第二天早上他们就要去蔡司开会。"你介意我去趟加油站吗？"范登布林克问道，凯利坐到他身边，利普金和另一个同事坐在后面。他们一上高速公路，范登布林克就把油门踏板踩到底。他自己的车是一辆烧天然气而且吱吱作响的福特塞拉，这次他愉快地驾驶着宝马 7 系并加速到时速 200 千米。而另外那辆捷豹则带着其他的组员，由理查德·乔治驾驶并紧跟着宝马。

范登布林克没有注意到他的乘客的脸变得苍白。凯利向他指出，他以两倍的速度超过了一辆 18 轮大卡车，如果在美国开这么快是要交巨额罚款的。这位 IBM 经理说看起来右边车道上的汽车都像停在那里一样，一心赶路的范登布林克却没明白这个暗示是什么意思。

直到第二天吃早餐时，范登布林克才意识到他的乘客们一直在抱怨他前一晚的飙车，但他们讨论到他的驾驶风格时，范登布林克松了一口气。凯利开玩笑说："根据你开车的速度，我相信你们会用创纪录的时间造出这些机器。"

奥伯科亨会议之后，来自美国的客人继续飞往日本，到东京另一家供应商处进行光刻机复审会议。欧洲的飙车故事很快传到东京，在机场迎接他们的佳能员工为没有配备宝马或捷豹以及前往东京的公路限速而道歉。

* * *

凯利是能写下 IBM 支票的关键人物，他有最后的投票权。他越来越希望说服他的管理团队，IBM 需要的光刻设备在荷兰。

但是在 IBM 所有人的眼睛都在盯着他，所以凯利的行动必须非常谨慎。即使在他访问蔡司之后，IBM 仍没有下订单。ASML 最初承诺在 1991 年 4 月 1 日发送 PAS 5500，美国人表示仍然有兴趣进行评估。这个最后期限后来有所调整，最后定在 4 月 30 日且不能延误。范登布林克知道让芯片制造商第一次为新供应商的设备打开钱包有多么困难，如果客户不确定这台全新的步进光刻机能正常工作，他们不会快速掏出几百万美元。

范登布林克也知道开发进度不断落后，并且越来越需要说服 IBM，让他们相信 ASML 这台非常有前途的光刻机能够按时交付。所以他想出了一个计划并向凯利表明，系统已经快要完成了，而且一切都在按计划进行。为此，他邀请 IBM 在 1991 年 1 月中旬再次过来亲眼看看。

范登布林克已经向所有项目负责人发出明确的指示：当 IBM 的客人到达时，他们每个人将逐个演示自己的模块。总共有 10 个左右的子系统：镜头组、光罩机械手、晶圆装卸器、电动晶圆台等。这将持续一整天，已经详细安排到每一分钟。组装团队也将得到展示时间，最后他们将连接所有模块，这是以前从未做过的壮举。范登布林克坚信他的模块化系统将给客人留下深刻印象，因为世界上没有一台光刻机可以像模型套件一样拆装。就传统光刻机而言，当服务工程师不得不更换镜头时，芯片制造商通常需要停产数周并花费大量资金。

* * *

这几个月以来 ASML 的工程工作一直处于高压状态，员工们开始有点退缩。他们的妻子抱怨他们从不回家。但是在 IBM 访问前的那个周末，每个人都必须坚守工作岗位并且要一丝不苟地工作。范登布林克甚至打电话给公司员工的妻子们："我们很抱歉告知您，但我们迫切需要您的丈夫在这个周末加班。"

1991 年 1 月 11 日星期五，范登布林克接到 IBM 的电话：凯利和利普金来不了了，因为他们不允许坐飞机。那时由于国际形势的影响，范登布林克失去了这个重要机会，此时，在他的脑海中只有一件事：满足交付 PAS 5500 的最后期限。

范登布林克小心地放下电话，然后他火冒三丈。他很清楚 ASML 已经触礁了，这笔来自东菲什基尔的 IBM 订单关乎公司存亡。"我们不来了？我们不来了？他们不能这样做！"他着怒火冲向埃弗特·波拉克的办公室，然后开始狂风暴雨般地咒骂，"我们完蛋了。那些官僚不允许他们出差！"看波拉克没有回应，他继续说："埃弗特，他们不来了。如果他们不来，我们就拿不到订单。"

"先坐下。"波拉克说。他是个话不多的人，他点燃了一支香烟后还是什么也没说，等着范登布林克发泄完。在那个黑暗的星期五，一切似乎都因为一场和他们毫无关系的战争而成了泡影。付出了多年的心血最后什么也没得到。游戏结束了。

波拉克又抽出一根烟，然后他突然说："你知道吗？我们应该去 IBM！"范登布林克惊呆了："去 IBM？但他们没有演示用的机器，不是吗？我们能在那里做什么呢？"波拉克建议他们成立一个视频摄制组。"我们将按原计划展示全部内容，"他说，"但我们不要提前告诉任何人。我们必须确保星期一早上一切都准备好。每个人都会按原计划出场。我们将按预定的程序演示并记录整个过程。然后周二我们飞往 IBM，周三将向他们展示录像带。"波拉克当场想出了整套解决方案，范登布林克欣喜若狂。

波拉克雇用了一家视频制作公司。周一摄制组记录了演示全过程。那天晚上，理查德·乔治带着磁带和一位视频编辑到丹博什的一家编辑工作室，在那里通宵对影片进行剪辑。

第二天早上，马里斯、范登布林克和波拉克驱车前往史基浦机场，手里拿着宝贵的录像带。他们登上飞机后，才暂时忘记了超净室里的宝贝机器和最后期限。

在纽约，他们与 ASML 的销售总监道格·马什会合，马什是从西海岸飞到东部的。凯利和他的团队的评审会议周三准时开始，IBM 的人看录像时吃惊得差点从椅子上摔了下来。他们从来没有见过这样先进的设备，整个房间里的人都十分激动。ASML 和 IBM 的团队进行了很长时间的交谈，双方都在为落实这个项目而奋斗。凯利的团队需要项目在最后期限前完成，而这个期限取决于 PAS 5500。他们一直在自己的公司为了这个项目进行一场长期的政治斗争。但现在他们可以看到，目标即将实现，他们中有些人眼泛泪光。

凯利邀请他的访客当晚到美国烹饪学院用餐，该学院是坐落于海德公园的国际烹饪学校，靠近波基普西。这是一个意义非凡的邀请，IBM 的员工偶尔会请供应商出去吃饭，但从不去这样高档的地方。"你们很特别，"凯利在吃饭时说，"你们不只是我们的合作伙伴，你们也是我们的朋友。"

* * *

ASML 于 1991 年 5 月 1 日交付了第一台 PAS 5500，随后在东菲什基尔的基准测试中证明了 ASML 拥有最好的技术。此外，凯利确信这家荷兰光刻机公司拥有最好的路线图。这是一个极其冒险的决定，因为按照 IBM 的标准，ASML 是一家非常小的公司，而且几乎没有任何信用记录可言。

凯利愿意把他的事业赌上，因为一个人——马丁·范登布林克。他从来没有见过一个工程经理比他更出色，他的身上既有技术洞察力又有有效的领导力。

有"金手指"的工匠

在奥伯科亨,保罗·范奥特库姆(Paul van Attekum)发现自己进了一家家族企业,芯片光刻机镜头的主管在每天下午4点准时停下工作,然后和秘书一起喝一杯雪利酒。

1991年春天,保罗·范奥特库姆与杰拉德·韦尔登肖特握了手。他在飞利浦工作了11年,最近负责的工作是刚刚被取消的Megachip项目。范奥特库姆不想再去飞利浦其他部门工作,他厌倦了在那家公司工作,在那里遵守规则比取得成果更重要。

在Megachip项目中,范奥特库姆负责工艺集成。他告诉韦尔登肖特,维护和升级现有机器可以赚钱。ASML现在有一个服务部门,但公司很少关注升级以及与此相关的工作。当时,全球客户已经有200台PAS系列的机器。"它们可以让你赚钱。"范奥特库姆说。韦尔登肖特听后说:"做给我看看,我给你提供需要的钱和人手。"

由于他在飞利浦芯片项目上工作过,范奥特库姆很熟悉ASML。他知道他正在进入一家为生存而战的公司。在担任产品线经理的前几个月,他注意到他的同事精神振奋。他感觉自己就像在一群忙碌的蜜蜂中工作。每个人都吹着口哨经过走廊,像是在庆祝。

工程师们正忙着把PAS 5500准备好交付给IBM。他们每周工作60~80小时,包括周末,有时甚至通宵达旦。他们是热情洋溢的人,只要是命令,让他们移山填海也在所不辞。对范奥特库姆来说,ASML和飞利浦截然不同。在飞利浦,每个人都忙于查看自己的待办事项列表。

范奥特库姆的职位足够高,足以让他获取公司的财务信息,这使他成为少数注意到公司的积极氛围与危险的财务状况之间鲜明对比的人之一。几个月后,韦尔登肖特走进他的办公室,向他寻求重组组织架构的帮助。形势十分危急,范奥特库姆需要开始准备裁员。最后,重组没有发生,因为飞利浦再次为他们打开了钱包。

大多数员工并不知道情况有多严重，他们的注意力都集中在尽快让 ASML 的旗舰产品走出工厂大门。一旦 PAS 5500 证明了自己，他们就可以坐下来观看采购订单和新客户涌入，每个人都确信这一点。

* * *

很明显，蔡司的光学产品是主要的瓶颈，所以威廉·马里斯给奥伯科亨的高层管理人员施加了压力，因为那才是真正的问题所在。乔布斯特·赫尔曼（Jobst Herrmann）自 1992 年 5 月以来一直领导着这家德国公司，他对芯片光刻光学技术的潜力持怀疑态度，确实，财务数字也在一定程度上支持了他的观点。蔡司收入表上的半导体光学产品带来的收入少得可怜。一个月最多要 5 块镜头，订单量太小了，在过去的两年里，ASML 的订单还减少了。半导体光学业务存在增长潜力？赫尔曼并没有看到。

ASML 对其难以控制的供应商越来越感到烦躁不安。ASML 于 1991 年 5 月向 IBM 交付了 PAS 5500，其销售经理也提高了其他芯片制造商的期望。客户开始对机器表现出浓厚的兴趣，这将有助于他们为新一代的制造工艺，即下一个技术节点做好准备。一旦芯片制造商掌握了这项技术，大订单就将随之而来，因为每个工厂到时都将需要 10 ～ 20 台机器。PAS 5500 确实有潜力，在维尔德霍芬他们逐渐感受到这一点。

但是，只有蔡司能够做到大幅提高产量，ASML 才能利用这个机会增加收入和利润。马里斯意识到他需要加强与奥伯科亨的沟通，并获准在蔡司的生产部门派驻一名 ASML 工程师。他选了范奥特库姆，部分原因是范奥特库姆能够说一口流利的德语。这一点是非常重要的，因为在蔡司几乎没人会说英语，甚至连生产主管都不会。

因此，在接下来的 6 个多月里，范奥特库姆每周一晚上就会从维尔德霍芬开车到奥伯科亨并在那里工作到星期五。他让小旅馆的店主给他留下一把钥匙，这样他就可以在午夜左右进入他的房间。晚上 10 点，奥伯科亨的街道已经空无一人了。

＊ ＊ ＊

在最初的几个月里，范奥特库姆感受到了这家老公司的传统气息。蔡司拥有数千名员工，但它散发着家族企业的气息。年迈的汉斯·莱切负责摄影和半导体镜头业务，他每天准时在下午 4 点停止工作，然后和秘书一起喝一杯雪利酒。同事们以完整的头衔和姓氏互相称呼：赫尔·莱切（Herr Letsche），弗劳·豪伯（Frau Hauber）。学者和非学者之间距离很大，他们总是互称博士或教授。范奥特库姆觉得午餐时间的仪式特别有趣，中午时分，蔡司的员工们互相祝福"Mahlzeit！"，也就是"祝你好胃口"。

奥伯科亨的绝大多数员工都在为望远镜、显微镜、医疗设备和照相机制造高端精密光学元件。只有一小部分员工在制造步进光刻机的镜头。每个人都在使用传统方法制造，几十年来，所使用的方法变化不大。这些镜头总是能够正常工作，就像当时该公司帮助美国 GCA 占领步进光刻机市场那样。在那时，光刻光学技术并不复杂。在 20 世纪 80 年代初，那些镜头和哈苏相机的高端物镜没有太大的区别。对于哈苏这家瑞典相机制造商的主要供应商来说，每年多做数百个镜头并不难。但到了 20 世纪 80 年代中期，光刻机镜头的要求更加严格了，步进光刻机制造商希望 g 线光学元件具有更大的数值孔径和更大的曝光场，并且开始需要使用更短的 i 线波长的镜头。

镜头的门槛在 20 世纪 90 年代初变得更高。当范奥特库姆被派到蔡司时，他们正在为 PAS 5500 研制新一代 i 线镜头，它可以成像 0.5 ～ 0.6 微米的细节。同时这些镜头还需要更大的光场，以实现更高的生产率。这意味着镜头尺寸会显著增加。镜头直径增加 30% ～ 40%，需要抛光的表面则增加 1 倍。g 线镜头柱包括 17 个镜头，而 i 线镜头柱则需要 30 个镜头。ASML 意识到蔡司还没有准备好。蔡司不能生产这么多的镜头，其交付的镜头也不可靠。

无论是显微镜、医疗设备、高端相机，还是望远镜的光学元件，相关业务部门都在蔡司的中央生产车间制造。光学车间仍在使用经典玩法：由他们决定何时完成订单，而不是由产品部门决定。

从传统上看，工匠大师们的眼睛和本身的打磨技巧一直起着很大的作用。在20 世纪 90 年代初，情况依然如此。奥伯科亨的车间里装满了半自动机器和仪器。他们虽然有标准的设备进行研磨和锯切，但大量的工作仍然要使用手动工具和特殊仪器。像制作精美瓷器那样,工匠选择手动抛光他们的作品。

他们用肉眼完成最后的工序:将镜头按在参考面上,干扰环就会变得可见。非常专业的专家可以根据这些判断打磨是否规则。

20 世纪 50 年代奥伯科亨的中央光学生产车间。

这些不规则是靠手工仔细抛光去除的，这是需要多年经验的工作。在奥伯科亨，做这个工作的工匠们被公认为是有"金手指"的人。

如果拥有"金手指"的人犯了一个小错误，往往会造成严重的后果。如果抛光过度或抛在错误的地方，使表面产生微小的凹陷，他们就必须再继续在整个镜头表面上减少一层薄层。有时，他们会陷入无休止的循环，不断出现额外的补救工作。

更大的镜头也意味着他们需要更频繁地轮班工作。但切换白班、夜班是一场噩梦。通常犯错时，每个人都会把矛头指向别人。这种戏码和不确定性导致蔡司员工的挫折感增加。

* * *

在光学生产车间，范奥特库姆遇到了一个因高质量标准运营而自豪的部门。他四处走动与工人们交谈。他学习了整个生产过程，试图理解奥伯科亨的生产方法。他观察到，他们的许多方法并没有被记录下来。在光学元件生产中，工匠们的眼睛仍然是主要的决定性因素。

管理层允许范奥特库姆四处观看，但他很快意识到他无法超越前人。车间中的一些人不欣赏他的做法。派驻蔡司是一次外交式的实践，有时他设法与工人们接触，就能听到来自车间工匠的一些真实信息。

最让范奥特库姆吃惊的是，旧方法已经不能满足最先进的步进光刻机镜头日益严格的需求。他看到工人们很吃力，有一些镜头，他们连续摆弄几天都不成功。根据以往在 Elcoma 芯片制造厂的经验，这个 ASML 的外派员得出结论，蔡司无法控制其生产过程。现在的问题是，他应该如何告诉他们呢？

这个派驻供应商的荷兰人必须找到一个平衡点。他可以看到德国人是多么自豪，以及他们的质量标准有多高，他对此非常尊敬。但是现在，作为一个没有光学制造经验的新手，他必须告诉蔡司他们出了什么问题；但又不能直接告诉他们，他们搞砸了。他们也不算是完全搞砸了，但范奥特库姆确实必须让他们看到问题所在，尽管蔡司已经投入了所有的精力，但还是不够好。尽管如此，可以肯定的是，范奥特库姆看到蔡司的态度不再强硬并做出了改变：这家光学专业公司意识到，如果它想继续供应 ASML，将不得不采取完全不同的策略。

364

日本玻璃

蔡司的镜头开始出现完全出乎意料的问题。德国人不得不到日本寻找光学玻璃。

1992 年 1 月，IBM 向蔡司派出了一个正式的代表团，其中包括乔治·贡巴（George Gomba）和一些来自 ASML 的人。贡巴以前在 Perkin-Elmer 公司工作，1990 年 Perkin-Elmer 将其光刻机业务出售给 SVG 光刻公司后，他跳槽到了 IBM。现在，他在东菲什基尔的试验工厂负责工艺开发。

IBM 每 6 个月访问一次奥伯科亨。在这次访问时，IBM 已经明确选择了 ASML 参与其 8 英寸的项目。但这次可不是平常的访问，蔡司的情况很严重，PAS 5500 的镜头存在棘手的问题。光刻 0.5 微米的芯片所用的 i 线光学元件的误差经常非对称放大，而原因尚不清楚。

在温弗里德·凯撒担任蔡司研发实验室负责人的第一天，贡巴就前来拜访。IBM 的人通过仔细地研究判断：蔡司的光学镜头质量是有问题的。

蔡司的反应在意料之中，其工程师们立刻开始反击。鉴于他们的工作是在旋转对称系统中加工的，所以他们得出结论：镜头误差不是蔡司造成的，这些肯定是 ASML 机器中的测量误差，因为 ASML 使用的是带几个轴的正交系统。蔡司测量部门的一个人做了一个抽象的演示，包括很多数学内容。他谈到光线扭曲的类型，以及应该如何测量它们。对于这位工程师来说，结论很明显：蔡司不可能是问题的根源。

审核会议开得非常紧张。来自 ASML、IBM 和蔡司的代表逐一分析了这些问题，并剖析了镜头的制作过程。和往常一样，谈话没有达到足够的深度，德国人不想分享太多他们的秘密。虽然贡巴之前在 Perkin-Elmer 公司的时候经常与光学制造商合作，而且他总是能了解细节，但在那天，他却没有找到解决办法。

在随后的几个月里，他们又举行了几次会议，情况是并非所有镜头都有问题。凯撒询问 ASML，他们是否可以找出有问题的镜头并将其送回。但是在

1992 年年初，人们迫切需要新的步进光刻机。维尔德霍芬的财务状况非常危急，他们希望尽快交付机器。镜头一收到，就可以将一台机器运送给客户，因此，他们通常在现场解决问题。

尽管如此，凯撒还是做到了。一套返回的镜头惹恼了马丁·范登布林克，他认为客户需求应该放在首位。但现在蔡司终于可以开始工作了。就在镜头到达的第二天，凯撒接到了测试工程师的电话。"凯撒先生，我们发现了一些不寻常的东西。我们从测量中得到两种结果，一种几乎与原始测试相同，另一种与我们从 ASML 获得的结果相匹配。"凯撒立刻就意识到，德国人把有些事情搞砸了。事实上，蔡司的测试方法确实存在错误。

蔡司首先在硬件中发现了错误。处理来自传感器信息的电子元件已经饱和，这掩盖了测得数据的不对称性，使得图像与旋转对称测试的显见偏差被掩盖。蔡司设法解决了这个问题，但奇怪的是，在图像中仍然可以看到不规则现象，没有人知道为什么。

在接下来的几个月里，他们又开了几次会议。贡巴建议使用他在 Perkin-Elmer 公司学习的诊断技术。这是一个简单的方法，蔡司早就知道，但从来没有采用。

光学柱是一组镜片，这些最好由一个光学玻璃块切割制作。这种玻璃的形状像一个圆柱体，首先需要将其切成板。在蔡司，这些材料直接进入车床和研磨机，使其形成初始形状。

贡巴建议他们先抛光玻璃板，直到它们变得光滑再进行诊断。这是他前雇主的标准程序，但在蔡司必须首先建立适当的干涉测量系统。

最后，他们用贡巴的技术找到了失真的来源。凯撒和他的同事们感到震惊，这是一个非常严重的问题，但他们没有解决办法，因为这是不容易纠正的。误差源于光学玻璃，因为玻璃不是均匀的。这通常由热应力引起，因为材料在生产过程中冷却，这将导致折射率在玻璃之间变化，从而影响光线的路径。凯撒需要拜访他的玻璃供应商，蔡司的姊妹公司肖特。

凯撒可以充分证明肖特提供的光学玻璃不符合标准，他和对方开始了激烈的讨论。蔡司仍然有这些用于制造 i 线镜头的光学玻璃库存，但很难区分出哪些是好材料。1992 年 5 月，乔治·贡巴被告知，他至少还需要 9 个月的时间才能拿到他的 PAS 5500/80。

*   *   *

在随后的几年里，ASML 和蔡司迫切需要更多更好的玻璃用来制造 PAS 5500/100（0.4 微米）。然而，肖特无法为光学 i 线玻璃开发出更好的改进工艺，从下订单到交货的时间将近 1 年。首先，生产均匀的材料需要 6 个月的时间，这是一个极其缓慢的过程，玻璃要从 800 摄氏度慢慢冷却到室温，凯撒不能保证肖特能够成功。

此外，肖特还不准备扩大目前 i 线玻璃的生产规模。因此，凯撒做了一个不寻常的决定。他去到日本从佳能的主要供应商小原公司购买 i 线玻璃。佳能可能不会制造最好的步进光刻机，但这家日本公司以拥有最好的光学元件而闻名。对凯撒来说，小原是最好的选择，这家玻璃制造商独立于佳能，并希望进行国际扩张，同时小原的玻璃也具有更好的光学均匀性。问题解决了：这家日本供应商将为蔡司生产 i 线玻璃。

*   *   *

还有另一个棘手的问题，经常使用 ASML 步进光刻机的 Micron 公司是第一个提出这个问题的。1990 年和 1991 年，他们从博伊西将一个又一个镜头送回维尔德霍芬。Micron 发现，镜头使用时间越长，能透过的光量就越少。随着时间的推移，镜头透光率的降低对于 Micron 这样的大规模制造商来说影响极大，因为其盈利能力取决于产量。

在 Micron 下了大订单几个月后，镜头透光率首次出现明显下降。起初，他们对 ASML 在博伊西的 i 线步进光刻机很感兴趣，但一旦机器开始 24 小时在工厂里输出内存芯片，镜头透光率就开始直线下降。调查后，他们很快发现其原因是碳化合物沉积在玻璃上。

这个问题存在一些疑点。奇怪的是，在 PAS 2500 的第一代 i 线光学元件中，碳污染不会发生。在这几代机器中，镜头所用的材料和胶水是相同的，但污染问题仅存在于 PAS 5000 和 PAS 5500 中。

这个问题如此棘手以至于 ASML 可能因此而倒闭。除了 Micron，台积电也遇到了同样的问题。在这几年中，这两家公司是 ASML 机器的最大买家。随着消息在芯片制造行业传播，ASML 的声誉不断下跌。与此同时，蔡司和 ASML 正在积极地寻找解决方案。

开始时，ASML 可以靠物流换货修复。维尔德霍芬和奥伯科亨之间的冷漠关系是对 ASML 的一种救赎，它迫使公司创建定义良好的光学接口并构建模块化系统，这样就可以轻松更换镜头柱。1990 年和 1991 年，许多被替换的镜头柱在博伊西和奥伯科亨之间传送。

* * *

在镜头柱中，一切都围绕着玻璃和空气边界处发生光折射。通常很少看到玻璃板之间的空隙，但在精密光学中，空隙里气体的成分会影响光学性能。蔡司在第二代 i 线镜头中使用了低压氦，在芯片生产过程中，镜头组会永久浸入低亚氦中。对比真空，稀有惰性气体的折射率是空气的 1/7，它会使系统对天气和气压的敏感度降低，这也是 Micron 的博伊西工厂在海拔 4,600 英尺的一个主要优势。

ASML 物理部主任扬 - 威廉·马腾斯（Jan-Willem Martens）最终找出了污染产生的原因：在 i 线镜头柱中，蔡司使用了一种在加工过程中脱气的胶水，挥发性碳化合物会与氦气混合，而光刻机中的高能紫外线则使得混合物发生反应，从而产生沉积在玻璃上较重的有机化合物。有时一组镜头在一个月后就无法再使用了。

这不是唯一的问题。因为镜头是用胶水将两种不同类型的玻璃黏合组成，所以 i 线光学元件还存在所谓的双光问题。在紫外线的影响下，连接层会发生反应从而导致颜色变化。

当开始大规模生产时，步进光刻机每天工作 24 小时。由于 Micron 大量使用该机器，意味着每小时通过镜头的光线会显著增加，碳层则沉积得更快，双光层也会迅速改变颜色。

* * *

那个时候，凯撒和马腾斯正在前往台积电解释这个问题的路上。他们当时还没有找出这个问题的解决办法，但 ASML 收到了一份传真，是一张图表，其中清楚地显示了如果在氮气中加入氧气，碳层是如何消失的。

利用这些信息，凯撒和马腾斯思考了解决问题的方法，并得出以下解释：新 i 线波长（365 纳米）的光子比以前使用的 g 线（436 纳米）的能量大得多，就像平流层一样，他们把氧气改成镜头柱中的臭氧。臭氧是一种强大的氧化剂，能分解大分子有机化合物。这就是他们在第一代 i 线镜头中没有遇到这个问题的原因，因为里面装满了空气、氮气和 20% 的氧气，那里的氧气可以和碳形成二氧化碳，而新镜头只浸泡在氮气中就会发生碳沉积。问题一开始并不严重，因为客户开始只使用 i 线机器进行 IC 工艺开发，因此步进光刻机不会持续运行，所以问题没有被发现。马腾斯和凯撒不确定他们是否应该立即向台积电说明诊断结果和解决方法。有时虚张声势地表现一下，就可以成功扭转局面，这表示：一切都在控制之中。

* * *

那次访问之后，ASML 的化学家们想到了一种直接解决碳污染的方法，而且不必把镜头柱拆开。他们想出了一个清洁程序：维护工程师将臭氧发生器连接到氮气导管并保持 24 小时，以便"擦洗"镜头。这意味着他们不再需要更换脏镜头，但缺点是步进光刻机连续 24 小时不能使用。因此，他们需要一个更明确的解决方案，也就是将百分之几的氧气与镜头组的氮气混合起来。

镜头污染和 ASML 创建化学小组刚好同步发生。1989 年年初，ASML 的执行科学家斯特夫·维特科克聘请了物理学家马腾斯，因为当时 Micron 的批量订单给公司提供了一些财务方面的喘息空间。而正是在这一系列机器里出现了碳沉积问题，马腾斯刚好可以解决这个问题。

在随后的几年里，ASML 依然需要化学专业人才，因为光化学反应引起的问题会随着波长的缩短而持续增加，并在 248 纳米和 193 纳米的深紫外线（DUV）中变得更加严重。在 20 世纪 90 年代，ASML 和蔡司雇用的化学家越来越多。

* * *

1992 年 5 月，当 ASML 的管理层访问奥伯科亨时，凯撒首次与威廉·马里斯会面。马里斯当时有很多想法，但他不确定公司是否有钱在月底支付薪水。他说出他的忧虑，并强调蔡司是 ASML 发展的瓶颈。现在，人们对 PAS 5500 非常感兴趣，但 ASML 不得不等待来自奥伯科亨的光学元件。

凯撒解释了失真和碳污染的问题，并向马里斯展示了正在采取的措施。他说，蔡司已经聘请了赫尔曼·格林格来监控来自小原的 i 线玻璃，但 1993 年第一批货才能到达德国。马里斯不满意，他希望看到更多的进展，并表现得十分愤怒。凯撒很惊恐，但他无能为力。

凯撒对马里斯的爆发感到非常不安，以至于他考虑在接下来的几天里辞职。他的结论是，如果他与客户的首席执行官发生这种严重冲突，他不可能完成工作。他打电话给范登布林克和马腾斯说再见。"这真的震撼了我，"凯撒说，"我恐怕不能继续工作了，意见分歧太大了。不只是马里斯大喊大叫的问题，我根本没法打通他的电话。"

但范登布林克安慰他："凯撒，请不要放弃，我们对你有信心。你在做正确的事，现在的局势确实非常不稳定。是的，每个人都希望事情进展得更快，但不要做出任何仓促的决定。继续与我们合作吧。"

蔡司O–Lab

蔡司在全世界寻找带有"金手指"的光学工匠但徒劳无功。自动化流程是一种选择，但工程师尚未决定最佳的选择是什么。

蔡司虽然是一家传统的家族企业，但它始终站在技术领域的前沿。在 20 世纪 80 年代中期，安静的山谷小镇奥伯科亨是公司的所在地，该公司开始用激光测量镜头表面的光洁度。蔡司认为这项技术很有前景，因此决定进一步开发其测量仪器，不仅供自己使用，也出售给他人。

在 20 世纪 80 年代末，蔡司研发实验室的负责人格哈德·伊特纳（Gerhard Ittner）也意识到，镜头的需求量必然增加，该公司的手工生产最终将满足不了需求。因此，他开始了一个庞大的项目，目标是开发从干涉测量、自动抛光到用离子束抛光的所有关键技术。

起初，激光干涉测量是相当粗糙的。玻璃表面的起伏特征是以模拟信息，而不是以数字信息的形式呈现的，它们在纸张或显示器上可见，并被记录在磁带上。在早期，光学车间的员工通过肉眼将这些图像与标准镜头的图像进行比较，希望后者近乎完美。

为了正确地将镜头质量与原始数学设计进行比较，蔡司在 20 世纪 90 年代初开始数字化测量数据。计算机内存和电子学的发展使这一点成为可能，但这不是一件容易的事。在奥伯科亨，他们必须开发定制系统，即帧抓取器，从而能够快速将干涉仪的模拟测量值转换为 0 和 1。测量结果足够精确，但获取数据需要很长时间。如果从阿伦到乌尔姆的火车在测量时经过，就会产生太多的震动，以致数据完全不可用。另外，空气湍流也会影响读数。

在那个时代，数字技术还不成熟，计算机还有很多需要改进的地方。为了将读数与数字镜头设计进行比较，蔡司必须依靠 286 台式计算机，这些计算机要花一整晚计算一个镜头的数据。

但最大的瓶颈是缺少有"金手指"的工匠。计算机绘制出不规则的表面图像后，这些工匠必须根据记录的图像来磨掉微小的凸起：它们太小，肉眼看不见。这种抛光纯粹是靠感觉进行的，这使它成为一件令人紧张的烦心事。抛光者要一直盯着图像，然后用手磨掉极小的一点玻璃凸起。

* * *

1990 年秋，当蔡司设法为 PAS 5500 生产第一个 i 线光学元件时，该公司拥有 6 名"金手指"员工。他们付出了大量的血汗和泪水，能够每年交付 10 个 i 线光学元件。1991 年和 1992 年，产能低的困境已经恶化到噩梦般的程度。

客户对 PAS 5500 的兴趣不断增加。第一批 i 线镜头运到维尔德霍芬，有了它们 ASML 至少可以为芯片制造商提供用来设置其流程的机器。一旦他们做到了这一点，蔡司更需要加速了，因为一台机器的实验订单通常在一年后会产生第二个订单，订单数量为 10 台。如果奥伯科亨不跳上冲浪板赶上这波浪潮，ASML 就可以收拾行李回家了。

因此，ASML 越来越坚持认为蔡司需要增加产量。主要问题是，蔡司首席执行官乔布斯特·赫尔曼非常注意规避风险，他一直思索着即将到来的一轮成本削减。奥伯科亨蔡司多年来表现不佳，与耶拿蔡司的联合也许会葬送了它。

* * *

此外，就像蔡司的大多数执行董事一样，赫尔曼对芯片没有好感。保守阵营甚至想解散半导体光学部门。后面这些数字支持了他们的怀疑态度。在过去的 3 年中，从维尔德霍芬工厂卖出的光刻机数量从 1989 年的 74 台下降到 1990 年的 54 台，1991 年又下降到 36 台。1992 年的订单也没有多大的改善。因此，蔡司高级管理层的建议是：保持原状，只是临时雇用一些员工来处理这种影响不大的订单。

制造更复杂的光学元件需要更多的"金手指"工匠：蔡司估计短期内需要 40 个。主要问题是，这些工匠平均需要 6 ～ 10 年的时间才能磨炼出必要的技能。因此，1992 年蔡司在全球各地寻找这些顶尖的专家，该公司着眼于东欧和美国，它甚至收购了南非的一家小型国防公司，因为有 5 个有"金手指"的人在那里工作。但一年之后，蔡司找到的人远远不及需要的 40 个人。

＊　＊　＊

与此同时，蔡司的中央研究部门光学实验室 Optik-Labor（O-Lab）正在紧锣密鼓地研发下一代镜头生产技术，该实验室为中央生产车间设计机器和工具。为了朝着更大、更准确的镜头迈出新的步伐，经理克劳斯·贝克斯特特（Klaus Beckstette）希望使现有的手动工具变得更加可靠且自动化。贝克斯特特在这些机器的改进版本中找到了解决的方法，他希望通过装备花岗岩基板来使现有的镜头制作工具更加稳定。他还希望用环形工具取代固定形状的抛光盘，从而使机器更加通用，这些工具可以制作多种镜头，包括不同曲率的镜头。这些制作过程将由数控机床（CNC）控制，而不是手动控制。

贝克斯特特将这项任务交给克劳斯·利希滕贝格（Claus Lichtenberg），他目前负责原型和工具部门。利希滕贝格的工作是实现这一切，这位年轻的工程师开始很不情愿。他并没有拘泥于传统的光学制造思维，因为他在大学接触到了机器人技术。由于他在灵活系统方面的经验，他认为机器人使用数字设计和计量学数据抛光表面的方法更有价值。

利希滕贝格在斯图加特大学攻读精密机械学位时，接触到了第一台机器人和 CNC 可编程数控加工设备。在蔡司的定制机械部门，他在开发用于研磨和抛光设备以及其他镜头制造工具的半自动控制系统的工作中获得了丰富的经验。它们都是专用系统，无法在任何地方购买到，而且它们都是由蔡司自己设计和制造的，例如将镜头在光柱中居中的仪器。

1993 年，利希滕贝格被任命为原型和工具部门负责人，他是一位经验丰富的自动化流程设计专家。他开始试验闭环系统，与赫尔曼·格林格和温弗里德·凯撒合作进行测量工作。他们在原型车间的一个不起眼的角落里开始工作，因为没有人相信使用弹性系统来制作极其精确的形状的方法是可行的。凯撒使一台干涉仪自动化，它能将纳米级的拓扑信息从抛光表面发送到计算机，计算机将这些数据与数字设计蓝图进行比较并计算差异。一旦发现不规则的位置和高度，计算机就可以将它们转换为后处理模型，这是一张微观高程图，可精确地告诉机器人应该打磨的位置和高度。

他们学习了一个重要的规则：确保干涉仪和机器人都知道镜头的确切位置。为此，他们在反复测量和抛光的过程中，会将镜头及其支架固定。

起初很艰难，这些数据量很大，在计算机上存储和处理的数据实在太多了。但利希滕贝格很幸运，机器人制造商 ABB 借给他一个机器人，而且 O-Lab 有人愿意帮助他编程。他们一遍又一遍地使用手指大小的超声振动抛光笔计算抛光10 纳米所需的时间。进展缓慢但稳定，他们成功地使镜头表面更接近完美。他们学习调整已抛光的镜头，并在容差范围内获得不规则表面，最终可以在几十纳米的精度内获得完美曲面，这几乎与使用刚性定制机器可以达到的 10 纳米一样精确。

1993 年，利希滕贝格还尝试利用离子束进一步提高精度以达到纳米水平，这是 O-Lab 的科学家马丁·韦瑟（Martin Weiser）的想法。O-Lab 制造了所需的设备，离子束虽然速度很慢，但非常精确：它们一次可以轰炸一层原子。如果蔡司能够用离子束击中镜头上需抛光的地方，那么就可达到目标精度。与使用定制机器的 10 纳米精度相比，使用这种方法所能达到的精度甚至更高。

作为原型和工具部门的负责人，利希滕贝格无法拒绝贝克斯特特命令他做的事情，但他在机器人和自动化方面的经验告诉他，使用抛光笔和离子束的柔性系统具有更高的可复制性。对他来说，重要的不是刚度，而是可控制，这导致了一场持续数年的激烈的方向之争。利用更可靠的现有生产工具的版本，贝克斯特特的 O-Lab 正在走向一条看似更安全的路线。但高昂的成本是个问题，利希滕贝格估计，定制设备的材料和制造成本为 200 万～ 400 万美元。此外，这些传统机器也需要配备昂贵的工具——每件 2.5 万～ 3 万美元。

利希滕贝格总结说，O-Lab 的策略是不现实的。为了满足 ASML 的需求，按照传统方案，他们需要 50 ～ 60 台定制机器。总之，这将花费更多并带来更多的麻烦，因为这种方法仍然依赖于人类的手。

抛光机器人与干涉仪结合使用要便宜得多。在这两种情况下，他们都需要一台价值 25 万美元的激光干涉仪，但他们只用 7 万美元就能得到一台机器人。利希滕贝格估计，用机器人和干涉仪的组合制作一个镜头元件将花费 2,500 ～ 3,000美元。相比之下，如果使用定制机器，成本将很容易高出一个数量级。

靠信誉经营

ASML多年来一直命悬一线。纯粹的人与人之间的信任使这家公司得以维持。

自 1984 年成立以来，ASML 一直在烧钱。财务部门则在到处找钱。因为资源稀缺，他们不断地调整信贷、贷款和租赁合同额度。会计主管埃弗·哈吉曼（Eef Heijmans）和财务总监西奥·巴特莱伊定期检查银行账户，看看他们手头上还有多少现金。每周都是在另一个迷宫里找钱的过程。他们在银行经常只有 5 位数的现金，但他们需要支付 10 倍的钱。

在这种情况下，他们遵从以下优先顺序：先划掉对飞利浦的所有应付款；接下来，划掉 ASM 和 ASM Fico 的应付款，ASML 也从他们那里购买零件；最后，剩下的就是埃因霍温周围的工具制造商和小供应商，他们对 ASML 至关重要，他们也需要每月向员工支付工资。

此外，Touche（现为德勤）和飞利浦的会计师们也吵个不休。Touche 每 6 个月就会重申一次：伙计们，是时候处理库存了！杰拉德·韦尔登肖特和他的财务人员总是回答："不，我们仍然可以卖掉这一切。"这是一个小小的善意谎言。Touche 的持久信赖和睁一只眼闭一只眼的态度也是 ASML 的生命线之一。

缺钱的日子总是没有尽头。在第一个 10 年中，ASML 终于第一次（1989年）盈利了。PAS 5500 的研发给公司带来了沉重的负担，员工人数不断增加，组织工作也因此变得复杂，人力资源、生产、物流和全球服务部门都需要专业的改造。

改善组织的投资顺利进行。1993 年，威廉·马里斯宣布采用全面质量管理为公司的重中之重。两年后，Hay 公司将再次对研发部门进行深入研究。

多年来，工资和机器研发的预投资是 ASML 沉重的负担。该公司的支出居高不下，亏空越来越难以填补。

整个行业都在靠信誉运转。半导体制造商表示有意购买，但不下实际订单。

芯片机械制造商先用诚意开发和制造他们的设备，而价格谈判同步进行。通常，订单直到最后一刻才会到达。

这就是维尔德霍芬在研发和大规模生产上耗费大量资金的原因。例如，i 线步进光刻机的研发工作始于 1986 年，但直到三四年后它们才能为 ASML 带来实际收入。这项技术还需要 3 年才能真正产生可观的利润率，这就是首款大规模生产的 i 线机器——PAS 5500。

＊　＊　＊

在 20 世纪 80 年代末，销售总监迪克·奥雷里奥在美国找到了一条财政生命线，它将在 1990 年、1991 年和 1992 年扮演重要角色。Comdisco 是一家租赁主要资本资产的公司，它宣布芯片行业为其新的战略市场。Comdisco 发行信用额度，以在建的机器作为抵押品，即使是研发部门的原型也算数。Comdisco 的介入很快缓解了 ASML 资金短缺的压力，当时 ASML 面临着 1,000 万美元的短缺，飞利浦和 NMB 银行都拒绝再次提供资金。不久之后，ASML 财务部门的表彰证书就挂在墙上了，因为签订了 1 亿美元的租赁合同——美国供应商慷慨解囊。

ASML 的财务专家确保这个庞大的数字不会出现在公司的年度报告中，报告中只列出了小额的租赁金额。这些是他们设法在年底暂时偿还巨额租赁金额后留下的零散部分，他们会使用客户付款但欠着飞利浦 CFT 和 Natlab 的高额研发账单。一旦新年开始，租赁合同就回到 8 位数的范围内。

＊　＊　＊

另一种有利的融资模式出现在 1991 年，当时 ASML 收到一个特殊的要求。IBM 希望在单个晶圆上制造大型机的所有芯片。为此，步进光刻机必须能够曝光具有大量不同图案的晶圆。IBM 要求一个能快速切换掩模的系统，这对控制生产成本至关重要。

ASML 很愿意开发这个管理系统（RMS）。但当时，PAS 5500 需要投入太多的时间和资金，以至于这家设备制造商暂时没有这种能力，但又不能对大金主 IBM 说"不"，因此 ASML 表示，IBM 在合同上一签字，项目就可以开始。

IBM 表示同意，ASML 随即将开发外包给飞利浦的 CFT。CFT 打造了这个系统：有 3 个插槽的无尘掩模盒和 SMIF 箱，两个机器人快速切换掩模。ASML 收到 IBM 为此系统支付的数百万美元，但等到 CFT 成功完成了该项目时，IBM 的情况却已经完全改变。IBM 新任首席执行官卢·格斯特纳（Lou Gerstner）对 IBM 的大型机战略做出了重大调整，将耗电的双极芯片更换为 CMOS，这意味着他们不再需要掩模管理系统。

ASML 决定把 RMS 作为 PAS 5500 的选装功能来卖，结果此子系统非常成功，以至于每个客户无一例外地都选装了该系统。这也是 ASML 步进光刻机卓越性能的一部分。

＊　＊　＊

在随后的几年里，ASML 仍要求客户在合理的情况下提前做出承诺。例如，ASML 作为设备制造商在收到订单后才会为 193 纳米的激光器和 12 英寸的晶圆制造光刻系统。对于风险极高的项目，如 157 纳米、EUV 光刻机和 18 英寸晶圆，ASML 甚至要求客户入股分担研发风险。对于其他一些研发项目，如浸入式光刻机，因为客户迫切需要所以公司没有必要考虑金融风险。

＊　＊　＊

整个半导体行业似乎都依靠诚信经营，ASML 的供应商也不例外。多年来，这家设备制造商一直非常依赖其供应商、合作伙伴和投资者的信任，他们只需要公司经理和财务部门给予的口头承诺。

在 20 世纪 90 年代初，ASML 试图寻找一家金融租赁公司作为合作伙伴一起投资修建一个 PAS 5500 的装配厂，原因是原来的工厂的超净室不够高，地板强度太弱，不适合新的光刻机。

他们迟迟找不到项目开发商，韦尔登肖特恳求承包商克里斯·范卡斯特伦（Chris van Kasteren）无论如何都必须开始施工。PAS 5500 不能再拖延了，但首席财务官却没有钱付施工费用。ASML 已经没有任何信用额度了，首席财务官甚至不能对他们何时能够付钱给范卡斯特伦做出任何承诺，但是他们迫切需要一座

377

工厂来开始大规模生产新的机器。韦尔登肖特向建筑承包商保证：在未来几个月里，他将竭尽全力寻找投资者。

范卡斯特伦可以筹集一些前期费用，这是因为多年来他为飞利浦做的项目使他享有可靠的承包商声誉。他开始建造 ASML 的新工厂，并用自己的信用额度为项目筹集资金。他接管了维尔德霍芬的一家农场作为新工厂的工地，并帮助几家公司进行搬迁。范卡斯特伦不停地建造，原因只是投资者韦尔登肖特答应了他，所以他要尽快把整件事情做好。即使在他听说 ASML 很难获得新的租赁融资合同后，他仍然不停地为新楼添砖加瓦。

一天下午，西奥·巴特莱伊接到一个电话。一小时后，ASML 的这位财务总监坐在范卡斯特伦的饭桌旁。这位建筑承包商给他煎了一个鸡蛋并给他倒了些咖啡，然后他坐下来说："里克说，盖楼工程必须停止。"原来这位承包商已经为 ASML 的新建设投入了数千万美元，他的妻子不愿意承担这种风险。

当韦尔登肖特听到这一点时，他知道是时候采取行动了。不过，他花了几个月的时间才找到同意接管范卡斯特伦的融资并将抵押的大楼租给 ASML 的银行。

想都不用想的事

飞利浦正处于艰难时期，却仍然给ASML提供了资金——但这是最后一次。

1990 年，扬·蒂默（Jan Timmer）接任飞利浦首席执行官，该跨国公司正处于悬崖的边缘，他的任务是拯救他所能拯救的一切事务。任命刚正式生效，他就打电话给几个重量级人物，不过他们愿意帮助他完成这一艰巨任务吗？在复印机巨头的会议室里，一部手机响了，当亨克·博特接听时，一个坚定的声音说："亨克，我希望你帮帮我，重新掌管我们的零件和芯片业务。"

蒂默这样问博特是因为他也曾就职于飞利浦。博特是众多飞利浦成功的员工之一，他们从较低职位做起，然后升到高管。他先读完了职业学校，接着参加了飞利浦公司学院的工业学习课程，然后在 Natlab 任助理职位。夜校帮助他提升自己，到了 20 世纪 70 年代，他负责 S&I 的测试和测量业务。20 世纪 80 年代初，他任公司规划主管。最后在 1986 年，博特离开了这家跨国公司，然后在靠近德国的荷兰东南部边境地区的文洛为奥西公司工作。

当博特回到埃因霍温帮助推动被称为飞利浦"百年行动"的重大重组时，他负责零部件和芯片生产。蒂默将 Elcoma 的芯片业务分拆出来，并将它们放在一个单独的部门，他把这个部门命名为飞利浦半导体（译注：即现在的恩智浦 NXP）。他和博特大刀阔斧地削减了一些项目：他们终止了 Megachip 项目，并在有 25,000 名员工的芯片部门裁员 1/5。

博特的管理内容也包括 ASML。从 1990 年年底开始，他每月都会与威廉·马里斯和杰拉德·韦尔登肖特举行会谈，韦尔登肖特当时正艰难地筹钱。在访问维尔德霍芬期间，博特偶尔会遇到装配和研发领域的工程师。有一次他遇到了一个精力充沛的员工，该员工与飞利浦其他部门的员工相反，他厌恶公司政治。

蒂默和博特应该如何处理 ASML ？显然，维尔德霍芬的这家子公司并不是飞利浦核心业务的一部分，而且很明显它业绩不佳。从财务上讲，他们倾向于摆脱 ASML，但他们并不想立即中断投资让它倒闭。这家设备制造商相对较小，所以它并不是蒂默最头疼的问题。博特说，他看到了潜力，并建议 ASML 寻找外部投资者，然后飞利浦再剥离该部门。他和蒂默一致认为：飞利浦需要摆脱 ASML，但是要采取一个合理的方法。

在之后的几年里，博特、马里斯和韦尔登肖特拜访了一些投资者和银行，但没有人愿意把钱投入冒险事业。在此期间，ASML 差点在开发 PAS 5500 的重压下屈服。1992 年，它寻找外部合作伙伴来分担研究费用，此举倒是符合时代精神。半导体制造商们也在相互寻求合作伙伴来分担芯片开发的初始风险。

* * *

在 1992 年上半年，ASML 的业绩跌到了谷底。前一年，它只售出了 36 台机器，收入 7,700 万美元，亏损 500 万美元。飞利浦并购部门的专家建议关闭 ASML。同期 ASML 的员工人数却持续增长以满足 PAS 5500 的研发需求。政府经济事务部提供的 1,900 万美元技术开发信贷提供了短暂的喘息机会，但到了春末，这笔钱就用完了。ASML 在未来几个月内不可能售出足够多的机器来支付账单和薪水。"我们得去看看飞利浦的蒂默老板了。"博特对马里斯和韦尔登肖特说。

1992 年 5 月 15 日星期五，博特和蒂默在埃因霍温的飞利浦荷兰总部商议 ASML 这个头痛的问题。博特告诉蒂默，他对这家光刻机公司有信心。当他与 ASML 的管理团队交谈并考察公司大楼时，他看到了一个专注于市场的干劲十足的团队。博特告诉蒂默，芯片行业正在走出低迷期，ASML 已经为生产下一代芯片准备好了机器。PAS 5500 的订单已经明显增加。"ASML 今年能够生产的所有 PAS 5500 几乎都已经售出，"博特说，"如果这家公司有机会起死回生，那么马上就到那个时刻了。现在停止对我们的财务支持将是非常不理智的。"

博特还有另一个论点。如果现在就把维尔德霍芬的 ASML 关闭，飞利浦将损失 1 亿～2 亿美元的遣散费和客户服务合同。作为公司的正式所有者，这家电子巨头必须承担全部费用。"ASML 很有可能就快能自食其力了。"博特说。

然后马里斯、韦尔登肖特和道格·马什进入房间，蒂默穿着醒目的吊带裤（首席执行官的标志）正站在他的办公桌后面。会谈时间很短，ASML 的 3 人强调，让他们的公司继续运营是想都不用想的事，因为客户对 PAS 5500 非常有兴趣并愿意下订单。销售总监马什如实叙述，甚至日本的 NEC 也刚刚宣布正在评估 PAS 5500。

"你需要多少时间？"蒂默问。马里斯说，ASML 可以在 9 个月内售出足够的机器来偿还贷款。蒂默问："你需要多少钱？"韦尔登肖特清楚地知道他没有钱支付未来 3 个季度的工资，他说："需要 2,100 万美元。"

蒂默确实加了一些条件。ASML 太费钱了，今后必须削减成本。飞利浦的首席执行官希望在一年后与马里斯和韦尔登肖特再次会面。"我们是否可以达成这样一个协议：如果到那时情况还不好转，我们就关闭公司？"马里斯和韦尔登肖特握手达成了协议，然后走出了房间。

ASML 现在还在医院 ICU 中抢救，指望飞利浦出钱再输 9 个多月的静脉营养液。松了一口气的马里斯给全公司发送了一封信函，宣布飞利浦将提供临时财政援助，直到"ASML 可以独立运营"。他还写道，在 1992 年上半年，他们必须售出 16 ～ 18 台机器，但全年的目标是售出 60 台。他还提出了一个痛点，一些客户因为机器出现问题还没有支付 PAS 5500 的货款。他强调，解决芯片厂的技术问题至关重要，以便 ASML 能够尽快回收资金。马里斯敦促他的员工尽自己最大的努力。

10

增长

1993—1996

完美的团队

威廉·马里斯是个好人，杰拉德·韦尔登肖特则是唱白脸的坏家伙。
两人并不亲密，但他们想法一致。

飞利浦 2,100 万美元的"输血"使 ASML 挺过了 1992 年夏季和秋季，但到
了年底，它又开始缺钱。在 11 月与亨克·博特、威廉·马里斯和杰拉德·韦尔
登肖特的月度会面中，他们传达了一个令人心痛的信息：ASML 当年的损失可能
超过 3,000 万美元。

博特在飞利浦的董事会一直无条件支持 ASML，但亏损 3,000 万美元让他坐
不住了。他很坚决地告诉马里斯和韦尔登肖特，两人必须把 ASML 的损失控制
在 1,700 万美元以下，否则他也救不了 ASML。这是无法避免的：两人被迫开始
起草一份大幅削减成本的计划书。

首当其冲的是相当于一个月工资的传统圣诞奖金，而且在 1993 年，也不会
有人得到加薪。马里斯和韦尔登肖特还决定裁员 75 人。

一如既往，韦尔登肖特是那个向员工报告坏消息的人。在维尔德霍芬的德科
宁肖夫会议中心开会时，这位首席财务官站在员工面前，他设法给自己传达的消息
赋予了积极的意义。在他的演讲中，他巧妙地再次提醒他们，公司正在与日本人竞
争。尽管韦尔登肖特削减了员工年薪的近 10%，但他讲完话时，大家还是一起鼓掌。

* * *

此时，韦尔登肖特已经在 ASML 工作了超过 8 年。他了解公司情况，也了
解首席财务官的职责所在，他总是努力去理解公司股东们的想法。在早年，他经
常拜访母公司 ASM 的阿瑟·德尔·普拉多。在飞利浦，他也到处都有熟人，他
号召他们一起打好这场仗。在维尔德霍芬，他经常穿梭在工厂的车间，有时会停
下来与大家聊天。

这并没有让他所有的同事都喜欢他。因为不像 ASML 的大多数人，他更喜欢政治游戏，他有让别人屈从于他意志的天赋。有的人能反抗成功，有的则不能。在 ASML，韦尔登肖特有朋友也有敌人。对敌人来说，这是很艰难的，因为韦尔登肖特会猛烈地攻击对手，最好的做法是，当你站在他的对立面时，你得设法寻求掩护。

韦尔登肖特总是能够成功地筹集到钱，他似乎能搞定任何事。他是一个人际关系广的人，而不只是发文件和报告的首席财务官。他是 ASML 中的一员，他们基于诚信开展业务。需要韦尔登肖特签字的同事，如果能说出正当的理由，就能得到他的批准。韦尔登肖特愿意相信他们的话，阅读合同和文件并不是他喜欢的事，他很少对签过的协议进行记录。

他这样的方法很有效。每个人都知道他们与韦尔登肖特分别所处的立场，而且必须小心他的财务手段。如果敬酒不起作用，他不介意上罚酒。所有人都知道最好避免与韦尔登肖特发生冲突。

* * *

韦尔登肖特不是那种注重成本的传统首席财务官。他的座右铭是：成本不重要，利润最关键。维姆·特罗斯特掌管 ASML 的那两年并不是韦尔登肖特最愉快的两年，特罗斯特每一分钱都精打细算。当时，韦尔登肖特觉得他自己唯一能做的事情就是证明开支是合理的，他非常讨厌这种事。

其实，贾特·斯密特与韦尔登肖特非常相似，斯密特也是把机会放在首位。这位首席财务官虽然总是抱怨他的第一个老板产生了许多不必要的开支，但如果等他必须做出选择，他会采取斯密特的策略，而不是特罗斯特削减一切成本的做法。从某种意义上说，韦尔登肖特也是一个花钱大王。

韦尔登肖特是唯一一个无视 20 世纪 90 年代初公司禁止乘坐商务舱的规定的人，他还喜欢与同事和客户共进商务晚宴。韦尔登肖特对这些东西的热情是坚定不移的，被他邀请来体验这些高级宴会的同事通常把这当作一种义务。

对于首席财务官来说，韦尔登肖特有着惊人的进取精神。当每个人都被 1,000 万美元的花费难倒时，他只是耸耸肩："伙计们，这不是重点。问题是，我们是否至少能赚回来四五倍。"当 ASML 在 1986 年之后开始销售机器，资金开始从客户流入 ASML 时，韦尔登肖特很乐意将其投入物流、研发和其他十几种业务中。

威廉·马里斯

杰拉德·韦尔登肖特

这些照片是《日报》拍摄的，以配合 1999 年年底对即将离任的威廉·马里斯和杰拉德·韦尔登肖特的采访。"杰拉德更像是个商人。"马里斯在采访中说。韦尔登肖特将他的前老板描述为："威廉很善于与人合作，他认为功劳是大家的，而不会把功劳都揽到自己身上。"

在早期 ASML 花了大量的钱。仅在头三年，ASM 和飞利浦就向维尔德霍芬这个无底洞投入了近 5,000 万美元。ASM 退出后，飞利浦继续向其光刻机子公司注入资金，这在一定程度上有赖于韦尔登肖特的出色工作。在这项工作中，他选择了正确的时机来寻求母公司飞利浦的帮助。

韦尔登肖特这个人也有点古怪，他从不在工作日庆祝他的生日，他想要略过这一天。每次到了这个日子，马里斯都吩咐菲亚·洛森订购蛋糕。每个人都被邀请了，咖啡也已经端上桌，韦尔登肖特坐在那里，看上去很痛苦。他不喜欢收礼物，只有花是他勉强可以接受的。在这样的时刻，他感到不舒服，这不是他想站在聚光灯下的方式。

相比之下，在与同事和客户共进午餐和晚餐时，韦尔登肖特是引人瞩目的中心人物。在享受美味时，他津津有味地讲着各种金融技巧，他会选择夸大故事的一半，略过故事的另一半。当他为非财务员工举办金融研讨会时，他会在课程中加入他的英雄事迹。

* * *

威廉·马里斯在 1990 年刚来到 ASML 时，韦尔登肖特是占上风的。这位首席财务官在公司有 6 年的根基，像马里斯这样温和的人没有机会对付他。在上任后最初的几年里，这位新首席执行官受到手握财务大权的韦尔登肖特的强烈影响。

马里斯刚到公司任职时，希望韦尔登肖特提供发展方向方面的建议。首席执行官做出的决策通常由其首席财务官通知下去。韦尔登肖特咨询每一个人的意见，他认真聆听每一个小道消息，然后将它们告诉他的老板。"这就是我们需要做的事情，这是我们发展的方向"，韦尔登肖特说向左走，马里斯就会向左走。

马里斯没有什么好胜心，当他刚来到 ASML 时，他告诉他的妻子："我们不需要成为最大的，只想做最好的。"但是他确实在进步，随着时间的推移，他和韦尔登肖特开始优势互补，并且合作得越来越好。马里斯认可他的首席财务官的良好品质，并给了他施展的空间，这使得他们成为完美搭档。

对马里斯来说，身边有个唱白脸的搭档是有利的，他很乐意让韦尔登肖特做吃力不讨好的事情。当需要传达令人不快的决定时，首席执行官更愿意退到一边，马里斯无法忍受做一些令人不快的事情，比如裁员。

管理团队赞赏马里斯将人们聚集在一起的能力，但他却没有给人留下特别深刻的印象。当 ASML 的一位高级管理人员出现酗酒问题时，这位首席执行官没有与他正面交流，但在员工们早上上班时，看到同事办公桌下的威士忌酒瓶后，投诉又增加了。马里斯与韦尔登肖特还有尼科·赫尔曼斯一起在人力资源部门想了一个计划：在 ASML 的高尔夫日，他们会把那个人拉到一边，一起告诉他这个坏消息。韦尔登肖特亲自起草了辞退的协议，但他们的对象最后没有出现，马里斯自己收拾不了残局，他要求赫尔曼斯确保问题得到解决。

* * *

虽然韦尔登肖特扮演坏人，但马里斯确实是好人。首席执行官逐渐成长为一位深受员工爱戴的领导者。他第一年宣布，他将经常光顾工厂车间，事实上这不仅仅是一句漂亮话。当他知道他的员工们必须周末加班时，他经常来看大家并鼓励大家。

有段时间，ASML 制定了更严格的安全规定，员工必须随时佩戴工牌。有一天，当马里斯正在巡视时，一位新来的仓库员工问他："我能看看你的工牌吗？"首席执行官说他没有工牌并补充说："顺便说一下，我是威廉·马里斯。"这位年轻的员工不接受他的说辞，并把这位首席执行官赶出了门。马里斯觉得很有趣，并在事后不断赞扬这名员工。

* * *

就像特罗斯特一样，马里斯也是从飞利浦调至 ASML 的。但是，特罗斯特在 ASML 的两年里，他从未真正融入 ASML 团队并成为其中一员。而几年后，马里斯感觉在 ASML 就像在家里一样。对他来说，这就是一份梦寐以求的工作，他告诉妻子，他仿佛踏上了童话般的冒险之旅。他的员工也很快就爱上了他。

马里斯逐渐开始扮演最适合他的角色——首位平等。他甚至在他的团队中也这样说。ASML 拥有一群像年轻雄狮一样的员工，他们想放手一搏。领导者明白他需要怎么做公司才能成功。像道格·马什这样于 1978 年在 GCA 销售出世界第一台步进光刻机的人，或者像马丁·范登布林克那样的研发专家，都是能给公司带来巨大价值的员工。

马里斯无法控制这样的人。ASML 的团队一直都是由直言不讳的人组成的，他们比他更了解这一切。他不是一个有魄力的领导人，他自己也很清楚。他在队伍中拥有力量正是因为他能意识到自己的弱点。

首席执行官马里斯给他的"孩子们"的感觉是，他们可以做任何喜欢的事。如果他们真正碰到了麻烦，他们总是可以倚在这位"父亲"的肩膀上哭泣。因为似乎没有人对马里斯既扮演父亲，又扮演老板的角色有异议。

马里斯甚至觉得 ASML 与飞利浦的关系也像父子一样，ASML 就像叛逆的青春期少年。在上任后的头两年里，他对这位保守的"父亲"过多的干涉感到吃惊。他必须投入大量的时间和精力，才能让埃因霍温的母公司与 ASML 保持距离。

飞利浦那些高管大部分都是马里斯的同代人，他们像爬梯子一样坐上这家卖灯泡的母公司的领导职位。飞利浦不断试图干扰维尔德霍芬的叛逆"儿子"，他们批评 ASML 借钱的方式，ASML 处理荷兰盾兑换美元的汇率的方式，ASML 分配的方式。这位"父亲"各种事情都看不惯。由于马里斯的存在，在保守的"父亲"找到理由介入之前，这个"少年"总能安然逃脱。

* * *

马里斯建立关系的能力也帮助他消除了维尔德霍温和美国凤凰城之间的文化差异。这些差异的根源在于公司成立的早期。在最初的几年里，大洋另一边的组织在销售中处于领先地位。美国是最重要的目标市场，ASML 巧妙地选择聘用美国人来吸引美国人。销售人员制定自己的销售策略，他们往往是芯片行业的老手，知道该如何经营自己的业务。

但是，当大洋两岸必须更紧密地合作，不仅为美国主要客户提供服务，还要为强硬的韩国客户等提供服务时，分歧开始出现。荷兰人不仅掌握技术，道格·马什和他的团队还成了销售先锋。混乱和误解越来越多，美国人因为荷兰同事的傲慢而不满："如果你不是荷兰人，你什么都不是。"

马里斯认识到缺乏相互理解是一个严重的障碍，并努力力解决这一问题。他认为消除内部障碍和文化差异是一项神圣的使命。"我们要打破这些隔阂。我们将一起做事，我们将从管理团队开始改变。"他告诉销售总监马什。

但马里斯自己很难做决定。来 ASML 的头几年里，韦尔登肖特一直给予他必要的提示，但真正的重大决策稍后将由管理团队一起做出，马里斯更多地扮演催化剂的角色而不是主导者的角色。他和他的团队经常离开维尔德霍芬，去参加为期几天的拓展活动以制定下一步战略并加强团队精神建设。

马里斯对他的团队非常了解，并尽力将他们凝聚在一起。范登布林克的优势是技术，马什知道 ASML 的机器有什么价值，而赫尔曼斯和韦尔登肖特在政治上很精明。马里斯确保所有的人都要学会相互理解，并告诉他们，他们作为整体迸发出的力量大于他们各自力量的总和。他总是把决定权留给团队。一路上，他始终通过给予鼓励来解决冲突。

马里斯经常在员工处走动。当下午自己烟盒空了时，他经常去西奥·巴特莱伊的办公室要雪茄，然后和他一起抽烟。巴特莱伊并不是公司最高管理层的一员，但如果他的雪茄抽完了，他也总是可以敲开这位首席执行官的门。

马里斯也用同样的方式对待公司的所有员工。前来向马里斯倾诉烦恼的人首先会被问到他们是否知道解决方案，他说，如果他们不这样做，才真的有问题。然后，他邀请他们坐下，耐心地听他们的故事。马里斯不需要安慰员工，他的首要工作是给各位自我的 ASML 员工一些空间。

为了与整个公司保持联系，马里斯每月随机邀请 10 名员工参加非正式的午餐，员工们总是渴望能够参加。虽然在飞利浦任职期间，马里斯作为"控球后卫"的价值从未被人们所认识，但这个角色在 ASML 扁平化的组织中却像一副定制手套一样适合他。马里斯从 20 世纪 70 年代开始提出"圆桌平等"的想法，在 20 世纪 90 年代将他推向了 ASML 的巅峰。

马里斯最大的成就是使 ASML 与蔡司之间的关系在 1993 年—1998 年有了很大的改善。要开发和生产复杂的步进光刻机，需要良好的合作伙伴关系和相互信任。但蔡司顽固的管理层宁愿保守地按自己的时间表行动，也不想把自己捆绑在一个排他性的联盟中。即使 ASML 已经在 20 世纪 90 年代中期证明了自己的战略成功，但这家德国镜头制造商仍然拒绝建立这样的关系。马里斯知道关键在于蔡司的高层管理人员，并且利用他作为关系经理的独特性才能打开沟通渠道。他邀请关键人员参加 ASML 的季度管理层会议，后来甚至邀请他们加入监事会。

这些决定得到了蔡司监事会成员亨克·博特的支持，这极大地改善了两家公司之间的关系。在做报告方面，马里斯是韦尔登肖特的好搭档。首席执行官是 ASML 的脸面，在与客户、供应商以及飞利浦的联系人打交道时，他扮演着类似于大使的角色。当他被邀请到 Natlab 做最新科技的报告时，研究人员总是为他的演讲起立鼓掌。

* * *

对马里斯来说，股东价值排在第二位，他更愿意关注客户。他能叫出客户的名字，并且消除了许多谈判摩擦。他没有那种过度的自负，这使得他很容易从客户的角度来看问题。当他访问三星时，他知道客户会告诉他机器不够好。在首尔，他们总是让他与 20 名刚满 25 岁的员工共处一室，让他们向这位荷兰首席执行官诉说 ASML 的机器给他们带来了多少麻烦。马里斯知道，这时他需要竭尽全力解决这些问题以获得新订单。

马里斯设想自己在 ASML 中扮演着一个不醒目但重要的角色：不断表达"主人翁"的价值观。这是一个简单的策略公式，每个人都能够理解并向客户解释：重点并不在于前期成本，而是他们交付的光刻机所产生的持久的价值。有一次，来自鹿特丹伊拉斯姆斯大学的 5 名学生采访了 ASML 的员工，当学生们听到与他们交谈的每个人都秉持着相同的理念时，感到非常惊奇。对马里斯来说，这是莫大的褒奖。

主人翁的价值

现金第一次真正开始流入ASML，威廉·马里斯和杰拉德·韦尔登肖特终于兑现了他们的承诺。

　　1993 年的前几个月，资金开始以更快的速度流入维尔德霍芬。订单量和交货量都在上升，客户为最新的步进光刻机支付了比之前高得多的价格，服务和升级的收入也在增加。1992 年，公司的年收入从 8,100 万美元跃升至 1.19 亿美元，ASML 现在终于可以靠自己生存了。虽然从外部看来并不乐观：那一年公司蒙受了 2,000 万美元的巨大损失，赤字在很大程度上要归咎于 PAS 5500 诞生前的"阵痛"。但在 1993 年年初，一切都基本得到控制：ASML 现在拥有一台相当可靠的机器。

　　PAS 5500 的受欢迎程度不断提高，这台机器使公司的现金流不断增长。对于 ASML 来说，PAS 5500 给他们的感觉就像一种陌生的奢侈品。在公司的历史上，资金首次正向流入，而不是流出去。

　　这些美元的流入，使马里斯和韦尔登肖特有可能一举偿还他们从扬·蒂默那里借来的 2,100 万美元。戏剧性的时刻发生在 9 个月后的一次会议上，两人笑得像傻瓜一样，在桌子上摆了一张支票。韦尔登肖特喊道："承诺就是承诺！"博特和其他在场的人都使劲鼓掌。

　　一天后，韦尔登肖特接到了飞利浦财务部门负责人打来的电话，请他再也不要用支票支付这么大一笔钱了，因为这样公司损失了两天的利息。

＊　＊　＊

　　尽管乐观情绪日益高涨，但 ASML 在 1993 年年初仍然面临一些困境。最重要的客户兼 PAS 5500 的早期采购者 IBM 取消订单。这家大型计算机公司正在经受一场风暴，新任首席执行官卢·格斯特纳已经发起了彻底的重组。他改变了

IBM 的大型机战略，这影响了东菲什基尔的芯片厂，而该工厂在 IBM 与荷兰光刻机公司之间的关系中起着决定性作用。因此，ASML 面临着失去这个战略客户的风险。

虽然与 Micron 和台积电的关系日益密切，但 IBM 业务的丢失意味着 ASML 实际上仍然没有真正的大客户。当时，英特尔、摩托罗拉、三星和德州仪器等芯片制造商仍从尼康购买机器。只有规模相对较小的半导体制造商 AMD、赛普拉斯、IDT、Micron 和台积电从 ASML 订购。这些客户确实对公司产生了积极的影响：他们迫使荷兰工程师将主要精力放在成本和性能上。

这也使得 ASML 在竞争中技术飞速进步。更高的精度、分辨率和吞吐量都给客户带来了好处，客户利益包括在管理团队的"拥有价值"战略中。这是马里斯强调的一句流行语，听起来比更频繁使用的"拥有成本"更加积极。ASML 的步进光刻机可能比竞争对手贵 25%，但其精度和生产率意味着它们能把购置成本更快地赚回来。如果使用 ASML 的机器，则每个晶圆的成本更低。简而言之，在维尔德霍芬购买机器的客户可享有更高的利润。这一概念尤其受到像 Micron 和台积电这些非常注重降低成本的客户的关注。在 20 世纪 90 年代初，这些芯片制造商尚未处于领先地位，但 ASML 的机器将使他们能够成长为细分市场的领导者。随着机器可靠性的提高，ASML 签署的"不赚钱不付款"的支付合同的优势开始显现。例如，在这些交易中，客户可能只支付官方销售价格的 80%，并根据最终取得的业绩支付其余费用。这为公司赢得了很高的声誉。

无论如何，ASML 的技术优势和日益提高的声誉，吸引了越来越多的芯片行业巨头的关注。规模较小的公司，如 Micron 和台积电都使用 ASML 的机器取得了更大的成功。三星和大型美国公司不会不关注这一点，其中一些公司将很快就会愿意过来参观维尔德霍芬的超净室。

扫描光刻机

亨克·博特正在冲击马丁·范登布林克的梦想项目，这使得这位系统工程师接受了美国的慷慨提议。威廉·马里斯在最后一刻拯救了公司。

马丁·范登布林克在不久之后就脱颖而出，成为 ASML 的明星系统工程师之一。应该说，他付出了 200% 的努力，同时他也是一个只要想做什么就一定能做成的强者。他的同事很快开始叫他布林克，他对此并不在乎，只是吐吐舌头。

当 PAS 2500 在 1986 年制造完成时，范登布林克决定去福克寻找项目经理的职位。第一台步进光刻机的研发是艰苦的，他看到 ASML 在安排机器的装配、服务和物流时已经不堪重负。

在福克面试时，一位项目经理告诉范登布林克，他们是如何为这家飞机制造商做事的。每个项目都是一个严格的、长达几年的练习，其管理者必须做大量的记录。在史基浦机场的办公室，他们详细记录下了一切。范登布林克认为，如果我们开始在 ASML 也这样做，我们还是关门算了。当他听到这些文档工作时，脸上露出了讽刺的微笑，而这也被对方察觉到了。一周后，他们说他不合适这个岗位。

范登布林克却给斯特夫·维特科克留下了深刻的印象。ASML 的这位执行科学家有点嫉妒他这位年轻同事随心所欲的行为和他完全做自己的能力。维特科克更像是一位大使，一个无可挑剔的外交官。他总是做正确的事，总是体贴的，从不寻求对抗。他是一位绅士科学家，尽管在他心中范登布林克根本不会介意成为"野人布林克"。

从他们在 ASML 的第一年起，这位年轻的"海盗"和"老政治家"就越来越喜欢对方。维特科克的门总是敞开的，范登布林克经常跑来发泄。范登布林克骂骂咧咧，口头上抨击各种事，并喜欢找人听他的咆哮。

维特科克知道如何让范登布林克平静下来。"坐下吧。"他对咆哮中的年轻同事说。简单的几个字就缓和了范登布林克的情绪。两人很快将一起参加在硅谷举行的年度国际光学工程学会（SPIE）会议。他们先去塔霍湖滑了几天雪。两人喜欢彼此的陪伴，他们在一起玩得很开心。

维特科克是没有脾气但有大局观的人，范登布林克被他吸引了。他的直接经理没有时间理他，但维特科克很开放，喜欢邀请人聊天，他很高兴自己能扮演教练和导师这个角色。无论范登布林克何时走进他的办公室，维特科克总是花时间陪他。这常常会产生一些富有成果的对话，包括存在什么问题，以及应该如何从工程上解决它。

工作内容也极大地增加了维特科克的魅力。在 ASML 成立初期，这位执行科学家担任公司的技术大使。经过 Natlab 培训的这位资深研究人员认识贝尔实验室、IBM 和主要芯片制造商的研发部门的著名科学家。诺贝尔奖获得者的世界和迷人的物理学突破对范登布林克来说非常有吸引力。

* * *

在 20 世纪 80 年代末，当深紫外线（DUV）激光器替代了步进光刻机里的汞蒸气灯时，维特科克是 ASML 与掌握欧洲共同体资金以及技术的合作伙伴的联系人。在 20 世纪 90 年代初，ASML 开始与蔡司、Lambda Physik 和拜耳合作在欧洲共同体的欧洲联合亚微米硅（JESSI）计划中使用 DUV 技术开发 PAS 5500，以刺激欧洲芯片行业成为该项目的财务引擎。

对于 ASML 来说，这种外部融资是非常有必要的。在 20 世纪 80 年代后半期和 90 年代初期，该公司资金严重短缺。维特科克和弗里茨·范霍特经常前往海牙和布鲁塞尔，以获取信贷和政府拨款。政府一般都会批准，因为信息技术的崛起和新的经济强国的出现，使技术战略增添了一种政治紧迫感。ASML 不会被政府所提供的资助冲昏头脑。只要公司制定了技术战略，维特科克和范霍特就有机会找到资金。

引人注目的是，IBM 的欧洲分公司也在 JESSI 的 DUV 光刻机项目的资助名单中。这家计算机制造商的芯片部门正在与其美国合作伙伴 SVG 光刻机公司在美国开发 DUV 系统。但是 IBM 希望项目有双重保险，所以也投入欧洲的未来光刻技术的研发中。IBM 位于德国辛德尔芬根的芯片厂提出要作为该项目的试验基地：它将测试实验性的 DUV 机器。

在 20 世纪 80 年代末，大家开始讨论关于光刻的新技术——扫描光刻机（Scanner），而不是步进光刻机。多年来美国业界一直在谈论它，因为扫描能够使呈指数级增长的镜头成本控制在一定范围内。范登布林克很快就注意到了这些。

在步进光刻机中，晶圆台在曝光过程中静止不动，机器一次曝光一片光场，其中包含一个或多个芯片，然后晶圆台"移动"并再次曝光。在扫描光刻机中，机器使用一条光缝曝光光刻胶。这种曝光是一种扫描运动，其中晶圆台以恒定的速度穿过光缝。在镜头上方，光罩（掩模）也同步移动，以晶圆台恒定速度的 4 倍向相反方向移动。

扫描曝光的优点是，与步进光刻机相比，使用相同的镜头尺寸可以多曝光 40% 的电路。此外，较小的光场（光缝）更容易对焦，并且镜头误差在扫描过程中部分被平均显示出来。因此，扫描光刻机的系统可以使用较小的镜头来曝光与步进光刻机相同大小的光场。这使得它成为一种应对光刻机镜头日益复杂和成本不断提高的方法。这也是每一家享有盛誉的光刻机公司都在 20 世纪 90 年代初研究它的原因。

范登布林克和维特科克也在谈论扫描光刻机，并得出结论，扫描光刻机将是未来必然的发展趋势。扫描光刻机非常吸引范登布林克，它逐渐成为他的一个爱好。1989 年和 1990 年，他为开发 PAS 5500 忙到几乎没有假期，但他把难得的空闲时间花在了爱好上：设计一台步进扫描光刻机。对他来说，这是缓解狂热情绪的一种方式。沉浸在步进扫描光刻机的谜题中让他感到平静。他和维特科克一起讨论，以验证他对光学机械结构的想法。

在美国，由芯片制造商组成的联盟 Sematech 一直在支持扫描光刻机的开发。SVG 和 Perkin-Elmer 都在研发实验系统，后者已经制造出了一台原型机。ASML、佳能和尼康尚未有研发成果，但 Sematech 的人已经通知 ASML，如果他们开始开发扫描光刻机，将会获得资助资金。在维特科克致欧洲共同体的信中也包含了该战略的信息，因此，欧洲 JESSI 和 ESPRIT 计划为 ASML 开发步进扫描光刻机提供了难得的财务方面的喘息空间。

* * *

1992 年，ASML 和 IBM 开始讨论步进扫描光刻机的方案，他们都参与欧洲

DUV 项目，因此互相了解。当时，IBM 与 SVG 已就步进扫描系统合作多年，但 IBM 对此并不完全满意，其美国合作伙伴只是取得了微不足道的进展。当时，竞争对手 Perkin-Elmer 引领着这一技术。IBM 希望能从头开始，并决定向 ASML 和尼康寻求建议。

亚努斯·威尔钦斯基（Janus Wilczy-nski）在 IBM 管理这个项目，他联系了 ASML 的美国销售团队中的肯·皮恩。PAS 5500 的声誉正在增长，威尔钦斯基希望与 ASML 合作开发新型扫描光刻机。

就像 Natlab 的赫尔曼·范希克一样，在 20 世纪 70 年代，威尔钦斯基在位于纽约州约克城高地的 IBM 瓦森研究中心制造过一台步进光刻机，供 IBM 内部使用。在随后的几年里，他在公司的研究梯队中上升到了一个很高的职位，并赢得了"研究员"这一殊荣，这使他从所有运营任务中解脱出来。威尔钦斯基是一位自由研究者，他能以自己的聪明才智来规划自己的道路。

当威尔钦斯基的邀请到达时，范登布林克倍感荣幸。IBM 的这位专家是行业巨擘，此外，IBM 也是 PAS 5500 的主要客户。他知道，与芯片制造领域中最重要的公司合作可以为 ASML 带来奇迹。但范登布林克的热情还有第三个原因：当威尔钦斯基联系他时，范登布林克已经对如何制造扫描光刻机有了很好的想法。事实上，他已经准备好了演讲并一直在等待机会。

1992 年秋天，范登布林克和维特科克飞往约克城高地讨论他们的想法。他们来到了一个美丽的城镇，季节变化使树木染上了神奇的色调。IBM 瓦森研究中心由芬兰裔美国建筑师埃罗·萨里宁（Eero Saurinen）在 20 世纪 50 年代设计，也给他们留下了深刻的印象。当他们到达瓦森的大厅时，他们在 IBM 研究员名人堂里看到了威尔钦斯基的肖像。范登布林克和维特科克仔细看了照片，发现他们的对话伙伴属于一个了不起的研究人员队伍，其中许多人获得了诺贝尔奖。年轻的物理学家范登布林克开始怀疑，他是否做出了一个完全错误的选择——为微小的、微不足道的 ASML 工作。"我在这里或贝尔实验室也许能更出色。"他打趣地跟维特科克说。

范登布林克的演讲引起了人们的兴趣。他说："我们没有必要像 Perkin-Elmer 公司一样制造那样复杂的系统。我们将在现有步进光刻机的基础上不断改进。"威尔钦斯基喜欢这位年轻的荷兰人的勇气，但他并不完全信服。在他看来，在步进光刻机的基础上制造一台扫描光刻机会产生问题。

但最终，IBM 的研究人员同意并要求 ASML 继续推进其设计工作，房间里很快就充满着一种罕见的热情。威尔钦斯基身边有一群聪明的人，他们很有想法。他们第一次与荷兰工程师见面时，就讲起同样的技术语言。他们在激动地交流思想。威尔钦斯基建议两个团队为带有 0.7 数值孔径镜头的步进扫描系统起草光学机械设计。

威尔钦斯基还带他们参观了他的实验室，实验室中有供他使用的完备且精良的设施。维特科克知道 Natlab 的步进光刻机研究小组和光学小组的配合一直不佳，因为 CD 光盘的研究始终具有更高的优先级。但在瓦森实验室，他看到设备极其齐全的超净室都用于光学光刻研究。IBM 团队的情绪持续高涨，威尔钦斯基的上司还热情邀请这些荷兰访客到他家喝一杯。之后，他们带上葡萄酒在餐厅继续聚会。

在回程的路上，范登布林克和维特科克一致认为，他们不能把光学元件留给 IBM，他们必须让蔡司参与进来。这意味着两个团队将共同开发一个步进扫描系统，包括附带的光学元件。最终，ASML 的设计略胜一筹，多亏了蔡司的镜头设计师格哈德·弗尔特（Gerhard Fürter）。他设计了一个物像距为 1 米的光学系统，比 IBM 光学专家认为的需要 5 米长的镜头柱要紧凑得多。威尔钦斯基祝贺范登布林克和维特科克，并建议他们立即开始制造机器。

但范登布林克没有机会制造他的步进扫描系统。当监事会成员亨克·博特从威廉·马里斯那里得知 ASML 与 IBM 的合作时，他的回答是保守的。他知道，开发 PAS 5500 几乎令 ASML 倒闭。回顾这个不谨慎的过程，博特对马里斯说："布林克做的那些，我们再也不能重蹈覆辙。我们不希望再发生那样的灾难，那个项目的规模太大，差点令公司倒闭。启动一个如步进扫描光刻机这样的大型研发项目，对我们来说为时尚早。"马里斯站在博特这边，要求立即停止步进扫描光刻机项目，这个决定让范登布林克火冒三丈。

* * *

1993 年 6 月，范登布林克接到了 IBM 的鲍里斯·利普金的电话，他之前和上司约翰·凯利一起选择了 PAS 5500。此后，利普金跳槽到 Varian，该公司主要生产芯片的离子植入装置等。而 Varian 的新首席执行官迪克·奥雷里奥也是个老熟人。

奥雷里奥在飞利浦拒绝给他 ASML 的最高职位后返回美国。但利普金有一个问题：他无法让他的新机器正常工作，而范登布林克通过 PAS 5500 证明了他可以做得比任何人都好。ASML 的系统架构师有兴趣成为 Varian 的研发主管吗？对利普金来说没有比现在更好的时机了。马里斯刚刚通知范登布林克，ASML 将不会允许他设计新的光刻机。"所以我们不会制造一个步进扫描系统吗？"范登布林克再次请求首席执行官，为了进行最后的确认。当马里斯证实这一点时，范登布林克的反应是粗暴的："那么我想咱们没得谈了。"

范登布林克告诉研发负责人埃弗特·波拉克他要休假几天，然后登上了飞往旧金山的飞机。在飞行过程中，他忍不住打开笔记本电脑完善步进扫描光刻机的演示稿。下周他将访问 Sematech 并向其他专家展示他的想法。他完全没有考虑他即将接受的面试，他只是在研究他的机器。

在硅谷，一个热烈的欢迎仪式在等待范登布林克。奥雷里奥亲自邀请他到家里，并和妻子热情地欢迎范登布林克，然后一行人到一个爵士乐俱乐部享受旧金山的美食。这样的事情，一件接着一件，十分美妙。范登布林克有两个工作职位可以选择，而且他可以带着妻子一起搬到旧金山。这样的环境和动力对他有很大的吸引力。"我真的认为我们应该跳槽，这是我们的机会。"他打电话回家时告诉妻子。他们还没有孩子，那会是什么阻止了他们？在回家的飞机上，他继续在 Sematech 演讲文稿上工作。

范登布林克第二天走进 ASML 时，马里斯正在等他。这位首席执行官接到了来自美国的电话。利普金向一位马里斯也认识的人吹嘘说，他雇用到了 ASML 最好的工程师，这个人立即打电话给马里斯，提醒他："如果你继续这样做，你就会失去这位员工。"

"布林克，你不会做任何疯狂的事，对吗？"马里斯看到范登布林克走进来时开口问道，ASML 的首席执行官非常愤怒，因为他的工程师给了他令人失望的回答。在家里，马里斯聊工作中发生的令人愉快的事情，从不去想那些麻烦。但是这一次，这位领导真的很担心，那天晚上他对妻子说："如果马丁离开，我们就完蛋了。"

一周后，当马里斯和范登布林克去参加在美国举行的 Sematech 会议时，这位首席执行官向他抛出了橄榄枝。"布林克，我们继续一起干好吗？我们不告诉亨克，你可以继续研究你的步进扫描光刻机。"

不仅如此，马里斯问范登布林克是否愿意做研发工作的一把手，他已经和波拉克讨论过这事了。"既然他们请你在 Vairan 做这份工作，那么在我们这里你也能做。"马里斯说。为表示诚意，他让范登布林克进入了管理团队。

范登布林克同意了，马里斯终于放下心来。首席执行官确实也提出了一个条件，这位顶尖工程师必须设计一台与现有的步进光刻机保持同步并兼容的机器。更重要的是，马里斯希望他的系统工程师能够拓宽自己的视野，不要只关注技术。"在开始步进扫描光刻机的研发之前，我们请你在费城的沃顿商学院参加为期 6 周的高级管理人员课程。"

* * *

当范登布林克在 37 岁领导 ASML 的所有研发机构时，他意识到自己长期以来有一个很大问题。这些年来，他并没有完全欣赏过别人。为了达到他们远大的研发目标，他给周围的人施加了很大的压力，甚至包括处于同一层级的技术经理。这些人都想教训他，但现在他即将成为他们的上司。

范登布林克决定向他的前研发伙伴弗里茨·范霍特征求意见，后者此后一直在瑞士的一家公司工作。"弗里茨，我该怎么办？我很有可能会失败。在过去的几年里，我得罪了好多人。你知道我对别人多么苛刻。他们会和我对着干的，因为他们从来没有觉得我让他们参与了我的工作，而我总是在他们的帮助下盲目地航行。我该怎么领导他们呢？"

人力资源经理尼科·赫尔曼斯建议他拜访咨询公司 Hay 的乔斯·博默斯，他在 20 世纪 80 年代中期帮助 ASML 建立了薪酬和审查体系。Hay 的顾问将花费一整年的时间将 ASML 的研发部门分拆，再将其更好地组合起来。

* * *

维特科克再次敲开欧洲共同体的大门并设法让 ASML 获得财政支持，以便启动并运转步进扫描光刻机项目。就像当初研发 PAS 5500 一样，范登布林克闭关了几个月。与 1988 年相同的系统架构师以及几年前加入公司的埃里克·路普斯特拉（Erik Loopstra）起工作，他将落实 ASML 和 IBM 提出的想法。所有这一切孵化了一个大型的JESSI获奖项目，ASML将与Natlab合作开发扫描光刻机。

由于当时市场对步进扫描光刻机的接受度很低，ASML和蔡司设计了一款光学元件，既可用于步进系统，也可用于步进扫描系统。在奥伯科亨，蔡司设计了一个镜头，其在步进模式下，光场单侧有22毫米；在扫描模式下，光缝为26毫米×5毫米。

这推动了1996年一台步进光刻机原型诞生；一年后，扫描光刻机原型也看到了希望。结合光学研发，这款镜头成为蔡司最成功的应用产品之一。这个镜头柱将芯片的图案缩小为原来的1/4，所以掩模台的移动速度比晶圆台快3倍。在原型机中，掩模台每秒移动1米，晶圆台则每秒移动250毫米。

* * *

每个人都意识到H型晶圆台不可能在如此高的速度下达到所需的精度。Natlab的研究人员弗兰克·斯珀林（Frank Sperling）从杰拉德·范恩格伦那里拿出尘封已久的长冲程、短冲程发电机，并选择与设计师爱德·鲍尔配合研发。他们选了洛伦兹电机并堆叠它们，斯珀林和鲍尔为掩模台的驱动系统配备了平衡块，从而使整个系统非常稳定。

* * *

虽然机台拥有极高的加速度，但平衡块确保机台不会将周期性的力传递到机器的其余部分，这使他们能够保持定位误差小于15纳米，足以投影连续的芯片图案并达到所需的精度。这个系统非常稳定，在扫描过程中，放在步进光刻机框架侧面的硬币都可以保持稳定。在此期间，美国Sematech联盟的一个代表团访问了CFT和Natlab，在那里他们首次接触到了ASML至今仍在其扫描光刻机中使用的这一优越设计。

1996年4月，Natlab的内部刊物自豪地报道了扫描光刻机原型。为了明确在实验系统中机台的运动是如何精确同步的，该文将其与两辆同时移动的车进行类比。如果两车以每小时3万千米的速度行驶，它们之间的差值必须小于0.5毫米，这样才能达到与扫描光刻机原型一样的精度。

　　Natlab 有 4 个部门参与开发扫描光刻机原型，即布迪·萨斯特拉（Budi Sastra）的力学小组和塞斯·范乌伊延（Cees van Vijen）的光学小组，以及简·范埃凯伦（Jan van Eekelen）的机械工程车间和维姆·乔森（Wim Joosen）的电子和仪器仪表车间。

　　参与开发的很多研究人员都在这张照片里。从左到右站着：爱德·鲍尔、弗兰克·斯珀林、马吕斯·范库克（Marius van kuick）、何塞·范德文（Jos van de Ven）、杰拉德·范萨默伦（Gerard van Someren）、皮埃尔·范德克尔霍夫（Pierre van de Kerkhof）、彼得·德克森（Peter Dirksen）、亨克·桑德斯（Henk Sonders）、扬·范德·韦尔夫、扬·内特（Jan Nent）、亨克·巴特林斯。从左到右蹲着：埃里克·詹森（Eric Janssen）、彼得·范卡斯特伦（Peter van Kasteren）、乔治·德·福克特（George de Fockert）、雅克·莱伊森（Jacques Lei Jsen）。

韩国巨头

顽固的三星终于对ASML的机器感兴趣了。杰拉德·韦尔登肖特没有让韩国买家占到便宜，他为马里斯的"扣篮"提供了黄金助攻。

1993 年秋天，销售总监道格·马什拿起电话，听到一个韩国人的声音，这令他感到惊喜。来电话的是三星的采购经理，他用断断续续的英语问马什是否有兴趣来首尔谈论未来的合作机会。马什一生中从未经历过这样的事情，在他从事光刻机业务的 15 年中，从来没有客户主动打电话邀请他讨论一笔价值数百万美元的交易。

三星热情地接待了 ASML 的人，三星的采购经理甚至派出租车去酒店接马什。他们谈了几个小时，然后在首尔当地的餐馆吃饭。当韩国的烧酒和小菜上桌时，三星的两个高级总监加入了他们：一个负责芯片制造，另一个负责采购。

与美国客户一起，马什总是谈论价格、交货日期、规格和正常运行时间的保证。但是，当韩国人用不锈钢筷子夹泡菜时——马什本人不太喜欢亚洲美食——他们心中只有一件事：ASML 如何帮助韩国，或者说荷兰光刻机制造商如何协助三星实现业界第一的雄心。

在 20 世纪 90 年代初，三星充满了自信。微软的 Windows 操作系统正在提高用户对 PC 内存的需求，韩国内存芯片供应商正在这一波销售浪潮中试图击败日本竞争对手。三星是绝对的行业巨擘。1984 年，这家企业集团的市场份额为零，但到 1993 年，它已是第一大 DRAM 制造商，拥有全球 10% 以上的内存芯片市场。那一年，三星的 DRAM 收入增长了 72%，超过 20 亿美元。该公司将甩开日本的日立、NEC 和东芝并开始热切地展望未来。

这个不寻常的提议让马什大吃一惊，但他不知道是什么导致韩国突然对 ASML 产生兴趣。奇怪的是，他们并没有在首尔提到过 ASML。如果三星使用尼康的光刻机做得这么好，那他们为什么打电话给他呢？他知道韩国和日本在历史上关系紧张，但这应该不是最主要的原因。

几周后，当马什访问 Micron 时，他才知道原因。Micron 已允许韩国人观察其生产过程，这就是他们了解到荷兰光刻机供应商所有信息的地方。在博伊西，PAS 5500 正在以惊人的高吞吐量和低停机时间曝光芯片。

* * *

三星的主动与 ASML 以前的经历形成鲜明对比。1988 年年底，马什加入 ASML 后，多次尝试与该公司联系，威廉·马里斯甚至让马什亲自到韩国，但他们仍然很难得到机会，毕竟当时三星对尼康很满意。

马什并不是 20 世纪 90 年代初唯一一个去敲三星的大门的人。ASML 的工程师们还曾与韩国人进行了很多次徒劳的对话。马丁·范登布林克、理查德·乔治和埃弗特·波拉克曾多次飞往首尔，但从未得到任何机会。

最让范登布林克感到意外的是，他无法打破僵局。他几乎总是能够说服潜在客户里的光刻专家，因为他们总是遵循相同的模式。起初，芯片制造商认为范登布林克是异常傲慢的、自以为通晓一切的人，但随着时间的推移，他们都开始欣赏他的坦率和丰富的专业知识。

和韩国人谈话时，范登布林克发现他们和自己很像。他们异常顽固，三星总是给出一份详细的要求清单和一些定制要求。如果 ASML 不能满足他们，他们就拒绝进一步交流，因此三星的大门一直没被敲开。

范登布林克有一个很大的问题，他自己缺乏灵活性。ASML 相对较小，无法为每家购买机器的公司提供定制服务。它没有时间为单个客户进行大规模的研发。如果它屈从于每个客户的要求，那么他们很快就得在维尔德霍芬设置 10 条不同的机器生产线，这将使开发、装配和物流过于复杂。

因此，ASML 的整个销售和营销工作都围绕着提供标准机器进行。当然，虽然目标是交付一台标准的步进光刻机，但安装在晶圆厂中的机器其实会大大超过其原定规格。这种一刀切的策略行之有效，非常适合范登布林克。他总是忙着说服别人他是对的，他一向如此。他会一直坚持沟通，直到芯片制造商明白他的观点并调整他们的要求清单。

但三星并没有那么听话。更重要的是，在韩国，范登布林克发现自己所面对的文化，与自己坦率的风格特别一致。当韩国人不能打破僵局时，他们有时甚至会动粗，比如扔房间里的东西。如果荷兰工程师总是拒绝他们的要求，韩国人会拿走他们的护照，并禁止他们离开大楼。首尔的采购人员很固执，他们一直坚持一长串的要求和规格。范登布林克看到要提前几个月的额外研发需求，他对韩国人的所有要求都拒绝让步。在 20 世纪 90 年代初，两家公司的谈判始终以僵局告终。范登布林克很少认输投降，但在对手是三星的情况下他放弃了。他告诉乔治和波拉克："我们永远搞不定这家客户。"

* * *

当马什告诉他的同事们三星有转机时，维尔德霍芬的情况已经发生了明显的变化。肖特的光学玻璃和碳沉积问题已经得到了解决，3 年后，PAS 5500 开始平稳运行，客户对其有很大的兴趣。他们已经向 IDT 和台积电出售了 3 台机器。UMC 正在评估，IBM、西门子和东芝将前来维尔德霍芬观看演示。这一切也给了 ASML 更多的财务方面的喘息空间。1993 年下半年，很明显，该公司 4 年来首次扭亏为盈。范登布林克与乔治和波拉克讨论了现状。如果他们抓住三星，他们在未来几年至少可以交付 100 台光刻机，其价值将超过 5 亿美元。作为回报，韩国人希望看到他们的每一条需求都被满足。"我们可以一直固执下去。"波拉克和马里斯说，"但我们在这里谈论的是那么多的机器。"工程师们看到了启动特殊研发项目的机会，他们放弃了"一刀切"的原则，开始满足三星的特殊要求。

* * *

随后几个月的谈判最终导致了文化上的冲突。ASML 的美国销售经理负责接触三星，但他们与韩国客户的谈判却失控了。局势恶化后，马里斯决定介入并亲自处理此事。这个决定确实令人惊奇。这位首席执行官每月飞往首尔，在必要时增加了与三星高层的交谈频率。

马里斯的经验起到了作用。从他在韩国的飞利浦分公司工作的时候起，他就比任何人都清楚：你不必和韩国人敲定每一个细节；与他们做生意，最关键的是信任，握手有时比一堆合同都更有用。

几个月后，马什和杰拉德·韦尔登肖特前往首尔进行最后的价格谈判。这一

404

次他们再次遭遇了一种极端对抗的风格。"我们来确定您的机器的价格。"他们刚一落座采购主管就这样说。

马什礼貌地问他的顾客这是什么意思。"采购经理说价格必须下降30%，这点没得谈。"韦尔登肖特感觉他的血压在上升，他深吸了一口气，然后平静地回答："先生们，我相信我们在这里产生了一个重大的误解。我们认为您邀请我们帮助您开发更高效的生产工艺和更好的产品，但很显然我们误解了您。您现在请求我们提供开发援助，对不起，恐怕您不得不找别的供应商了。我们无法以您提供的价格交付我们的机器，因此请原谅我们。"

韦尔登肖特站起来了。"来吧，我们要走了。"他低声对被眼前的一幕惊呆了的马什说。马什抗拒道："我们不能那样做。"韦尔登肖特把手放在马什的肩膀上，"道格，我们要走了。这里没什么可做的了，这是毫无意义的。让我们回到我们的酒店，喝杯啤酒。"三星的一个初级销售人员试图阻止他们，但韦尔登肖特的态度坚决："电梯在哪里？我们要回家了。"

"杰拉德，你搞砸了这一切。我们要失去三星了。"他们到了酒店的酒吧后，马什呻吟着说，"你怎么能这样做？你不能这样对采购经理说话。"韦尔登肖特则很镇定："如果你是正确的，我会承认，但我认为你错了。如果我们同意降价30%，我们就无法在这笔交易中赚到钱。"马什并不赞同："但是，我们是不是应该从长远考虑呢？"韦尔登肖特说："我们不能让他们侮辱我们。"

* * *

他们喝着啤酒从冒险的感觉中逐渐恢复过来后，酒吧里出现了3个美国人。他们坐在酒吧里，明显有点垂头丧气。他们原来是设备制造商 Applied and Novellus 的销售人员，而三星的采购人员刚刚让他们惨败。他们抱怨谈判太艰难了，并说他们已经同意给予25%甚至30%的折扣。韩国的订单规模如此之大，他们不想失去这个市场。

韦尔登肖特在类似这样的谈判中的筹码是马里斯引入的"拥有价值"这个战略概念。如果使用财务模型，ASML 则可以令人信服地向客户展示机器赚回成本的速度。芯片制造商提供他们的数据，ASML 将数据输入模型，然后清楚地说明荷兰机器比佳能和尼康的机器更有利。ASML 的系统更昂贵，但更有购买吸引力，因为客户可以通过它们获得更多收入。

韦尔登肖特也非常清楚，三星不能再耗时间等待建立一个新的工厂。如果DRAM制造商能够比竞争对手更快地将芯片推向市场，每月将带来数千万甚至数亿美元的收入差距。这意味着你不会因为500万美元的机器价格而失眠。

果然一个月后，三星要求ASML重新开始谈判。马里斯飞往首尔，握手签署了协议。韩国人同意支付一个双方都可以接受的价格，但他们有条件：要求迅速交货。马什将这家内存制造商放到待支付列表的前列，因此第一台PAS 5500于1995年2月到达三星。三星将用它来开发一项0.26微米的工艺以生产16Mb DRAM。在随后的几年里，韩国人将完全信任荷兰步进光刻机。

* * *

由于在韩国的业务规模很大，ASML考虑在那里开设办事处。但三星的人有不同的建议："我们认为，我们可以帮助您找到合作伙伴在韩国设立业务。"ASML的销售人员承认，拥有本地支持组织对ASML来说也是最好的。现在，他终于知道文化差异有多严重。随后这家荷兰公司与Hantech合作，遵循在中国台湾采用的战略：与一家了解当地工作情况并能处理服务方面事务的公司合作。在随后的几年里，这将是一项成功的举措。

不久之后，韩国的Hynix也开始使用PAS 5500。这家公司从位于比利时鲁汶的IMEC研究所的员工那里了解到ASML机器，当时IMEC正使用ASML的系统开发新芯片工艺。Hynix于1996年10月安装了第一台PAS 5500，该系统后来被该芯片制造商称为Robocop机器，因为它像盖章一样精准地生产晶圆。1998年，Hynix一跃成为ASML的最大客户。

四十大盗

亨克·博特寻找投资者帮助ASML扩大规模，但蔡司破坏了他的计划。

20 世纪 90 年代初，PAS 5500 使 ASML 激情澎湃。1991 年，该机器的推出具有革命性的意义，当这个系统开始可靠运行一年后，资金开始再次回流到维尔德霍芬。不断增长的芯片市场也是一股推动力：客户正在疯狂地购买机器，以建立新的晶圆厂并进行大批量生产。1993 年，ASML 的年收入增长了 50%。自 1989 年以来，该公司首次盈利 1,100 万美元。经过长达 10 年的生存挣扎，ASML 突然发现自己正面对着一个从未面对过的问题：如何满足芯片制造商不断增长的需求。公司需要资本来扩大生产规模、投资基础设施和研发，以生产 PAS 5500 的下一代机器。显然，DUV 步进扫描光刻机需要大量投资。蔡司还必须大幅提升产量，在未来几年内，这家镜头制造商单为三星就需要生产 100 多个步进光刻机镜头。

* * *

监事会成员亨克·博特想出了一个办法：让投资者掏钱。他将 ASML 的市值设定为 5,000 万美元，并要求投资者购买飞利浦子公司的股份。NMB 银行、MIP 基金和少数其他行业的投资者都表现出了兴趣。MIP 甚至想购买 50% 的股份。博特知道，只有蔡司全力支持 ASML 冒险，ASML 最终才会成功。因此，他将他的股权计划设置为只有德国人也加入时才会通过。威廉·马里斯希望与蔡司建立更紧密的联系，这家荷兰公司急需德国的光学专家，尽管其镜头明显低于标准，但它是唯一一家有潜力交付镜头的公司。入股 ASML 是让蔡司遵守承诺的关键。

　　1994 年 4 月，为庆祝 ASML 成立 10 周年，威廉·马里斯款待公司创始人和前首席执行官斯密特，他们在米其林星级餐厅 De Karpendonkse Hoeve 共进晚餐。作为留念，他送给客人们每人一张晚宴的照片。马里斯在给乔治·德·克鲁伊夫的留言中写道："一个好的经理需要时不时地做出一个好的决定。这就是个好决定。谢谢，你的威廉。"

　　马里斯开始采取行动。他试探了迪特尔·库尔兹（Dieter Kurz），库尔兹当时刚刚接管了蔡司的商业步进光刻机镜头业务。蔡司有可能投资吗？库尔兹向主管托马斯·拜尔（Thomas Bayer）转达了这一信息，他负责蔡司的隐形眼镜和摄影器材项目。拜尔的反应是积极的："是的，我们绝对应该投资 ASML ！"

　　但这里存在一个障碍，蔡司和肖特在卡尔·蔡司基金会中密不可分地联系在一起。重大投资的决定必须由两家公司一起做出。1994 年，蔡司身无分文，完全依赖姊妹公司肖特及其宽裕的银行账户进行投资。

　　马里斯和杰拉德·韦尔登肖特得到机会在奥伯科亨展示他们的计划和许诺：蔡司和肖特将各有 4 名执行董事会成员到场。库尔兹也为说服公司做好了充分的准备，"如果我们不这样做，那么我们就太傻了，"他说，"这项业务将像杂草一样增长，而我们就是关键。如果我们能够交付镜头，这家公司将展翅高飞。"

库尔兹随后告诉马里斯，他提出用德语报价是至关重要的："肖特有些人的英语说得不好。如果你开始谈论技术，他们就不想谈了。他们压根不知道步进光刻机或半导体是什么。"

库尔兹知道马里斯的德语说得相当好，但当这位 ASML 的首席执行官开始在蔡司著名的恩斯特·阿贝会议室讲话时，他说出的单词竟然是英文的，没人知道为什么。马里斯说，他仍然有欠款未付给蔡司。他先前以质量差和交货迟为由拒绝支付的货款加起来有 500 万美元。ASML 的首席执行官提议卡尔·蔡司基金会将未付货款的一半换成 ASML 5% 的股份，他回国后会结清剩下的 250 万美元。

从肖特的高管的态度可以看出，这次沟通可能会失败。"这不是我们的市场。"马里斯从他们的脸上读出来这条信息。当时，蔡司每天都在亏损，肖特没有人有兴趣投资一家不知名的荷兰公司。近年来，这家光学玻璃供应商甚至总是质疑，为什么必须要制造这么困难的 i 线玻璃材料。

房间里的一个顾问拿出了杀手锏。他指出，西门子在半导体市场正处于困难时期。德国正开始启动一项基于 X 射线的大型光刻机研发项目。谈到这一被大肆炒作的举措，这位顾问说，光学芯片的制造方法就差一块关键的拼图了。但是，会议还是在 30 分钟内结束了。肖特给出的信息很明确：我们已经存在很多的问题了，所以请全额支付未付的 500 万美元。结果不到 4 年，ASML 当时提供的 5% 的股份的价值增长了 100 倍，变成了 2.5 亿美元。

当博特听到马里斯传来蔡司拒绝入股的坏消息时，他立即拿出备选计划——紧急上市。1994 年春天，飞利浦和 ASML 的高管们紧锣密鼓地为在纳斯达克的路演做好了一切准备。经济和行业仍处于上升期，而博特希望在新的危机再次出现之前完成上市。

* * *

为了在纳斯达克筹集资金，ASML 必须引起美国投资者的关注。帮助 ASML 和飞利浦进行首次公开募股的投资银行瑞士信贷第一波士顿和摩根士丹利表示，美国的惯例是把关键人物与公司捆绑在一起，否则，美国投资者不会投资。博特为此保留了公司 5% 的股份，并交由飞利浦代管。

紧接着马里斯和韦尔登肖特开始选择对 ASML 至关重要的人，并可能与他分享 5% 的激励股份。他们最初选择了自己，然后在他们周围圈出一些人。但是经过一番讨论，他们决定如果没有更多的人，包括关键的工程师参与，这份名单也就没什么效力。他们随后将数十人列入了名单，并将他们分为 6 类。在接下来的几周里，名单上的人越来越多。业内人士注意到，到最后，这份名单上主要增加了与韦尔登肖特相处得很好的人。这位首席财务官甚至添加了最近加入 ASML 的自己的姐夫，公关负责人和行政秘书也被标记为具有战略重要性的人物，最后总共有 40 个股东来分享这 5% 的股份。

马里斯和韦尔登肖特大概知道这 5% 的股份价值几百万美元，甚至几千万美元。但被选中的人几乎没有人知道，如果他们留在 ASML，他们将于 1998 年年初获得多大的惊喜——ASML 首次公开募股之后他们才意识到这一点。

所有人，包括马里斯和韦尔登肖特在内，都不知道他们到底在分配什么，当然也不知道其股票的增长潜力。当每个人最后意识到赏金是多么大时，这个团体已经被称为"阿里巴巴和四十大盗"了。

＊　＊　＊

虽然 ASML 成立已有 10 年，但韦尔登肖特仍定期拜访飞利浦的财务和法律部门以寻求帮助。一旦明确了哪些员工将获得 ASML 的股份，他就去这家跨国公司咨询税务专家。他们建议他马上与荷兰税务部门达成协议，那么 4 年后他就不用交税了。

当 ASML 的首席财务官在埃因霍温税务局解释该计划时，他们很快讨论到了公司的现有价值。韦尔登肖特坚持说现有价值应该是零，他擅长这种表演。韦尔登肖特做好了准备，他有一些令人信服的论点：ASML 的净资产为零，公司在飞利浦和几家银行还有高额的未偿债务。"我们什么都没有，只有债务，"韦尔登肖特坦率地说，"所以公司一文不值。"

但是税务稽查员不会这么轻易放过他。于是韦尔登肖特让步说，建议将目前总价值定为 500 万美元，这样 5% 的股份价值 25 万美元。税务稽查员觉得这似乎是合理的。不久之后，ASML 支付了 25 万美元的税款。当这些员工的股票在 1998 年年初到期时，其价值将增加两个数量级。

拯救公司的医生

卡尔·蔡司基金会任命彼得·格拉斯曼（Peter Grassmann）为蔡司的首席执行官，负责拯救公司。

1993 年 6 月 1 日，卡尔·蔡司基金会在其股东委员会中增加了一名成员。这名成员就是赫尔曼·弗朗茨（Hermann Franz），曾任西门子监事会成员，他的任务是拯救蔡司。蔡司仍然忙于整合业务，但它也在为生存而战。弗朗茨被任命后不久便很清楚，他无可避免地要做出一些重要但不受欢迎的改变。1994 年 3 月，他在召集的股东委员会会议上发言。

他告诉他们，奥伯科亨和耶拿的业绩加在一起也难免不断亏损，基金会将在一年内耗尽其储备资金。弗朗茨建议他们聘请波士顿咨询公司，该公司几年前曾协助耶拿整理财务状况。"我们需要立即采取行动，没有时间讨论。"他这样告诉委员会。

7 个月后，蔡司基金会宣布了一个坏消息：必须裁员 2,500 人，否则损失将达到数亿。《明镜》周刊在一份分析报告中称："在公司合并 3 年后，强大的传统光学和电子公司蔡司再次面临生存危机。"周刊提到，蔡司必须削减 1.55 亿美元的成本并完全放弃几项业务。《明镜》周刊还写道："行业分析师称不排除首席执行官乔布斯特·赫尔曼将被迫离职。"

1994 年，奥伯科亨的员工在外部顾问的建议下每一步都走得战战兢兢。一切工作都围绕着削减成本和缩小规模。就在那时，威廉·马里斯和杰拉德·韦尔登肖特徒劳地提出了让蔡司入股 ASML，并给出了报价。

* * *

在举步维艰的一年里，ASML 收到了来自三星的一笔大订单。韩国人希望在未来几年购买 110 套系统，因此镜头组也需要这么多。克劳斯·利希滕贝格刚刚负责蔡司的光学生产工作，首席执行官赫尔曼却命令他大幅裁员。命令写道，必须裁掉 2/3 的人。在车间的 450 名员工中，只有 150 人可以留下来。

当利希滕贝格听到关于巨额订单的消息时，他立刻开始考虑这些数字。新一代光学元件必须包含更多满足更严格要求的镜头。要抛光的镜头直径和表面积不断增加，公差不断缩小。为了在未来几年为 i 线和 248 纳米的 DUV 提供镜头系统，他需要将目前的每年 20～25 个光学系统扩展到 130～150 个。这意味着总共不是 600 个，而是 4,000 个镜头。要抛光的镜头表面的数量从 1,200 个跃升到 8,000 个。每台步进光刻机都需要几十个额外的镜头用于曝光系统。

即使凭借目前的人力和技术，利希滕贝格也不可能满足这种需求。他有 12 个高级"金手指"工匠为他工作，但当他分析出订单所需的手工工作量后，他意识到 1995 年和 1996 年需要近 300 个"金手指"工匠。在没有时间训练这么多人的情况下，唯一可行的解决方案是全自动大规模生产。

但他不能说服赫尔曼听从他的建议。这位首席执行官希望尽快实现盈亏平衡；他的主要思路不是投资回报，而是完全专注于降低成本和裁员，因为相机镜头、医疗仪器和高端显微镜的产量正在下降。他对异国的半导体光学产品所提供的机会视而不见。在奥柏科亨，这条业务线只是像宇航那种特殊"项目"中的一个，这些"项目"只能在其他"主要工作"之间的夹缝中生存。

赫尔曼在让年轻的利希滕贝格负责中央光学车间的生产工作的同时，他还让迪特尔·库尔兹负责蔡司的半导体事业部。当时，生产部和事业部两个部门完全独立运作。

在半导体光学领域，库尔兹立即面临巨大的压力。马里斯必须找到一种方法来应对指数级增长的需求，所以他邀请库尔兹参加 ASML 所有季度的管理会议。在那里，他们无情地催促他：库尔兹必须把 1993 年 2,500 万美元的产出在 1994 年翻一番。

不仅如此，在未来几年中，半导体制造商将过渡到使用深紫外光生产芯片。因此，收入呈指数级增长的现象在未来几年中将保持不变。在维尔德霍芬，库尔兹一次又一次地被告知，需求在增长，镜头也变得越来越复杂和昂贵。

库尔兹的问题是，蔡司的执行董事会对芯片行业知之甚少，而且公司正不断亏损，高级管理层正设法避免一切风险，投资必须立即看到成效。在蔡司，库尔兹进一步向利希滕贝格施压：半导体镜头的收入必须达到 7,000 万美元。这导致了激烈的对抗，库尔兹对生产主管没有管理权力，但生产又依赖于他。利希滕贝格需要削减成本；库尔兹想扩大规模，但是没有资金投入。这样的情况拖了几个月，毫无进展。

* * *

1994年秋天，委员会成员弗朗茨盯上了一个能够胜任蔡司主要重组工作的人：彼得·格拉斯曼，西门子医疗设备部门的负责人。弗朗茨打电话给格拉斯曼，并在几天后的3个小时的会议上向他解释了蔡司存在的问题。弗朗茨告诉格拉斯曼关于蔡司的文化、工作委员会的事情以及他重组公司高级管理层的决心。"我认为你是合适的人，"他告诉格拉斯曼，"你适合经营高科技业务。"

但对格拉斯曼来说，这像是降职，蔡司明显小于他目前负责的西门子医疗设备部门。更重要的是，他一直对蔡司没有打破公司等级文化的经理们直言不讳地提出批评。

弗朗茨坚定地强调，没有内部候选人可以胜任这项工作。他在找一个客观的、外部的人。

格拉斯曼，一个天生的怀疑论者，对这份工作没什么兴趣。此外，他也不熟悉光学业务。1994年10月，当蔡司出现在各种新闻中时，他越来越犹豫。那里真是一片混乱，他与奥伯科亨的沟通加深了他的这一印象。一天，他们给他发了一份传真，宣布董事会的全体成员要离开；第二天，他又收到了一条消息，说这并不是他们的本意。

在弗朗茨的建议下，他读了1989年出版的一本关于蔡司历史的书，他的反感消失了。阿明·赫尔曼（Armin Hermann）的这本书描述了恩斯特·阿贝原本可以成为一个亿万富翁，但他选择将他在 Optische Werke Carl Zeiss 和 Glaswerk Schott & Genossen 公司的股份捐赠给一个以他的前合伙人蔡司命名的基金会。

蔡司和肖特公司在其150年的历史中已经建立了卓越的声誉。在19世纪，蔡司以其高质量的产品和社会进步政策而闻名。在20世纪，它的相机镜头惊艳世界。随着格拉斯曼深入阅读这本书，他的兴趣也越来越大。"我对这家公司开始产生迷恋。"他在日记中写道。

* * *

　　蔡司的员工称他们的公司为"一所拥有自己车间的光学大学"。格拉斯曼在斯瓦比亚山谷中一下子就领略到了那种气氛，那里的每个人都专注于生产高品质的产品。但创新、成长和合理的利润追求呢？这些并不在其文化中。如果一项业务正在亏损，就像当时的显微镜业务一样，没有人会注意到。每个人都相信，这会迫使蔡司从每一次危机中浴火重生。就像20世纪70年代一样，它在日本人的低价相机战争中失败后仍能崛起。在奥伯科亨，问题总是能迎刃而解。

　　格拉斯曼记录到，阿贝的精神仍然像风一样拂过奥伯科亨的每栋建筑物。这家光学公司的员工有强烈的归属感。格拉斯曼看到了一家高科技公司，但这家公司却没有领导力或专注力。

　　波士顿咨询公司的分析让格拉斯曼很好地了解了公司的现状。情况很严重，但也不是没有希望。柏林墙倒塌引发的生存危机迫使每个人都看到了在健全的经济基础上经营公司的必要性，格拉斯曼在与工作委员会打交道时也指出了这一点，这是他在明确同意接任首席执行官职位之前需要清除的最后一个障碍。

　　格拉斯曼认为，只有员工给他空间找到出路，才能清除公司的弊端。虽然这么做明显会带来一些伤害，但工作委员会还是表示肯定会合作。他们也提出了一个要求：格拉斯曼必须在公司的各个层面（管理层、研究人员和生产人员）均匀地分配裁员比例。

　　虽然格拉斯曼意识到这会使拯救公司的"手术"变得昂贵，但他答应了。他的医学背景给予了当地报纸描述该公司未来道路的灵感。"一个医生要去拯救蔡司了。"报纸用大而粗的字体写道。

* * *

　　格拉斯曼不仅在领导一家大公司方面拥有丰富的经验，而且他也知道投资复杂技术意味着什么。在20世纪70年代末，他领导了西门子亏损的计算机断层扫描（CT）部门的重组工作。他投资了9,000万美元，在短短几年内就将该部门变成了一个盈利的分支机构。在20世纪80年代，医疗器械部门甚至成长为西门子最强大的部门。

414

1983 年，西门子要求格拉斯曼在他的部门添加磁成像技术（MRI）。他投资 2 亿美元，其中包括收购牛津仪器公司的费用，这家英国公司刚刚研发出第一个能成像整个人体的超导磁铁。1994 年，当格拉斯曼接到蔡司的弗朗茨的电话时，西门子的 MRI 部门的收入已经增长到 25 亿美元。

开坦克的参会者

蔡司正忙着将ASML打回原点，扬·蒂默不能允许这种事发生。

在 ASML，他们知道在 1994 年年底他们已经获得了 PAS 5500 的胜利。多年来，他们一直在对蔡司施加巨大的压力，但德国人一直无法交付镜头。蔡司忙于其他战场：在医疗和摄影市场打仗，公司的合并也消耗了他们的现金。

ASML 的采购主管汤·范兹瓦姆（Ton van Zwam）不断向蔡司的经理们强调，他们必须做得更好。性能、交货日期、可靠性，现在所有这些都低于标准。范兹瓦姆没有留情："你们的摄影业务注定失败，你们必须为半导体光学元件腾出空间，那才是蔡司的未来所在。"

范兹瓦姆确实就是这个意思，并明确地向蔡司表达了他的真实想法，但这种行为伤害了蔡司高层管理人员的自尊。

当时，德国人已经遭受了许多屈辱，其中包括他们正忙于将著名的 Contax 相机的生产转移到日本和白俄罗斯。他们认为范兹瓦姆说话太直接了，在蔡司，他以极其强硬的风格而闻名。但是，ASML 的这位采购主管确实还是有影响力的。渐渐地，像克劳斯·利希滕贝格和赫尔曼·格林格这样的人都开始相信有一个市场在等着他们。

范兹瓦姆与威廉·马里斯讨论了情况。他解释说，利希滕贝格一心忙于追求企业盈亏平衡。自 1993 年年底以来，他一直负责中央光学车间，他们正在试验新技术，这种技术可以帮助他们提高产量，但利希滕贝格没有可用资金，高层管理人员刚刚命令他削减开支。迪特尔·库尔兹正在向利希滕贝格施压要求他增加产量，但令 ASML 感到沮丧的是，这位生产主管并没有资金投资新技术。

范兹瓦姆认为，奥伯科亨陷入了僵局。他告诉马里斯，利希滕贝格应该能够增加生产几千万美元的产品。ASML 的首席执行官也没有任何资金，但他的公司正在崛起，前景乐观。因此，他利用 1994 年年底蔡司持续的危机来警告飞利浦的领袖亨克·博特和扬·蒂默。ASML 的首次公开募股（IPO）定于 1995 年 3 月进行，该公司的德国光学供应商正在演变为主要风险因素。

这时，ASML 已经在飞利浦的最高层取得了一定的信誉。1992 年的低迷已经过去，IPO 的准备工作进展顺利。1994 年，ASML 将能够偿还欠飞利浦的 5,000 万美元债务的一半。

马里斯向博特和蒂默表示，公司 1994 年的收入将超过 2.75 亿美元，比上一年增长 70%，预计年底利润为 2,200 万美元。此外，他们正与三星进行谈判，三星有意在未来几年内购买至少 110 台步进光刻机，这意味着 1995 年维尔德霍芬出厂的机器数量将达到 200 台。

* * *

1994 年年底，飞利浦邀请蔡司即将上任的首席执行官彼得·格拉斯曼访问埃因霍温。彼得·格拉斯曼来自西门子，他带着利希滕贝格一起向飞利浦董事会介绍奥伯科亨的情况。格拉斯曼也有一个提议：蔡司基本上是破产了，但它需要进行关键的投资来扩大其生产规模以满足 ASML 的需求。

在埃因霍温，飞利浦的首席执行官让两人等了一个小时，格拉斯曼不习惯这种风格。他和蒂默简短问候了几句，然后绰号"坦克"的飞利浦领袖蒂默直截了当地说："蔡司给 ASML 的发展拖了后腿。"作为 ASML 唯一的所有者，飞利浦不能允许这种情况发生。

当利希滕贝格即将开始介绍时，马里斯和范兹瓦姆也加入了会谈。德国生产经理解释说，他希望取代蔡司的所有手工生产劳动。作为扩大光学生产和组装规模的候选方案，蔡司有两个系统在开发中：刚性定制机器和闭环抛光机器人。利希滕贝格还不能保证哪种方法是最好的，以及需要多少钱。

格拉斯曼接着补充说，他自己承担不了这么大的资金投入。蒂默只问了两个问题：蔡司的首席执行官是否对这项业务有信心，以及能否扩大规模。当格拉斯曼都回答"是"时，飞利浦的首席执行官说："我会给予支持，因为我们希望上市。"然后，他借给格拉斯曼 1,900 万美元。

* * *

拥有 1,900 万美元的利希滕贝格终于可以穿上他的"跑鞋"了，他安装了新的探头和激光干涉仪，并更换了用于粗加工和精密研磨的机器。为此，他从Hermle公司购买了为光学生产定制的精密车床。

利希滕贝格通过两种方式设置抛光流程。为了制造实验定制机器，他聘请了施耐德为其工具配备数控机床控制系统，这是他们首次在蔡司拥有完全可编程、可再生的抛光系统。这些都是经典的抛光系统，但全都实现了自动化并配备了环形工具和稳重的花岗岩底板。

在和竞争对手不相上下的竞争中，利希滕贝格构建了控制闭环系统。为了使干涉仪自动化，他与测量部门密切合作。最终，他使干涉仪和抛光机器人所达到的精度与定制机器相当。作为最后一步，他和克劳斯·贝克斯特特在 O-Lab 中安装离子束设备，并再次用干涉仪完成了一个闭合反馈回路。

机器人方案最终胜出了，这些系统不再完全依赖有"金手指"的工匠了。此时，公司最需要的是软件专家来编程。镜头表面经自动化处理后的精度令人满意，蔡司已做好进一步扩产的准备。

格拉斯曼的严峻挑战

蔡司第二次请求ASML给予援助。杰拉德·韦尔登肖特同意了并最终给予蔡司所要求金额的两倍。

1995 年年初，蔡司仍是一团糟。雇主与雇员之间的关系受到损害，奥伯科亨和耶拿之间的不信任根深蒂固。这是彼得·格拉斯曼上任后的头几个月，他很恼火。在公司业绩低迷、政治游戏盛行、员工习惯用各种借口逃避问题的时候，蔡司的首席执行官很清楚：这家公司缺少领导力，没有业绩压力，没有企业责任，没有利润追求，没有认真解决问题的人。

放弃亏损业务？蔡司从不这样干。就像成本控制一样，证明财务决策的合理性，并制定有充分依据的投资战略预算，但格拉斯曼在奥伯科亨找不到这样的东西。

人们舒适地躺在雇主温暖的腿上。蔡司是他们的公司，在他们眼中公司的社会职能才是重中之重。离开的人都是带着丰厚的养老金走的。

格拉斯曼遇到了自己的权力极限，他努力在个人层面上与它斗争。他认为他与工作委员会达成的协议存在问题：协议是各岗位平均裁员，这意味着许多优秀的物理学家也必须离开，这让他感到心痛。他不得不把那些对公司仍然有价值的员工送走，把那些全心全意投入工作中的员工送走。如果在 56 岁时就让他们退休，他们完全不知道在家里能做什么。

1995 年 1 月 1 日，前首席执行官乔布斯特·赫尔曼离开，格拉斯曼很清楚，董事会其他成员也将很快离开公司、否则，他不可能改变公司的文化。他表示他不需要其他 3 名董事会成员参与决策。根据波士顿咨询公司的建议，格拉斯曼在第一年关闭了蔡司的 26 个项目中的 10 项。他把剩余的项目分成 5 个业务部门。在耶拿，除了计划的裁员人数外，他又裁掉了 1,000 人。

格拉斯曼常在公司里大发脾气，他的坏脾气也很快出了名。当业务经理提出他们的战略计划时，他不留情面地说："我不想听到任何废话，你被解雇了。我会让别人来取代你的位置。"格拉斯曼的目光也落在了迪特尔·库尔兹身上。很明显，半导体部门需要一个长期的投资计划。芯片生产的下一步是 DUV 光刻机，这将带来新的机遇但也会带来新的威胁。i 线镜头使 ASML 和蔡司真正进入竞技场，但如果他们成功地迈出了一步，他们就能和日本人真正同场竞技。

库尔兹要求赫尔曼·格林格和温弗里德·凯撒收集相关数据信息，以便向董事会提交这些报告。在这两人给他数字之前，他们要求他坐下来听，因为担心这些数字会把他吓到。他们计算过，他们需要在两年期间获得 8,500 万美元。"不可能，"库尔兹叫道，"你不会认为我会去向几乎资不抵债的公司董事会要求 8,500 万的投资吧？他们会把我扔到街上去的！重新计算，拿出一个可以接受的、不会被董事会否决的数字。"

但是，在他们再次计算之后，得到的结论还是一样的。他们需要 8,500 万美元来确保未来几年的收入翻番，并赶上 DUV 光刻机的浪潮。

* * *

当库尔兹听到其他员工与格拉斯曼磨合的故事后，他惊出了一身冷汗。有些人因在与首席执行官的谈话中出现失误甚至失去了工作。当库尔兹穿着鞋子颤抖着终于完成陈述时，他的上司如预期的那样扮演了恶人的角色。格拉斯曼看到一位传统的蔡司员工在拐弯抹角，恼怒中，这位首席执行官开始抱怨库尔兹提供的图表里的数字和颜色。他俩之间没有碰撞出火花，这是显而易见的。20 分钟后，库尔兹想：让我说出 8,500 万美元，也许格拉斯曼会停止咆哮。

库尔兹镇定后说："看，这项业务的收入去年翻了一番，从 2,500 万美元到 5,000 万美元。今年收入将再次翻番。这种追求才是最有意义的，但为了让我们达到目标，我需要 8,500 万美元。"

然后格拉斯曼的反应令人意外，这不同于以往任何库尔兹与他前老板的谈话经历，他不知道他对面的那个人是否在和他玩游戏。格拉斯曼听到需要巨额投资后，他问："如果是你自己的公司，你会投资这么多吗？"库尔兹鼓起他所有的勇气，回答说："会的。"格拉斯曼告诉他："那么你能得到这笔钱。"在场的财务人员大吃一惊："但我们没有那些钱。"格拉斯曼说："安静。库尔兹，你会得到它。"

格拉斯曼对机会有一种本能的嗅觉，这样数目的金额不会让他感到担心。在西门子工作的时候，他学到了两件事：第一，你必须为一项潜力巨大的新业务制定目标和投资策略；其次，西方公司不必害怕日本人。在西门子，他利用恰当的时机进行巨额投资，将 CT 业务和几年后的 MRI 系统业务都变成了价值数十亿美元的业务。他知道 ASML 拥有高知名度的客户，而且他们离不开蔡司。最后，ASML 将其采购预算的 1/4 给了奥伯科亨。

迪特尔·库尔兹。照片来源：蔡司

彼得·格拉斯曼。照片来源：蔡司

　　格拉斯曼很清楚，半导体光学是一项在未来几年内可能会大幅增长的业务，尽管他被许多危言耸听者包围着。他的首席财务官一再告诉他：芯片市场的变化是周期性的，风险太大。但格拉斯曼也知道，制造芯片是一项资本密集型业务。摩尔定律必定促使芯片制造商不断提高他们的需求，为了在这场激烈的竞争中脱颖而出，芯片制造商不断需要更新的、更先进的机器。因此，半导体光学将大有可为，格拉斯曼已经决定投资。他考虑到了步进光刻机的价格，以及光学元件在总物料清单中所占的份额。

　　此外，蔡司的地位也很舒服：它处于价值链的顶端。由于进入行业的门槛非常高，这是一个几乎无法逾越的障碍，使得竞争对手几乎不可能进入市场。蔡司感觉自己的地位非常稳固。

　　但格拉斯曼的怀疑论也有其道理。他在高科技行业的经验是，无论哪里有小问题，最终都会出大问题。在西门子，他为世界各地的医院提供医疗器械，他知道为购买复杂机器的远距离客户提供服务是多么困难。ASML 的业务主要在美国、韩国等地，这意味着员工要在飞机上花很长时间。保持与台积电和三星等制造商的关系需要不断的管理与关注。此外，对于敏感技术则需要加强现场服务。

＊　＊　＊

格拉斯曼打电话给库尔兹。他不顾首席财务官的劝说，询问库尔兹是否可以向肖特的董事会介绍他的计划，那些是他们需要说服的人，因为蔡司自己现在没有一分钱。之后还有另一个障碍，库尔兹还必须设法说服股东委员会成员赫尔曼·弗朗茨。格拉斯曼虽然与弗朗茨关系良好，但他知道这位蔡司基金会的代表因西门子在芯片市场的持续斗争而对该市场有偏见。

格拉斯曼的预感完全正确。当弗朗茨听说与肖特的会面是与半导体行业相关时，他并没有立即感到振奋。如果连西门子都掌控不了芯片市场，那么像蔡司这样几乎资不抵债的公司怎么能够生存下来呢？但他相信格拉斯曼，在库尔兹演讲结束后，弗朗茨说："听起来很有趣，但你得要求 ASML 承销 8,500 万美元的一部分。"

库尔兹犹豫了一下，他已经忍受了许多来自荷兰伙伴的抨击。他对弗朗茨说："我们不是他们最好的供应商。我不认为我们能说服他们提供一分钱。我相信他们会让我们先交付产品。"

库尔兹带着蔡司的一位财务经理来到维尔德霍芬，他们计划索要所需的 8,500 万美元中的 1,000 万美元，这足以让格拉斯曼高兴，他们能在别的地方筹到剩下的钱。

在维尔德霍芬，德国人与杰拉德·韦尔登肖特和汤·范兹瓦姆会面。韦尔登肖特知道，这两个家伙是来要钱的。他不耐烦了，问他们这次要多少钱。"1,000万。"库尔兹说。韦尔登肖特笑了起来："你需要更多，是吗？"库尔兹回答："是的，我需要更多的钱。""2,000 万如何？"韦尔登肖特说。"2,000 万当然比 1,000万好。"库尔兹回答道。"那我给你 2,000 万。"韦尔登肖特当场决定。

ASML 正在为成功上市做准备。它有很多订单，韦尔登肖特非常清楚蔡司是其发展的主要瓶颈。奥伯科亨的每一组好镜头都意味着维尔德霍芬的又一台价值数百万美元的光刻机可以走出工厂大门。

* * *

当时，格拉斯曼是无法满足的。当库尔兹带着 2,000 万美元从荷兰回来时，他并没有获得掌声。他只是做了该做的事，而且只是做到了及格而已。蔡司半导体光学技术是一颗具有巨大增长潜力的明珠，无论是在现金流方面还是盈利能力方面。格拉斯曼知道半导体光学技术将帮助他再续公司辉煌。

执行董事会成员托马斯·拜尔几乎每周都会提醒格拉斯曼该去拜访 ASML 了。这位首席执行官在上任后的前 3 个月内开始了重组工作，现在他终于可以去埃因霍温了。他要求库尔兹为这次访问做好准备。"在你走之前见我一面是件好事，"库尔兹提前警告他说，"该客户的作风与您习惯的略有不同。"但格拉斯曼不想听："我们在开会前一天晚上在埃因霍温的酒店见面，我给你 10 分钟。"

库尔兹和拜尔驱车前往埃因霍温，在格拉斯曼也将下榻的 Cocagne 酒店住宿。库尔兹在大厅里等到午夜，他的老板终于到达，但似乎备感压力。格拉斯曼没有心思听报告。"我们需要讨论明天的安排。"库尔兹说，但格拉斯曼不想听，他累得只想睡觉。

早上，库尔兹在酒店结账时遇到了脾气暴躁的格拉斯曼，两个人都睡得不好。"开车跟着我，"库尔兹劝他的上司说，"这里很多地方在修路，而且我们的时间很短。"但格拉斯曼认为没有必要，毕竟他有车和司机。

库尔兹和拜尔在 ASML 的停车场等了半个小时他们的上司才出现。在等待蔡司的访客的时候，威廉·马里斯和他的管理团队都在焦虑地玩手指。

格拉斯曼终于到达后，3 个人走进了大楼。库尔兹敏锐地意识到迟到所隐含的侮辱意味，他的首席执行官却不屑一顾。马里斯很纳闷：这究竟是什么人？

马丁·范登布林克刚刚加入 ASML 的管理团队，并立即利用这个机会让格拉斯曼深刻地意识到蔡司是多么糟糕。同时，他给其新首席执行官来了一轮轰炸："你们绝对是一文不值！库尔兹、格林格和凯撒根本没在做他们的工作。你们太差劲了，不能给我们提供高质量的产品。你们破坏了我们的业务。"范登布林克愤怒的抱怨不停地从嘴里喷出来，而马里斯并没有制止他。

库尔兹却正窃喜。一直以来，他粗鲁无礼的上司一直拒绝听他的话，现在他正被房间里最年轻的男人教训。对库尔兹来说，这让人振奋。范登布林克这样骂他的上司倒是帮了他一个大忙。库尔兹后来一直把这件事当作蔡司与 ASML 之

424

间关系的转折点。

格拉斯曼呢？在会议期间，对方的言语暴力似乎完全无法影响他。作为西门子医疗器械业务的负责人，他与俄罗斯卫生与安全部长也有过类似的摩擦。格拉斯曼也不为他的员工辩护，他立即表示认同："先生们，你们告诉我的这一点很好。我会采取措施。"

然而，和客户的冲突还是激怒了格拉斯曼。在停车场，憋了一肚子火的格拉斯曼对库尔兹大发雷霆。库尔兹差点想开口辞职，但他克制住了自己。随后格拉斯曼让拜尔和他一起坐车到法兰克福机场，库尔兹则坐另一辆车跟着。当他们到达机场时，库尔兹看到拜尔从车里摇摇晃晃地走出来，脸苍白得像一张白纸：格拉斯曼在整个 3 个小时的车程中一直对他大喊大叫。

第二天，格拉斯曼邀请光学生产和装配车间的经理们到位于蔡司行政大楼顶层的办公室。这位首席执行官很快就转换到完全的格拉斯曼模式。首先，他对装配经理说："你有两个选择，如果你能确保我们可以给 ASML 他们需要的东西，你可以走出那扇门。"格拉斯曼边吼着边大步走向窗户，然后他打开窗户说："如果你不能保证，那么你就可以从这里跳下去了。"

紧接着格拉斯曼准备对利希滕贝格训话。利希滕贝格为了不让格拉斯曼完成他的长篇大论，他提前说："我不会回答你，但我肯定会走出门而不是跳窗户，我能做到。"

* * *

1995 年年初，利希滕贝格领导光学元件生产部门已经满一年。现在，他必须同时做两件事：加快传统生产，同时安装和扩展自动化生产流程。在过去的一年里，他无法说服高层管理人员投资技术，但现在格拉斯曼正在为此腾出资金。为了对新机器进行编程和操作，利希滕贝格迫切需要训练有素的人员。机器人编程员和工程师在数控机床系统上的工作方式和那些动动手指就可以磨好镜头的"金手指"完全不同。更重要的是，手工抛光是留到最后的补救措施。由于 DUV 镜头的要求太高，所以即使是"金手指"也无法满足它的要求。

格拉斯曼专注于需要裁员的艰难的重组工作，而利希滕贝格需要更多的员工来从事半导体业务，两人为了达到他们的目标而进行拉锯战。利希滕贝格说，他不能完成格拉斯曼的成本削减目标。如果他裁员，那么怎么可能增加产量呢？这位生产负责人表示，他们至少要留住那些让半导体光学元件生产系统正常运转的人，而现在大约有 40 个人在用他们的"金手指"工作。此外，他正在寻找受过良好教育的人，以帮助他完成自动化工作。经过多次讨论，格拉斯曼终于让步了。但是，首席执行官和生产主管是生活在两个不同世界的人。格拉斯曼将他的声望寄托在让蔡司再创辉煌上，并宣布大幅削减成本。利希滕贝格的任务是确保芯片光学业务能够呈指数级增长。

1995 年，当格拉斯曼关闭了位于博芬根的蔡司办公室时，这些不同的目标之间发生了碰撞。大约有 80 人在博芬根办公室工作，他们全部从事以机器为基础的机械化生产工作。这些人正是利希滕贝格所需要的：高素质的工程师可以对自动化设备编程，并了解先进的六轴和七轴加工设备。

利希滕贝格认识其中几个人。这些人在他领导原部门时就和他有良好关系。其中一些人是他在工作委员会工作时认识的，他曾在那里担任了一段时间的管理代表。当他决定说服博芬根的员工为他工作时，这一切都有一定的推动作用。

蔡司的人力资源部门为博芬根的员工成立了一家专门的公司，负责工人再就业培训。这个组织的任务是教员工新的技能，然后帮助他们找到另一份工作。这正是人们欣赏蔡司的地方：有社会责任感。利希滕贝格走进人力资源部门，询问他们是否可以同意让他雇用这些员工中的几个。这当然没有问题。然后，利希滕贝格在博芬根召开了一次会议，他站在聚集的人群面前，说他正在找人进行自动化光学生产，他将在老地方和奥伯科亨之间设置一条公交线路，单程 40 分钟。他还询问机器操作员和机器人程序员是否愿意分三班工作。在他自己的中央生产车间，超过一个半班都是不可能的，但是在博芬根，他们习惯于昼夜不停地工作，所以当利希滕贝格提出这一建议时，没有人觉得这不合理。

利希滕贝格的计划成功了。博芬根的大多数工程师都开始为他工作，没有人出现在再就业培训办公室。几天后，利希滕贝格又增加了 50 名训练有素的专业人员，他们可以帮助他扩展业务，并且都忠于公司。更重要的是，他们是那种喜欢学习新事物的工程师。

但是利希滕贝格的夜班工作安排并没有让他获得赞赏。人力资源经理非常愤怒，并威胁要解雇他。格拉斯曼也很不悦，他试图通过关闭一个分支来展示权力，而利希滕贝格却通过从博芬根挖走人，让该分支的几乎所有人都留在蔡司的工资单上，这使他看起来很愚蠢。但格拉斯曼接受了，他知道此举最终符合公司的利益。

＊　＊　＊

　　格拉斯曼在接手蔡司半年后，来到了奥伯科亨的一家理发店。他通常在自己家所在的镇上理发，但这次他的秘书下班后为他预约了一位理发师。当格拉斯曼坐在镜子前时，他提起蔡司，注意到没有人认出他来，这位首席执行官就开始询问人们对公司的看法。"当那家公司的员工来理发时，我们不再需要拉上窗帘遮遮掩掩了。"理发师说。"你是什么意思？"格拉斯曼问道。然后理发师告诉他，蔡司的员工以前总是在工作时间进来，所以他不得不拉上窗帘。但是，这已经没有必要了，因为现在每个人都在午休时间进来。格拉斯曼因此得出结论，他的决定没有错。

独立自主

IPO一下子化解了ASML的财务危机，公司可以为即将到来的与日本公司的竞争做好准备。

亨克·博特多年来一直在飞利浦董事会为 ASML 辩护，并无数次尝试以高效的方式将它从母公司中剥离出来。但蔡司的拒绝入股成了"压死骆驼的最后一根稻草"。1994 年年初，他放弃将 ASML 从母公司中剥离出来，并向威廉·马里斯和杰拉德·韦尔登肖特宣布了一个令人惊讶的决定："让 ASML 上市吧。"

马里斯惊讶极了，他们的财务状况并不理想，他说："我们过去这些年除了亏损没干别的。"他一直以来的理解是，上市之前，公司首先必须实现 6 个季度的盈利，他对博特说："我们只有几个季度扭亏为盈。"

但博特认为，上市是可行的。1993 年，ASML 盈利 1,100 万美元。通过出售 PAS 5500，公司的现金流稳步上升，其订单量很容易保证另外 4 个季度的盈利。而且随着芯片市场现在的增长趋势，光刻机需求将保持旺盛。此外，他们需要一些时间来准备上市工作。

博特认为，有了飞利浦的支持，AMSL 肯定可以成功上市，但他们现在需要马上采取行动。芯片行业正在崛起，但根据经验，情况可能在短短几个月内就发生变化。如果他们不抓住当前时机，那么可能需要再过几年时间才会再次等到合适的上市时间。

随后，博特与飞利浦首席财务官达德利·尤斯塔斯（Dudley Eustace）合作，探讨上市是否可行。飞利浦的财务合作伙伴 NIB 银行准备以 5,000 万美元收购 AMSL 1/4 的股份。博特不接受这个提议，他认为 ASML 1/4 的股份在当时至少值 7,500 万美元，因为公司现在已经迈上正轨了。

结果当博特、马里斯和韦尔登肖特去找愿意承销上市股份的公司时，他们自己的银行却不同意。它不相信 ASML 可以独立运营，该银行认为在光刻机公司所处的周期性市场中，强大的母公司至关重要。因此，3 人最后选择了荷兰银行和德国商业银行荷兰分行，两家银行都准备在未来几年投资独立的 ASML。

当马里斯和韦尔登肖特在荷兰开始他们的路演时，他们已经可以展示 3 个季度的盈利。这是多么不同啊，他们以前总是依靠飞利浦，现在他们可以展示自己是一家运营良好的公司。根据这些数据，他们告诉潜在投资者，该公司的价值至少为 2.5 亿美元。但他们在荷兰老家得到的反馈是冷淡的，甚至养老基金都不相信他们。一家要征服世界的荷兰科技公司？听起来难以置信。ASML 的高管们无法说服这样的保守组织。

荷兰银行和德国商业银行荷兰分行随后建议，他们应把目光投向阿姆斯特丹之外的纽约纳斯达克交易所。这就是美国投资银行瑞士信贷第一波士顿和摩根士丹利后来入股的原因。

在飞利浦，韦尔登肖特面对的是一个在剥离高科技子公司方面完全没有经验的组织，他与并购部门就股票发行价的讨论几乎让他哭出来。他对与尤斯塔斯的会谈也感到非常棘手。马里斯和韦尔登肖特希望执行并非极少数员工而是包括 40 名关键人员参加的股票计划，目标是在未来几年内将这些人与 ASML 联系在一起。然而，飞利浦首席财务官却连 5% 的股份都不想保留，甚至连韦尔登肖特也不能改变尤斯塔斯的想法。

但 ASML 的一家美国投资银行想了一个办法，如果韦尔登肖特唱红脸，那么银行就唱白脸。当两人走进飞利浦而尤斯塔斯再次拒绝让步时，这位银行家说："尤斯塔斯先生，这是一个非常简单的问题。如果您不为 ASML 的核心员工提供 5% 的股份，那么我现在就把招股说明书撕成两半，然后把整件事都叫停。现在即将上市，您告诉我，您要破坏整个事情。您疯了吗？一切都准备好了，所有的工作都完成了。您知道这会给您造成多大的损失吗？我可以保证，我们的律师将与您联系。"

尤斯塔斯没有回答。第二天韦尔登肖特接到了飞利浦总部的电话，通知他起草一份 ASML 核心人员名单。现在看起来事情可以继续下去了。

他们一准备好招股说明书，马里斯和韦尔登肖特就开始了他们的美国路演。在两个星期里，他们不停地与全国各地的潜在投资者会面。1 周 7 天，全天不停歇地工作：详细说明一切、旅行、再次详细说明一切。他们总是要面对激进的年轻听众，而这些人习惯刨根问底。

金融界对马里斯声称 ASML 将征服世界的说法持怀疑态度。在他们看来，

ASML 严重依赖单一产品，它的命运完全取决于蔡司，而这家荷兰制造商的市场份额只有 18%，还不得不与两家一共占据着 3/4 的光刻机市场的日本超级大公司竞争。

但马里斯总是做得很出色，他是这个环节的焦点。韦尔登肖特在旁边用钦佩的眼光注视着他。经过两周的不间断路演，这位首席执行官已经精疲力竭，他要求他的财务合伙人在纽约做最后的主要路演，而马里斯只需要到场并回答几个问题。

马里斯和韦尔登肖特认为，改善 ASML 的财务状况是一个好主意。他们请求尤斯塔斯允许 ASML 单独发行 300 万股股票，除了将于 1995 年 3 月 15 日发行的 800 万股股票和母公司目前拥有的 3,000 万股股票外。但飞利浦的首席财务官对此不太感兴趣，他担心这会稀释飞利浦的权益。但最终，他总算相信飞利浦也将因子公司增强的财务实力而获利。

* * *

这一切积极的成果推动上市前的预期上升。上市前几个月，ASML 在 1994 年已经可以自豪地炫耀其净利润超过 2,000 万美元；其收入增长也令人印象深刻，ASML1994 年的收入比 1993 年增长了 60%，达到 2.65 亿美元。根据这些数字，分析师估计，这家设备制造商在 1995 年年初的估值将达到 5 亿～6 亿美元。很显然，通过让 ASML 发行其总计 3,000 万股股票中的 800 万股，飞利浦可以得到可观的回报。

飞利浦最终将通过 ASML 上市获得 1.25 亿美元。ASML 在纳斯达克的首次公开发行价格为 18 美元（股票收盘价为 22.50 美元），ASML 发行的 800 万股股票本身创造了近 6,300 万美元，可用于缓解财务压力，这家光刻设备公司可以立即偿还其所有贷款和信贷额度。上市几个月后，ASML 宣布将大幅扩大产能：它将建造一个新的仓库和一个新的装配厂。ASML 很快就成了股市的宠儿。当前情况很好，芯片行业正在崛起，市场总规模从 1,000 亿美元增加到 1995 年的 1,550 亿美元。即使是像 Gartner 和 Dataquest 这样的知名分析公司也预测，半导体行业在 2000 年之前不会再次出现危机，这使 ASML 的股价升至 90 荷兰盾（约合 56 美元），是其发行价的 3 倍以上。

1996 年年初，当 ASML 的股票价格跌至 62 荷兰盾（约合 37 美元）时，荷兰新闻周刊 *Elsevier* 将 ASML 排在值得购买的股票列表的第一名。该杂志称 ASML 是 1996 年以及 1997 年的绝对热门。该杂志写道："这家芯片行业供应商的订单已经爆满，预计未来两年利润至少增长 25%。"所以估值低于 60 荷兰盾是不合理的。

仅一个多月后，*Elsevier* 又进一步预测："ASML 的投资者确信未来两年将实现强劲增长。目前 78 荷兰盾的价格低得离谱。"

* * *

马里斯向投资者承诺股价能够继续上涨，但美国投资者的保守深深印在了他的脑海中。他知道，当他们说危急关头与蔡司的关系没有保证，ASML 找不到别的光学供应商时，他们说得没错。马里斯意识到，公司对德国合作伙伴的依赖程度只会随着新一代光刻机的出现而增加，他必须与奥伯科亨建立尽可能紧密的联系。

从他见到彼得·格拉斯曼的那一刻起，马里斯就告诉蔡司的首席执行官，加强两家公司之间的联系是多么重要。1995 年的上市一完成，他就一直在推动与蔡司的光学部门的合资事宜，在他看来这是最好的选择。

但格拉斯曼不同意，因为在他看来，合资企业将很难控制，现在他了解了蔡司的"家族企业"风格。格拉斯曼向马里斯解释道，他的员工习惯于"以蔡司的精神工作"，很难激励他们在一个新的合资组织里努力奋斗。

格拉斯曼同时也向马里斯保证，蔡司不会出售其光学部门，不仅不会而且不能出售，因为基金会肖特牢牢地与蔡司绑在了一起。但就像马里斯一样，格拉斯曼也可以看到这些局限性。这种依赖确实有风险，如果生意有利可图，每个人都会高兴。但是，如果情况变得艰难，将很快导致局势紧张。格拉斯曼向马里斯承诺，他不会给 ASML 带来任何惊吓。

* * *

随着上市的推进，PAS 5500 也日益普及，蔡司奇迹般地解决了镜头生产对人手的依赖。尽管银行账户没什么钱，但格拉斯曼还是大胆地投资了半导体光学技术，并把它变成了一项有利可图的技术。这也是他帮助整个蔡司在20世纪90年代后期恢复良好运营状态的方式之一。

这位首席执行官以类似ASML的严肃风格经营管理蔡司。不久之后，维尔德霍芬的管理团队就看到了事情的进展。在格拉斯曼的重视下，两家公司的关系越来越密切，并发展成为相互尊重、甚至友好的关系。

多亏了格拉斯曼，克劳斯·利希滕贝格在20世纪90年代中期获得了他所需要的空间来安装简单的机器人，这些机器人可以在玻璃表面移动手指大小的抛光笔。与此同时，赫尔曼·格林格正在将另一项关键技术应用到生产中：使镜头表面成像达到纳米精度的测量技术。测量和抛光之间的联系使镜头生产摆脱了对人的依赖。现在，扩大规模只是一个投资问题，但ASML的同步上市及其带来的现金让投资不再是问题。

1996年6月，蔡司在奥伯科亨开设了新的光学生产线。当时，投资成本已达8,700万美元。20个抛光机器人和3台离子束机将透镜元件的精度精确到原子级别。

1993年和1994年，蔡司有几百人从事光学和机械生产和组装，每年可生产100套半导体光学元件。到1996年，蔡司只需要80人就能生产超过200个镜头，而且是技术更复杂的镜头。

* * *

尽管格拉斯曼对马里斯有承诺，但蔡司还给ASML带来了一个令人不快的消息。1996年年初，在参加ASML凤凰城办公室的一次管理会议之前，库尔兹在康涅狄格州的威尔顿停留。在那里，蔡司给SVG光刻公司提供了服务。这个消息犹如晴天霹雳，使ASML与蔡司之间的关系受到了巨大的打击。

原来，库尔兹被彼得·格拉斯曼送到SVG。ASML的这个合作伙伴居然已经接触了一家它的美国竞争对手，而且是用ASML自己资助的技术和专业知识。ASML感觉被出卖了，是他们率先采取的技术战略，中途千辛万苦地拖着蔡司前行，几年后战略取得成功，德国公司居然为其他人提供服务。对于ASML来说，这一事件再次证明蔡司的管理层从根本上拒绝改善与他们之间的关系。

这一事件引起了热烈的讨论。ASML 非常清楚地表明，蔡司向 SVG 供应光学元件是不可接受的。这是威廉·马里斯展示他管理关系的独特能力的实战之一，在亨克·博特的支持下，他要求格拉斯曼加入 ASML 的监事会，目标是建立独家合作伙伴的关系，蔡司只可以向 ASML 供货。因此，格拉斯曼在 1996 年 4 月的年度股东大会上被任命为 ASML 的监事会成员。

之后，在 1997 年两家公司签署了一份契约，该契约将成为双方合作至 2017 年的基石。ASML 在蔡司半导体光学部门（SMT）拥有 24.9% 的股权后，两家公司的关系变得更加紧密。这家荷兰公司还为新一代用于极紫外线（EUV）光刻设备的高数值孔径光学系统的研发提供资金。

* * *

1996 年年初，ASML 终于在财务上独立了，并且还拥有大量存款。荷兰银行和德国商业银行荷兰分行将该公司的信贷额度提高到了 1.2 亿美元。此外，这两家银行都将承保 ASML 扩大规模所需的房地产资金。

在技术方面，公司也处于良好的状态。其 PAS 5500 i 线步进光刻机已成为芯片厂的主要设备。1996 年年初 ASML 推出了其 DUV 版本，可成像 0.25 微米的细节。这些机器标价为 600 万美元，可生产 256Mb DRAM，并为公司的下一次增长做好了准备。大约在这个时候，ASML 以 240 万美元收购了 Cymer 激光技术公司，以加强其与激光源供应商的关系。同年，其研发合作伙伴 CFT 和 Natlab 正在对步进扫描光刻机进行最后的调整。几年后，该技术将成为大规模芯片生产的基础技术。

1996 年年初，ASML 宣布，在未来几年内，它将在厂房和增长潜力方面投入大量资金。同年，在现有的 800 人的基础上，ASML 计划再招聘 200 人。公司承诺实施股票期权计划，所有员工都可以分享利润。

所有这些成功都让公司想要得到更多，它特别渴望给日本人一个永久的教训。不久，ASML 的一些员工穿着 T 恤四处走动，T 恤上面写着：我们将打败日本人。

附　　录

附录1

从欧洲视角看20世纪50年代的计算机芯片与光刻技术

1952 年 4 月，飞利浦物理实验室（以下简称 Natlab）的一个代表团从荷兰前往美国电话电报公司（以下简称 AT&T）的贝尔实验室，代表团中包括皮特·哈伊曼和哈霍·梅耶。在新泽西州的默里山，Natlab 的研究人员了解了当时所有关于晶体管的制造和使用技术。来自欧洲的其他研究人员也参加了这次访问，他们分别代表德律风根、西门子、GEC 和爱立信。未来集成电路的发明者——德州仪器的杰克·基尔比（Jack Kilby）也是参观者之一。1952 年，半导体电子领域仍然很小，技术也相对简单。

这是 AT&T 第一次敞开大门。这家美国电信公司的成功始终基于申请专利和利用其技术专长，它总是对专利侵权进行无情的打击。但在它发明了晶体管之后，这家电信巨头的做法却发生了惊人的转变。

AT&T 的态度转变是有充分的理由的。自 1949 年以来，它一直受到美国司法部的抨击，司法部希望通过剥离西电公司来限制其垄断。无数小公司都希望借此机会打入 AT&T 的交换机领域。这些企业像寄生虫一样做好了免费吸收贝尔实验室半导体专业知识的准备。当然，AT&T 不想和它们玩游戏。

因此，在 1952 年春季的晶体管技术研讨会上，贝尔实验室的研究人员与 25 家美国公司和 10 家外国公司分享了所有的晶体管技术。价格非常合理：只要 25,000 美元的未来专利权预付款，飞利浦和其他参与者就可以了解到先进的结式晶体管技术，这是威廉·肖克利（William Shockley）于 1948 年获得的专利。

会议参与者都带走了非常详细的文件。靠着身边这本"芯片食谱"，哈伊曼很快掌握了这门技术。到 1952 年年底，Natlab 已经生产了数百个结式晶体管，而且很快做出了自己的研发改进。里奥·图默斯和皮特·乔切姆斯作为基础晶体管的共同发明者而享誉整个实验室。随后，飞利浦在 1958 年左右推出了电子元件，并在商业上获得了重大成功。

* * *

在美国，主要是美国国防部在推动对电子技术微型化的研究。美国公司正全速从第二次世界大战中走出来，并继续从政府用于开发军事半导体应用的丰厚预算中获利。充满晶体管的微模块构成了武器系统中新的"大脑"。小型公司也在参与签订各种国防合同。

与美国相比，欧洲在战后的几十年里，无论是在经济上还是在技术上，都截然不同。虽然像英国和法国这样的国家也在把钱投向国防技术，但远远比不上美国投资的数十亿美元。飞利浦和西门子等大型工业公司主要为消费者和其他公司提供服务。小型半导体初创公司几乎没有生存空间，他们既缺乏资本，又缺乏客户。

美国的新研发技术则接二连三地快速出炉。在国防和航空航天工业的驱动下，数千个晶体管投入应用，计算机变得越来越复杂。工程师正在寻找连接所有这些微小组件的新方法。很快，人们就明白：电子产品可以更小、更紧凑。1952年，英国电信研究所的杰弗里·杜默（Geoffrey Dummer）宣布，晶体管的出现使得人们能够设想一个由"没有连接电线的固体块"组成电子设备的时代，只需要有人想出办法去做就行。

* * *

在令人眼花缭乱的世界里，新想法层出不穷，技术似乎有无穷的可能性。加上慷慨的军事预算，美国国家标准局是 20 世纪 50 年代光刻技术的发源地。国家标准局的战略家们意识到，晶体管使得在更小的弹头里进行距离测量成为可能。

杰·拉思罗普（Jay Lathrop）奉命开始试验半导体。他大学一毕业就加入了美国国防部的戴孟德军械引信实验所。在那里，他和同事詹姆斯·纳尔（James Nall）建立了一个完整的晶体管生产流程。他订购了锗，并与实验室的机械工匠和玻璃吹制工合作制造晶体管所需的熔炉、蚀刻机、沉积系统和锯子。他们通过再结晶来提纯锗，得到了一根像扫帚把一样粗的锗棒，再经过一种称为区域精炼的热化过程，以去除大部分杂质；然后，他们把锗棒锯成结晶锗的薄片。

拉思罗普和纳尔用这些锗晶体制造晶体管。晶体管是一英寸板本身的

1/1000。接着，他们切出微小的元件，然后连接到电阻和电容器上并使用导电线创建电子电路。

手工焊接铝合金触点是一项无望的任务，因为所需的导电路径只有几十微米宽。拉思罗普和纳尔想出了使用摄影技术的方法。他们偶然发现了柯达制造的一种感光涂层，用于将铆钉孔蚀刻到飞机机翼上。该涂层被称为光刻胶：一种对光敏感但能承受化学处理（如蚀刻）的胶层。两位工程师订购了这种涂层，然后发现光刻胶也适用于处理微小细节。

当时，半导体行业还没有一种方法可以用来制造拉思罗普和纳尔需要的高分辨率掩模板。为了刻画出细小的线条，两人决定使用三目镜显微镜：一台带有常见的双目镜头的显微镜，第三个镜头用于拍照。他们没有用相机，而是把要刻画的图案和线条放在第三个目镜上。他们在目镜上面又加了一盏灯，这使他们能够通过显微镜将微型模板的细节投射到陶瓷幻灯片的光刻胶上。他们用手对准系统，使用微操作器操作。拉思罗普和纳尔使用双目镜头和红灯将陶瓷滑块笔直排列，一旦它就位，他们就会暂时去掉红色滤镜，以曝光光刻胶。他们对每一层结构都重复这一过程：曝光，蚀刻，然后沉积新材料。他们还使用电阻作为隔离层来隔离底板上的导电线路。

1957年10月，拉思罗普和纳尔发表了他们的"光刻制造技术"，几年后获得了专利。这是"光刻"一词首次与半导体器件的制造结合使用。"当然，这是一个错误的用语，"拉思罗普后来在《IEEE历史中心通讯》中写道，"这实际上是一个光腐蚀过程，而不是光刻过程，但不知何故，光刻比光腐蚀更顺口。"

1958年，拉思罗普跳槽到德州仪器，在那里他和杰克·基尔比努力打造一个电子电路，它的部件不是在陶瓷底座上连接，而是在微小晶圆上。拉思罗普和基尔比在连接晶体管之前不会把它们切出来。这就是第一个集成电路的诞生过程：第一个芯片，晶体管、电容器和电阻器通过细金线连接产生振荡器，然后是放大器。德州仪器于1959年3月宣布了基尔比的"固体电路"概念，并在一年后开始销售其首款商用设备：一款二进制触发器，售价为450美元。

* * *

不久之后，仙童半导体的罗伯特·诺伊斯（Robert Noyce）构建了我们今天所知的第一个单片电路———一片晶体硅，上面有微小的电子元件：二极管、晶体管、电阻器、电容器和连接线路。他使用光刻技术来制作电路。当基尔比用细金线来连接晶圆上的部件时，诺伊斯使用光刻工艺在微组件之间铺设铝线。在这个过程中，他使用了另一项由仙童半导体发明的技术。为了将接触线与硅分离，他首先沉积了一层薄薄的氧化硅。后来英特尔的联合创始人诺伊斯，用这个方法生产了第一个我们今天仍在使用的芯片。

这不仅催生了计算机芯片，也催生了我们今天所知的光刻过程：一个复杂的过程，通过图案成像（光刻）以及化学和物理处理（如蚀刻、氧化和沉积）逐层构建微电子架构。1959 年 7 月，诺伊斯为其"半导体器件和引线结构"申请了专利，仙童半导体的工程师于 1960 年 5 月制造了第一个集成电路。该电路没有像基尔比那样使用细金线，而是使用由一层氧化硅隔离的铝线路。

附录2

David Mann公司

David Mann 公司诞生于 20 世纪 30 年代的哈佛大学杰斐逊物理实验室。在那里，天文学家大卫·曼（David Mann）分析来自恒星和星云的光。他通过光谱仪（一种高级棱镜）将透过望远镜的光线发送到感光玻璃板上，这时会出现一个带有黑白条的图案。

曼希望尽可能精确地测量条纹上的独特代码，因此他制作了第一个比较器——一个带有导程螺丝杆和微米线的测量引擎。他把装有摄影记录信息的玻璃板放在桌子上，用一个间隔为微米级的手轮操作其移动，这使他能够高精度地测量和定性光谱线。

同事们都对此印象深刻，他们鼓励曼将他的比较器商业化。因此，专业开发机械测量仪器的 David Mann 公司诞生了。该公司的"微米轮"可以达到 1/1000 毫米的精度，对于一台 20 世纪 30 年代末的完整仪器来说，这是一项令人难以置信的成就。

1959 年，GCA 收购了这家小型公司，两年后该公司的同名创始人离世。当时 GCA 正在销售定位台，这些定位台可以沿两个垂直轴的方向进行精确位移：一个方向为 6 英寸，另一个方向为 4 英寸。1960 年，GCA 的 David Mann 部门激起了 Clevite 晶体管公司的兴趣。Clevite 的一位工程师认为 David Mann 的定位台可以帮助他制造晶体管，他想用这种仪器将微图案投射到照相玻璃板上，以获得更高的精度。

Clevite 对 David Mann 的定位台非常满意，他要求精密专家制造一个设备来进行接触式光刻。它需要一个成像仪器，其镜头能缩小图案然后把高分辨率的图像投到照相玻璃板上。来自氙闪光灯的光线必须通过透镜将图案逐一投射到带有感光涂层的照相玻璃板上。David Mann 的精密定位台必须精确定位图像，才能成功对齐晶体管的连续掩模。

David Mann 部门的工程师们攻克了这个难题。该部门将光学显微镜的物镜从博士伦的定位台上拧下来，从而制造第一台完全手动的分步重复照相机，即分步重复曝光光刻机。它于 1961 年推出了 971 型，第二年，又以每件 30,000 美元的价格销售了 23 台。其客户包括太平洋半导体、IBM、肖克利半导体、德州仪器和荷兰飞利浦的 Elcoma。一年后，David Mann 部门的 971 型也将抵达飞利浦的 Natlab。

971 型光刻机完全由手动操作，它比 20 世纪 60 年代早期所有可用的产品都贵得多，但物有所值。其他仪器几乎只能达到 25 微米的定位精度，但 David Mann 部门的光刻机能够以 1 微米的精度将图案曝光在照相玻璃板上。

附录3

20世纪60年代初，飞利浦Natlab的技术微型化

在 20 世纪 60 年代早期，飞利浦集团的每个部门都在致力于技术微型化，这对弗里茨·克洛斯特曼的负片成像服务部门（掩模中心）提出了严格的要求。他的 4 名助手为 Natlab 和其他 10 个飞利浦部门提供服务。

这项工作与微电子学仍然没有什么联系。大部分工作都比较粗糙，在铝箔上的接触式掩模的尺寸是明信片的两倍，并带有各种图案：应变片、超声波组件和螺旋槽空气轴承等。这是克洛斯特曼的第一个主要任务，他很快地了解了摄影技术中使用的材料、工艺和设备的所有细节。

微米级光刻工作的增加，意味着克洛斯特曼和他的助手面临的困难增加了。他们需要更清洁的工作环境，当时还不存在超净室，他们必须在多次曝光和接触的过程中与灰尘作斗争。克洛斯特曼抱怨水管和空气的灰尘过滤器很差：1～5微米的颗粒对他们来说尤其成问题。振动也是一个问题，克洛斯特曼在他的季度报告中写道：“我们很清楚，在大楼中，即使是振幅为 1 微米的振动也是不能接受的。”

1963 年夏天，克洛斯特曼和他的助手们采取了除尘措施。他们把所有非必要的设备都扔出了实验室。车间内禁止吸烟，这在当时那个香烟文化根深蒂固的荷兰社会中，是一个闻所未闻的现象。当时流行的谚语都鼓励人们吸烟，比如“一个人不能抽烟，那就是个笑话”；Natlab 甚至向团队领导人提供在会议期间用来招待客人的香烟。

其中一名助手开始擦洗新装修的无烟房。“在工作开始之前，他将用湿布尽快地擦拭所有水平表面。我们现在正在等待指示和清洁材料。”克洛斯特曼在1963 年 6 月写道。实验室环境越来越接近后来的超净室：每个人都开始穿着尼龙外罩，水管中安装了新的过滤器，助手们开始使用无尘工作液。

附录4

光图机

多亏了弗里茨·克洛斯特曼和爱德·鲍尔，在 20 世纪 60 年代末，飞利浦拥有一款先进的步进重复曝光光刻机。主掩模即原始图案必须缩小，但该光刻机仍然以相当原始的方式工作。在飞利浦的 Elcoma 和 Natlab，他们首先将芯片电路设计切割成几英尺大的红膜，然后用照相的步骤将其缩小。

图案的切割过程是部分自动化的。从巨大的图案中剥离红膜的表层需要手动完成，因为这是一项非常精细的工作，不能自动化。此外，检查日益复杂的电路是否存在错误也是一项艰巨的任务。

手动切割和剥离可能需要长达 6 周的时间，然后才能为芯片厂准备好接触式掩模。这个问题引起了克洛斯特曼的兴趣。1967 年夏天，他从 Natlab 骑自行车回家，在路上他想出了一个简化流程的方法。他设想了一台机器，该机器可以用细光束将图案直接写在照相玻璃板上。设计信息直接进入绘图机的计算机，然后自动绘制主掩模。它消除了制作红膜、剥离以及对光机台、切割机和用来缩小图案的相机的需要。

克洛斯特曼的想法其实相当明显。他并不是唯一一个想出这个方法（只用一步创建主掩模）的人。在世界上的其他地方，芯片制造商和供应商，如 David Mann 和 Varadyne 也在开发概念机，利用摄影法或光刻技术使主掩模的数量倍增。就连位于汉堡和奈梅亨的飞利浦芯片厂的工程部门也在研究自己的方法。但克洛斯特曼就是克洛斯特曼，他寻求的是终极解决方案。他称他的设备为光图机（Opthycograph），源自 "光学液压计算机驱动的图形机"。

完美主义者克洛斯特曼希望能够用他的光图机绘制每一个可能的形状。他的目标与 Natlab 的芯片组的目标很匹配，他们有兴趣为模拟电路绘制曲线和圆圈。

在当时，克洛斯特曼已经赢得了荣誉。光图机不是一个正式项目，但他的组长和部门主管又一次没有阻碍他。就像光刻机一样，他从 Natlab 吸取了技术。液压托架再次从台子上下来，只是这次时间稍长一点，因此可以在一侧刻画长达 8 英寸的图案。液压系统的压力提高到了 70 巴，液压伺服阀需要控制复杂的运动。克洛斯特曼还用了亨德里克·德朗创建的相光栅测量系统的旧方法。他再次选用爱德·鲍尔作为他的设计师，因为他只想要最棒的人。

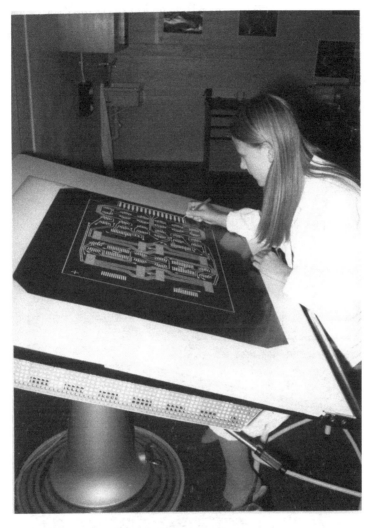

一名员工将切割的红膜的表层从红膜的透明底层剥离，然后剩余的图案以照相方式缩小。光图机通过使用光笔将图案直接绘制到玻璃底板上，跳过了这种剥离和摄影步骤。

在光刻机的控制系统中由硬接线电子元件制成的地方，克洛斯特曼会选择光图机的可编程系统。掩模生成器需要连续的信息流来描述这些蒙版。为此，克洛斯特曼为光图机配备了飞利浦 P9201，这种计算机刚刚面世，可以让它使用打孔纸带加载芯片图案。

当时，工程师已经可以在计算机上设计他们的芯片。他们把芯片设计放在一卷几百码长的打孔纸带上。一个包含 80 个元件（如晶体管，电容器和电阻器）的芯片可以用 2,000 个字符表示，并制作成 60 码长的打孔纸带。

1969 年 10 月，克洛斯特曼、鲍尔和几位同事终于演示了 4,500 磅的掩模制作机。它可以使用 2 ～ 1,500 微米的自由线宽在一侧绘制长达 8 英寸的掩模。

光图机的设计，尤其是其底座和工作台，将由赫尔曼·范希克大范围使用。这个基础将使他在短短几年内完成他的第一台步进光刻机。

爱德·鲍尔和光图机

附录5

电子束掩模制作机

在飞利浦的 S&I 从 Natlab 接管步进光刻机的两年前，维姆·特罗斯特还开发了一台机器，该机器通过电子束技术来刻画芯片图案。

1976 年年初，维姆·特罗斯特接待了吉姆·比斯利（Jim Beasley）、尼克·金（Nick King）等几位来自 Mullard 研究实验室的同事。这个位于英国雷德希尔的实验室于 1926 年成为飞利浦家族的一部分，当时这家荷兰电子公司接管了英国真空管制造商 Mullard。特罗斯特请其中最好的物理学家之一罗纳德·比拉德加入他们。

比斯利描述了比拉德从未听说过的装置：一种使用电子束来绘制微小线条的机器。这位英国人自豪地解释它是如何工作的。他和他的团队开发的电子束掩模制作机（EBPG）原型包含一台自动控制整个刻画过程的计算机，它在光束穿过表面时打开和关闭一束电子，每秒能刻画 1,000 万条微小线条。就像黑白电视中的电子束在屏幕上绘制图像一样，EBPG 能够在一侧只有几毫米的小方块上绘制图像。它可用于制作芯片，也可以用来制作光学投影的掩模。

比斯利的 EBPG 是相当先进的。它使用直径为 1/4 微米的光束进行直写，400 条线加在一起相当于一根头发的宽度，但 EBPG 的写入速度很慢，创建两英寸方形掩模需要 1 ~ 3 小时。机器在表面精确直写每个 2 平方毫米大小的块区，然后移动涂有金属和光刻层的玻璃板。计算机确保 625 个小块彼此精确排列，直到绘制出整个掩模。

比斯利和金问特罗斯特，S&I 是否想接管开发，使设备商业化。他们的故事是令人信服的，游说也是有效的。几个月后，他们的研究甚至登上了飞利浦于 1976 年年中发表的年度报告。在一篇关于科学研究的文章里，这家荷兰企业集团赞扬了这个英国实验室的研究。

年度报告描述了 Natlab 的步进光刻机和电子束掩模制作机。关于光学技术，飞利浦当时表示："由于在光学、机械和控制系统方面拥有丰富的经验，我们在埃因霍温的研究实验室与 Elcoma 的产品部门合作，成功地在研发设备中实现了位置移动 10 厘米而位移偏差只有 0.1 微米。"

文章暗示，光学光刻的终点即将到来："就细节水平而言，光学步进光刻机已达到使用光学方法的实际极限。对于更精细的细节，则需要采用其他投影方法，如电子束技术。"

特罗斯特对这样的新项目非常着迷，他以参与最疯狂的事情而闻名。他的环境传感器项目正在逐步结束，而在 1976 年 EBPG 为他提供了留住员工的机会。毫无疑问，他想做这个产品。

比拉德也很兴奋。他是一位才华横溢的年轻物理学家，他在代尔夫特理工大学的研究是在低温研究小组中研究电子和核自旋共振。在 S&I，他于 1970 年开始从事回旋加速器的工作，但他们在 1974 年停掉了这个项目。1976 年，比拉德已经在德国、英国和爱尔兰做了 2 年的乳品工厂的自动化工作，但是他对巴氏杀菌牛奶和制作黄油奶酪实在不感兴趣。

EBPG 启发了比拉德，他看到了这台机器与他研究了 4 年的回旋加速器的相似之处。这台机器的核心是一个 280 立方英尺的高度真空空间，涉及多个学科的知识。电子束直写机也很有技术含量，这种复杂的设备涉及高度真空技术、电子光学、电子器件、先进的控制系统和用于数字芯片设计的重型计算机。它激发了比拉德的物理学野心。

附录6

摩尔定律与芯片设备游戏规则

摩尔定律以戈登·摩尔（Gordon Moore）的名字命名，它定义了芯片生产技术的进步，其表现是芯片组件数量随时间而增加。多年来，这一进步一直是一个自我实现的预言，这主要是由光刻学的进步所限制的。

摩尔是英特尔的联合创始人之一，他首先发现并提出了这个定律。他声称，每3年，在同一块晶圆上的晶体管数量会翻两番。多年来，他的定律被重新定义了几次。英特尔特别喜欢重新定义其创始人的定律，这取决于其营销部门的需求。

摩尔的经验法则已经坚持了40多年，有时速度会快一点，有时速度会稍慢。近年来，业界已经假设，每个集成电路的晶体管数量大约每两年翻一番（您可以在线搜索其他更精确的公式）。

摩尔定律以技术进步为基础，但最重要的是这成为芯片行业发展的象征。结构较小的芯片的运行速度更快。如果更多的晶体管在同一块晶圆上，那么芯片也将更便宜。

＊　＊　＊

摩尔定律使芯片行业成为由路线图和时间驱动的行业之一。这对芯片设备研发和ASML的通常运作方式已经或仍然有着深远的影响。

芯片行业的竞争环境与其他市场一样。对于医疗器械和汽车供应商来说，推迟产品的上市可能会令人心痛，但他们能够生存下来，其重中之重是安全性和可靠性。但芯片设备制造商则不同，他们的客户——那些半导体晶圆厂，在特定的时候必须获取新设备。

医院和汽车司机会认为MRI扫描机或汽车的崩溃是不可接受的，而芯片制造商在初期对不稳定的新步进光刻机则是可以接受的。机器的复杂性和新技术的不断集成意味着第一台机器经常不成熟，这是可以接受的，因为芯片制造商在将新一代芯片投入生产时，优先考虑的是测试和调整其工艺。他们花大约一年的时间进行充分准备，直到把整个流程全部掌握，才真正踩下油门启动。他们不需要完美的机器来设置新的流程，只需要可以工作的机器。这与其他市场有根本的区别。

但芯片制造商别无选择，他们必须使用刚刚勉强超越原型阶段的步进光刻机和扫描光刻机。这是因为他们卷入了一场无情的竞争：先采取行动的公司会率先受益于超高的毛利和巨额利润，而那些慢一步的公司则会被迫在供过于求的市场中进行价格战。

从第一台测试设备交付到机器成熟、可进行批量生产，大约要一年的时间。当芯片制造商试用最新技术时，设备制造商会利用这段相对平静的时间来改进他们的机器，使它们更加精确，最重要的是使机器更加可靠。所以这一切都是为了帮助芯片制造商实现芯片的不间断制造。

对于设备制造商来说，有很多值得关注的地方。一家设备制造商如果错过了第一次测试设备销售，那么，一年后当大规模生产开始时，它不可能大量销售其光刻机。

目前引入的 EUV 机器是此规则的例外。由于它所代表的极端复杂性和技术挑战，这一代设备被一再推迟。在这种情况下，事实证明，ASML 是可以接受的。这些巨大的障碍导致佳能和尼康放弃了，这样 ASML 在这个领域就没有竞争对手了。

附录7

合资协议：估值

S&I 的财务部门希望从与 ASM 的合资协议中挤出尽可能多的资金。于是 S&I 起草了飞利浦贡献价值的清单。

该清单包含大量物品，比如，PAS 2000 原型机，价值 1,327,500 荷兰盾（1984 年约为 414,600 美元）；频谱分析仪，价值 31,498 荷兰盾（1984 年约约 10,000 美元）；奥林巴斯显微镜，价值 9,643 荷兰盾（1984 年约为 3,000 美元）。但会计师们也不会忘记那些小东西，比如 455 荷兰盾（1984 年约为 142 美元）的 P843 微处理器和 795 荷兰盾（1984 年约为 248 美元）的 P830 软盘驱动器。总之，飞利浦为合资企业贡献的资产加起来达 1,483,713 荷兰盾（1984 年约为 463,400 美元）。会计师们还会列出库存中的子组件和材料，最后，他们还要估算飞利浦员工的工作时间，"这是正在进行的工作"，ASML 必须支付所有费用。

清单还附有数笔附加费。"根据商业计划中的计算，我们在先前计算的材料和人工费用中再增加 19.3% 的意外成本和 3.1% 的浮动空间。"合同附录指出。但飞利浦的财务部门还没算完，他们又在计算另一笔附加费，超过 40% 的"在制品"的全部金额。他们整齐地列出所有具体的附加费所占的百分比。该列表包括最疯狂的内容，从设计变更（2%）到预算风险（1.5%），更多的预算风险（5%），以及物流和工厂的另外 5 项附加费。即便如此，飞利浦也还不满意。因此计算的金额中又增加了 1984 年 PAS 2000 的运输预算成本的 25%。对于研发，他们决定收取 26%。仓库里所有的东西都以飞利浦购买的价格向合资企业收取，"加上购买物流费用的 12%。"附录里生硬地说。

在附录中飞利浦还保留了很多条款的解释权。一切都按 1984 年的价格和预算费率估价，并采用了到 1984 年 1 月 1 日成本增加的指数。换句话说，飞利浦的库存、材料和劳动力不会损失一毛钱。相反，他们收取的费用还高于最初支付的成本。

Duurzame produktiemiddelen

De specifieke produktiemiddelen zullen worden overgedragen tegen de Philips
boekwaarde x (100   )

       100 - actueel
       WIR percentage
De bedrijfsmiddelen die in ieder geval ingebracht worden, zijn:

Omschrijving	Inv. nr.		Boekwaarde
Olympus microscoop P05	546 767	Hfl.	1.459
Autocollimator	546 769	–	3.845
4 Kwadranten regelaar	546 771	–	1.850
Fotonic sensor KD 100	546 779	–	5.309
Micro-bank satz M	546 780	–	3.116
Micro-bank satz O	546 781	–	4.934
Olympus microscoop	551 115	–	9.643
P856 CPU + rack	551 129 00	–	6.591
P843 32 kw memory	01	–	4.773
P843 processor	02	–	455
P809 Lineprinter X-1425	03	–	6.705
P810 Lineprinter cu	04	–	1.136
P817 VDU + keyboard	05	–	1.932
P824 Disc X-1215	06	–	5.909
P824 CU X-1215	07	–	2.273
P830 Shelf floppy	08	–	795
P830 Floppy drive	09	–	1.705
P830 CU Floppy disc	10	–	1.023
P849 Cabinet	11	–	1.932
Vlakplaat + tafel	546 770	–	4.818
PM 3234 Oscilloscope	537 619	–	3.702
PM 3540 Oscilloscope	537 628	–	2.532
Gain/Phase meter	537 630	–	6.690
Optometer 80X	546 768	–	3.118
Spectrum analyzer	546 788	–	31.498
Stroommeettang	545 791 00	–	7.306
A 6302 Versterker	546 791 01	–	1.656
PM 8252 Recorder standard	546 794	–	2.240
PM 3217 Scope del Sweep	546 795	–	2.630
PM 3244 Oscilloscope	6537648	–	5.843
PM 3243 Oscilloscope	6537651	–	7.468
PM 3234 Oscilloscope	6537652	–	4.627
Infraroodkijkers	551 130	–	6.250
PAS 2000 (ontw. mach.)		Hfl.	1327.500
TOTAAL		Hfl.	1483.713

Op bovenstaande boekwaarden zijn aanpassingen mogelijk i.v.m. de herwaardering
per 01-01-1984.

　　飞利浦转让给合资企业的"高价值耐用品"清单。此清单来自合资企业合同的附录 E。没有出现关于在建
的 16 台 PAS 2000 的价值的文件（另见附录 9）。

附录8

合资协议：最开始的计算

ASM 和飞利浦于 1984 年 4 月 1 日创建了两家公司：有限合伙（LP）和有限责任公司（LLC）。1984 年 3 月 9 日签署的合资协议规定，两家创始公司将分别投资 675 万荷兰盾（1984 年约为 210 万美元）。合同还说："飞利浦将首先通过转让 / 贡献合同中描述的货物来履行其财务义务。"LP 由 LLC 管理，其名称是ASM 光刻系统有限公司（ASM Lithographic, Systems BV）。两家母公司也将分别在 LLC 的银行账户中存入 25 万荷兰盾（1984 年约为 78,000 美元）。此结构可确保 ASM 和飞利浦都根据投资额承担责任，即每方 700 万荷兰盾。

飞利浦承诺核对过的投资合同中描述的货物是"库存中已完成的产品、在制品以及系统的部件和特定生产工具"，如果其价值高于 700 万荷兰盾，则飞利浦有权依差价给 ASM 开具发票。根据合同附录中列出的原型机的价值（1,327,500荷兰盾），包括该机器的 16 个副本在内的总金额将远远大于 700 万。

然而，1984 年 4 月 1 日，ASML 的会计师在 ASML 的银行账户中看到了100 万荷兰盾（飞利浦支付的），几天后 ASM 又存入了 700 万荷兰盾。没有人能找到支持飞利浦最终从应投资额中扣除 600 万荷兰盾的明确文件，16 台 PAS2000 没有列入合资合同，也没有列明价值，只用了"资产"的提法。

ASML 暂时的结论是，由于维姆·特罗斯特的干预，飞利浦决定将合资企业成立时转让的资产费用的收取总额降至 600 万荷兰盾，这多少减轻了 ASML 的财务压力。

引人注目的是，合同的附录提供了飞利浦资产（显微镜、光谱仪、各种电子产品，总计 156,213 荷兰盾）和附加费的极其详细的清单，并列出了 PAS 2000原型的价格（1,327,500 荷兰盾），但忽略了 16 台在建的 PAS 2000。另见附录 7的"合资协议：估值"。

电动晶圆台不是合资企业协议的一部分。"关于飞利浦目前正在开发的特定研发项目的价值（包括基于电动晶圆台的下一代步进光刻机）或将来飞利浦将贡献的技术……将做出单独的安排……"合同里这样规定。另见附录 10："电动晶圆台之谜"。

附录9

对准：全局对准、裸片对准和双对准

Natlab 和后来的 ASML 步进光刻机中的对准系统一直是关键的竞争优势。使用单次测量，用机器确认晶圆的位置，然后开始"飞盲"运动直到整个晶圆被曝光：这种全局对准技术提高了吞吐量。竞争对手的步进光刻机必须在每次曝光前测量晶圆的位置，这种技术称为裸片对准技术。这一过程要耗费一定的时间，从而降低了吞吐量。

全局对准技术基于所谓的双对准技术。对校准系统的这些改进发生在 1984 年。那一年，扬·范艾伊克在 CFT 为 ASML 设计新的掩模处理系统时，遇到了系统的几个限制。

设备制造商已要求 CFT 重新设计 PAS 2500 中掩模的切换方式。第一代机器使用的系统早已度过其黄金时期。他们使用一个转盘，其中包含两个掩模：一个在光源下面，另一个在外部的飞翼上等待转入。操作员可以切换到处于此备用位置的掩模。

ASML 希望创建一个包含 8 个甚至更多掩模的库系统，主要的挑战是使这个自动处理程序更加精确，以使它能将掩模置于最佳的退出位置。20 世纪 80 年代中期，里恩·科斯特接手了之前由维姆·范德霍克掌管的 CFT，他与范艾伊克一起探索制造 ASML 所需系统的方法。他们遇到了一个有关对准的根本问题：由于步进光刻机中的对准测量系统使用掩模及晶圆上的单个位置，因此测量路径中的任何扭曲都会造成测量不准确。

范登布林克和范艾伊克互相询问关于掩模处理系统背后的假设，并最终发现有一个更好的方法进行对准。Natlab 的前两代步进光刻机根据掩模上的单个参考标记和通过透镜到晶圆的单个光学路径，在曝光前预先对准整个系统。通过移动晶圆台，晶圆上的一系列参考标记逐渐可见。晶圆和掩模只要相对于机器框架保持适当的角度，就可以正常工作。如果这个角度发生变化，比如温度上升或下降，颠簸或者其他原因，它就会立即破坏这个对准成果。

PAS 2500 的项目经理理查德·乔治，最初并不支持范登布林克和范艾伊克的观点，他对额外的工作也不感兴趣。科斯特和范艾伊克在第二天从 CFT 带来了一个 5 英尺的扭矩扳手，并给出了他们的论点。科斯特建议，他们在两次对准测量之间给机器的框架一个受控的拉力，结果这导致了严重的旋转错误，乔治感觉自己被骗了。

范登布林克和范艾伊克得出结论，如果他们开始在掩模和晶圆上使用两个参考标记，他们就能消除很多痛苦。在他们的想法被接受之前，他们与 Natlab 的团队进行了一系列的讨论。最终，每个人都意识到，双对准将允许他们纠正从掩模到晶圆的整个路径中的错误，如扭转和零件扭曲。

步进光刻机不仅可以使用双对准技术自动校正错误的角度，还可以抵消从掩模到镜头距离变化时出现的放大倍率。双对准是 PAS 2500 的一个基本研发功能。

双对准技术最终使第一台 PAS 5500 的套刻精度高达到 85 纳米。Natlab 还将继续致力于改进这项技术。

附录10

电动晶圆台之谜

为什么 ASML 主要技术的成功因素之一是电动晶圆台，而且不是 ASM 和飞利浦之间的协议的组成部分？为什么这份合资协议是基于因采用油压驱动而无法销售的 PAS 2000？这可能是该公司早期最大的谜团，因为飞利浦转移到 ASML 的这 17 台油压驱动机器实际上是中看不中用的，而 S&I 早就知道这一点。ASM 被误导带着它们上路了，但公平地说，ASML 事先也没有足够仔细地检查这笔交易。

时至今日，电动晶圆台、卓越的对准技术和蔡司的镜头是 ASML 的技术基石。几十年来，超快、超精密的晶圆台和对准技术一直是 ASML 的独特优势，这也是芯片制造商购买荷兰光刻机的原因。电动晶圆台使 ASML 的步进光刻机成为世界上最高效的光刻机，并且其对准系统可确保在高速情况下一切仍以超高精度运行。

那么，飞利浦的工程师为什么长期坚持旧的油压驱动技术呢？1979 年，维姆·特罗斯特下令来挽救 S&I 的项目，并制造一台以油压驱动的机器。当时有个内部警告：我们需要电动晶圆台，但应该稍后再做。5 年后，当 ASML 越来越受瞩目时，这家合资企业终于转而开发电动晶圆台，此时再也没有办法推迟它了。

这可以被称为缺乏现实主义精神、目光短浅的保守主义。事实上，这个错误意味着 ASML 在头两年没有收入，但是公司却意外因祸得福。1984 年年末，芯片行业的一场严重危机使行业增长陷入停滞。如果芯片设备市场特别好而 ASML 却卖不出光刻机，那么 ASML 就注定失败。

这是早期优势转化为负债的一个很好的例子。1973 年，当爱德·鲍尔在 Natlab 为赫尔曼·范希克制造了第一台步进光刻机时，这个基于油压驱动的晶圆台遥遥领先于它的时代。这种定位技术至少在未来 10 年都会处于优势地位。在 20 世纪 70 年代末，S&I 没能想出一个更好的替代方案，每个人都坚持油压驱动系统。

* * *

在 ASM 和飞利浦决定合作后，飞利浦的 S&I 撰写了几份厚厚的报告，这些报告都在阿瑟·德尔·普拉多的办公桌上。当年 6 月，雅克·德沃斯用官方口气写道，油压电机是机器中昂贵的部分，PAS 2000 需要升级。为此，他在 1984 年的报告中指出，油压台将由用直线电动机驱动的晶圆台取代。然后，他们可以拆除用以保持油压恒定的耗电的发电机。德沃斯写道："随着笨重的油压装置的拆除，机器的占地面积也将减少，这在超净室中是一个巨大的优势，因为超净室的每一平方英尺都是有价值的。"

他的报告中没有提到油压装置是芯片制造商所不能接受的，3 个月后德尔·普拉多收到的商业计划里也没有提到这一点。在这份文件中，S&I 的吉尔·詹森对油压的缺点几乎只字不提。当时，油压的缺点已经广为人知，但该文件暗示，S&I 并不认为这是一个不可解决的问题。

也许这个事实需要对 ASM 隐瞒，但事实似乎并非如此。S&I 的工程师根本不会通过自己的大楼窗户看外面的世界，他们从未听说过产品营销，从未与客户交谈过，而且还有一种当时飞利浦普遍存在的毛病：幻想卓越的技术会自我推销。

1983 年的商业计划确实指出，油压驱动系统将来无法达到所需的精度。但是，超净室中的油压驱动系统使系统无法销售这件事却完全没有提及。

如果 ASM 做过任何市场研究，它就会意识到有必要从 PAS 2000 中移除油压装置。飞利浦于 1983 年 9 月起草的商业计划说，为了升级 PAS 2000，它将于 1984 年计划开发一个线性磁驱晶圆台。作为研究新晶圆台的理由，该计划说明了油压驱动系统的高成本和发电机所占据的额外空间。但该计划没有提到油压驱动系统在芯片厂是不可接受的：仅仅因为油压泵发出那么多噪声，它周围就需要一个比光刻机更大的隔音室。

立即更换油压设备的必要性显然没有被报告给阿瑟·德尔·普拉多和他的技术助手——威廉·德利乌。1983 年 9 月的商业计划将电动晶圆台仅列为未来的升级。6 个月后，他们签署的合资协议指出，Natlab 其实已经搁置了电动晶圆台的开发。然而，该组成部分并未列在合资协议里。

ASM 似乎没有意识到这项技术的重要性，而且不想意识到这一点。在与飞

455

利浦的政策会谈中，德尔·普拉多、德利乌和乔治·德·克鲁伊夫主要讨论了加大销售和营销力度的问题。特罗斯特同意了，但他警告说，ASML 应将重点放在销售油压驱动设备，但其镜头有待改进且售后服务组织不够强大。

ASM 总是喜欢吹嘘其销售能力。但是在 1983 年，该公司完全无视油压驱动系统在芯片行业是一个突出的问题。那一年光刻机在市场上大热，而因为不知道油压驱动系统这个问题，德尔·普拉多和德利乌加大了生产油压驱动光刻机的生产规模。德尔·普拉多要是能知道这个问题该多好，因为德利乌刚从福克到ASML，对光刻机还一无所知。没有任何迹象表明 ASM 对芯片制造商关于油压驱动光刻机的接受程度进行过任何研究。

早些年 S&I 没有人想过费力去与客户交谈，他们对自身技术胸有成竹。1983年，油压驱动的高精度定位系统仍然具有优越性。即便是 IBM 位于佛蒙特州伯灵顿的芯片厂，也没有在评估报告中强调油压是一个严重的问题。

1982 年和 1983 年，S&I 的工程师们一再询问 Natlab 电动晶圆台的研发进展，但此时 Natlab 没有钱继续开发。实验室的"科学"自大与产品部门的盲目自大相冲突，这对研发没有帮助。

1983 年年末，特罗斯特曾让 S&I 投资光刻机。他向管理层报告，他对 ASM 急于增加油压驱动光刻机的产量表示质疑。但他的上司德·克鲁伊夫对芯片知之甚少，德·克鲁伊夫确信，这个行业的老供应商肯定知道它在做什么。事实上，ASM 并不知道。

* * *

1984 年 3 月，当贾特·斯密特和即将加入飞利浦团队的高级工程师进行首次讨论时，很明显油压驱动晶圆台是不可接受的。不久之后，潜在的美国客户在参观 SEMICON West 展会时证实了斯密特的观点。

理查德·乔治和乔普·范凯塞尔确实向未来的总监指出，Natlab 有一个很有前途的电动晶圆台。但实际上，这只不过是一个概念原型，没有人知道该驱动系统的价值，电机是否足够精确，或者它们是否可以大规模生产。引人注目的是，H 型晶圆台已经申请了专利，但电磁直线电动机却没有：飞利浦的专利部门将这一提议搁置一边。对比之下，对准技术倒是在 20 世纪 70 年代初被大量申请专利。

从斯密特刚就任的头几个月起，他已经敏锐地意识到，油压驱动设备是卖不出去的。但令人惊讶的是，他的公司仍然没有做出任何改变。在1984年8月的商业计划中，贾特·斯密特甚至将20台油压驱动光刻机列为计划目标，供第二年出售。大约在那个时候，ASML甚至订购了原材料，以便可以按时制造另外的10台机器，尽管可以选择在1985年1月1日前将其取消。贾特·斯密特的商业计划明确指出"1985年之后将没有PAS 2000的销售额"。

飞利浦在奈梅亨和汉堡的芯片厂购买了其中两台光刻机，这可能强化了PAS 2000仍可出售的错觉。尽管他们一直抱怨，这两个芯片厂实际上一直在使用它们，ASML也会定期派遣服务工程师去现场维护。

直到1984年年底，所有参与的人才最终意识到他们面临的选择。直到那时，大幕才从油压驱动装置上落下；直到那时，弗朗斯·克拉森才知道他需要飞快地开发一个电动晶圆台，这是ASML继续生存所需要的；直到那时，刚来ASML几个月的克拉森才听说他的项目已经真正走到了尽头。这位年轻的工程师负责油压驱动的PAS 2000的研发工作。装扮成圣诞老人的埃弗特·波拉克在公司的圣诞聚会上告诉他这个消息："弗朗斯，你的油压时代结束了！我们已经决定了。"

1985年，电驱动技术展示了它的能力，因此ASML必须要走这条路。在随后的几年里，电动晶圆台获得了巨大的声誉，它的力量带来了光刻机的高吞吐量，半导体制造商使用ASML的光刻机可以比使用尼康和佳能的光刻机生产更多的芯片。

在随后的几年里，电动晶圆台变成一个显而易见的选择，以至于大家忽略了当初围绕油压驱动光刻机的事件。当然，事后来说这一事件是很简单的：当初飞利浦应该更早地采用电动晶圆台。

其实不能只说电动晶圆台是优秀的，油压驱动晶圆台同样优秀，Natlab的油压精密技术一直享有盛誉。弗里茨·克洛斯特曼用它来制造的光刻机就远远领先于其时代的其他设备，飞利浦晶圆厂多年来也一直用它生产芯片。

附录11

合资协议：ASM退出时的最后声明

ASM 与飞利浦签订的合资协议中有一个条款，合资企业的净值永远不能是负数，即 ASML 年度报告中列出的资产价值必须大于零。在紧急情况下，公司可以动用信贷额度，但事情一旦发生，在年展报告获得批准后两个股东都必须增加投资。根据该协议，在 1984 年至 1987 年间，ASM 和飞利浦各向合资企业注入了 6,600 万荷兰盾（约为 3,250 万美元）。在同一时期，他们各承受着 4,400 万荷兰盾（约为 2,200 万美元）的亏损。

事实上，官方报告的损失 8,800 万荷兰盾是不正确的。1987 年 12 月 31 日，资产负债表列出了价值 9,100 万荷兰盾（价值 2,250 万的材料，价值 4,020 万的在制品，价值 2,800 万的准备发货的产品等）的库存。ASML 列出了仅 1,160 万荷兰盾的库存核销金额。这可能是因为油压驱动的 PAS 2000 不再销售。其实，核销金额可能更高，比如 3,000 万荷兰盾，但这将使亏损达到 1 亿荷兰盾。ASML 接受"材料和部件""在制品""成品"等高价值的资产，其总损失可以低于 1 亿荷兰盾。据内部人士称，这是合资企业所有者愿意承受的心理极限。

如果合资企业的损失超过这个数额，飞利浦很可能会撤资清算。据内部人士透露，如果按今天更为严格的金融监管规则，这种会计伎俩是不可能生效的。

附录12

长冲程、短冲程电机

ASML 的长冲程、短冲程定位技术始于 1983 年，当时 Natlab 在光刻机方面的野心已所剩无几。

内部客户（从事芯片研究的飞利浦部门）对自主研发的步进光刻机并不感兴趣，他们被迫使用了斯特夫·维特科克的光刻机。1983 年，当维特科克前往纽约的飞利浦医疗器械部门时，Natlab 的光刻机项目似乎已经敲响了结束的钟声。Natlab 的光学小组负责人阿德·惠瑟（Ad Huiser）即将在年底停掉项目，但是 Megachip 项目的启动和 ASML 的成立为研究注入了新的活力。Natlab 可以依靠欧洲共同体为 Megachip 项目提供的大量资金进行研发，这也是 Natlab 董事基斯·布休斯为第三代光刻机开绿灯的原因。

与 ASML 一样，Natlab 在直线电机上开始了进一步的研发，其发明者罗布·蒙尼格·施密特现在每天为电动剃须刀工作两个小时，但在 1984 年 1 月，他的继任者杰拉德·范恩格伦在光学小组中重新挑选了这个项目。范恩格伦需要让 H 型晶圆台及其直线洛伦兹电机工作起来，他与弗朗斯·克拉森保持沟通，后者在 ASML 从事同样的工作，并担任范恩格伦的导师。

在 Natlab，范恩格伦用新的伺服和控制系统进行实验，以使其在 H 型晶圆台中实现最佳性能。直线洛伦兹电机能够非常迅速地将物体移动几十英寸，但它们也有局限性。若使用这些直线电机，则很难在 1/10 微米内实现长冲程和所需的定位精度。范恩格伦总结道，未来更精准的定位要求将使直线洛伦兹电机达到其能力极限。

当时，范恩格伦还在研究激光束掩模制作机（LBPG），该机器使用光学聚光灯来刻画图案，以创建全息透镜元件，并用于光学记录系统（CD 和 DVD）。LBPG 中的基板的一侧最多只有 0.5 英寸，因此晶圆台的冲程只需 0.5 英寸长，但它的定位却需要非常精确且快速。

对于这个装置，范恩格伦也使用直线洛伦兹电机，但只用 0.5 英寸的冲程。由于已经取得了这样的成绩，他想进一步知道是否有办法将 LBPG 和步进光刻机的晶圆台设计结合起来。他想知道，能否在光刻机中使用更大的晶圆台，来实现迷你晶圆台令人难以置信的定位精度。

两种设计都会使用直线洛伦兹电机，范恩格伦发现这些驱动系统的迷你版和大型版本确实可以组合出出色的效果。短冲程的电机比大型版本精确 1,000 倍。但事实证明，只有一台电机可以正常工作，而且是在两者之间没有相互接触或干扰的情况下。范恩格伦成功将小型直线洛伦兹电机和晶圆台与粗糙的长冲程电机产生的振动隔离开来。

随后，研究人员设计了组合晶圆台，爱德·鲍尔帮助他们构建了原型。在设计的原型制造完成后，他们申请了专利。

对于 PAS 5500，ASML 决定谨慎地使用它并以 H 形晶圆台为制造基础。1991 年上市的首款 PAS 5500 的定位精度为 50 纳米。ASML 在 20 世纪 90 年代后期开始应用长冲程、短冲程原理，当时它刚开始使用通过扫描运动来曝光晶圆的机器。ASML 至今仍在其扫描光刻机中使用这种卓越的设计；它也仍在使用以长冲程、短冲程原理为基础的定位技术，而精度则高达令人难以置信的几纳米。

人物表（按字母排序）

Ad Bouwer 爱德·鲍尔，Natlab Precision Engineering Group 负责人。协助研发了重复曝光光刻机和步进光刻机。他与 Steef Wittekoek 共同发明了 H 型晶圆台（重复曝光光刻机 2 代）。离开飞利浦后，在 ASML 设计了 PAS 5500、Twinscan 和 EUV 系统。

Ad Huijser 爱德·胡斯特，20 世纪 80 年代任 Natlab 光学集团负责人，后任飞利浦首席技术官和董事会成员。

Albert Schmitz 阿尔伯特·施米茨，Natlab 的芯片先驱，通过解决飞利浦晶圆厂中的问题而赢得了声誉。

André van Rhee 安德烈·范里，1987 年至 1990 年任 ASM 的首席财务官。

Arthur del Prado 阿瑟·德尔·普拉多（去世），创立 ASM，1984 年与飞利浦合资创立 ASML。

Ben Slaghekke 本·斯拉格克，PAS 2500 的软件工程师。

Bernard Kammerer 伯恩哈德·凯末尔，负责 20 世纪 80 年代蔡司摄影目镜的研发工作。

Bill Tobey 比尔·托贝，David Mann 的工程师，后进入市场营销和销售领域。他是 GCA 的 David Mann 部门凭借其几代光刻机取得成功的原因之一，从 1990 年起任 ASML 的日本问题顾问。

Burt Wheeler 伯顿·惠勒（去世），GCA 的 David Mann 分公司的首席执行官，负责开发重复曝光光刻机和步进光刻机。

Cees Doesburg 塞斯·多斯伯格，飞利浦 S&I 的电子束掩模制作机相关软件开发者。

Chris Velzel 克里斯·维尔泽尔，Natlab 的光学工程师。

Claus Lichtenberg 克劳斯·利希滕贝格，蔡司在 20 世纪 90 年代镜片自动化生产的背后主要驱动者之一。

Cor van der Klugt 科范德·科鲁特（去世），飞利浦 1986 年至 1990 年期间的首席执行官。在他的任期内成立了 TSMC 晶圆代工厂。

David Mann 大卫·曼（去世），创立了同名精密技术公司，后来被 GCA 收购。全球首款商业步进光刻机——GCA 的 DSW 4800，在业内被称为"大卫·曼步进光刻机"或"曼步进光刻机"。

Dick Aurelio 迪克·奥雷里奥，1987 年 9 月加入 ASML 任市场和销售部副总裁，几年后因未被选为 ASML 首席执行官而离职去了 Varian 公司。

Dick Noordhof 迪克·努尔德霍（去世），飞利浦董事会成员。

Dieter Kurz 迪特尔·库尔兹，在蔡司开发出第一款扫描电子显微镜，1994 年晋升为半导体光学负责人，2001 年任蔡司监事会主席，并任卡尔·蔡司基金会股东委员会主席。

Doug Marsh 道格·马什，世界上第一台光刻机——GCA 的 DSW 4800 的销售者，他在 1978 年将其卖给了德州仪器。1988 年他离开 GCA 加入 ASML 并成为全球销售副总裁。

Edgar Hugues 埃德加·胡格斯，法国科学家，光学专业机构 CERCO 的创始人兼首席执行官。

Eef Heijmans 埃弗·哈吉曼，从 1984 年起任 ASML 财务部门负责人。

Evert Polak 埃弗特·波拉克（去世），最初是飞利浦 S&I 的航空航天工程师。他离开后加入了 ASML，在那里他是 PAS 2400 的项目经理和研发经理，后来加入营销部。

Evert Verwey 埃弗特·韦尔韦（去世），与 Leo Tummers 和 Piet Haaijman 在 20 世纪 60 年代和 70 年代领导 Natlab 的半导体研究。任飞利浦研究实验室董事总经理直至 1966 年。

Fia Loozen 菲亚·洛森，贾特·斯密特，维姆·特罗斯特和威廉·马里斯（至1998年）3位首席执行官的行政助理，后任 ASML 国际派遣中心经理。

Frank Sperling 弗兰克·斯珀林，在 Natlab 和 CFT 计算出杰拉德·范恩格伦的长冲程、短冲程原理，并将其用于原型扫描光刻机。

Frans Klaassen 弗朗斯·克拉森，电动晶圆台研发人员，在 Rob Munnig Schmidt 的发明的基础上进行研发。

Frits Klostermann 弗里茨·克洛斯特曼，飞利浦重复曝光光刻机（生产接触式掩模）和光图机（光直写掩模）的架构师。

Frits van Hout 弗里茨·范霍特，PAS 2500 的项目经理。目前任 ASML 董事会成员和执行副总裁。

Frits Zernike 弗里茨·泽尼克（去世），大学教授和相衬显微镜的发明者，他因此获得了诺贝尔奖。亨德里克·德朗使用 Natlab 的相位对比原理做出了相光栅测量系统，实现了极其精确的定位。该技术为 CD 和步进光刻机的研发奠定了基础。

George de Kruiff 乔治·德·克鲁伊夫（去世），20世纪80年代飞利浦 S&I 的技术董事，在 S&I 并入 I&E 后任该事业群的首席执行官。他推动了 ASM 和飞利浦的合资。在 ASML 的早些年，他任监事会主席。

Gerard Antonis 杰拉德·安东尼斯，Natlab 精密工程集团（PEG）的仪器工程师。

Gerard van Engelen 杰拉德·范恩格伦，20世纪80年代在飞利浦研究公司发明了长冲程、短冲程电机，ASML 在10年后仍然将其用于扫描光刻机。

Gerard van Rosmalen 杰拉德·范罗斯马伦，自学成才的工程师和发明家，为 Natlab 的光盘开发做出了重要贡献。

Gerard Verdonschot 杰拉德·韦尔登肖特，1984年至1999年任 ASML 的首席财务官。和首席执行官贾特·斯密特一样来自 ITT 公司，斯密特钦佩他作为首席财务官的能力，他无论到那里都能筹到钱。

Gerhard Ittner 格哈德·伊特纳，20世纪80年代蔡司研发实验室的负责人。

Ger Janssen 吉尔·詹森，飞利浦 S&I 的产品经理。

Gijs Bouwhuis 吉斯·布休斯（去世），Natlab 领先的光学专家。他是基本技术的发明者，如 CD 光盘读取技术和步进光刻机的对准系统。

Gjalt Smit 贾特·斯密特，ASML 的第一位首席执行官，深入重塑了公司文化，实行了产品营销，创造了条件使合资企业能够交付机器并发展成为一家全球性企业。

Gordon Moore 戈登·摩尔，参见附录 6，发现摩尔定律和芯片设备游戏规则。

Griff Resor 格里夫·雷索，GCA 的 David Mann 分公司步进光刻机的项目经理。

Guido van de Looij 吉多·德洛伊杰，20 世纪 60 年代至 70 年代 Natlab 掩模中心的楼层经理。Megachip 项目的实验工厂的运营人员。

Hajo Meyer 哈霍·梅耶（去世），作为 Natlab 的部门主管，他合并了光学和精密技术，在光学集团拥有光化学专业知识。20 世纪 70 年代初光盘和晶圆步进光刻机诞生在该部门。

Hans Letsche 汉斯·莱切，在 20 世纪 90 年代初期负责蔡司的照相和半导体镜头业务的产品线。

Heico Frima 黑克·弗里马，唯一一名于 1984 年 4 月 1 日公司成立时从 ASM 过来的员工，开始负责培训，后来负责营销。

Hendrik de Lang 亨德里克·德朗（去世），Natlab 光学组组长。他是光盘和步进光刻机光电原理的发明者。

Hendrik Casimir 亨德里克·卡西米尔（去世），1946 年接替 Gilles Holst 任 Natlab 的董事总经理。在 1956 年到 1972 年期间加入飞利浦董事会管理研发。

Henk Bartelings 亨克·巴特林斯，Natlab 嵌入式软件研究员。

Henk Bodt 亨克·博特，1990 年任飞利浦首席执行官，扬·蒂默手下的高管，曾管理半导体部门和 ASML 的分支，之后加入 ASML 监事会。

Henk van Engelen 亨克·范恩格伦，ASML 员工。

Howard Lovering 霍华德·洛夫林，GCA 的物理学家，负责 David Mann 的第一台步进光刻机。

Hermann Gerlinger 赫尔曼·格林格，20 世纪 90 年代蔡司的研究人员，后来任蔡司 SMT 的首席执行官。

Herman van Heek 赫尔曼·范希克，Natlab 的重复曝光光刻机 1 代的系统架构师，后来参与了 S&I 和 ASML 的光学技术的光刻研发。

Howard Lovering 霍华德·洛夫林，GCA 的物理学家，负责 David Mann 的第一台步进光刻机。

Ide van der Boor 爱德·范德波尔（去世），NMB 银行董事，贾特·斯密特的好友。

Jack Kilby 杰克·基尔比（去世），在德州仪器公司发明了世界上第一块集成电路。

Jacques de Vos 雅克·德沃斯，在 20 世纪 80 年代早期，曾短暂领导飞利浦 S&I 的步进光刻机的研发工作。

James Nall 詹姆斯·纳尔，和 Jay Lathrop 一起发明了光刻工艺。

Jan van Eijk 扬·范艾伊克，飞利浦 CFT 的顶级机电一体化研发工程师。他指导了步进光刻机和扫描光刻机的概念研发，和马丁·范登布林克一起发明了双对准系统。

Jan van der Ster 扬·范德斯特，1983 年被任命为飞利浦荷兰分部董事。

Jan van der Werf 扬·范德·韦尔夫，Natlab 的光学工程师。

Jan-Willem Martens 扬 - 威廉·马腾斯，创建 ASML 化学组；后负责成像开发和系统工程，后来的物理组负责人。

Jay Lathrop 杰·拉思罗普，和 James Nall 一起发明了照相光刻技术。

Jim Beasley 吉姆·比斯利，Mullard 研究实验室电子束技术负责人。

Joop van Kessel 约普·范凯塞尔，飞利浦 S&I 的项目经理，后任 ASML 的生产经理（1984—1991），后负责售后服务和质量控制直到 1995 年。

Jos Bomers 乔斯·博默斯，Hay 公司的咨询师。

Joseph Braat 约瑟夫·布拉特，Natlab 的光学研究员。

Jos Vreeker 乔斯·维克，珀金 - 埃尔默服务工程师；1984 年加入 ASML。

Kees Bulthuis 基斯·布休斯，接替克莱默任 Natlab 光学集团和目前实验室的总经理。

Kees Krijgsman 基斯·克里格斯曼，20 世纪 80 年代中期负责 Elcoma 芯片分部，特别是 Megachip 项目。有些文件内他的名字是 Cees Krijgsman。

Ken Pynn 肯·皮恩（去世），GCA 全球服务主管。1985 年加入 ASML。

Klaus Beckstette 克劳斯·贝克斯特特，20 世纪 90 年代蔡司中央研究院 Optik-Labor（O-Lab）经理，和克劳斯·利希滕贝格（Claus Lichtenberg）引入离子设备在纳米量级打磨镜头表面。

Leo Tummers 里奥·图莫斯（去世），飞利浦半导体集团主管，后来担任 Natlab 的部门总监。

Marino Carasso 马里诺·卡拉索，20 世纪 80 年代初任 Natlab 光学集团的重复曝光光光刻机 3 代项目的负责人，该机器是 Megachip 项目所需的光刻机的备份方案。

Martin van den Brink 马丁·范登布林克，1986 年起任 PAS 2500 系统工程的负责人和具有革命性的 PAS 5500 的架构师。无可争议的 ASML 技术突破和设备研发的核心人员。成功引入大客户，如 IBM、Intel 和主要日本芯片厂。现任 ASML 总裁和首席技术官。

Mat Wijburg 马特·维伊堡（去世），们于奈梅亨的飞利浦 Elcoma 的掩模中心主任。

Milton Greenberg 米尔顿·格林伯格（去世），1958 年—1986 年任 GCA 的首席执行官。

Nick King 尼克·金，Mullard 研究实验室光刻组的负责人，负责研发电子束掩模制作机。

Nico Hermans 尼科·赫尔曼斯，1984 年加入 ASML 任研发经理，后任人事和组织部经理，再后来任全球服务负责人。

Paul van Attekum 保罗·范奥特库姆，1991 年因 Megachip 项目终止离开飞利浦，加入 ASML 做 PAS 2500 的产品线经理。目前是 ASML 高级副总裁，主管企业战略和营销。

Peter Grassmann 彼得·格拉斯曼，20 世纪 70 年代和 80 年代重组了西门子医疗集团的 CT 和 MRI 分部，在 1994 年加入蔡司并拯救了这家光学公司。他领导蔡司投资了镜头制作技术和光刻技术，是蔡司在 ASML 的 PAS 5500 所用的镜头扩产时主要的背后驱动力。

Piet Haaijman 皮特·哈伊曼（去世），Natlab 的部门经理和飞利浦芯片技术的先驱。

Piet Kramer 皮特·克莱默，1969 年 Natlab 光学组负责人，参与研发视频光盘和步进光刻机，后任 Natlab 董事总经理和飞利浦研究院董事总经理。

Piet Jochems 皮特·乔切姆斯，Natlab 的芯片研究员。

Rebecca Henderson 丽贝卡·亨德森，英国研究人员。1988 年，她的哈佛大学博士论文探讨了步进光刻机先锋和市场领导者 GCA 的衰落，题目是"在技术变革面前老牌企业的失败：光刻对准设备的研究"。

Rein Meyer 莱恩·梅耶，PAS 2000 的测试工程师。

Richard George 理查德·乔治，在 20 世纪 70 年代负责飞利浦 S&I 的 PAS 2000 的研发，后来担任 PAS 2500 的项目经理，ASML 市场部的重要驱动力之一。

Richard Rifenburgh 理查德·里夫伯格，1986 年被梅隆银行雇来拯救 GCA 的美国投资者。

Rick Ruddell 里克·鲁德尔，有影响力的光刻行业分析师。

Rien Koster 里恩·科斯特，20世纪80年代飞利浦 CFT 的技术研发负责人。

Roel Kramer 罗尔·克莱默，负责20世纪80年代位于埃因霍温的飞利浦 Megachip 项目的测试晶圆厂。

Rob Munnig Schmidt 罗布·蒙尼格·施密特，发明了电动晶圆台，后任 ASML 的机电一体化负责人。

Robert Noyce 罗伯特·诺伊斯（去世），发明了第一个单片集成电路；英特尔的联合创始人。他的芯片是杰克·基尔比的芯片的一个大幅改进后的版本，基尔比使用金线连接晶体管。诺伊斯是第一个在平面工艺中使用铝进行连接的（与在电路上创建单个微电子元件的相同过程）。

Ronald Beelaard 罗纳德·比拉德，飞利浦 S&I 的电子束和光刻技术负责人。

Steef Wittekoek 斯特夫·维特科克，1974年接替赫尔曼·范希克担任 Natlab 步进光刻机项目的负责人。开发了 SiRe2，他和爱德·鲍尔发明了 H 型晶圆台。1984年至1998年，作为 ASML 的首席执行科学家在营销该技术方面发挥了重要作用，他还是马丁·范登布林克的导师。

Theo Bartraij 西奥·巴特莱伊，ASML 财务总监。

Theo Lamboo 西奥·兰布，赫尔曼·范希克的光学助手。

Thurman John Rogers 瑟曼·约翰·罗杰斯，赛普拉斯创始人，ASML 的早期客户之一。

Tom Kandris 汤姆·坎德里斯，20世纪80年代中期 ASML 在加利福尼亚州的销售经理。

Ton Willekens 汤·威尔肯斯（去世），贾特·斯密特在 ITT 的同事之一。20世纪80年代加入 ASML 担任物流主管。

Ton van Zwam 汤·范兹瓦姆（去世），ASML 在20世纪90年代的采购主管。

Victor van der Hulst 维克托·范德·赫尔斯特，弗里茨·克洛斯特曼和后来赫尔曼·范希克在 Natlab 光学集团工作时的助理。

Will Bertrand 威尔·贝特朗，在 1984 年和 1985 年创建了一个支撑 ASML 外包战略的物流系统。

Willem de Leeuw 威廉·德利乌，ASM 20 世纪 80 年代的首席技术官。

Willem Maris 威廉·马里斯（去世），1990 年至 1999 年任 ASML 的首席执行官。比起领袖，他更像一位教练，他的天赋是把人才聚集在一起。他成功引导公司在 1995 年上市，在 2000 年 Doug Dunn 接任首席执行官。

Wim Hendriksen 维姆·亨德里克森，1984 年加入 ASML，在 PAS 2500 项目中担任软件工程师。1987 年 Cees Doesburg 离职后担任软件开发主管。

Wim Troost 维姆·特罗斯特，作为飞利浦 S&I 的业务部门总监，他决定从 Natlab 接管步进光刻机并持续获得支持。他在 1988 年和 1989 年任 ASML 的首席执行官。

Winfried Kaiser 温弗里德·凯撒，20 世纪 90 年代蔡司的计量专家，现任产品战略高级副总裁。

Wisse Dekker 威斯·德克（去世），从 1982 年到 1986 年任飞利浦首席执行官，他重组了公司，并剥离了像光刻机业务一样的非核心业务。在德克的领导下，飞利浦和西门子开始了挑战日本半导体内存芯片的 Megachip 项目。

术语表

晶圆：非常纯净的圆形晶体硅薄片称为晶圆，芯片在其上制造。较大的晶圆降低了芯片生产过程中的成本，但每一代新晶圆都需要极高的投资，主要投资新设备。目前，8 英寸和 12 英寸晶圆最为普遍。

晶圆台：即晶圆所在的平台，晶圆台在步进光刻机曝光的过程中，可以非常精确地移动和定位晶圆。

掩模：具有决定芯片图案透明度的不透明板。

接触式掩模：带有几百个真实大小和相同芯片图案的玻璃基板，用作晶圆一次光刻的掩模。步进光刻机出现后，这项技术就过时了。

主掩模：芯片图案尺寸为 2 英寸 ×2 英寸。在 20 世纪 60 年代和 70 年代，这种图案以不到实际大小的 1/100 投射到接触式掩模上。

分步重复曝光光刻机：可以在两英寸的方形主掩模上实现缩小的芯片图案，并逐个将数百个副本闪光到接触式掩模上。

步进光刻机：可缩小一步步移动并图案，然后把光投射到覆盖在晶圆上的光刻胶。

扫描光刻机：扫描光刻机是最新一代光刻机，其中晶圆台在镜头下移动，一条光束以扫描运动的方式曝光光刻胶，掩模同时穿过镜头上方的光束。与步进光刻机相比，扫描光刻机可以曝光更大的芯片区域。为了实现所需的精度，特别是对准精度，晶圆台和掩模台必须以极高的精度移动。

光刻胶：一种对光敏感的材料，可以对穿过掩模的光产生反应。

数值孔径（NA）：表示镜头质量的特征数。NA 越高越好。

光图机：通过光书写图案来创建主掩模的光电图案生成器。与连续源闪光灯系统相比，光图机可以处理 8 英寸 ×8 英寸的照相玻璃板。光图机的底座和桌台被赫尔曼·范希克利用开发了第一台步进光刻机。这也是 Natlab 能够在几年内完成第一台步进光刻机的原因之一。

超净室：即无灰尘的空间，是制造芯片的基础环境。

DRAM：动态随机存取存储器（Dynamic Random Access Memory），这种存储器断电后会丢失数据。它是计算机和数据中心的基础组成部分，DRAM 制造商，如 Micron 和三星，是 ASML 的核心客户。

闪存：这类存储芯片在断电后数据不会丢失。闪存芯片是摩尔定律的典型代表，拥有最小的细节并且是最常见的芯片种类之一。闪存芯片制造商也是 ASML 的主要客户。Foundry 芯片代工厂这类芯片制造商不自己设计，只代工别人设计的芯片。这也是 ASML 服务的市场之一，台积电则是 ASML 最大的客户。

H 型晶圆台：H 型晶圆台是一个电动驱动系统，其 3 台直线电动机组成的形状类似于字母 H，因此可以在和方向移动晶圆并稍加旋转。H 型晶圆台的垂直杆的位置之间的微小差异会导致连接杆旋转。

摩尔定律：定义了芯片生产技术的进步趋势，以英特尔的联合创始人戈登·摩尔命名。更详细的解释请参阅附录 6。

LSI：大规模集成电路（Large Scale Integration）：以 20 世纪 70 年代末和 80 年代初的芯片命名，细节大于 1 微米。

VLSI：超大规模集成电路（Very Large Scale Integration），是于 20 世纪 80 年代后半叶出现的且细节小于 1 微米的芯片的代称。

PAS（如 PAS 2500 和 PAS 5500）：是 Philips Automatic Stepper 的缩写，ASML 后来称其是 Pre-Alignment Stepper 的缩写。

套刻精度：是指芯片的各层是否准确套刻在一起，目前误差在几纳米左右。如果各层不能被正确排列，芯片将无法正常工作。

Megachip 项目：也被称为 Mega 项目。欧洲努力在内存芯片市场超越日本，飞利浦和西门子投资超过 10 亿美元，并获得了政府约 2.5 亿美元的补贴。为了制造 0.7 微米的芯片，该项目的一个目标是让蔡司为 ASML 开发 i 线光刻机镜头。

XBMS：综合业务管理系统（由施乐公司提供），ASML 于 1984 年和 1985 年采用该系统。公司打算让 XBMS 在 IT 级别集成其材料组成的所有部分。

ASIC：专用集成电路（Application Specific Integrated Circuit）。和通用芯片，如微处理器和存储芯片不同，ASIC 芯片的功能是提前设定好的。

欧罗巴透镜：蔡司用来开发 Megachip 项目的 i 线镜头（Europa lens），欧洲共同体为这个项目提供了可观的资金。

准分子激光：DUV 扫描光刻机的光源。

g 线：水银蒸气灯光谱中峰值为 435.8 纳米。

h 线：汞蒸气灯光谱中峰值为 404.7 纳米。

i 线：汞光谱中峰值为 365 纳米。在 20 世纪 90 年代引入激光之前，汞蒸气灯被用作步进光刻机中的光源。i 线继承了 g 线，是最后一条可使用的汞光谱线，也是最后一个非激光光源。

双对准：对准时基于晶圆和掩模上各自的参考标记。

193 纳米：电磁光谱中超紫外端的一个波长，是目前用于生产最先进的芯片的标准，它的上一代是 248 纳米。参考 DUV 和 Immersion（浸入式）条目。

DUV：深紫外光，一种光的波长。准分子激光器在芯片生产中用于产生 DUV 激光，248 纳米（氪氟化物激光）和 193 纳米（氟化氩激光）是最常见的波长。

SMIF 箱：采用标准机械接口（SMIF）的隔离技术，在晶圆厂中将晶圆从一台机器运送到另一台机器，使其无污染。也称为 SMIF 盒。

蒙版：保护掩模的一层膜。任何落在这层膜上的纳米级碎片都足够远，以至于不会被光刻成像。

EBPG：电子束掩模制作机（Electron Beam Pattern Generator），用电子束直接写在基板上。

全局对准：步进光刻机通过单次测量来确定晶圆的位置，然后以一系列移动步骤"盲"曝光整个晶圆。全局对准技术显著地提高了吞吐量。

作者采访人物（2011年—2017年）

杰拉德·安东尼斯（Gerard Antonis）

埃德加·巴德尔（Edgar Bader）

西奥·巴特莱伊（Theo Bartraij）

罗纳德·比拉德（Ronald Beelaard）

何塞·本肖普（Jos Benschop）

威尔·贝特朗（Will Bertrand）

亨克·博特（Henk Bodt）

乔斯·博默斯（Jos Bomers）

爱德·鲍尔（Ad Bouwer）

吉斯·布休斯（Gijs Bouwhuis）

约瑟夫·布拉特（Joseph Braat）

马丁·范登布林克（Martin van den Brink）

基斯·布休斯（Kees Bulthuis）

马里诺·卡拉索（Marino Carasso）

扬·库佩鲁斯（Jan Cuperus）

扬·范艾伊克（Jan van Eijk）

弗雷德·恩格尔（Fred Engel）

杰拉德·范恩格伦（Gerard van Engelen）

亨克·范恩格伦（Henk van Engelen）

西奥·法纳（Theo Fahner）

黑克·弗里马（Heico Frima）

格哈德·富特（Gerhard Furter）

理查德·乔治（Richard George）

赫尔曼·格林格（Hermann Gerlinger）

彼得·格拉斯曼（Peter Grassmann）

罗布·哈特曼（Rob Hartman）

赫尔曼·范希克（Herman van Heek）

罗布·范德海登（Rob van der Heijden）

维姆·亨德里克森（Wim Hendriksen）

尼科·赫尔曼斯（Nico Hermans）

弗里茨·范霍特（Frits van Hout）

格哈德·伊特纳（Gerhard Ittner）

温弗里德·凯撒（Winfried Kaiser）

约翰·凯利（John Kelly）

约普·范凯塞尔（Joop van Kessel）

马里克·范凯塞尔（Marijke van Kessel）

弗朗斯·克拉森（Frans Klaassen）

弗里茨·克洛斯特曼（Frits Klostermann）

皮特·克莱默（Piet Kramer）

罗尔·克莱默（Roel Kramer）

乔治·德·克鲁伊夫（George de Kruiff）

迪特尔·库尔兹（Dieter Kurz）

杰拉德·范德利格特（Gerard van der Leegte）

威廉·德利乌（Willem de Leeuw）

克劳斯·利希滕贝格（Claus Lichtenberg）

吉多·范德洛伊杰（Guido van de Looij）

菲亚·洛森（Fia Loozen）

克劳斯·迈尔（Klaus Maier）

弗雷德里克·马里斯（Frederike Maris）

道格·马什（Doug Marsh）

扬 - 威廉·马腾斯（Jan-Willem Martens）

哈霍·梅耶（Hajo Meyer）

罗布·蒙尼格·施密特（Rob Munnig Schmidt）

阿瑟·范德波尔（Arthur van der Poel）

埃弗特·波拉克（Evert Polak）

阿瑟·德尔·普拉多（Arthur del Prado）

肯·皮恩（Ken Pynn）

安德烈·范里（André van Rhee）

沃尔夫冈·鲁普（Wolfgang Rupp）

本·斯拉格克（Ben Slaghekke）

贾特·斯密特（Gjalt Smit）

阿德·斯皮克布林（Ad Speekenbrink）

弗兰克·斯珀林（Frank Sperling）

莱克斯·斯特拉耶尔（Lex Straaijer）

加里·托马斯（Gary Thomas）

扬·蒂默（Jan Timmer）

维姆·特罗斯特（Wim Troost）

克里斯·维尔泽尔（Chris Velzel）

杰拉德·韦尔登肖特（Gerard Verdonschot）

勒内·韦尔沃尔德尔登克（René Vervoordeldonk）

乔斯·维克（Jos Vreeker）

扬·范德·韦尔夫（Jan van der Werf）

马特·维伊堡（Mat Wijburg）

汤·威尔肯斯（Ton Willekens）

斯特夫·维特科克（Steef Wittekoek）

致谢

　　首先，我要感谢 Techwatch 团队给了我完成这本书的时间和空间，也感谢我采访过的所有人，感谢他们非常诚实的话语。他们中的许多人让我有机会与其他人接触，并给我提供了详细的文件和图片（本书封面背景图为扬·范德·韦尔夫于 20 世纪 70 年代绘制的技术图纸）。受到这些话语的启发，我意识到我可以用学到的东西使自己的公司变得更强大。

　　在漫长的写作过程中，我常常会想到埃弗特·波拉克和他面对研发团队失去方向时的平静话语："我们赶紧动手吧，难题得一个一个去解决。"

　　最后，我要感谢这些年来聆听我讲述的关于 ASML 的故事的每个人，他们帮助我梳理了我的想法，因此我可以顺利写完这本书。

瑞尼·雷吉梅克（René Raaijmakers）

于荷兰奈梅亨

2018 年 12 月

作者后记

这本书的资料丰富且资料来源令人惊讶。首先，有 80 多人与我公开、坦率地交谈，从工厂工人到高级管理层人员，从 ASML 到其他公司。即使是我最年长的交谈对象，也有着惊人的活力和清晰的记忆。

从一开始，我就明确表示这是一部独立的新闻作品，然而 ASML 从未为我寻求信息而设置任何障碍。维姆·亨德里克森给了我 1984 年到 1990 年之间他所有的日记，维姆·特罗斯特给我看了许多他在飞利浦 S&I 工作时的文件，弗里茨·范霍特递给我一大堆团队报告和公司早期（1984 年至 1988 年）的内部备忘录，那是我们第一次见面。当一家供应商打电话给 ASML 现任首席执行官彼得·温宁克询问是否可以和我交谈时，他立即同意了。

20 世纪 60 年代和 70 年代，飞利浦物理实验室（Natlab）开发出了第一台光刻机，这有详细的文件可查。飞利浦的档案仍然对我保密，但我还是找到了一些关键文档。在这些偶然的发现中，有一份 1971 年的名为《技术文档 105/71》的论文，赫尔曼·范希克、吉斯·布休斯和爱德·鲍尔在论文中首次提出关于制造步进光刻机的想法。有了弗里茨·克洛斯特曼的笔记，我基本上能够重新构建 20 世纪 60 年代的研发先锋们的故事。

我也找到了丽贝卡·亨德森的报告。1987 年，当亨德森在哈佛攻读博士学位时，她研究了光刻机市场前领导者 GCA 的兴衰。亨德森与 70 名工程师、营销经理和光刻设备用户进行了交谈，这就让她深入了解了这家美国公司在早期是如何一步步完成了如此复杂的光刻技术研发。20 世纪 80 年代中期，来自 GCA 的几个人最后加入 ASML，其中包括像道格·马什和肯·皮恩这样跳槽的人。

亨德森并不是唯一一个描述 20 世纪 80 年代的关键人物的人。GCA 的失败对整个美国来说都是一次痛苦的经历。在 20 世纪 80 年代末，其他分析师和研究人员也研究了美国战略性光刻工业的衰落，其中一项研究是《最薄弱的环节：半导体生产设备、关联和国际贸易限制》，这是 1987 年 8 月加利福尼亚大学伯克利分校国际经济圆桌会议的一份报告，该报告对比了美日半导体产业的力量。

20 世纪 80 年代末，《纽约时报》发表了几篇关于光刻技术的战略重要性和日本人如何在这一领域领先的文章。关于在本书里对先驱 Perkin-Elmer 公司历史的简短回顾，我要感谢丹尼尔·伯班克（Daniel Burbank）在 1999 年秋季的《发明和技术》杂志上发表的《制造微芯片的几乎不可能》一文。

丽贝卡·亨德森等分析师和研究人员的报告使我能够在很大程度上重建光刻行业的历史。但有几个空白点，我没有设法填充，其中最重要的一项内容是 20 世纪 70 年代 IBM 和德州仪器等芯片制造商在光刻领域做出的初步探索。我也希望更多地了解佳能和尼康的工程师和管理人员的文化和做法。但对于这两个主题来说，我的时间太有限了。

因为离家更近，前 ASML 员工推荐我翻阅埃因霍温科技大学写的一本未完成的关于 ASML 的书中的几个部分。ASML 的第一任首席执行官贾特·斯密特为这本未出版的书写了一章，名为《机会与必要性：ASML 光刻的第一年》，这对我写作本书中关于他在 ASML 任职的章节非常有用。我也深深感谢约里恩·范杜伊恩（Jorijim van Duijn）。2013 年，他开始对 ASM 的历史进行博士课题研究，这使他有机会查阅首席执行官兼所有者阿瑟·德尔·普拉多的私人档案。范杜伊恩为我查证了关键数据和事实的准确性，并为德尔·普拉多的传记部分提供了大量信息。他还帮助我与那些在 ASM 和飞利浦的合资企业中扮演角色的 ASM 的人，以及那些经历过 ASM 在 1988 年痛苦退出 ASML 的人取得了联系。

为了表现 ASML 和蔡司之间的文化差异，我有幸参考了两段详细的历史：由阿敏·赫尔曼所著的《德意志之声》（1992 年）和《德特罗兹德姆·布鲁德》（2002 年）。

我写这本书的主要目的是讲述一个故事：从历史上看是准确的，但它不是一篇严谨的科学论文。丰富的文件和访谈使得重建一段生动且准确的历史成为可能。但是，为了让本书易读，我也想把那段历史带入生活。因此，许多内部讲话和发言都是基于记忆和书面报告重建的，它们必然缺乏百分之百的准确性，但确实提供了一个相当忠实于历史的画面，并说明了事情实际上是如何发生的。

最后一个简短的说明是关于公司名的。我尽可能使用 ASML 这家公司目前的名称，尽管 ASM 和飞利浦开始时决定将他们的合资企业称为 ASM 光刻系统合资公司，缩写为 ALS。对于 ASM 国际公司，我在书中更多地使用该公司自己使用的缩写——ASM。

瑞尼·雷吉梅克（René Raaijmakers）